MW01041784
L'ASIE
la Pologne
la Belgique
le Luxembourg
la Moldavie
la France
L'EUROPE
la Suisse
le Val d'Aoste
la Roumanie
la Bulgarie
Monaco
l'Albanie
la Macédoine
la Tunisie
le Liban
l'Israël
le Maroc
le Sahara occidental
l'Algérie
L'AFRIQUE
l'Égypte
la Syrie
la Mauritanie
le Mali
le Niger
le Tchad
la République centrafricaine
Djibouti
le Sénégal
uinée-Bissau
la Guinée
le Burkina-Faso
la Côte d'Ivoire
le Togo
le Bénin
le Cameroun
le Gabon
le Congo
la République Démocratique du Congo
le Ruanda
le Burundi
les Comores
Mayotte (COM)
les Seychelles
Madagascar
l'île Maurice
la Réunion (DOM)
Pondichéry
le Cambodge
le Laos
le Viêt Nam
L'océan Indien
L'AUSTRALIE
les îles St. Paul et Amsterdam
Terres australes et antarctiques françaises (COM)
l'archipel Crozet
l'archipel Kerguelen
N
O
E
S
Le monde francophone
Terre-Adélie
L'ANTARCTIQUE

La France: les régions
les départements
L'ANGLETERRE
LA BELGIQUE
L'ALLEMAGNE
LE LUXEMBOURG
LA SUISSE
L'ITALIE
L'ESPAGNE
L'ANDORRE
MONAC
La Manche
L'océan Atlantique
La Mer Méditerranée
NORD-PAS DE CALAIS
Lille
Pas-de-Calais
Arras
Nord
PICARDIE
Somme
Amiens
Beauvais
Oise
Laon
Aisne
HAUTE-NORMANDIE
Seine-Maritime
Rouen
Evreux
Eure
BASSE-NORMANDIE
Manche
Saint-Lô
Caen
Calvados
Orne
Alençon
ÎLE-DE-FRANCE
Pontoise
Val-d'Oise
Yvelines
Versailles
Paris
Évry
Essonne
Melun
Seine-et-Marne
CHAMPAGNE-ARDENNE
Charleville-Mézières
Ardennes
Châlons-en-Champagne
Marne
Troyes
Aube
Chaumont
Haute-Marne
LORRAINE
Meuse
Bar-le-Duc
Metz
Moselle
Nancy
Meurthe-et-Moselle
Epinal
Vosges
ALSACE
Strasbourg
Bas-Rhin
Colmar
Haut-Rhin
BRETAGNE
Finistère
Quimper
St-Brieuc
Côtes-d'Armor
Rennes
Ille-et-Vilaine
Morbihan
Vannes
PAYS DE LA LOIRE
Mayenne
Laval
Le Mans
Sarthe
Loire-Atlantique
Nantes
Angers
Maine-et-Loire
La Roche-sur-Yon
Vendée
CENTRE
Chartres
Eure-et-Loire
Loiret
Orléans
Blois
Loir-et-Cher
Tours
Indre-et-Loire
Bourges
Cher
Châteauroux
Indre
BOURGOGNE
Auxerre
Yonne
Nièvre
Nevers
Côte-d'Or
Dijon
Saône-et-Loire
Mâcon
FRANCHE-COMTÉ
Vesoul
Haute-Saône
Territoire de Belfort
Doubs
Besançon
Jura
Lons-le-Saunier
POITOU-CHARENTES
Deux-Sèvres
Niort
Poitiers
Vienne
La Rochelle
Charente-Maritime
Angoulême
Charente
LIMOUSIN
Guéret
Creuse
Limoges
Haute-Vienne
Tulle
Correze
AUVERGNE
Moulins
Allier
Clermont-Ferrand
Puy-de-Dôme
Cantal
Aurillac
Le Puy
Haute-Loire
RHÔNE-ALPES
Bourg-en-Bresse
Ain
Haute-Savoie
Annecy
Rhône
Lyon
Loire
St-Étienne
Isère
Chambéry
Savoie
Grenoble
Valence
Drôme
Privas
Ardèche
AQUITAINE
Périgueux
Dordogne
Bordeaux
Gironde
Lot-et-Garonne
Agen
Landes
Mont-de-Marsan
Pau
Pyrénées-Atlantiques
MIDI-PYRÉNÉES
Lot
Cahors
Aveyron
Rodez
Tarn-et-Garonne
Montauban
Albi
Tarn
Gers
Auch
Toulouse
Haute-Garonne
Tarbes
Hautes-Pyrénées
Foix
Ariège
LANGUEDOC-ROUSSILLON
Mende
Lozère
Gard
Nîmes
Hérault
Montpellier
Carcassonne
Aude
Perpignan
Pyrénées-Orientales
PROVENCE-ALPES-CÔTE-D'AZUR
Hautes-Alpes
Gap
Digne
Alpes de Haute-Provence
Alpes-Maritimes
Nice
Vaucluse
Avignon
Bouches-du-Rhône
Marseille
Var
Toulon
CORSE
Bastia
Haute-Corse
Ajaccio
Corse-du-Sud
Nanterre
Seine-Saint-Denis
Bobigny
Paris
Hauts-de-Seine
Créteil
Val-de-Marne
Départements d'Outre-Mer (DOM)
Guadeloupe
Basse Terre
Martinique
Fort-de-France
Cayenne
Guyane
Saint-Denis
Réunion
Limite départementale
Limite régionale
Gironde Nom du département
CENTRE Nom de la région
0 Kilomètres 200

Points de Départ

Cathy Pons
University of North Carolina, Asheville

Mary Ellen Scullen
University of Maryland, College Park

Albert Valdman
Indiana University

Upper Saddle River, New Jersey 07458

Library of Congress Cataloging-in-Publication Data

Pons, Cathy R.
Points de départ / Cathy Pons, Mary Ellen Scullen, Albert Valdman.
p. cm.
Includes index.
ISBN 0-13-513630-X
1. French language—Textbooks for foreign speakers—English. I. Title.

PC2129.E5P65 2007
448.2'421—dc22

2007045234

Senior Acquisitions Editor: *Rachel McCoy*
Director of Marketing: *Kristine Suárez*
Senior Marketing Manager: *Denise Miller*
Marketing Coordinator: *William J. Bliss*
Senior Managing Editor (Production): *Mary Rottino*
Associate Managing Editor (Production): *Janice Stangel*
Production Editor: *Manuel Echevarria*
Director for Editorial Development: *Julia Caballero*
Supplements Editor: *Meriel Martínez*
Senior Media Editor: *Samantha Alducin*
Development Editor for Assessment: *Melissa Marolla Brown*
Media Production Manager: *Debra Ryan*
Assistant Development Editor: *Jennifer Murphy*
Senior Operations Specialist: *Brian Mackey*
Operations Specialist: *Cathleen Petersen*
Director, Image Resource Center: *Melinda Patelli*
Manager, Rights and Permissions: *Zina Arabia*
Manager, Visual Research: *Beth Brenzel*
Manager, Cover Visual Research & Permissions: *Karen Sanatar*
Image Permission Coordinator: *Nancy Seise*
Illustrator: *Steve Mannion*
Art Director: *Miguel Ortiz*
Cover Design: *Wanda España, Wee Design Group*
Editorial Assistant: *Alexei Soma/Bethany Gilmour*
Photo Researcher: *Nancy Tobin*
Publisher: *Phil Miller*
Composition/Full-Service Project Management: *Assunta Petrone, Preparé Inc.*
Printer/Binder: *Quebecor Printing/Dubuque*
Typeface: *10.5/13 Times*
Cover Image: *Courtesy of The Stock Connection*

Credits and acknowledgments borrowed from other sources and reproduced, with permission, in this textbook appear on page S-1.

Pearson Education LTD.
Pearson Education Singapore, Pte. Ltd
Pearson Education, Canada, Ltd
Pearson Education—Japan
Pearson Education, Upper Saddle River, New Jersey
Pearson Education Australia PTY, Limited
Pearson Education North Asia Ltd
Pearson Educación de Mexico, S.A. de C.V.
Pearson Education Malaysia, Pte. Ltd

Printed in the United States of America

10 9 8 7 6 5

ISBN-10: 0-13-513630-X
ISBN-13: 978-0-13-513630-0

Brief Contents

Scope and Sequence

Chapitre 10

Appendices

Préface

Points de départ is a complete, versatile program for introductory college and university French courses. It has been conceived for use in accelerated, intensive, and review programs; in hybrid courses incorporating distance learning; and in courses with limited contact time, i.e., three or fewer hours per week over an academic year. Developed by the authors of the extremely successful ***Chez nous*** French program, ***Points de départ*** incorporates many of the innovative features of that text while maintaining a focus on the essential content of an introductory course.

Points de départ stands apart from other first-year French texts by:

- Carefully selecting lexical and cultural content for broad coverage within a highly disciplined framework
- Streamlining grammatical presentations and reducing coverage of complex grammar points such as the subjunctive and the conditional
- Eliminating other complex and less frequent grammatical features (for example, double-pronoun substitution, *plus-que-parfait, passé du conditionnel, futur antérieur*)
- Streamlining exercise sequences to suit the needs of a course intended to develop basic language proficiency
- Weaving cultural content into skills development activities that are fully integrated within each lesson
- Presenting concisely the fundamentals of the French sound system in the first half of the book
- Limiting the number of chapters to ten

Points de départ also is distinguished by key features that enable it to be used on a highly flexible basis in a variety of contexts:

- **To maximize self-instruction:** Rich visuals, recordings, grammar explanations in English, reference sections, and online resources provide students with tools for self-instruction or preparation for focused in-class practice. Also, a process or discovery approach makes it possible for students to prepare vocabulary, culture, grammar, and skills sections on their own if necessary, for quick verification or more extended practice in class.
- **To tailor student practice:** Instructors can pick and choose among many types of practice available in the textbook, the Student Activities Manual, MyFrenchLab, and the Companion Website with the aim of providing immediate feedback to students or facilitating extensive instructor-student interaction. In turn, expansion and enrichment activities provide a challenge for motivated students.
- **For efficient use of classroom time:** The abundant visual aids, extensive annotations, and careful progression of activities designed for oral practice make class preparation simple and help teachers make the most of in-class time. Novice instructors will learn solid pedagogical skills, and experienced teachers will find a satisfying array of tools and techniques.

With its disciplined yet flexible focus on the essential content of an introductory course and the incorporation of features long a hallmark of the ***Chez nous*** program, ***Points de départ*** provides a richly nuanced focus on the Francophone world through a highly integrative, process-oriented approach to the development of language skills. This approach is consistent with the **National Standards for Foreign Language Learning for the 21st Century**, widely recognized as a set of desired outcomes for foreign language instruction. Rather than functioning as discrete and occasional influences on the text, the National Standards constitute an essential underlying principle of the program as a whole. The "Five C's," as defined by the National Standards, are directly embodied in fundamental aspects of the ***Points de départ*** program. The National Standards also constitute a subtext throughout the program—for example, many practice activities introduce cultural realities from across the French-speaking world, and culture is explored through skill-using activities and discovery methods of language learning.

Points de départ addresses the National Standards by:

- Emphasizing **communication** developed through authentic language samples and tasks
- Encouraging cross-cultural **comparisons**
- Presenting a broad cross section of French-speaking **communities**
- Fostering **connections** by guiding students through a variety of disciplines, including history, geography, art, and literature
- Promoting skill development within a distinctive **cultural** framework

Hallmark Pedagogical Features of Points de départ

- **Innovative treatment of grammar.** Structures are presented in the context of their authentic communicative use; e.g., the periphrastic future (**aller** + infinitive) is not the notional semantic equivalent of the inflected future (**le futur simple**), but expresses definiteness as opposed to indeterminacy, and this distinction is clearly made in the presentation and related practice. Grammar treatments reflect the spoken language and important generalizations about the structure of French. A cyclical syllabus reflects native speaker usage by introducing frequent and simpler language features first. Initial presentation of the conditional, for example, focuses on its most frequent use in polite requests. The cyclical syllabus also allows complex structures—such as adjectives or the **passé composé**—to be presented, reviewed, and expanded on gradually in a variety of contexts.

- **A highly refined process orientation to skills development.** The receptive skills (listening and reading) are developed using authentic materials related to the chapter themes that are just beyond students' productive skill level. Speaking and writing are likewise practiced via carefully sequenced activities that emphasize carrying out authentic tasks through a process approach. As a result, students gradually become confident and proficient at performing a wide variety of communicative tasks.
- **Pervasive and highly nuanced treatment of French and Francophone cultures.** In each chapter, thematically interrelated lessons closely integrate lexical and grammatical content within interesting and culturally authentic contexts. Nuanced cultural presentations explicitly encompass the breadth and richness of the Francophone world, leading students to a deeper analysis and understanding of the diverse cultures of France and the French-speaking world. An effective pedagogical apparatus provides students with opportunities to develop language skills as well as skills in cross-cultural analysis as they watch and interpret video clips, examine photos, or analyze documents.
- **Authentic texts and tasks.** Authentic texts and tasks form the basis for developing students' language skills in ***Points de départ***. Listening activities and models for speaking reflect the everyday language of young people. Varied readings and writing tasks help students develop an awareness of appropriate style as they are exposed to a wide variety of Francophone writers. Throughout the textbook and supplements, practice of vocabulary and grammar is oriented toward real-life situations and authentic tasks.

Organization of the Textbook

Points de départ consists of a brief introductory chapter plus ten full-length chapters. Each chapter is built around a cultural theme reinforced by informative photographs, line drawings, and realia. The user-friendly organization divides each chapter into three lessons that feature integrated lexical and grammatical presentations, sequenced practice, cultural information, and a culturally based skills activity.

Each lesson typically includes the following components:

- **Points de départ.** Reflecting the chapter theme, this opening section presents vocabulary through varied and appealing visuals and language samples representing authentic everyday contexts. Recordings of the language samples are available on the Audio CDs to accompany the text, on the Companion Website, and through MyFrenchLab. The **Points de départ** section includes related and up-to-date cultural notes in the **Vie et culture** section, written initially in English, then (beginning in Chapter 6) in French. The notes incorporate video, photos, and realia that students must analyze in order to discover features of French culture and make cross-cultural comparisons. Each **Points de départ** section offers sequenced practice (**À vous la parole**) through clearly labeled whole-class, paired, and small-group activities. Extensive marginal annotations make it easy for the instructor to present and practice the material in class.
- **Sons et lettres.** This section presents the main phonetic features and sound contrasts of French in the first half of the book, so that students can incorporate them into their speech. It emphasizes the sound contrasts that determine differences in meaning, the major differences between French and English, and the relationship between sounds and spellings. Practice exercises from the text (**À vous la parole**) are available on the Audio CDs to accompany the text, on the Companion Website, and through MyFrenchLab.
- **Formes et fonctions.** Concise, clearly written grammar explanations in English focus on authentic usage and point out features of the spoken and written language. Numerous examples are provided and, where appropriate, color-coded charts summarize the forms. This section includes class-friendly exercises (**À vous la parole**) that provide a full range of practice—from form-based to meaningful and personalized activities—incorporating the theme and the vocabulary of the lesson. Icons clearly indicate pair and small group activities.
- **Lisons, Observons, Écoutons, Parlons,** or **Écrivons.** Each lesson concludes with one of these culturally rich, thematically linked skills activities, helping students to put into practice the vocabulary and grammar acquired in the lesson as they explore the chapter theme. Through work with an authentic text or task in a reading, listening, speaking, or writing activity, students are guided in their development of receptive and productive skills.
- **Vocabulaire.** At the end of each chapter, a comprehensive list summarizes vocabulary targeted for students' productive use. Words and phrases are grouped semantically by lesson, and English equivalents are provided. Recordings of these words and expressions are available on the Audio CDs to accompany the text, on the Companion Website, and through MyFrenchLab.

Appendices. Located at the end of the text, these include the **International Phonetic Alphabet** with key words from the early lessons; **verb charts** for regular and irregular verbs; **French-English** and **English-French glossaries**; and an **Index** of grammar, vocabulary, and cultural topics found in the book.

Finally, a series of colorful updated **maps** is included in the front and back of the book.

Other Program Components

Outstanding supplements provide additional opportunities for practicing lexical and grammatical features while extending the breadth and depth of the cultural presentation and the introduction to the Francophone world. Sophisticated electronic components extend the curriculum's pedagogical and cultural presentations in interesting, creative ways and make it easy to use for individualized instruction, as well as in hybrid courses incorporating distance learning.

Audio to Accompany the Text. Students and instructors have access to extensive audio resources in different formats. Each chapter's **Points de départ**, **Sons et lettres**, **Écoutons,** and end-of-chapter vocabulary lists have been recorded, as well as several texts from the **Lisons** sections. Students and instructors can listen to the audio on the Audio CDs to accompany the text, on the Companion Website, and through MyFrenchLab.

Student Activities Manual (SAM). The Student Activities Manual includes the Workbook, Lab Manual, and Video Manual and is available in two formats. The traditional paper format is available with an optional separate answer key. Schools using the printed SAM have access to the video on DVD and the audio via the Companion Website or on the Audio CDs to accompany the SAM. The SAM is also available in an electronic format via MyFrenchLab which includes all audio and video files and provides immediate correction for most activities. In both formats, Workbook exercises provide meaningful and communicative writing practice, incorporating the vocabulary and structures introduced in each chapter and offering additional skill-using activities. The Lab Manual exercises provide listening practice that progresses from comprehension only to production, based on what students hear. The exercises stress authentic speech and real-life tasks. Lab Manual recordings feature native speakers of French. The Video Manual complements the listening practice provided in the textbook using additional video clips and expanded activities on DVD or via MyFrenchLab.

Answer Key to Accompany the Student Activities Manual. This Answer Key is available for optional inclusion in course packages; it includes answers for all discrete and short answer exercises in the SAM.

Audio to Accompany the Student Activities Manual. Students and instructors have access to the recordings for the Lab Manual activities in the SAM in several different formats; they can listen to the lab audio on the Audio CDs to accompany the SAM, on the Companion Website, and through MyFrenchLab.

Video Program. ***Points de départ*** includes a beautifully produced video, shot on location. This video introduces native speakers from across the Francophone world who address the topics and themes of each chapter in varied settings and contexts. Carefully integrated with the **Points de départ** and **Vie et culture** sections through explicit activities and extensive annotations to the instructor, the video is easy to incorporate into daily lesson plans. In each chapter, the textbook's **Observons** exercise and the Video Manual activities take a process-oriented approach to the development of viewing skills.

Instructor's Resource Manual. An extensive introduction to the components of the ***Points de départ*** program is included in the Instructor's Resource Manual (IRM). The IRM is available in traditional paper and downloadable format via the Instructor's Resource Center (described below). Sample syllabi for one-, two- and three-term course sequences are outlined, along with numerous sample lesson plans. The extensive cultural annotations are a unique feature of this IRM, providing further information about topics introduced in the textbook. Information-gap activities, ready for classroom use, are also provided for each chapter. In addition, the IRM provides the scripts for the Lab Manual and the Video Manual.

Image Resource CD. This resource contains labeled and unlabeled versions of all of the line art images from the textbook. Instructors can incorporate these images into presentation slides, worksheets, and transparencies and can find many other creative uses for them.

Testing Program and Audio to Accompany the Testing Program. A highly flexible testing program allows instructors to customize tests by selecting the modules they wish to use or changing individual items. This complete testing program, available in paper and electronic formats, includes quizzes, chapter tests, and comprehensive examinations that test listening, reading, and writing skills as well as cultural knowledge. Special formats to test listening and speaking skills are also included. All oral sections are recorded for the instructor's use in a classroom or laboratory setting. For all elements in the testing program, detailed grading guidelines are provided.

ONLINE RESOURCES

Companion Website. The clearly designed and regularly updated Companion Website (CW) makes a wealth of material available to the student and instructor. Organized by chapter, the site offers automatically graded vocabulary and grammar practice, Internet-based activities for language and cultural learning, resources such as dictionaries and study manuals, the complete Text and SAM audio programs, and game activities.

Instructor's Resource Center. The IRC is located on *www.prenhall.com* and provides password-protected instructor access to all the IRM resources. This material is also available electronically for downloading.

MyFrenchLab ™. This new, nationally hosted online learning system was created specifically for students in college-level language courses. It brings together—in one convenient, easily navigable site—a wide array of language-learning tools and resources, including an interactive version of the ***Points de départ*** SAM and all materials from the ***Points de départ*** audio and video programs. Readiness Checks and English Grammar tutorials personalize instruction to meet the unique needs of individual students. Instructors can use the system to make assignments, set grading parameters, listen to student-created audio recordings, and provide feedback on student work. Instructor access is provided at no charge. Students can purchase access codes online or at their local bookstore.

To the Student

Why did you choose to study French? Most students of French wish to develop basic language skills that they can put to practical use and to learn about how the lives of French-speaking peoples compare to their own. The ***Points de départ*** program is designed to help you meet those goals. Specifically, with the aid of this textbook and the accompanying materials, you can expect to accomplish the following:

- Become familiar with many features of everyday life and culture in France and in the three dozen countries where French is spoken. You will have the opportunity to reflect on how your life in North America and your values compare with those of French speakers across the globe.
- Speak French well enough to get around in a country where French is spoken. You should be able to greet people, ask for directions, cope with everyday needs, give basic information about yourself, and talk about things that are important to you. You should also be able to assist French-speaking visitors in this country.
- Understand French well enough to get the main ideas and some details from a news broadcast, lecture, or conversation that you hear. You should understand French speakers quite well when they speak slowly about topics with which you are familiar.
- Read French Web sites as well as newspaper and magazine articles dealing with current events or other familiar topics. With the help of a dictionary, you should be able to read more specialized material in fields of interest. You should also be able to enjoy short and simple pieces of literature in French.
- Write French well enough to take notes, write messages and letters for various purposes, and fill out forms.
- Finally, you will gain an understanding of the structure of the French language: its pronunciation, grammar, and vocabulary. You will also gain insight into how languages function in societies. These insights may even help you to understand your native language better!

ASSURING YOUR SUCCESS

Whether or not you have already studied French, you bring some knowledge of that language to your study. Many words of French origin are used in English (**soufflé**, **croissant**, **détente**, and **diplomat**, for example). You also bring to the study of French your knowledge of the world in general and of specific events, which you can use to predict what you will read or hear. You can use your knowledge of a particular topic, as well as accompanying photos or titles, to predict what will come next. Finally, the reading and listening skills you have learned for your native language will also prove useful as you study a foreign language.

Many of the materials found in ***Points de départ*** will seem challenging to you because you will not be able to understand every word you hear or read. That is to be expected—the readings in the textbook were written for native speakers, and listening exercises approximate native speech. The language used in ***Points de départ*** is real and the topics are current. You should use your background knowledge and prediction skills to make intelligent guesses about what you are hearing and reading. In this way, you can get the main ideas and some details, a good first step toward real communication in a foreign language.

Since access to native French speakers is limited in most parts of the United States, the classroom offers an important opportunity for you to practice your listening and speaking skills. Unless your instructor indicates otherwise, keep your book closed. Since what you are learning is explained in the textbook, you will not need to take notes during class. Instead, it is important that you *participate* as much as possible in classroom activities.

Adequate preparation is another key to success. Prepare each lesson as directed by your instructor before going to class. Be sure to complete assignments made by your instructor and review regularly, not just for an exam.

USING YOUR TEXTBOOK TO PREPARE

Points de départ is made up of a brief introductory chapter plus ten full-length chapters, each organized around a cultural theme that you are likely to encounter when you come into contact with native French speakers. Each chapter consists of three lessons that expand on this cultural theme. Each lesson includes the following sections:

The opening section, called **Points de départ,** provides a "point of departure" for the lesson by presenting vocabulary related to the chapter topic. The meaning of new words is conveyed through the use of art, photos, documents, dialogues, or brief descriptions in French. You can listen to these language samples on the Audio CDs to accompany the text, on the Companion Website, or through MyFrenchLab. You should learn both the written and spoken forms of these words and expressions so that you can use them in your own speech and writing. Look over the exercises found under **À vous la parole**; many of these will be used in class. Your instructor may also assign additional practice from the Student Activities Manual (SAM), MyFrenchLab, and the ***Points de départ*** Companion Website (CW) once you have dealt with the topic in class.

Vie et culture sections challenge you to discover aspects of Francophone life and culture and to make comparisons with your own culture as you examine photos and various types of documents or watch and analyze segments of the video. Language cannot be separated from the culture of its speakers, and the activities in ***Points de départ*** provide a cultural context for your study of French.

Sons et lettres, "sounds and letters," focuses on important pronunciation features of French and differences between French and English. The book uses phonetic symbols to present French sounds; a chart illustrating the symbols with basic words from the first few chapters is featured in Appendix 1. **Sons et lettres** also provides guidance in spelling French words. Exercises in the textbook can be practiced using the Audio CDs to accompany the text, the Companion Website, or through MyFrenchLab. These exercises, plus those found in the Lab Manual, help you to first recognize, then produce, the French sounds.

Each lesson includes grammar presentations called **Formes et fonctions**. The forms taught can be combined with the lesson vocabulary to carry out specific tasks such as asking questions or ordering something to eat or drink. Read over the explanation in English and study the examples. Often a color-coded chart will summarize forms. Look for similarities with other structures you have already learned. Some new vocabulary may be found in these sections, for example, a list of verbs or negative expressions. Once the material has been practiced in class, your instructor may assign additional exercises from the SAM, MyFrenchLab, or the CW. For ease in reference, verb charts for both regular and irregular verbs are found in Appendix 2.

The last section in each lesson is designed to help you put into practice the vocabulary, grammar, and cultural knowledge you have acquired in this and earlier lessons. Through the exercises called **Lisons**, **Observons**, **Écoutons**, **Parlons**, and **Écrivons**, you use your reading, listening, speaking, and writing skills to communicate in French with your instructor and with other class members. These activities allow you to examine the chapter theme in depth as it relates to the Francophone world and to make cross-cultural comparisons.

You will also want to familiarize yourself with the sections of your textbook designed to give you special help. Each chapter ends with **Vocabulaire**, a list of the words and expressions that you should be able to use in your own speech and writing. For each lesson, the words are grouped by meaning, and English equivalents are provided. These words and expressions have been recorded and can be found on the Audio CDs to accompany the text, on the Companion Website, and through MyFrenchLab so that you can practice recognizing and pronouncing them on your own. The appendices of ***Points de départ*** also include colorful maps of France and the Francophone world and a **Lexique** that allows you to look up a word in French or in English and find its equivalent in the other language. For vocabulary that you should be able to use in your speech or writing, chapter and lesson numbers indicate where a particular word or expression was first introduced. You will also find vocabulary used in readings, in directions, or in the **Vie et culture** sections that you should be able to recognize or guess from context. Finally, the **Index** lists vocabulary, grammar, and cultural topics alphabetically so that you can easily find the section you wish to read or review.

Points de départ and its accompanying materials will provide you with opportunities to develop your French language skills—listening, reading, speaking, and writing—by exposing you to authentic French and encouraging you to express yourself on a variety of topics. It will also introduce you to Francophone cultures around the world and invite you to reflect on your own culture. As you begin this endeavor, we wish you « **Bon début !** »

Acknowledgments

The publication ***Points de départ*** represents the culmination of many years of planning, field testing, and fine-tuning to which many instructors and students have contributed. We wish to thank our colleagues and students for their participation in this process, for their comments, and for their encouragement.

We extend our sincere thanks and appreciation to the colleagues who reviewed the manuscript at various stages of development. We gratefully acknowledge their participation and candor:

REVIEWERS

Elizabeth Blood, Salem State College
Frances Chevalier, Norwich University
Amy Hubbell, Kansas State University
Atiyeh Showrai, University of Southern California
Madeline Turan, State University of New York, Stony Brook
Violette Vornicel-Guthmann, Fullerton College
Carolyn Woolard, Milligan College

We would also like to thank the nearly five hundred people who participated in an on-line survey about the need for such a book at this time. Space limitations prevent us from acknowledging each and every one of them here, but their frank comments were much appreciated.

We thank the following colleagues for their important contributions, without which the book would be incomplete: Virginie Cassidy of Georgetown College, for her help with several chapters of the Lab Manual and revising the Companion Website she initially developed for ***Chez nous***, 2e; Nathalie Dieu-Porter of Vanderbilt University, for the Instructor's Resource Manual; and Kimberly Swanson of the University of Kansas at Laurence, for the Testing Program. We would also like to thank Michèle Dussaucy for her careful proofing and John Grimm for his meticulous and tireless work in securing permissions.

At the University of North Carolina, Asheville, we wish to thank supportive colleagues and cooperative students who tried out many of the texts and activities and supplied helpful comments and enthusiastic encouragement.

At the University of Maryland, College Park, special thanks go to supportive colleagues and to the fabulous team of Graduate Teaching Assistants and graduate students who answered questions, provided feedback, pointed out trouble spots, made suggestions for improvement, and provided a much appreciated youth perspective. To my special group of experts, who responded to e-mail queries for help at all hours of the day and night, *un énorme merci* with extra special thanks to Marilyn, Pierre, and Virginie for often taking the time to provide lengthy and useful explanations.Thanks should also go to the many undergraduate students who piloted materials and provided frank assessments and suggestions for improvement.

We would also like to acknowledge the many people on the Prentice Hall team who contributed their ideas, talents, time, and publishing experience to this project. Many thanks go to Rachel McCoy, Senior Acquisitions Editor, for her energy, enthusiasm, and willingness to try new things. Thanks to Publisher for World Languages, Phil Miller, for his continuing support. We wish to thank Julia Caballero, Director of Editorial Development, for her invaluable advice. Our special thanks go to our Development Editor, Barbara Lyons, who continued with us through this new project and whose careful reading, suggestions, and moral support have been invaluable at every step of the way. We cannot imagine having completed the book without her. Copy Editor Karen Hohner did her usual excellent job of readying the manuscript for production and we greatly appreciate her eagle eye and great suggestions. We are indebted to the wonderful production crew both in Upper Saddle River and in Battipaglia—Mary Rottino, Senior Managing Editor, Janice Stangel, Associate Managing Editor, and Manuel Echevarria, Production Editor, ensured that the entire production process went smoothly. Our thanks go to Frank Weihening, Production Supervision, and Assunta Petrone, Project Manager, of Emilcomp/Preparé who meticulously oversaw every detail to bring the project through production. *Grazie mille*, Assunta, for your patience, good humor, and quick responses to all our requests.

We would also like to thank Meriel Martínez, Supplements Editor, and Samantha Alducin, Senior Media Editor, for carefully overseeing the preparation of the revised supplements, and Melissa Marolla Brown, Development Editor for Assessment, for stepping in (out of her linguistic comfort zone!) to ensure consistency in the reworking of many supplements. We thank Alex Soma, Editorial Assistant, for handling the many small details in a timely and humorous fashion, as well as Jenn Murphy, Assistant Editor and Editorial Coordinator for picking up many pieces.

And finally, we wish to thank our families, whose love, support, and sacrifices made all the difference. Their passionate commitment to this book project in all of its phases and their undying faith in the quality of our work has done much to sustain us. We would especially like to thank our girls who generously pitched in on many tasks and provided much needed stress relief in many forms. We couldn't have done it without you, *les filles, Merci !*

Points de Départ

What does the photo tell you about where these French speakers are? What might their gestures tell you about their relationship?

Chapitre Préliminaire
Présentons-nous !

Leçon 1 *Je me présente*

Leçon 2 *Dans la salle de classe*

In this chapter:

- Greeting people, making introductions, and saying good-bye
- Describing the classroom
- Giving and receiving instructions in the classroom
- Identifying places where French is spoken throughout the world

Leçon 1 Je me présente

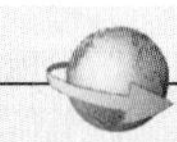

Additional practice activities for each **Points de départ** section are provided by:
- Student Activities Manual
- *Points de départ* Companion Website: **http://www.prenhall.com/pointsdedepart**

POINTS DE DÉPART

Moi, je parle français

TEXT AUDIO

CHANTAL : Salut ! Je m'appelle Chantal. Et toi, comment tu t'appelles ?
ALAIN : Je m'appelle Alain.
CHANTAL : Tu es de Paris ?
ALAIN : Non, moi, je suis de Montréal.

LE PROF : Bonjour, mademoiselle, bonjour, monsieur.
CHANTAL ET ALAIN : Bonjour, madame.
LE PROF : Comment vous appelez-vous ?
CHANTAL : Je m'appelle Chantal Lafont.
LE PROF : Et vous ?
ALAIN : Roussel, Alain Roussel.

CHANTAL : Salut, Guy ! Comment ça va ?
GUY : Ça va. Et toi ?
CHANTAL : Pas mal.
GUY : Bonjour, madame. Comment allez-vous ?
LE PROF : Très bien, merci. Et vous ?
GUY : Bien aussi, merci.

CHANTAL : Madame, je vous présente Guy Davy. Guy, Madame Dupont.
GUY : Enchanté, madame.
LE PROF : Bonjour, Guy.
CHANTAL : Alain, voici mon ami Guy. Guy, je te présente mon camarade de classe, Alain.
ALAIN : Salut, Guy.
GUY : Salut.

GUY : Bon, au revoir, Chantal, au revoir, Alain.
CHANTAL : Salut, Guy.
ALAIN : À bientôt… Au revoir, madame.
LE PROF : Au revoir, Alain. À demain.

POUR SALUER ET RÉPONDRE

Comment ça va ?	*How are you?*
Très bien, merci.	*Very well, thanks.*
Ça va.	*Fine.*
Pas mal.	*Not bad.*
Comme ci, comme ça.	*So-so.*
Ça ne va pas.	*Things aren't going well.*

Vie et culture

Bonjour !

Look at the photos here and observe the corresponding video segment, *Bonjour*, in which people are greeting each other: what gestures and phrases do you notice?

When French people meet someone they know, or make contact with a stranger (for example, sales, office, or restaurant personnel), they always greet that person upon arriving and say good-bye when leaving. The greeting includes an appropriate title, and the last name is not used. Usually a woman is addressed as **madame** unless she is very young.

Bonjour, monsieur.
Bonsoir, madame.
Au revoir, mademoiselle.

Se serrer la main, faire la bise

When they meet or say good-bye, French people who know each other almost always shake hands, using the right hand (**se serrer la main**). Good friends and family members kiss each other lightly on each cheek (**faire la bise**). When talking together, the French stand or sit closer to each other than Americans do. A French person would be offended if you kept moving away as he or she attempted to maintain normal conversational distance.

Tu et *vous*

When addressing another person in French, you must choose between **tu** and **vous**, which both mean *you*. Use **tu** to address a family member, a close friend, or another student. Use **vous** to address someone with whom you have a more formal relationship or to whom you wish to show respect. For example, use **vous** with people you don't know well, with older people, and with those in a position of authority, such as your teachers. Always use **vous** also to address more than one person. Do the people in the video clip use **tu** or **vous**?

Et vous ?

1. Think of how you typically greet people each day. Although we don't make a distinction in English like the **tu/vous** distinction in French, how do we vary our forms of address?
2. What do the practices of shaking hands and kissing on the cheek tell you about the importance of close physical contact in French culture? Would you feel comfortable with these practices? Why or why not?
3. Compare your answers to these questions with those of your classmates. How would you explain any differences?
4. View the video segment again, paying close attention to the ways in which people greet each other; what can you conclude about their relationship in each case?

À vous la parole

P-1 Le mot juste. Give an appropriate response.

MODÈLE Comment vous appelez-vous ?
➤ Roussel, Nicolas Roussel.

1. Bonjour, mademoiselle.
2. Comment tu t'appelles ?
3. Tu es de Montréal ?
4. Ça va ?
5. Comment allez-vous ?
6. Comment ça va ?
7. Voici mon ami David.
8. Je vous présente mon amie Claire.
9. Au revoir, monsieur.
10. Bon, à demain !

P-2 Le savoir-faire. Do you know what to say and do in the situations described? Act out each one with classmates.

MODÈLE You meet a very good friend.
É1 Salut, Anne ! Ça va ? (faire la bise)
É2 Ça va, et toi ?
É1 Pas mal.

1. You and a friend run into your instructor on campus.
2. You sit down in class next to someone you do not know.
3. You are with your roommate when a new friend joins you.
4. You run into your friend's mother while doing errands.
5. You are standing near a new teacher who does not yet know your name.
6. Class is over, and you are saying good-bye to a close friend.
7. Class is over, and you are saying good-bye to your teacher.

P-3 Faisons connaissance. Imagine that you are at a party with your classmates. Greet and introduce yourself to as many people as possible, and make introductions when others do not know each other. Tell what city you are from, then ask what city others are from.

MODÈLE É1 Bonjour, je m'appelle David. Et toi ?
É2 Je m'appelle Anne. Voici mon ami, Jérémie.
É1 Salut, Jérémie.
É3 Bonjour. Je suis de Chicago et toi ?
É1 Moi, je suis de Lafayette, et toi Anne ?

Formes et fonctions

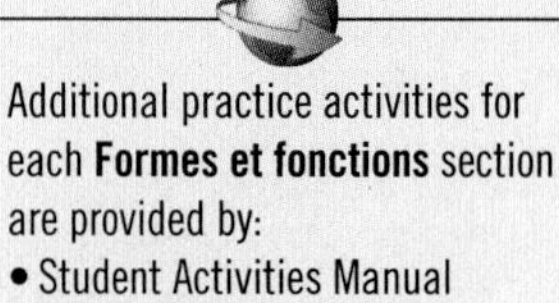

Additional practice activities for each **Formes et fonctions** section are provided by:

- Student Activities Manual
- *Points de départ* Companion Website: **http://www.prenhall.com/pointsdedepart**

1. Les pronoms sujets et le verbe être

Les pronoms sujets et le verbe être

SINGULIER			PLURIEL		
je	**suis**	*I am*	nous	**sommes**	*we are*
tu	**es**	*you are*	vous	**êtes**	*you are*
il	**est**	*he is*	ils	**sont**	*they are*
elle	**est**	*she is*	elles	**sont**	*they are*

- The verb **être** means *to be*. This form is called the *infinitive*; it is the form you find at the head of the dictionary listing for the verb. Notice that a specific form of **être** corresponds to each subject. Because these forms do not follow a regular pattern, **être** is called an *irregular verb*.

- A subject pronoun can be used in place of a noun as the subject of a sentence:

—**Alex** est de Paris ?	*—Alex is from Paris?*
—Non, **il** est de Montréal.	*—No, he's from Montreal.*

As you have learned, use **tu** with a person you know very well; otherwise use **vous**. Use **vous** also when speaking to more than one person, even if they are your friends. Pronounce the final **-s** of **vous** as /z/ if the word following it begins with a vowel sound, and link it to that word:

Olivier, **tu** es de Paris ?	*Olivier, are you from Paris?*
Madame, **vous**‿êtes de Lyon ?	*Madame, are you from Lyon?*
Audrey et Fred, **vous**‿êtes de Paris ?	*Audrey and Fred, are you from Paris?*

Elles refers to more than one female person or to a group of feminine nouns. **Ils** refers to more than one male person, to a group of masculine nouns, or to a group that includes both males and females or both masculine and feminine nouns.

Anne et Sophie, **elles** sont en forme.	*Anne and Sophie are fine.*
Jean-Luc et Rémi, **ils** sont stressés.	*Jean-Luc and Rémi are stressed out.*
Julie et David, **ils** sont occupés.	*Julie and David are busy.*

- Use a form of the verb **être** in descriptions or to indicate a state of being.

Elle **est** occupée.	*She's busy.*
Tu **es** malade ?	*Are you sick?*
Je **suis** stressé.	*I'm stressed out.*

- The final **-t** of **est** and **sont** is usually pronounced before a word beginning with a vowel sound.

Il est‿en forme.	*He's fine.*
Il est malade.	*He's sick.*
Elles sont‿en forme.	*They're fine.*
Elles sont stressées.	*They're stressed out.*

COMMENT ÇA VA ?

Je suis en forme.	*I am fine.*
... fatigué/e.	*. . . tired.*
... stressé/e.	*. . . stressed.*
... très occupé/e.	*. . . very busy.*
... malade.	*. . . sick.*

- Use **c'est** and **ce sont** to identify people and things:

C'est Madame Dupont ?	*That's Madame Dupont?*
C'est un ami, Kevin.	*This is a friend, Kevin.*
Ce sont M. et Mme Lafarges.	*This is Mr. and Mrs. Lafarges.*

À vous la parole

P-4 Comment ça va ? Tell how everyone is feeling today.

MODÈLE Moi ? Fatigué/e.
➤ Je suis fatigué/e.

1. Mme Dupont? En forme.
2. Toi ? Fatigué/e.
3. Adrien ? Très occupé.
4. Cécile ? Malade.
5. David et toi ? En forme.
6. Julien ? Stressé.
7. Nous ? Fatigués.
8. Vous ?

P-5 Qui est-ce ? Identify the people from the opening dialogues pictured below.

MODÈLE ➤ C'est Chantal.

1. 
2. 
3. 
4. 
5. 
6. 
7. 

P-6 Identité mystérieuse. Take on a new identity! Your instructor will give you a new name and city of origin. Circulate around the room and introduce yourself to at least three people. Be prepared to introduce someone you have met to the rest of the class!

MODÈLE É1 Bonjour, je m'appelle Mathilde.
É2 Tu es de Paris ?
É1 Non, je suis de Québec. Et toi ?
É2 Je m'appelle Louis-Jean, je suis de Port-au-Prince, à Haïti.

2. Les pronoms disjoints

- You know that subject pronouns can be used in place of a noun (for example, a person or an object) as the subject of a sentence. *Subject pronouns* appear with a *verb:*

—Adrien est de Paris ?	—*Is Adrien from Paris?*
—Non, **il** est de Montréal.	—*No, he's from Montreal.*
—Pierre et Mélanie sont occupés ?	—*Are Pierre and Mélanie busy?*
—Oui, **ils** sont occupés.	—*Yes, they are busy.*

- A different type of pronoun, a *stressed pronoun*, is used:
  - in short questions that have no verb:

Je m'appelle Claire, et **toi** ?	*My name is Claire, how about you?*
Ça va bien, et **vous** ?	*I'm fine, and you?*

  - where there are two subjects in a sentence, one of which is a pronoun:

Damien et **moi**, nous sommes fatigués.	*Damien and I are tired.*

  - to emphasize the subject of a sentence when providing a contrast:

Moi, je suis de Montréal, mais **lui**, il est de Paris.	***I****'m from Montreal, but* ***he****'s from Paris.*

  - after **c'est** and **ce sont**:

—C'est Pierre ?	*—Is that Pierre?*
—Oui, c'est **lui**.	*—Yes, it is he.*
—Ce sont M. et Mme Dulac ?	*—Is that Mr. and Mrs. Dulac?*
—Oui, ce sont **eux**.	*—Yes, it is they.*

The stressed pronouns are shown below with the corresponding subject pronouns:

moi	je	**nous**	nous
toi	tu	**vous**	vous
lui	il	**eux**	ils
elle	elle	**elles**	elles

À vous la parole

P-7 C'est ça. With your partner, confirm who these people are.

MODÈLES É1 C'est toi ?
É2 Oui, c'est moi.
É1 Ce sont Marie et Hélène ?
É2 Oui, ce sont elles.

1. C'est Christophe ?
2. C'est Jessica ?
3. C'est toi ?
4. C'est Arnaud ?
5. Ce sont Adeline et Nathalie ?
6. C'est vous ?
7. Ce sont Simon et Maxime ?
8. Ce sont Vanessa et Laurent ?

P-8 Et vous ? Interview each other in groups of three.

MODÈLE Je m'appelle... Et vous ?

É1 Je m'appelle Alex. Et vous ?
É2 Moi, je m'appelle...
É3 Et moi, je m'appelle...

1. Je m'appelle... Et vous ?
2. Moi, ça va. Et vous ?
3. Je suis de... Et vous ?

P-9 Présentez-vous ! Help out your forgetful instructor by identifying students in your classroom.

MODÈLE ➤ Lui, il s'appelle Matt ; elle, elle s'appelle Cindy.

P-10 Je me présente

A. Avant de regarder. What information do people generally give when they introduce themselves? What expressions have you learned that people might use to provide this information in French?

B. En regardant. Watch and listen as the people shown introduce themselves, telling where they are from and what languages are spoken there. Match their photos with the places they come from and then find those places on the map inside the cover of your textbook. You can expect to listen more than once.

1. Vous avez compris ?
   a. Who is from . . .
      le Bénin ? la France ? le Maroc ?
      le Congo ? Haïti ? le Québec ?
   b. How many people are from places where languages other than French are spoken?

Édouard FLEURIAU-CHÂTEAU

Marie Éline LOUIS

Fadoua BENNANI

Bienvenu et Honorine AKPAKLA

Marie-Julie KERHARO

2. Which of the following languages are mentioned?

_____ Arabic / l'arabe

_____ Creole / le créole

_____ English / l'anglais

_____ Fongbé / le fongbé

_____ Spanish / l'espagnol

C. Après avoir regardé. Discuss the following questions with your classmates.

1. What differences do you notice in the way these people look, dress, and speak?
2. What do these observations tell you about the Francophone world?

Parlons

P-11 Qui parle français ?

A. Avant de parler. What do you know about who speaks French, where, and for what purposes? Take the following quiz and see.

1. The French-speaking population of the world totals approximately . . .
   a. 60 million
   b. 175 million
   c. 300 million
   d. 450 million
2. In a Francophone country, everyone speaks French.
   a. True
   b. False
3. French is an official language in the United States.
   a. True
   b. False
4. In the eighteenth century, French was the Western world's major language of diplomacy and international affairs.
   a. True
   b. False

la Tunisie

5. The world organization for countries where French is spoken is . . .
   a. a political and economic federation, a kind of French commonwealth.
   b. the only international organization based on a language.
   c. a vehicle for recognizing the cultural diversity of French-speaking people.

B. En parlant. Now compare your answers with those of a partner to see how you did.

Number 1

Did you answer . . . b. 175 million? You are correct. About 115 million people are native speakers of French: 60 million of these live in France; about 20 million live in countries where part of the population speaks French as an everyday language (Belgium, Canada, Switzerland); about 35 million live in areas where a majority of the population use some other language(s) for everyday communication. Another 60 million people speak French regularly as a second language. The number of French-speaking people in the world has tripled since 1945. Give yourself two points.

la Polynésie française

Number 2

The answer is False; give yourself two points if you answered correctly. In a Francophone country, not necessarily everyone speaks French. In some countries, French is both an official language (used in government and education) and a vernacular language (used in everyday communication). Belgium is an example of a country in which French is both an official and a vernacular language. In Haiti, on the other hand, French serves as one of two official languages, but is spoken by only about 15 percent of the population. The vernacular language of all Haitians is Haitian Creole.

la Guadeloupe

Number 3

The answer is True; give yourself two points if you answered correctly. Since 1968, French and English have been declared official languages in Louisiana. About a quarter million speakers of Cajun French live in southwest Louisiana.

Number 4

Two points if you answered True. Philosophers such as Montesquieu, Voltaire, and Rousseau had a profound effect on the politics of the era. Both Benjamin Franklin and Thomas Jefferson spoke French and lived for a time in Paris, meeting many of the great French thinkers of the day. The influence of French philosophers is seen in our own United States Constitution: the notion of separation of executive, legislative, and judicial powers is an idea developed by Montesquieu in his work **L'Esprit des lois** (*The Spirit of Laws*).

Number 5

The answer is both b and c; give yourself two points for either, four points if you answered both! In 1970, several African nations formed an entity to promote technological and cultural development across French-speaking countries. The current organization, **l'Organisation internationale de la Francophonie (l'OIF)**, includes 53 member states, 2 associate members, and 13 observer nations. In 32 of these countries, French serves as an official language for some 175 million people, more than half of whom are fluent speakers of the language. A new charter, **La Charte de la Francophonie**, was adopted by the **OIF** in 2005, promoting human rights, cooperation, and development among member nations.

le Sénégal

C. Après avoir parlé. How did you and your partner score? Did any of these answers surprise you? Why, or why not?

Leçon 2 *Dans la salle de classe*

Points de départ

La salle de classe

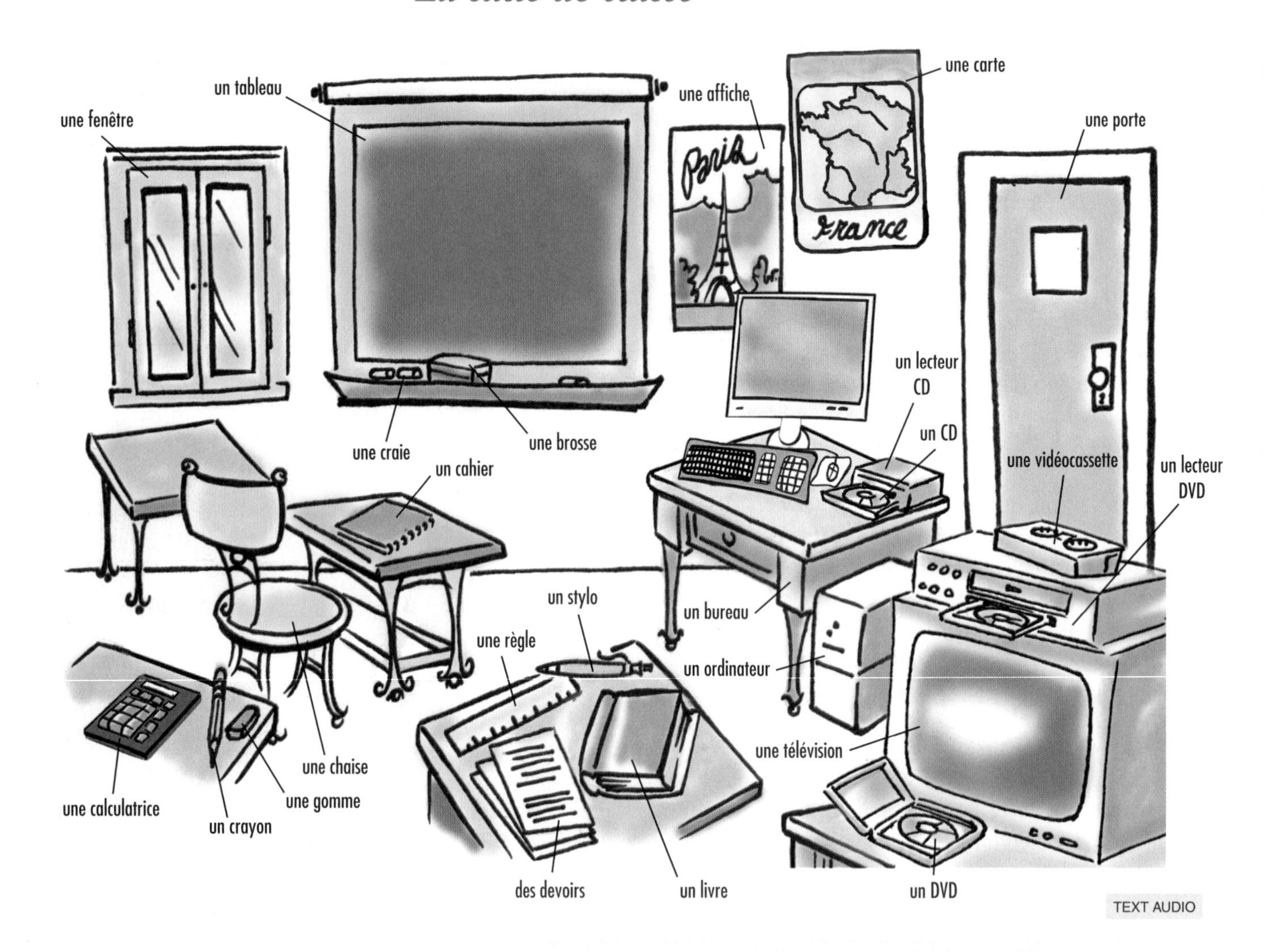

TEXT AUDIO

—Il y a un crayon sur le bureau ?
—Non, il n'y a pas de crayon, mais il y a un stylo. Voilà.

—Il y a des affiches dans la salle de classe ?
—Non, il n'y a pas d'affiches.

LE PROFESSEUR DIT :

Écoutez bien, s'il vous plaît !
Regardez le tableau !
Levez-vous !
Allez au tableau !
Allez à la porte !
Ouvrez la fenêtre !
Fermez le livre !
Montrez-moi votre livre !
Montrez Paris sur la carte !
Ne parlez pas anglais !
Prenez un stylo !
Écrivez votre nom et votre prénom !
Lisez les mots au tableau !
Effacez le tableau !
Écoutez sans regarder le livre !
Répondez en français !
Donnez la craie à Marie-Laure !
Rendez-moi les devoirs !
Asseyez-vous !
Merci.
De rien.

LES ÉTUDIANTS RÉPONDENT :

Pardon ? Je ne comprends pas.
Répétez, s'il vous plaît !
Parlez plus fort !
Comment dit-on « board » en français ?

Vie et culture

La scolarité en France

This chart provides an overview of the French school system. What general information is provided about public schools in France? What are the main levels of instruction? Find the words **école**, **collège**, and **lycée** in the chart. To what level of instruction do these terms correspond? How does this compare to the system you grew up in?

Nearly all French children are enrolled in school by age three. Why do you think this might be the case?

La rentrée (*back to school*) for French school children generally takes place early in September and for university students, early in October. A significant event for retailers and families, **la rentrée** marks the end of vacation and the change of seasons.

LIRE EN PARTANT DU BAS DU TABLEAU

Enseignement supérieur	UNIVERSITÉS ou ÉCOLES SUPÉRIEURES			
Enseignement secondaire 2°	LYCÉE GÉNÉRAL, TECHNOLOGIQUE ou PROFESSIONNEL	**Terminale** pour **Bac général** ou **Bac technologique**	**Bac professionnel** *(en 2 ans)*	
		1ère	brevet d'études professionnelles ou certificat d'aptitude professionnelle	
		2ème	2ème professionnelle	
	COLLÈGE	3ème		14 – 15 ans
		4ème		13 – 14 ans
		5ème		12 – 13 ans
		6ème		11 – 12 ans
Enseignement primaire 1°	ÉCOLE ÉLÉMENTAIRE	cours moyen 2	Cycle 3	10 – 11 ans
		cours moyen 1		9 – 10 ans
		cours élémentaire 2		8 – 9 ans
		cours élémentaire 1	Cycle 2	7 – 8 ans
		cours préparatoire		6 – 7 ans
	ÉCOLE MATERNELLE	Grande section		5 – 6 ans
		Moyenne section	Cycle 1	4 – 5 ans
		Petite section		3 – 4 ans 2 – 3 ans

En France, la scolarité est **obligatoire** de 6 à 16 ans. L'école est **publique**, **laïque** et **gratuite**.

À vous la parole

P-12 Voilà ! As your instructor asks about various classroom objects, hand them over, point them out, or say there aren't any.

MODÈLES Donnez-moi un stylo, s'il vous plaît !
➤ Voilà (*and you hand over a pen*).

Montrez-moi une carte de France, s'il vous plaît !
➤ Voilà (*and you point to a map of France*).

Il y a des affiches ici ?
➤ Oui, voilà des affiches *(and you point to some posters)*.
OU ➤ Non, il n'y a pas d'affiches.

P-13 Dans la salle de classe. Write down as many different classroom objects as you can see. Now compare your list with that of a classmate. Cross off the items that are common to both lists, then give yourself a point for each item on your list that your partner did not name. Who has the most points?

MODÈLE É1 ~~un bureau~~, ~~une fenêtre~~, un livre, ~~une carte~~, une affiche, une télé
É2 ~~un bureau~~, un tableau, une craie, ~~une fenêtre~~, ~~une carte~~
É1 = 3 pts, É2 = 2 pts

P-14 C'est logique. With a partner, complete each command in as many logical ways as possible.

MODÈLE Ouvrez...
➤ Ouvrez la fenêtre.
OU ➤ Ouvrez le livre.

1. Regardez...
2. Écoutez...
3. Rendez-moi...
4. Montrez-moi...
5. Fermez...
6. Effacez...
7. Répondez...
8. Allez...
9. Écrivez...
10. Prenez...

P-15 Qu'est-ce que vous dites ? What could you say in each situation?

MODÈLE You want the teacher to speak up.
➤ Parlez plus fort, s'il vous plaît !

1. You want to interrupt the teacher.
2. You want the teacher to repeat.
3. You don't understand.
4. You ask how to say *door* in French.
5. You want to thank someone.
6. You can't hear what's being said.
7. You don't know how to say *please* in French.
8. Someone says **Merci !** to you.

Sons et lettres

L'alphabet et les accents

TEXT AUDIO

Here are the letters of the alphabet together with their pronunciation in French.

a	(a)	j	(ji)	s	(ès)
b	(bé)	k	(ka)	t	(té)
c	(sé)	l	(èl)	u	(u)
d	(dé)	m	(èm)	v	(vé)
e	(eu)	n	(èn)	w	(double vé)
f	(èf)	o	(o)	x	(iks)
g	(jé)	p	(pé)	y	(i grec)
h	(ach)	q	(ku)	z	(zèd)
i	(i)	r	(èr)		

Accents and other diacritical marks are an integral part of French spelling.

- **L'accent aigu** is used with **e** to represent the vowel /e/ of **stressé**:

  Andr**é** Qu**é**bec stress**é** r**é**p**é**tez

- **L'accent grave** is used with **e** to represent the vowel /ɛ/ of **la règle**:

  la r**è**gle le mod**è**le tr**è**s Gen**è**ve

  It is also used with **a** and **u** to differentiate words:

  la *the* vs. là *there* ou *or* vs. où *where*

- **L'accent circonflexe** can be used with all five vowel letters. It often marks the loss of the sound /s/ at an earlier stage of French. The **s** is still present in English words borrowed from French before that loss occurred.

  être s'il vous pla**î**t bient**ô**t

  la h**â**te *haste* l'h**ô**pital *hospital* co**û**ter *to cost*

- **Le tréma** indicates that vowel letters in a group are pronounced individually:

  toi vs. Loïc /lo-ik/ Claire vs. Haïti /a-i-ti/

- **La cédille** indicates that **c** is to be pronounced as /s/ rather than /k/ before the vowel letters **a**, **o**, or **u**:

  ça français Françoise

Additional practice activities for each **Sons et lettres** section are provided by:
- Student Activities Manual
- Text Audio

À vous la parole

P-16 Les sigles. Practice saying each French acronym, then match it with its full form. Can you provide the English equivalent for each?

1. l'ONU	a. l'Union européenne
2. l'OEA	b. les États-Unis d'Amérique
3. l'OTAN	c. l'Organisation des Nations unies
4. l'UE	d. le syndrome immunodéficitaire acquis
5. le SIDA	e. l'Organisation des États Américains
6. les USA	f. l'Organisation du Traité de l'Atlantique Nord

P-17 Qu'est-ce que c'est ? Reorder the letters to identify things you find in the classroom, and spell the correct word aloud.

MODÈLES LYSTO
➤ S-T-Y-L-O, stylo.

NORACY
➤ C-R-A-Y-O-N, crayon.

1. LERVI	3. LATAUBE	5. TROPE	7. DAUNITETÉ
2. TAREC	4. ICASHE	6. VISODER	8. CIERA

P-18 Les accents. Correct the following words or phrases by adding the missing accents and other diacritics, then spell each word aloud. (The asterisk indicates that these words are spelled incorrectly.)

1. le *francais	3. une *fenetre	5. *repondez	7. *repetez
2. une *regle	4. le verbe *etre	6. *bientot	8. *voila

FORMES ET FONCTIONS

1. Le genre et les articles au singulier

All French nouns are assigned to one of two noun classes—*feminine* or *masculine*—and are therefore said to have a *gender*. The gender of a noun determines the form of other words that accompany it—for example, articles and adjectives.

- **The indefinite article**

The indefinite articles **un** and **une** correspond to *a* or *an* in English. **Une** is used with feminine nouns and **un** with masculine nouns. **Un** or **une** can also mean *one*:

Voilà **un** bureau.	*Here's a desk.*
Donnez-moi **une** chaise.	*Give me a chair.*
Il y a **une** fenêtre dans la salle de classe.	*There's one window in the classroom.*

Before a vowel sound, **un** ends with an /n/ sound that is pronounced as if it were part of the next word: **un**‿ami, **un**‿ordinateur.

The definite article

There are three forms of the singular definite article, corresponding to *the* in English: **la** is used with feminine nouns, **le** with masculine nouns, and **l'** with all nouns beginning with a vowel sound. As in English, the definite article is used to indicate a previously mentioned or specified noun.

Voilà **la** carte.	*Here's the map.*
C'est **le** professeur.	*That's the professor.*
Donnez-moi **l'**affiche.	*Give me the poster.*

In French the definite article also designates a noun used in a general or abstract sense. In such cases, no article is used in English.

J'aime **le** football.	*I like soccer.*
Ma sœur adore **la** musique.	*My sister loves music.*

LES ARTICLES

	masculin	féminin
indéfini	**un** cahier **un**‿ordinateur	**une** règle **une** affiche
défini	**le** cahier **l'**ordinateur	**la** règle **l'**affiche

Predicting the gender of nouns

Since the gender of a noun is not always predictable, it is a good idea to memorize the gender of each new word that you learn. For example, learn **une affiche** rather than **affiche** or **l'affiche**. The following guidelines will help you identify the gender of many nouns.

- Nouns designating females are usually feminine and nouns designating males are usually masculine:

la dame	*the lady*	**le** monsieur	*the man*
une étudiante	*a (female) student*	**un** étudiant	*a (male) student*

- The names of languages are masculine:

le français	*French*	**le** créole	*Creole*

- Words recently borrowed from other languages are generally masculine:

le marketing **le** yoga **le** rap **le** tennis

- Some endings are good predictors of the gender of nouns:

MASCULINE ENDINGS: **-eau, -o, -isme, -age**

le tableau **le** stylo **le** socialisme **le** jardinage (*gardening*)

FEMININE ENDINGS: **-ion, -té**

la nation **la** télévision **la** liberté **la** quantité

À vous la parole

P-19 Dans la salle de classe. What can you name in this classroom?

MODÈLE ➤ Il y a un bureau,...

P-20 Voilà ! Can you find the following objects in your classroom? If so, take turns with a partner indicating to whom they belong.

MODÈLE un lecteur CD
➤ Voilà un lecteur CD ; c'est le lecteur CD de David.

1. un cahier
2. un crayon
3. une calculatrice
4. un livre
5. un stylo
6. un bureau
7. une règle
8. une gomme

P-21 Quel genre ? Can you guess the gender of these unfamiliar words?

MODÉLE japonais
➤ le japonais

1. rock
2. château
3. camouflage
4. solution
5. communisme
6. diva
7. métro
8. beauté

2. *Le nombre et les articles au pluriel*

• Plurals of nouns

Most French nouns are made plural by adding a written letter **-s**:

un livre	*a book*	deux livre**s**	*two books*
une fenêtre	*one window*	trois fenêtre**s**	*three windows*

Singular nouns that end in a written -s do not change in the plural; nouns ending in **-eau** add the letter **-x**:

un cours	*a course*	deux cours	*two courses*
un bureau	*one desk*	trois bureau**x**	*three desks*

Although a letter **-s** or **-x** is added to written words to indicate the plural, it is not pronounced. You must listen for a preceding word, usually a number or an article, to tell whether a noun is plural or singular.

• Plurals of articles

The plural form of the definite article is always **les**, which is pronounced /le/:

le livre	*the book*	**les** livres	*the books*
la chaise	*the chair*	**les** chaises	*the chairs*

The plural form of the indefinite article is always **des**, which is pronounced /de/:

un cahier	*a notebook*	**des** cahiers	*notebooks, some notebooks*
une porte	*a door*	**des** portes	*doors, some doors*

In English, plural nouns often appear without any article; in French, an article almost always accompanies the noun:

Il y a **des** livres ici.	*There are books here.*
J'aime **les** affiches.	*I like posters.*

Before a vowel sound, the **-s** of **les** and **des** is pronounced as /z/:

les chaises vs. **les**‿affiches (/z/) des bureaux vs. **des**‿ordinateurs (/z/)

À vous la parole

P-22 Dans la salle de classe. Ask a classmate whether each of the objects listed can be found in your classroom. He or she can respond by indicating to whom they belong.

MODÈLE CD

É1 Il y a des CD ?

É2 Oui, voilà les CD de Vincent.

1. cahiers
2. livres
3. stylos
4. cartes
5. règles
6. devoirs
7. DVD
8. gommes
9. affiches

P-23 Dans ta chambre. Ask a classmate questions to find out what objects are in his or her room.

MODÈLE É1 Il y a des affiches ?

É2 Oui, il y a trois affiches.

OU Non, mais il y a des photos.

P-24 Sur mon bureau. In groups of three, compare what is on your desk at home by naming at least three items that are on it.

MODÈLE É1 Sur mon bureau, il y a un ordinateur, des livres et une photo.

É2 Et sur mon bureau, il y a…

É3 Sur mon bureau, il y a…

Stratégie

Look for *cognates* **(des mots apparentés)** as you read a text. Cognates are words whose form and meaning are very similar in French and English. Focusing on cognates can help you grasp the general meaning of a text.

P-25 Titres de journaux

A. Avant de lire. Here is a series of headlines from the French-language press. As you read them, you will find that you are able to grasp their general meaning because they include a number of cognates. For example, you can guess that the article entitled **Dossier Beauté : Écolo Cosméto** probably has to do with cosmetics and ecology because of the words **Écolo** and **Cosméto**. The subtitle contains other cognates that help confirm this guess, including **cosmétologie, crèmes, plantes, aérosols,** and **fréon**.

B. En lisant. Watching for cognates, decide which headline/s deal/s with …

1. art
2. sports
3. politics/elections
4. cosmetics
5. medical news
6. the environment
7. international diplomacy

How did you make your decision in each case?

1\.

Regards sur la ville aimée
Le musée de la Photographie à Charleroi présente une rétrospective de Gilbert De Keyser et une excellente cuvée de jeunes photographes.

Le Soir (Bruxelles)

2\.

LE DOSSIER HAÏTI PASSE AUX NATIONS-UNIES
Résolution OEA

Haïti en marche (Miami)

3\.

DOSSIER BEAUTÉ : ÉCOLO COSMÉTO
La cosmétologie se met à l'heure écolo. Shampooings biodégradables, crèmes aux plantes, aérosols sans fréon…

20 ans (Paris)

4\.

Basketball/Première ligue
Uni et Corcelles vont mal

L'Express (Neuchâtel)

5\.

LA RÉFORME DU SYSTÈME ÉLECTORAL CANADIEN

Le Devoir (Montréal)

6\.

La bombe d'Amsterdam
Sida : Un troisième virus?

Le Nouvel Observateur (Paris)

C. En regardant de plus près. Now look more closely at these features of the headlines.

1. Point out at least one cognate in each headline.
2. Based on the context and use of cognates, indicate what the following words or expressions mean.
   a. Le musée de la Photographie (#1)
   b. Résolution OEA (#2)
   c. Écolo cosméto; crèmes aux plantes, aérosols sans fréon (#3)
   d. Uni et Corcelles vont mal (#4)
   e. Système électoral canadien (#5)
   f. Troisième virus (#6)

D. Après avoir lu. For each headline, the source has been indicated. What does this tell you about where French is used in the world today? Can you explain why French is used all over the world?

Vocabulaire

Leçon 1

pour vous présenter	***to introduce yourself***
Comment tu t'appelles ?	*What is your name?*
Comment vous appelez-vous ?	*What is your name?*
Je m'appelle Chantal.	*My name is Chantal.*
Je te/vous présente Guy.	*I introduce/present Guy to you.*
Voici…	*Here is/are . . .*
Enchanté/e.	*Delighted.*
Je suis de Montréal.	*I am from Montreal.*

pour saluer	***to greet***
Bonjour.	*Hello.*
Bonsoir.	*Good evening.*
Comment allez-vous ?	*How are you?*
Très bien, merci.	*Very well, thank you.*
Bien aussi.	*Fine, also.*
Salut.	*Hi.*
Comment ça va ?	*How's it going?*
Ça va, et toi ? / et vous ?	*Fine, and you?*
Pas mal.	*Not bad.*
Comme ci, comme ça.	*So-so.*
Ça ne va pas.	*Things aren't going well.*

pour prendre congé	***to take leave***
Au revoir.	*Good-bye.*
À bientôt.	*See you soon.*
À demain.	*See you tomorrow.*
Salut.	*'Bye.*

des personnes	***people***
Madame (Mme)	*Mrs./ma'am/Ms.*
Mademoiselle (Mlle)	*Miss*
Monsieur (M.)	*Mr./sir*
un/e ami/e	*friend*
un/e camarade de classe	*classmate*
moi	*me*

quelques expressions avec le verbe être	***a few expressions with the verb to be***
être en forme	*to be fine*
être fatigué/e	*to be tired*
être malade	*to be sick*
être occupé/e	*to be busy*
être stressé/e	*to be stressed out*
c'est/ce sont…	*this is/these are . . .*

autres mots utiles	***other useful words***
oui	*yes*
non	*no*
ou	*or*

Leçon 2

dans la salle de classe	***in the classroom***
une affiche	*poster*
une brosse	*eraser (for chalk- or whiteboard)*
un bureau	*desk*
un cahier	*notebook*
une carte	*map*
une calculatrice	*calculator*
un CD (inv.)	*CD, compact disk*
une chaise	*chair*
une craie	*piece of chalk*
un crayon	*pencil*
des devoirs (m.)	*homework*
un DVD (inv.)	*DVD*
une fenêtre	*window*
une gomme	*eraser (for pencil)*
un lecteur CD	*CD player*
un lecteur DVD	*DVD player*
un livre	*book*
un magnétoscope	*videocassette player*
un ordinateur	*computer*
une porte	*door*

une règle	*ruler*
un stylo	*pen*
un tableau	*board*
une télé(vision)	*television*
une vidéocassette	*videocassette*

des expressions pour la salle de classe — ***expressions for the classroom***

Allez à la porte !	*Go to the door!*
Allez au tableau !	*Go to the board!*
Asseyez-vous !	*Sit down!*
Donnez la craie à Marie-Laure !	*Give the piece of chalk to Marie-Laure!*
Écoutez bien, s'il vous plaît !	*Listen carefully, please!*
Écoutez sans regarder le livre !	*Listen without looking at the book!*
Écrivez votre nom et votre prénom !	*Write down your last name and your first name!*
Effacez le tableau !	*Erase the board!*
Fermez le livre !	*Close the book!*
Levez-vous !	*Get up/stand up!*
Lisez les mots au tableau !	*Read the words on the board!*
Montrez-moi votre livre !	*Show me your book!*
Montrez Paris sur la carte !	*Point to Paris on the map!*
Ne parlez pas anglais !	*Don't speak English!*
Ouvrez la fenêtre !	*Open the window!*
Prenez un stylo !	*Take a pen!*
Regardez le tableau !	*Look at the board!*
Rendez-moi les devoirs !	*Hand in your homework!*
Répondez en français !	*Answer in French!*
Pardon ?	*Excuse me?*
Je ne comprends pas.	*I don't understand.*
Répétez, s'il vous plaît.	*Repeat, please.*
Parlez plus fort !	*Speak louder.*
Comment dit-on « *board* » en français ?	*How do you say "board" in French?*

pour remercier quelqu'un — ***to thank someone***

Merci.	*Thank you.*
De rien.	*Not at all./You're welcome.*

des personnes — ***people***

un/e étudiant/e	*student*
un professeur	*teacher*
une dame	*lady*
un monsieur	*man*

autres mots utiles — ***other useful words***

Voilà…	*Here/There is/are . . .*
Il y a… (Il n'y a pas de…)	*There is/are . . . (There isn't/aren't any . . .)*
mais	*but*

What kind of occasion is shown here? Who are the people involved? Does this remind you of similar events in your own experience?

Chapitre 1

Ma famille et moi

Leçon 1 *Voici ma famille*

Leçon 2 *Les dates importantes*

Leçon 3 *Nos activités*

In this chapter:

- Talking about and describing family members
- Counting from 0 to 99 and telling how old someone is
- Describing activities
- Asking simple questions
- Describing families across the French-speaking world

Leçon 1 Voici ma famille

POINTS DE DÉPART

Ma famille

TEXT AUDIO

Salut, je m'appelle Éric Brunet. Voici ma famille :

D'abord il y a mes grands-parents Brunet—ce sont les parents de mon père. Mon père a une sœur ; elle s'appelle Annick Roy. Paul Roy est son mari. Ma tante est divorcée et remariée. Loïc est le fils de son premier mari mais Marie-Hélène est la fille de son deuxième mari, Paul Roy.

Ma mère est d'une famille nombreuse. Elle a deux frères et trois sœurs. Alors, j'ai beaucoup d'oncles, de tantes, de cousins et de cousines. Ma grand-mère Kerboul habite chez mon oncle ; mon grand-père Kerboul est décédé.

Ma grande sœur Fabienne est fiancée. J'ai aussi un petit frère, Stéphane. Chez nous il y a des animaux familiers. Nous avons un chien, César, deux chats, Minou et Cédille et trois oiseaux.

Additional practice activities for each **Points de départ** section are provided by:

- Student Activities Manual
- *Points de départ* Companion Website: **http://www.prenhall.com/pointsdedepart**

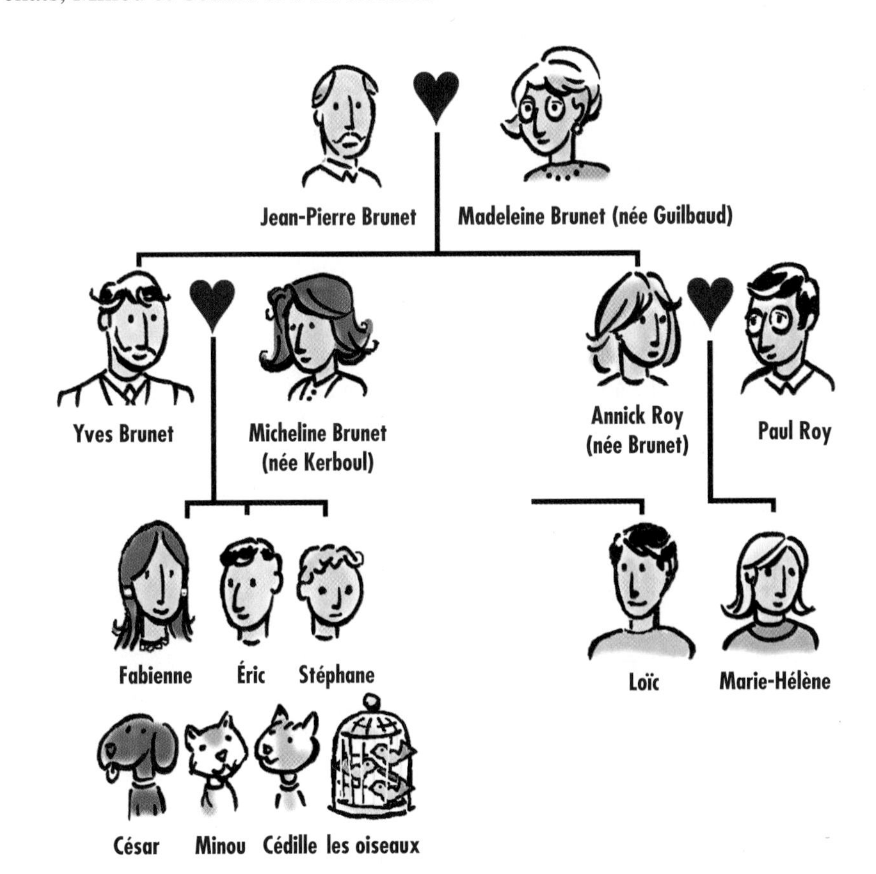

LA FAMILLE

le mari	la femme		
les parents		**les grands-parents**	
le père	la mère	le grand-père	la grand-mère
le beau-père	la belle-mère		
les enfants		**les petits-enfants**	
le fils	la fille	le petit-fils	la petite-fille
le frère	la sœur		
le demi-frère	la demi-sœur		
le cousin	la cousine		
l'oncle	la tante		
le neveu	la nièce		

célibataire fiancé/e marié/e divorcé/e décédé/e

1-1 Relations multiples. Describe the relationships among the various members of Éric's family.

MODÈLE Paul Roy : Annick Roy, Éric
➤ C'est le mari d'Annick Roy ; c'est l'oncle d'Éric.

1. Loïc : Marie-Hélène, Éric
2. Annick Roy : Yves Brunet, Paul Roy
3. Annick Roy : Madeleine Brunet, Fabienne
4. Loïc : Yves Brunet, Jean-Pierre Brunet
5. Fabienne : Annick Roy, Marie-Hélène
6. Éric : Jean-Pierre et Madeleine Brunet, Yves Brunet
7. Madeleine Brunet : Yves Brunet, Marie-Hélène
8. Jean-Pierre Brunet : Annick Roy, Fabienne

1-2 Le mot juste. Complete the definitions of these family relationships.

MODÈLE La mère de ma cousine est ma...
➤ La mère de ma cousine est ma tante.

1. Le père de ma mère est mon...
2. La sœur de mon père est ma...
3. La fille de mon oncle est ma...
4. Le frère de ma cousine est mon...
5. Le mari de ma tante est mon...
6. La mère de mon père est ma...
7. Le fils de mon frère est mon...
8. La fille de ma sœur est ma...

Vie et culture

La famille en France

The family is changing in France. Today's couples tend to marry later and have fewer children. Typically, French men marry at age 31 and French women, at age 29.

The divorce rate in France is rising; almost half of all marriages now end in divorce. In addition, nearly five million unmarried French men and women—more than one in six couples—live together. It is common for unmarried couples to have children together. Today, 59 percent of all first-time births are to unmarried women. It is also not unusual for couples to marry after the birth of one or more children. Since the creation of the **Pacte Civil de Solidarité (le PACS)** in 1999, unmarried couples living together, whether of the same or opposite sex, can legalize their union. Each year, increasing numbers choose to do so.

Although the family is changing, relations among family members still tend to be close and to have a strong influence in a French person's life. Young people have frequent contact with their extended family. They also tend to remain in their parents' home for longer periods of time. Typically French men leave home after age 24 and French women, after age 22.

How does the typical French family compare to the typical North American family, and to your own? Is the role of the family similar in France and in the United States, in your opinion?

Les animaux familiers

Pets are often an important part of the French family. Look at the video segment, *Les animaux familiers*, and identify the types of animals you see and where you see them—are there any places that surprise you? How would you feel about dining in a restaurant where pets are allowed under the tables? What does this custom suggest about differences in French and American attitudes toward public spaces?

1-3 Portrait d'une famille. Look at the family portrait by Post-Impressionist painter Henri Rousseau. The title of the painting is ***La noce*** and it depicts a wedding party. With a partner, identify the members of the wedding party.

MODÈLE Voilà le prêtre (*priest*),...

Henri Rousseau, « La noce », C. Jean/Réunion des Musées Nationaux/ Art Resource, NY.

Additional practice activities for each **Sons et lettres** section are provided by:
- Student Activities Manual
- Text Audio

Sons et lettres

TEXT AUDIO

Les modes articulatoires du français : la tension et le rythme

Vowel tension and rhythm are distinctive qualities of spoken French.

- **Pronouncing French vowels**

At the end of a syllable, French vowels are pronounced with lips and jaws tense. French vowels are usually shorter than corresponding English vowels, and the lips and jaws do not move as they are produced. In contrast, when you pronounce English vowels, your chin often drops or your lips move, and a glided vowel results.

- French /i/, as in **Mimi**, is pronounced with the lips smiling and tense. The sound produced is high-pitched.
- French /u/, as in **Doudou**, is pronounced with the lips rounded, tense, and projected forward. The sound produced is low-pitched and very different from the vowel of English *do*, because for the French /u/ the tongue is further back in the mouth.

Rhythm

French speech is organized in rhythmic groups, short phrases usually two to six syllables long. Each syllable within a rhythmic group has the same strength; each receives the same degree of stress. The last syllable tends to be longer than the others.

In English, some syllables within words are stronger than others. Consider the pronunciation of the following words:

re***peat*** ***lis***ten Chi***ca***go Minne***a***polis

The syllables that are not stressed are usually short, and their vowel is a short, indistinct one. In French, each syllable and therefore each vowel is pronounced evenly and distinctly.

Listen to the pronunciation of the following English and French words. Then, as you pronounce each French word yourself, count out the rhythm or tap it out with your finger.

1-2		1-2-3		1-2-3-4	
English	**French**	**English**	**French**	**English**	**French**
Phillip	Philippe	*Canada*	Canada	*Alabama*	Alabama
machine	machine	*alphabet*	alphabet	*Francophony*	francophonie
madam	madame	*Isabel*	Isabelle	*introduction*	introduction

À vous la parole

1-4 Les animaux familiers. At a pet show, owners are calling their cats. Repeat what they say, paying particular attention to the /u/ and /i/ sounds.

1. Ici (*here*), Mistigri !
2. Ici, Minouche !
3. Ici, Mimi !
4. Ici, Foufou !
5. Ici, Loulou !
6. Ici, Fifine !
7. Ici, Cachou !
8. Ici, Minette !

1-5 Slogan. In a French school zone you will find a sign urging motorists to drive slowly. Practice reading the warning aloud.

Pensez à nous ! Roulez tout doux ! *Think of us! Drive very slowly!*

1-6 Répétez. Practice pronouncing the following sentences with even rhythm. Count out the rhythm of each rhythmic group. The last syllable of each rhythmic group is printed in boldface characters.

1. 1-2 1-2 Bon**jour** / ma**dame**.
2. 1-2 1-2-3 Voi**ci** / Fati**ma**.
3. 1-2-3 1-2 Il s'ap**pelle** / Pa**trick**.
4. 1-2-3-4 1-2-3-4 C'est mon am**ie** / Sylvie Da**vy**.

Additional practice activities for each **Formes et fonctions** section are provided by:
- Student Activities Manual
- *Points de départ* Companion Website: **http://www.prenhall.com/pointsdedepart**

Formes et fonctions

1. *Les adjectifs possessifs au singulier*

- Possessive adjectives indicate ownership or other types of relationships.

Voilà **ma** mère. *There's my mother.*
C'est **ton** frère ? *Is that your brother?*
Ce sont **tes** crayons ? *Are these your pencils?*

informal

singulier			pluriel
masculin + consonne	*masc/fém + voyelle*	*féminin + consonne*	
mon frère	**mon**‿oncle	**ma** tante	**mes** cousins
ton père	**ton**‿ami/e	**ta** mère	**tes** parents
son cousin	**son**‿ami/e	**sa** sœur	**ses**‿amis

- The form of the possessive adjective depends on the gender and number of the noun that it modifies.

—C'est **le frère** de Sarah ?	—Oui, c'est **son** frère.	*Yes, it's her brother.*
—C'est **la tante** de Simon ?	—Oui, c'est **sa** tante.	*Yes, it's his aunt.*
—Voilà **les cousins** de Cédric.	—Voilà **ses** cousins.	*There are his cousins.*

- Use **mon**, **ton**, and **son** before any singular noun beginning with a vowel, and link the sound /n/ to the word that follows:

C'est **mon**‿amie Sandrine.	*This is my friend Sandrine.*
C'est **ton**‿oncle ?	*Is that your uncle?*

- For plural nouns beginning with a vowel, the **-s** of **mes**, **tes**, and **ses** is pronounced as /z/:

Voilà **ses**‿amies.	*There are his/her friends.*
Ce sont **mes**‿oncles.	*These are my uncles.*

1-7 C'est qui ? Imagine you are at a family gathering with a friend. Answer his or her questions about the other guests.

MODÈLES É1 Ce sont tes cousins ?
É2 Oui, ce sont mes cousins.
É1 C'est le frère de ton père ?
É2 Oui, c'est son frère.

1. C'est ta mère ?
2. Ce sont tes grands-parents ?
3. C'est ton frère ?
4. C'est ton oncle ?
5. Ce sont ton cousin et ta cousine ?
6. C'est la sœur de ta mère ?
7. C'est le mari de ta sœur ?
8. Ce sont ta nièce et ton neveu ?

1-8 Tu as ça ? Is your partner well-equipped for class? Ask if he or she has each of the items listed.

MODÈLES É1 Tu as ton livre de français ?
É2 Oui, voilà mon livre.
É1 Tu as ton cahier ?
É2 Non, pas aujourd'hui *(not today)*.

1. livre de français
2. cahier
3. devoirs
4. stylo
5. calculatrice
6. CD
7. règle
8. photos

1-9 Qu'est-ce que vous prenez ? Imagine that your dorm/house/apartment is on fire, and you have time to take only three things. What would you take? Make a list and share it with your partner.

MODÈLE
1. les photos de ma famille et de mes amis
2. mes deux chats, Mickey et Minnie
3. mon ordinateur

2. *Les adjectifs invariables*

- Adjectives are used to describe a person, place, or thing. French adjectives agree in gender and number with the noun they modify. Look at the adjective endings in the examples below. Note the addition of **-e** for the feminine forms (unless the adjective already ends in **-e**) and **-s** for the plural.

singulier	*f.*	Claire est	calme	et	réservé**e**.
	m.	Jordan est	calme	et	réservé.
pluriel	*f.*	Mes amies sont	calme**s**	et	réservé**es**.
	m.	Mes cousins sont	calme**s**	et	réservé**s**.

- All forms of adjectives like **calme** and **réservé**, whose masculine singular form ends in a written vowel, are pronounced alike. Because they have only one spoken form, they are called *invariable*. The feminine ending **-e** and the plural ending **-s** show up only in the written forms.

- Most French adjectives follow the noun they modify.

Sarah est une étudiante **sociable**.	*Sarah is a friendly student.*
Damien est un enfant **raisonnable**.	*Damien is a reasonable child.*

Adjectives are also used in sentences with the verb **être**, where they modify the subject.

Laurent est **optimiste**.	*Laurent is optimistic.*
Marie-Louise est **calme**.	*Marie-Louise is calm.*

- With a mixed group of feminine and masculine nouns, the masculine plural form of the adjective is used.

Lucie et Madeleine sont **têtues**.	*Lucie and Madeleine are stubborn.*
Romain et Grégorie sont **réservés**.	*Romain and Gregory are reserved.*
Alexandre et Marie sont **disciplinés**.	*Alexander and Marie are disciplined.*

The French often express a negative trait or thought by using its opposite in a negative sentence:

Elle n'est pas très sympa !	*She's not very nice!*
instead of	
Elle est désagréable !	*She's disagreeable!*

À vous la parole

1-10 Le contraire. Answer each question using the opposite adjective.

MODÈLE Ces étudiantes sont disciplinées ?
➤ Non, elles sont indisciplinées.

1. Ces femmes sont calmes ?
2. Ces professeurs sont idéalistes ?
3. Ces enfants sont sociables ?
4. Ces filles sont têtues ?
5. Ces familles sont conformistes ?
6. Ces étudiants sont pessimistes ?
7. Ces étudiantes sont timides ?

1-11 Contrastes. Compare your ideas with those of a classmate.

MODÈLE le frère/la sœur idéal/e

É1 Pour moi, le frère idéal est calme et réservé.

É2 Pour moi, le frère idéal est calme aussi, mais il est sociable.

1. le frère/la sœur idéal/e
2. le père idéal
3. le professeur idéal
4. l'étudiant/e typique
5. le/la partenaire idéal/e

POUR UNE DESCRIPTION PLUS PRÉCISE

un peu (*a little*) **assez** (*rather*) **très** (*very*) **vraiment** (*really*) **trop** (*too*)

←——————————————————————→

1-12 Descriptions. Describe each of the following people to a classmate.

MODÈLE ton/ta camarade de classe

➤ Mon camarade de classe est un peu indiscipliné, mais il est très sympathique.

1. ton/ta camarade de classe
2. ton professeur préféré
3. ton/ta meilleur/e (*best*) ami/e
4. ton frère ou ta sœur
5. ton père ou ta mère

Marie-Julie et sa famille

1-13 C'est ma famille

A. Avant de regarder. You will see three short interviews in which people describe their family. Watch the video clip a first time without sound. Try to determine which members of the family are being described by each speaker, and write down the relationships in French.

	without sound	**with sound**
Speaker(s)	relatives inferred	relatives described
Pauline :		
Bruno, Diane et Claire :		
Marie-Julie :	*son mari, sa fille*	

B. En regardant. Now watch the video clip with sound and see if your list is correct and complete. Can you add to the list of family relationships based on what you hear?

C. Après avoir regardé. Discuss the following questions with a partner.

1. How are these Francophone families similar to, or different from, North American families?
2. Can you draw at least a partial family tree for each speaker? What information is still missing? What additional questions might you ask each speaker?
3. Now describe the Francophone families pictured below, using the video clips as a model.

Voilà des familles francophones. Quelle famille habite en France ? en Algérie ? au Sénégal ?

Leçon 2 Les dates importantes

Points de départ

Les fêtes et les anniversaires

C'est le quatorze juillet.

C'est le vingt-cinq décembre.

C'est le premier mai.

C'est le onze novembre.

LES MOIS DE L'ANNÉE

janvier	avril	juillet	octobre
février	mai	août	novembre
mars	juin	septembre	décembre

septembre

L	Ma	Me	J	V	S	D
					1	2
3	4	5	6	7	8	9
10	11	12	13	14	15	16
17	18	19	20	21	22	23
24	25	26	27	28	29	30

C'est le 4 septembre. *It's September 4th.*

LES NOMBRES CARDINAUX DE 0 À 31

0 zéro	1 un	11 onze	21 vingt et un	31 trente et un
	2 deux	12 douze	22 vingt-deux	
	3 trois	13 treize	23 vingt-trois	
	4 quatre	14 quatorze	24 vingt-quatre	
	5 cinq	15 quinze	25 vingt-cinq	
	6 six	16 seize	26 vingt-six	
	7 sept	17 dix-sept	27 vingt-sept	
	8 huit	18 dix-huit	28 vingt-huit	
	9 neuf	19 dix-neuf	29 vingt-neuf	
	10 dix	20 vingt	30 trente	

À vous la parole

1-14 Complétez la série. With a partner, take turns reading aloud each series of numbers and adding a number to complete it.

MODÈLE 2, 4, 6,...

É1 deux, quatre, six,...
É2 deux, quatre, six, huit

1. 1, 3, 5,...
2. 7, 14, 21,...
3. 6, 12, 18,...
4. 2, 4, 8,...
5. 5, 10, 15,...
6. 25, 27, 29,...
7. 31, 30, 29,...
8. 28, 26, 24,...

1-15 Cours de mathématiques. Create math problems to test your classmates!

MODÈLES É1 10 + 2 = ? (Dix et deux/Dix plus deux, ça fait combien ?)
É2 Ça fait douze.
É3 20 – 5 = ? (Vingt moins cinq, ça fait combien ?)
É4 Ça fait quinze.

1-16 Associations. What number do you associate with the following?

MODÈLE la superstition
➤ treize

1. le vote
2. une paire
3. l'alphabet
4. le premier
5. un imbécile
6. la chance
7. l'indépendance
8. Noël

Vie et culture

Bon anniversaire et bonne fête !

Take a look at the French calendar shown below. How is it similar to the calendar you use? How is it different? Notice that some dates are highlighted in color. With a partner, make a list of these dates and try to determine the significance of each. Do some dates coincide with important dates on your own calendar? Also, note that a name is listed alongside most dates. Many French people celebrate two special days a year, their *birthday* (**Bon anniversaire !**) and their *saint's day* (**Bonne fête !**), the day associated in the Catholic tradition with the saint for whom they are named.

2009

JANVIER			FÉVRIER			MARS			AVRIL			MAI			JUIN		
1	J	J. de l'An, Marie	1	D	Ella	1	D	Aubin	1	M	Hugues	1	V	F. du Travail, Andéol	1	L	Justin
2	V	Basile	2	L	Présentation	2	L	Charles	2	J	Sandrine	2	S	Boris	2	M	Blandine
3	S	Geneviève	3	M	Blaise	3	M	Guénolé	3	V	Richard	3	D	Philippe, Jacques	3	M	Kevin
4	D	Épiphanie, Odilon	4	M	Véronique	4	M	Casimir	4	S	Isidore	4	L	Sylvain	4	J	Clotilde
5	L	Edouard	5	J	Agathe	5	J	Olive	5	D	Irène	5	M	Judith	5	V	Igor
6	M	Melaine	6	V	Gaston	6	V	Colette	6	L	Marcellin	6	M	Prudence	6	S	Norbert
7	M	Raimond	7	S	Eugénie	7	S	Félicité	7	M	Jean Bap. de la S.	7	J	Gisèle	7	D	F. des Mères, Gilbert
8	J	Lucien	8	D	Jacqueline	8	D	Jean de Dieu	8	M	Julie	8	V	Vict. 1945, Désirée	8	L	Médard
9	V	Alix	9	L	Apolline	9	L	Françoise	9	J	Gautier	9	S	Pacôme	9	M	Diane
10	S	Guillaume	10	M	Arnaud	10	M	Vivien	10	V	Fulbert	10	D	Solange	10	M	Landry
11	D	Paulin	11	M	N. D. Lourdes	11	M	Rosine	11	S	Stanislas	11	L	Estelle	11	J	Barnabé
12	L	Tatiana	12	J	Félix	12	J	Justine	12	D	PÂQUES, Jules	12	M	Achille	12	V	Guy
13	M	Yvette	13	V	Carême, Béatrice	13	V	Rodrigue	13	L	DE PÂQUES, Ida	13	M	Rolande	13	S	Antoine de P.
14	M	Nina	14	S	Valentin	14	S	Mathilde	14	M	Maxime	14	J	Matthias	14	D	Elisée
15	J	Rémi	15	D	Claude	15	D	Louise de M.	15	M	Paterne	15	V	Denise	15	L	Germaine
16	V	Marcel	16	L	Julienne	16	L	Bénédicte	16	J	Benoît-Joseph	16	S	Honoré	16	M	J. F. Régis
17	S	Roseline	17	M	Alexis	17	M	Patrice	17	V	Anicet	17	D	Pascal	17	M	Hervé
18	D	Prisca	18	M	Bernadette	18	M	Cyrille	18	S	Parfait	18	L	Eric	18	J	Léonce
19	L	Marius	19	J	Gabin	19	J	Joseph	19	D	Emma	19	M	Yves	19	V	Romuald
20	M	Sébastien	20	V	Aimée	20	V	Herbert	20	L	Odette	20	M	Bernardin	20	S	Silvère
21	M	Agnès	21	S	P. Damien	21	S	Clémence	21	M	Anselme	21	J	Ascension, Constantin	21	D	F. des Pères, Rodolphe
22	J	Vincent	22	D	Isabelle	22	D	Léa	22	M	Alexandre	22	V	Emile	22	L	Alban
23	V	Barnard	23	L	Lazare	23	L	Victorien	23	J	Georges	23	S	Didier	23	M	Audrey
24	S	François de Sales	24	M	Mardi gras, Modeste	24	M	Cath. de Su.	24	V	Fidèle	24	D	Donatien	24	M	Jean Bapt.
25	D	Conv. S. Paul	25	M	Cendres, Roméo	25	M	Annonciation, Humbert	25	S	Marc	25	L	Sophie	25	J	Prosper
26	L	Paule	26	J	Nestor	26	J	Larissa	26	D	Alida	26	M	Bérenger	26	V	Anthelme
27	M	Angèle	27	V	Honorine	27	V	Habib	27	L	Zita	27	M	Augustin	27	S	Fernand
28	M	Th. d'Aquin	28	S	Romain	28	S	Gontran	28	M	Valérie	28	J	Germain	28	D	Irénée
29	J	Gildas				29	D	Gwladys	29	M	Catherine	29	V	Aymar	29	L	Pierre, Paul
30	V	Martine				30	L	Amédée	30	J	Robert	30	S	Ferdinand	30	M	Martial
31	S	Marcelle				31	M	Benjamin				31	D	Pentecôte, Ferdinand			

JUILLET			AOÛT			SEPTEMBRE			OCTOBRE			NOVEMBRE			DÉCEMBRE		
1	M	Thierry	1	S	Alphonse	1	M	Gilles	1	J	Thérèse de l'E.J.	1	D	Toussaint	1	M	Florence
2	J	Martinien	2	D	Julien Eymard	2	M	Ingrid	2	V	Léger	2	L	Défunts	2	M	Viviane
3	V	Thomas	3	L	Lydie	3	J	Grégoire	3	S	Gérard	3	M	Hubert	3	J	Xavier
4	S	Florent	4	M	J.M. Vianney	4	V	Rosalie	4	D	François d'Assise	4	M	Charles	4	V	Barbara
5	D	Antoine	5	M	Abel	5	S	Raïssa	5	L	Fleur	5	J	Sylvie	5	S	Gérald
6	L	Mariette	6	J	Transfiguration, Hormisdas	6	D	Bertrand	6	M	Bruno	6	V	Bertille	6	D	Nicolas
7	M	Raoul	7	V	Gaétan	7	L	Reine	7	M	Serge	7	S	Carine	7	L	Ambroise
8	M	Thibaut	8	S	Dominique	8	M	Nativité N. D.	8	J	Pélagie	8	D	Geoffroy	8	M	I. Concept.
9	J	Armandine	9	D	Amour	9	M	Alain	9	V	Denis	9	L	Théodore	9	M	P. Fourier
10	V	Ulrich	10	L	Laurent	10	J	Inès	10	S	Ghislain	10	M	Léon	10	J	Romaric
11	S	Benoît	11	M	Claire	11	V	Adelphe	11	D	Firmin	11	M	Armistice 1918, Martin	11	V	Daniel
12	D	Olivier	12	M	Clarisse	12	S	Apollinaire	12	L	Wilfried	12	J	Christian	12	S	Jeanne F.C.
13	L	Henri, Joël	13	J	Hippolyte	13	D	Aimé	13	M	Géraud	13	V	Brice	13	D	Lucie
14	M	F. Nationale, Camille	14	V	Evrard	14	L	La Ste Croix	14	M	Juste	14	S	Sidoine	14	L	Odile
15	M	Donald	15	S	Assomption Marie la Vièrge	15	M	Roland	15	J	Thérèse d'Avila	15	D	Albert	15	M	Ninon
16	J	N.D. Mt-Carmel	16	D	Armel	16	M	Edith	16	V	Edwige	16	L	Marguerite	16	M	Alice
17	V	Charlotte	17	L	Hyacinthe	17	J	Renaud	17	S	Baudouin	17	M	Elisabeth	17	J	Gaël
18	S	Frédéric	18	M	Hélène	18	V	Nadège	18	D	Luc	18	M	Aude	18	V	Gatien
19	D	Arsène	19	M	Jean Eudes	19	S	Emilie	19	L	René	19	J	Tanguy	19	S	Urbain
20	L	Marina	20	J	Bernard	20	D	Davy	20	M	Adeline	20	V	Edmond	20	D	Abraham
21	M	Victor	21	V	Christophe	21	L	Matthieu	21	M	Céline	21	S	Prés. de Marie	21	L	Pierre C.
22	M	Marie Mad.	22	S	Fabrice	22	M	Maurice	22	J	Elodie	22	D	Christ Roi, Cécile	22	M	Françoise-X. C.
23	J	Brigitte	23	D	Rose de L.	23	M	Constant	23	V	Jean de C.	23	L	Clément	23	M	Armand
24	V	Christine	24	L	Barthélemy	24	J	Thècle	24	S	Florentin	24	M	Flora	24	J	Adèle
25	S	Jacques	25	M	Louis	25	V	Hermann	25	D	Crépin	25	M	Catherine L.	25	V	NOËL, Emmanuel
26	D	Anne, Joachim	26	M	Natacha	26	S	Côme, Damien	26	L	Dimitri	26	J	Delphine	26	S	Etienne
27	L	Nathalie	27	J	Monique	27	D	Vinc. de Paul	27	M	Emeline	27	V	Séverin	27	D	Jean
28	M	Samson	28	V	Augustin	28	L	Venceslas	28	M	Simon, Jude	28	S	Jacq. de la M.	28	L	Innocents
29	M	Marthe	29	S	Sabine	29	M	Michel	29	J	Narcisse	29	D	Avent, Saturnin	29	M	David
30	J	Juliette	30	D	Fiacre	30	M	Jérôme	30	V	Bienvenue	30	L	André	30	M	Roger
31	V	Ignace de L.	31	L	Aristide				31	S	Quentin				31	J	Sylvestre

1-17 C'est quelle date ? What date corresponds to each holiday?

MODÈLE Noël
➤ C'est le 25 décembre.

1. le jour de l'An
2. la Saint-Valentin
3. la fête du travail
4. la fête nationale américaine
5. la fête nationale française
6. l'Armistice
7. la Toussaint

1-18 Votre anniversaire et votre fête. Find a partner and ask each other when your birthday is and when your saint's day is. Share what you have learned about your partner with the class.

MODÈLE É1 Ton anniversaire, c'est quel jour ?
É2 C'est le 30 août. Et toi ?
É1 C'est le 9 mai.
É2 Et ta fête, Charles ?
É1 C'est le 2 mars. Et toi, Mandy ?
É2 Il n'y a pas de « Sainte Mandy ».

Sons et lettres

TEXT AUDIO

La prononciation des chiffres

numeral alone	before a consonant	before a vowel
u~~n~~	u~~n~~ jour	un‿an
une	une fille	une affiche
deu~~x~~	deu~~x~~ cousins	deux‿amis /z/
troi~~s~~	troi~~s~~ frères	trois‿oncles /z/
quatre	quatre profs	quatre étudiants
cin**q**	cin~~q~~ filles	cinq‿enfants
si**x** /sis/	si~~x~~ tantes	six‿oncles /z/
sep**t**	sept livres	sept‿images
hui**t**	hui~~t~~ cahiers	huit‿affiches
neu**f**	neuf cousines	neuf‿amies
di**x** /dis/	di~~x~~ mois	dix‿ans /z/
ving~~t~~	ving~~t~~ crayons	vingt‿affiches

In general, final consonant letters are not pronounced in French, for example: **le chat, mes parents**.

The numbers 1–10 are exceptions. Their pronunciation depends on whether they occur by themselves, as in counting (**un**, **deux**, **trois**…), or whether they are followed by another word (**un‿ami**, **deux‿enfants**, **six chiens**).

Except for **quatre** and **sept**, all numbers have two or three spoken forms. **Neuf** has a special form before the words **ans** and **heures**; **f** is pronounced /v/:

Il a neuf ans.	*He is nine years old.*
Il est neuf heures.	*It's nine o'clock.*

1-19 À la réunion de la famille Brunet. Repeat each expression.

Il y a…

un grand-père	un arrière-grand-père (*great-grandfather*)
trois tantes	trois oncles
dix filles	dix enfants
huit garçons	huit étudiants
cinq cousins	cinq animaux familiers

1-20 Une comptine. Repeat the following counting rhyme.

> Un, deux, trois, nous irons au bois,
> Quatre, cinq, six, cueillir des cerises.
> Sept, huit, neuf, dans mon panier neuf.
> Dix, onze, douze, elles seront toutes rouges.

Formes et fonctions

1. *Le verbe* avoir *et l'âge*

- The irregular verb **avoir** (*to have*) is used to indicate possession and other relationships:

J'**ai** une sœur.	*I have a sister.*
Tu **as** un crayon ?	*Do you have a pencil?*

- **Avoir** is also used to indicate age:

Elle **a** vingt ans.	*She is 20 years old.*
Nous **avons** dix-huit ans.	*We're 18 years old.*

In addition to the numbers you already know, the following numbers will be useful for talking about ages:

LES NOMBRES CARDINAUX DE 40 À 91

40	quarante	72	soixante-douze
50	cinquante	80	quatre-vingts
60	soixante	81	quatre-vingt-un
70	soixante-dix	90	quatre-vingt-dix
71	soixante et onze	91	quatre-vingt-onze

- Here are the forms of **avoir**, shown with the subject pronouns. Notice that the subject pronoun **je** becomes **j'** before a vowel. Pronounce the final **-s** of **nous**, **vous**, and **ils/elles** as /z/ in the plural form.

AVOIR *to have*

SINGULIER			PLURIEL		
j'	**ai**	*I have*	nous‿	**avons**	*we have*
tu	**as**	*you have*	vous‿	**avez**	*you have*
il / elle	**a**	*he/she/it has*	ils‿ / elles‿	**ont**	*they have*

- Use **ne ... pas de** to express the idea of *not having any*. Notice that both **ne** and **de** drop their final **-e** before a vowel sound.

Je **n'**ai **pas de** sœurs.	*I don't have any sisters.*
Nous **n'**avons **pas d'**oncle.	*We don't have an uncle.*

À vous la parole

1-21 Qu'est-ce que vous avez ? Compare with a partner what you brought to class today, and report back to your classmates. See how many different items you can name.

MODÈLE ➤ Nous avons des cahiers. J'ai aussi un stylo et un livre. Il/Elle a un crayon et un CD.

1-22 La famille Brunet. Tell how old each of the Brunet family members is.

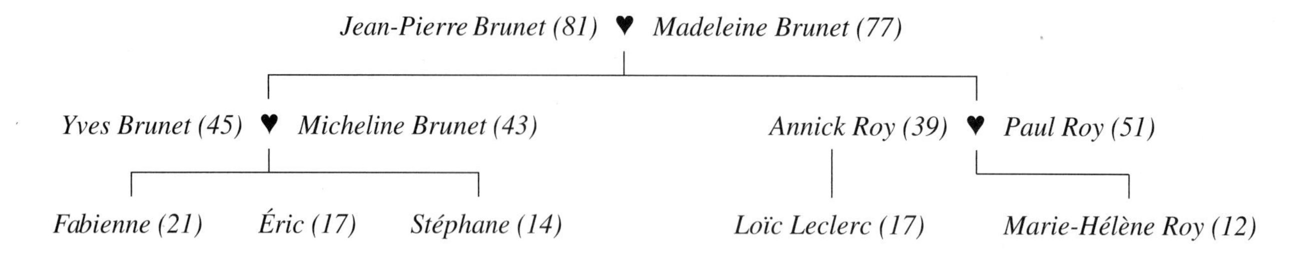

MODÈLE Quel âge ont les enfants de Jean-Pierre Brunet ?
➤ Yves Brunet a quarante-cinq ans et Annick Roy a trente-neuf ans.

1. Quel âge a la mère de Loïc ?
2. Quel âge a le père de Marie-Hélène ?
3. Quel âge a la sœur d'Éric ?
4. Quel âge ont les parents d'Yves Brunet ?
5. Quel âge ont les enfants d'Annick Roy ?
6. Quel âge a la femme d'Yves Brunet ?
7. Quel âge ont les neveux de Paul Roy ?

1-23 Et ta famille ? Ask a classmate how old various members of his or her family are.

MODÈLES ta mère ?

É1 Quel âge a ta mère ?
É2 Ma mère a quarante-huit ans.

tes frères ?

É1 Quel âge ont tes frères ?
É2 Mon frère Robert a douze ans. Mon frère Kevin a quinze ans.

1. ta mère ?
2. ton père ?
3. tes frères ?
4. tes sœurs ?
5. tes grands-parents ?
6. tes nièces ?
7. tes neveux ?
8. tes cousins ?

2. Les adjectifs possessifs au pluriel

- Corresponding to the subjects **nous**, **vous**, and **ils/elles** are the following possessive adjectives:

Voici **notre** père.	*Here's our father.*
C'est **votre** mère ?	*Is that your mother?*
C'est **leur** tante.	*That's their aunt.*

Remember that **vous/votre** can refer to one person (*formal*) or more than one.

- There is no distinction between masculine and feminine for **notre**, **votre**, and **leur**.

- For the plural forms, pronounce the final **-s** as /z/ before a vowel:

Ce sont **nos**‿oncles.	*These are our uncles.*
Voici **vos**‿affiches.	*Here are your posters.*
Ce sont **leurs**‿amis.	*These are their friends.*

singulier			pluriel
masculin + consonne	*masc/fém + voyelle*	*féminin + consonne*	
mon frère **ton** père **son** cousin	**mon**‿oncle **ton**‿ami/e **son**‿ami/e	**ma** tante **ta** mère **sa** sœur	**mes** cousins **tes** parents **ses**‿amis
	notre mère **votre** oncle **leur** père		**nos** cousines **vos**‿amis **leurs**‿oncles

1-24 C'est logique. Use the possessive to point out the person(s) indicated.

MODÈLE Nous avons une fille.
➤ Voici notre fille.

1. Nous avons deux fils.
2. Vous avez un neveu.
3. Vous avez trois cousins.
4. Ils ont une nièce.
5. Ils ont trois enfants.
6. Nous avons une tante.
7. Nous avons deux oncles.

1-25 Décrivons la famille Brunet. With a partner, describe the family from the point of view indicated.

MODÈLE pour Annick Roy

É1 Ses parents s'appellent Jean-Pierre et Madeleine.
É2 Sa nièce s'appelle Fabienne.

1. pour Fabienne Brunet
2. pour Jean-Pierre et Madeleine Brunet
3. pour Annick et Paul Roy
4. pour Loïc Leclerc et Marie-Hélène Roy
5. pour Yves Brunet
6. pour Fabienne, Éric et Stéphane Brunet

1-26 Encore la famille. Take turns asking and answering questions with a partner to describe your family.

MODÈLE des frères et des sœurs

É1 Tu as des frères et des sœurs ?
É2 Oui, j'ai deux frères.
É1 Comment s'appellent tes frères ?
É2 Mes frères s'appellent Chris et Alex.

1. des frères et des sœurs
2. les parents
3. des nièces et des neveux
4. des cousins
5. les grands-parents
6. des neveux

Stratégie

Use accompanying graphic elements to help understand a text. Often a graph or table, for example, will summarize at a glance the main points made in the text, serving as a useful point of reference both before and as you read.

1-27 La famille au Québec

A. Avant de lire. This reading about families in Quebec is accompanied by a table that presents census statistics about married and unmarried couples in the province. Examining the table beforehand can help you better understand the related text. Consider the following questions:

1. What types of family structure are referred to in the table? The key expressions here are: **avec enfants**, **sans enfants**, and **en union libre**. Can you explain the meaning of each? Notice that the footnotes provide additional information.
2. The far right column provides comparative data; what information is being compared?
3. What general conclusions might the statistics in the table lead you to make about the family in Quebec? Work with a partner to make a list.

Familles comptant un couple selon la présence d'enfants, chiffres de 2006, pour le Québec

Structure de la famille :		Variation 2001–2006 :
Nombre total de couples	1 768 785	5,0 %
Couples mariés avec enfants[1]	522 100	–12,3 %
Couples mariés sans enfants[2]	634 825	9,4 %
Couples en union libre avec enfants[1]	308 170	19,2 %
Couples en union libre sans enfants[2]	303 685	21,4 %

[1]un couple avec au moins un enfant âgé de moins de 25 ans
[2]un couple et enfants âgés de 25 ans et plus

Source : Statistique Canada « Familles et ménages : Faits saillants en tableaux, Recensement de 2006 », catalogue 97-553-XWF200602, paru le 12 septembre 2007, Accès: http://www12.statcan.ca/english/census06/data/highlights/households/pages/Page.cfm?Lang=F&Geo=PR&Code=01&Table=1&Data=Change&Age=2&StartRec=1&Sort=2&Display=Page

B. En lisant. The essential information in the text below, as in the preceding table, is statistical.

1. As you read, circle each statistic and focus on discovering its significance.
2. Which statistics are related to those in the preceding table?
3. Which of your preliminary conclusions based on analysis of the table can you now confirm?
4. What new information does the text provide about how couples are defined by the census?

Québec : le nombre d'unions libres continue de monter

Au Québec, un grand nombre de couples vivent[1] ensemble sans être mariés, selon le Recensement de 2006. De 2001 à 2006, le nombre d'unions libres a augmenté de 20,3 % au Québec pour atteindre[2] 611 900.

Les couples mariés représentent seulement[3] 54,5 % des familles comptées en 2006. C'est une baisse par rapport à[4] la proportion de 58 % enregistrée[5] en 2001. Parallèlement, la proportion de couples vivant en union libre a augmenté considérablement, passant de 25 % à 34,6 %.

En 2006, seulement 3 familles sur 10 (29,5 %) au Québec sont des couples mariés avec des enfants de 24 ans et moins à la maison.

Le Recensement de 2006 fournit[6] aussi des données[7] sur les couples de même[8] sexe. Un total de 13 700 couples se sont identifiés comme étant[9] des couples de même sexe. En mars 2004, le Québec est la troisième province à légaliser les mariages entre conjoints de même sexe. Au Recensement de 2006, on constate que 9,2 % des couples du même sexe au Canada sont mariés.

Adapté de Statistique Canada « Portrait de famille : continuité et changement dans les familles et les ménages du Canada en 2006, Recensement de 2006 », catalogue 97-553-XWF200601, paru le 12 septembre 2007. Accès : http://www12.statcan.ca/francais/census06/analysis/famhouse/provterr5.cfm.

[1]habitent [2]*reach* [3]*only* [4]*in comparison with* [5]*recorded* [6]donne [7]*facts* [8]*same* [9]*as being*

C. En regardant de plus près. Find the French words in the text corresponding to the following words and expressions in English:

1. according to the Census
2. to increase
3. a decline
4. living together without being married

D. Après avoir lu. Think about and then discuss the following questions with classmates.

1. What seems to be the primary trend in Quebec family life, as indicated by the statistics given in the text and illustrated by the related table? Based on what you have learned about current family life in France, is this trend similar to or different from what is happening in France? In what way? Are the trends similar in your own community? Explain your answer.
2. What options are available to same-sex couples in Quebec? How is this similar to, or different from the options in France? How does it compare to where you live?

Leçon 3 Nos activités

POINTS DE DÉPART

Une semaine typique

TEXT AUDIO

C'est une semaine typique chez les Dupont. Le lundi matin, M. Dupont travaille normalement au bureau et Mme Dupont travaille dans le jardin. Simon a 12 ans. Il est au collège. Émilie a 16 ans. Elle est au lycée.

Aujourd'hui, c'est mardi. Mme Dupont parle au téléphone maintenant ; elle invite ses parents à déjeuner dimanche.

Le mercredi, après-midi, Simon n'a pas d'école. Il joue au foot avec ses copains.

Le jeudi après-midi, M. Dupont joue souvent au golf ; il aime le sport.

Le vendredi soir, Simon ne travaille pas, il écoute de la musique ou regarde la télé.

Le samedi, il n'y a pas d'école. Les enfants restent à la maison. Émilie joue du piano et elle prépare sa leçon de chant.

Dimanche, les grands-parents arrivent, et la famille déjeune ensemble.

Vie et culture

La semaine

Look at the weekly schedule of a French elementary school student. What do you notice about the times at which school begins and ends? the lunch break? the days on which there are classes? Many students devote the day on Wednesday to sports and cultural activities such as music or art lessons. Now discuss the following questions with your classmates:

1. How might this schedule impact the family? What questions would you have about how French families handle childcare or leisure time issues?
2. How does a typical week for young French students compare to that of North American students? What are the advantages and disadvantages of these varying schedules?

Emploi du temps CM2

	LUNDI	MARDI	MERCREDI	JEUDI	VENDREDI
8h30					
9h	français orthographe	français conjugaison		français vocabulaire	français orthographe grammaire
9h30					
10h	EPS	EPS		EPS	
10h30					
11h	mathématiques calcul mental	mathématiques calcul mental	pas d'école	mathématiques	mathématiques éducation civique
11h30					
13h30					
14h					
14h30	français production écrite	français production écrite		français lecture	sciences
15h	éducation civique	études dirigées		études dirigées	études dirigées
15h30	sciences géographie				
16h				français	
16h30	études dirigées	arts plastiques musique		sciences histoire	EPS

LES PARTIES DE LA JOURNÉE

le matin   l'après-midi   le soir

LES JOURS DE LA SEMAINE

lundi   mardi   mercredi   jeudi   vendredi   samedi   dimanche

DES ACTIVITÉS

arriver	déjeuner	écouter	inviter	jouer à/de	parler
préparer	regarder	rester	réviser	téléphoner	travailler

The definite article **le** is used with days of the week or times of day to refer to an activity that always happens on that particular day of the week or at that particular time:

Le lundi, je travaille à la maison.	*Mondays, I work at home.*
Le samedi, on dîne au restaurant.	*On Saturdays, we eat out.*
Le soir, je regarde la télé.	*In the evening, I watch TV.*

Compare these examples with the sentences below, which do not use an article with the days of the week because they refer to specific, non-repeated activities.

Je joue au tennis avec des amis **mardi**.	*I'm playing tennis with friends on Tuesday.*
Dimanche, je dîne avec ma mère.	*Sunday, I'm having dinner with my mother.*

À vous la parole

1-28 Associations de mots. What words do you associate with each of the verbs listed? Work with a partner to find as many answers as possible.

MODÈLE regarder
➤ la télé, un film, le tableau

1. écouter
2. jouer
3. rester
4. préparer
5. parler
6. travailler
7. aimer
8. inviter

1-29 L'agenda de Sophie. Tell what Sophie has written in her pocket calendar each day of the week.

MODÈLE ➤ Lundi matin, elle invite Michèle au cinéma.

Lundi 13	Mardi 14	Mercredi 15	Jeudi 16	Vendredi 17	Samedi 18
(09) SEPTEMBRE	(09) SEPTEMBRE	(09) SEPTEMBRE	(09) SEPTEMBRE	(09) SEPTEMBRE	(09) SEPTEMBRE
S. Aimé	La Ste Croix	S. Roland	S. Edith	S. Renaud	S. Nadège
9h inviter Michèle au cinéma		10h préparer les leçons			10h travailler dans le jardin avec Maman
	19h préparer la leçon de chant		16h téléphoner à Grand-mère	20h jouer au tennis avec Julie	

Dimanche 19	
(09) SEPTEMBRE	
S. Emilie	14h regarder un film avec Michèle

1-30 Qu'est-ce que vous faites le samedi ? Use the elements from each column to tell a classmate what you typically do on Saturday.

MODÈLE le matin / je révise / mes leçons
➤ Le matin je révise mes leçons.

	je travaille	le dîner
le matin	j'écoute	mes copains à dîner
l'après-midi	je joue	au tennis
le soir	je révise	la télé, un film
	je regarde	à la maison
	j'invite	de la musique
		mes leçons

Formes et fonctions

1. Le présent des verbes en -er *et la négation*

Regular French verbs are classified according to the ending of their infinitive. Most have an infinitive form that ends in **-er**. To form the present tense of an **-er** verb, drop the **-er** from the infinitive and add the appropriate endings according to the pattern shown.

REGARDER *to look at, to watch*			
SINGULIER		PLURIEL	
je	regard**e**	nous	regard**ons**
tu	regard**es**	vous	regard**ez**
il / elle / on	regard**e**	ils / elles	regard**ent**

Can you provide the missing form of *jouer* ?

- Verbs ending in **-er** have three spoken forms. All singular forms and the **ils/elles** plural forms are pronounced alike. Their endings are important written signals, but they are not pronounced. The only endings that represent sounds are **-ons** and **-ez**, which correspond to the subject pronouns **nous** and **vous**.

- When a verb begins with a consonant, there is no difference in the pronunciation of singular and plural for **il/s** and **elle/s**. Use the context to decide whether the speaker means one person, or more than one:

Mon cousin, il joue du piano.	*My cousin, he plays piano.*
Mes frères, ils jouent au foot.	*My brothers, they play soccer.*

- When the verb begins with a vowel sound, pronounce the final **-s** in **ils/elles** as /z/. This allows you to distinguish the singular form from the plural.

il aime vs. ils‿aiment	*he likes, they like*
elle habite vs. elles‿habitent	*she lives, they live*

- **On** is an indefinite pronoun that can mean *one*, *they*, or *people*, depending on the context. In conversational French, **on** is often used instead of **nous**.

On parle français ici.	*They speak French here.*
On joue au foot ?	*Shall we play soccer?*

- In French the present tense is used to talk about a state or an habitual action:

Je **parle** français.	*I speak French.*
Il **travaille** le week-end.	*He works on weekends.*

- It is also used to talk about an action taking place while one is speaking:

On **regarde** la télé.	*We're watching TV.*

- To make a sentence negative, put **ne** (or **n'**) before the verb and **pas** after it:

Je **ne** travaille **pas**.	*I'm not working.*
Nous **n'**aimons **pas** le golf.	*We don't like golf.*

1-31 Une semaine chez les Dupont. Imagine that you're Mme Dupont, and describe your family's activities throughout the week.

MODÈLE lundi matin : Mme Dupont
➤ Je travaille dans le jardin.

1. lundi matin : M. Dupont, les enfants
2. mardi : Mme Dupont
3. mercredi après-midi : Simon
4. jeudi après-midi : M. Dupont
5. vendredi soir : Simon
6. samedi matin : les enfants
7. dimanche : les grands-parents, la famille

1-32 Vos habitudes. With a partner, take turns explaining when you or the people you know typically do the things listed.

MODÈLES vous / regarder la télé
➤ Je regarde la télé le vendredi soir.
OU ➤ Je ne regarde pas la télé.

vos parents / téléphoner aux enfants
➤ Ils téléphonent aux enfants le week-end.

1. vos amis / préparer leurs leçons
2. vous / regarder un film
3. vous et vos amis / jouer au tennis
4. votre père / préparer le dîner
5. vous / écouter la radio
6. votre frère ou sœur / téléphoner aux parents
7. vos parents / travailler
8. vous / rester à la maison

1-33 Cette semaine. With a classmate, take turns telling some of the things you'll be doing later this week.

MODÈLE ➤ Jeudi soir, je révise mes leçons ; vendredi soir, je regarde un film avec mes copains ; samedi, je parle au téléphone avec mes parents...

Then report back to the class what you learned about your partner.

2. Les questions

There are two types of questions in English and French: *yes-no questions*, which require confirmation or denial, and *information questions*, which contain words such as **qui** (*who*) or **comment** (*how*) and ask for specific information.

- The simplest way to form yes-no questions in French is to raise the pitch level of your voice at the end of the sentence. These questions are said to have a rising intonation:

Émilie est ta cousine ?	*Emily is your cousin?*
Tu t'appelles Anne ?	*Your name is Anne?*

Another way of asking a yes-no question is by putting **est-ce que/qu'** at the beginning of the sentence. These questions are usually pronounced with a falling voice pitch:

Est-ce que vous parlez français ?	*Do you speak French?*
Est-ce qu'il joue au foot ?	*Does he play soccer?*

- If a question is phrased in the negative, and you want to contradict it, use **si** in your response:

—Tu n'es pas mariée ?	*—You're not married?*
—**Si**, voilà mon mari.	*—Yes (I am), there's my husband.*
—Tu n'aimes pas le français ?	*—You don't like French?*
—**Si**, j'aime le français.	*—Yes, I do like French.*

- When French speakers think they already know the answer to a question, they sometimes add **n'est-ce pas** to the end of the sentence for confirmation.

Vous êtes de Paris, **n'est-ce pas**?	*You're from Paris, aren't you?*
Ton père parle français, **n'est-ce pas**?	*Your father speaks French, doesn't he?*

However, be careful. French speakers do not use **n'est-ce pas** as frequently as American speakers use tag questions such as *aren't you? doesn't he? didn't you?*

À vous la parole

1-34 Encore la famille Brunet ! Ask for confirmation from your classmates concerning the members of the Brunet family.

MODÈLE La mère d'Éric s'appelle Micheline.

É1 Est-ce que la mère d'Éric s'appelle Micheline ?

OU La mère d'Éric s'appelle Micheline ?

É2 Oui, sa mère s'appelle Micheline.

1. Éric a une sœur.
2. Sa sœur s'appelle Fabienne.
3. Il a deux cousins.
4. Ses grands-parents sont Jean-Pierre et Madeleine Brunet.
5. Il n'a pas de frère.
6. Sa tante est divorcée et remariée.
7. Elle a deux enfants.
8. La demi-sœur de Loïc s'appelle Marie-Hélène.
9. Annick Roy a un frère.
10. Le mari de Micheline s'appelle Yves.

1-35 C'est bien ça ? Draw a picture on the board. Your classmates will try to guess what it is.

MODÈLE (Vous dessinez un crayon.)

É1 Est-ce que c'est un stylo ?

É2 C'est une craie ?

É3 Ah, c'est un crayon !

1-36 Une interview. Interview a member of your class that you do not know very well to find out more about him or her. Use the suggested topics, and report to the class something you have learned about your partner.

MODÈLE avoir des frères ou des sœurs

É1 Est-ce que tu as des frères ou des sœurs ?

É2 J'ai une sœur, mais je n'ai pas de frères.

1. avoir des enfants
2. avoir des animaux familiers
3. travailler beaucoup
4. jouer du piano ou de la guitare
5. jouer au football ou au tennis
6. regarder la télé
7. préparer le dîner
8. regarder des films
9. inviter des copains à dîner

1-37 Une famille louisianaise

A Louisiana family checks their fishing nets in the waters of the Atchafalaya swamp.

A. Avant d'écrire. Read Amélie Ledet's description of her family's origins. Her family is typical of many in southwest Louisiana: some of her ancestors are of Acadian origin, others came directly from western France, and still others were earlier German settlers who were assimilated into the French-speaking population. Based on her description, sketch the part of Amélie's family tree that she describes.

> Mon nom, c'est Amélie Ledet. J'ai 22 ans et j'habite à Montagut dans la paroisse Lafourche. Mon arrière-arrière-arrière-grand-père du côté de mon père s'appelle Jules Desormeaux. Il est né° à Grand Pré, en Acadie, en 1745 et il est décédé en 1806. Sa femme s'appelle Marie Landry. Mon arrière-arrière-arrière-grand-mère est née à Port-Royal, Acadie, en 1751 et elle est décédée en 1810. Du côté de ma mère, mon arrière-arrière-arrière-grand-père s'appelle Pierre Arceneaux. Il est né près de La Rochelle, en France, en 1772. Il est décédé en Louisiane en 1840. Sa femme, Louise La Branche (Zweig), est née au Lac des Allemands, en Louisiane, en 1780. Elle est décédée en 1845.

°*was born*

B. En écrivant. Now sketch your own family tree. Underneath, include a paragraph explaining where your (great-)grandparents are from. Use Amélie's description as a model.

C. Après avoir écrit. Share your paragraph with your classmates to get a sense of the diversity within your own class.

Vocabulaire

Leçon 1

les relations familiales	***family relations***
un beau-père	*stepfather, father-in-law*
une belle-mère	*stepmother, mother-in-law*
un/e cousin/e	*cousin*
un/e enfant	*child*
une famille nombreuse	*big family*
une femme	*wife, woman*
une fille	*daughter, girl*
un fils	*son*
un frère	*brother*
un garçon	*boy*
une grand-mère	*grandmother*
un grand-père	*grandfather*
des grands-parents (m.)	*grandparents*
un mari	*husband*
une mère	*mother*
un neveu, des neveux	*nephew, (nieces &) nephews*
une nièce	*niece*
un oncle	*uncle*
des parents (m.)	*parents, relatives*
un père	*father*
une petite-fille, des petites-filles	*granddaughter, granddaughters*
un petit-fils, des petits-fils	*grandson, grandsons*
des petits-enfants (m.)	*grandchildren*
une sœur	*sister*
une tante	*aunt*

l'état civil	***marital status***
célibataire	*single*
décédé/e	*deceased*
divorcé/e	*divorced*
fiancé/e	*engaged*
marié/e	*married*
remarié/e	*remarried*

des animaux familiers	***pets***
un animal familier	*pet*
un chat	*cat*
un chien	*dog*
un oiseau	*bird*

le caractère	***disposition, nature, character***
calme	*calm*
conformiste	*conformist*
désagréable	*disagreable*
discipliné/e	*disciplined*
dynamique	*dynamic*
idéaliste	*idealistic*
indiscipliné/e	*undisciplined*
individualiste	*individualistic*
optimiste	*optimistic*
pessimiste	*pessimistic*
raisonnable	*reasonable*
réaliste	*realistic*
réservé/e	*reserved*
sociable	*outgoing*
stressé/e	*stressed out*
sympa(thique)	*nice*
têtu/e	*stubborn*
timide	*shy*

pour exprimer l'intensité	***to express intensity***
assez	*rather*
beaucoup	*a lot*
un peu	*a little*
très	*very*
trop	*too (much)*
vraiment	*really*

quelques mots divers	***various words***
chez	*at the home of*
chez nous	*at our place*
deuxième	*second*
habiter	*to live*
un homme	*man*
premier	*first*

Leçon 2

les mois (m.) de l'année (f.)	***the months of the year***
janvier	*January*
février	*February*
mars	*March*
avril	*April*
mai	*May*
juin	*June*
juillet	*July*
août	*August*
septembre	*September*
octobre	*October*
novembre	*November*
décembre	*December*
Quelle est la date ... de ton anniversaire (m.) ?	*What is the date . . . of your birthday?*
C'est le premier mai.	*It's May 1.*
C'est le 4 septembre.	*It's September 4.*

l'âge (m.)	***age***
un an	*one year*
avoir	*to have*
Quel est ton/votre âge ?	*What is your age?*
Quel âge as-tu ?/ Quel âge avez-vous ?	*How old are you?*
J'ai 19 ans.	*I am 19 years old.*

les nombres de 0 à 99
(see p. 39 for 0 to 31and p. 43 for 40 to 91)

Leçon 3

pour dire quand	***to say when***
lundi	*Monday*
mardi	*Tuesday*
mercredi	*Wednesday*
jeudi	*Thursday*
vendredi	*Friday*
samedi	*Saturday*
dimanche	*Sunday*
aujourd'hui	*today*
la semaine	*week*
le week-end	*weekend*
le jour	*day*
le matin	*morning*
l'après-midi (m.)	*afternoon*
le soir	*evening*
maintenant	*now*

les activités	***activities***
aimer	*to like, to love*
arriver	*to arrive*
déjeuner	*to have breakfast/lunch*
dîner	*to have dinner*
écouter de la musique/ la radio	*to listen to music/ the radio*
inviter	*to invite*
jouer au foot/du piano	*to play soccer/the piano*
ne ... pas (Je ne joue pas.)	*not (I'm not playing/ I don't play.)*
parler au téléphone	*to talk on the phone*
préparer le dîner	*to fix dinner*
regarder un film/ la télé/des photos	*to watch a movie/TV/ look at photos*
rester à la maison	*to stay home*
réviser la leçon	*to review the lesson*
téléphoner à quelqu'un	*to call somebody*
travailler dans le jardin	*to work in the garden/yard*

quelques lieux	***some places***
au bureau	*at the office*
à l'école	*at school*
au collège	*in middle school*
au lycée	*in high school*
à la maison	*at home*

la musique	***music***
la musique classique	*classical music*
une guitare	*a guitar*

quelques sports	***some sports***
le foot(ball)	*soccer*
le golf	*golf*
le tennis	*tennis*

autres mots utiles	***other useful words***
avec	*with*
ensemble	*together*
une leçon de chant	*singing lesson*
si	*yes (after a negative question)*
typique	*typical*

Who are the people shown here, and what are they doing? Does this remind you of experiences you've had with people you know?

Chapitre 2 Voici mes amis

Leçon 1 *Mes amis et moi*

Leçon 2 *Nos loisirs*

Leçon 3 *Où est-ce qu'on va ce week-end ?*

In this chapter:

- Describing appearance and personality
- Talking about leisure activities
- Asking for information
- Specifying dates and distances
- Understanding the notions of friendship and leisure across the French-speaking world

Leçon 1 Mes amis et moi

POINTS DE DÉPART

Elles sont comment ?

TEXT AUDIO

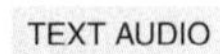

Additional practice activities for each **Points de départ** section are provided by:
- Student Activities Manual
- *Points de départ* Companion Website: **http://www.prenhall.com/pointsdedepart**

Denise et Marie regardent un album de photos.

DENISE : C'est toi sur la photo là, avec le chapeau ?
MARIE : Bien sûr !
DENISE : Tu es jolie ! Qui sont les autres filles ?
MARIE : Ce sont mes amies du collège.
DENISE : Comment s'appelle l'autre fille avec un chapeau ?
MARIE : Ça c'est Diane ; elle est maintenant à la fac avec moi. C'est ma colocataire. Elle est très intelligente et ambitieuse. Mais elle est amusante aussi ; elle adore les histoires drôles.
DENISE : Et la grande fille mince et rousse ?
MARIE : C'est Clara. Elle est très élégante. Elle travaille dans une clinique ; c'est une fille gentille et généreuse.
DENISE : Et la blonde ?
MARIE : C'est Anne-Laure. Elle est super sportive et sociable ; pas du tout paresseuse, elle !
DENISE : Pas comme toi, donc !
MARIE : Arrête !

POUR DÉCRIRE LES FEMMES

jeune	d'un certain âge	âgée	
belle	jolie	moche	
grande	de taille moyenne	petite	
mince	forte	grosse	
blonde	rousse	châtain	brune
élégante			
gentille		méchante	
généreuse		égoïste	
intelligente		bête	
ambitieuse	énergique	paresseuse	
sportive		pantouflarde	
sérieuse	drôle	amusante	

2-1 En d'autres termes. Describe each young woman, using other words.

MODÈLE Clara n'est pas égoïste.
➤ Clara est généreuse.

1. Clara n'est ni (*neither*) brune, ni blonde, ni châtain.
2. Clara n'est pas petite.
3. Clara n'est pas méchante.
4. Diane n'est pas très mince.
5. Diane n'est pas petite.
6. Diane n'est ni blonde, ni rousse, ni châtain.
7. Diane n'est pas bête.
8. Anne-Laure n'est pas paresseuse.
9. Anne-Laure n'est pas grande, mais elle n'est pas petite non plus (*either*).
10. Anne-Laure n'est pas pantouflarde.

2-2 Une personne connue. Describe a well-known girl or woman, real or imaginary, and have your classmates guess who it is.

MODÈLE É1 Elle est très jeune ; elle a environ (*about*) douze ans. Elle est petite, mince et rousse. Elle n'a pas de parents, mais elle a un chien, Sandy.
É2 C'est Annie, la petite orpheline.

2-3 Voici une amie/mes amies. Bring in a photo of a female friend or friends to describe to a partner.

MODÈLE ➤ Voici la photo d'une de mes amies. Elle s'appelle Julie. Elle est grande et blonde. Elle est intelligente et très énergique. Elle aime le tennis.

Vie et culture

Mon ami

While the term **un/e ami/e** means *a friend*, if you introduce someone as **mon ami/e**, French speakers will probably assume that the person is your boyfriend/girlfriend. You can also refer to a boyfriend/girlfriend as **mon petit ami/ma petite amie** or **mon copain/ma copine**. If you want to introduce someone who is a friend, but not a boyfriend/girlfriend, you can say, **Voici un de mes amis**, or **Voici une copine**.

Watch the video clip *Les amis*. Which groups of friends would refer to each other as **mon ami/e** and which as **un/e ami/e**? How can you tell? Do we make a similar distinction in English?

Les amis

The nature of friendship varies from culture to culture. In France, friendships are often formed slowly, over years, but once established, they tend to last a lifetime. American visitors and exchange students sometimes find it difficult to form friendships with French peers because they are only in France for a short time. French exchange students and visitors to the United States, on the other hand, often report that Americans make friends very quickly and that they have many friends, but that these friendships seem superficial by French standards. Raymonde Carroll, a French anthropologist living in the United States, points out that the French use the word **ami** only for those people with whom a strong bond of friendship has been established. Americans, in contrast, use the term *friend* more loosely, in place of *acquaintance*, *classmate*, and even *co-worker*, as well as for close friends.

Voici quelques amis qui discutent au café.

Et vous ?

1. What behaviors or features of American society might promote the perception among the French that friendships are formed quickly?
2. Would you generally characterize American friendships as "superficial"? Do you think that some deeper, lifetime friendships are also formed in the United States, as in France? Explain your response.
3. Do you agree with Carroll's observation that Americans use the word *friend* rather loosely? What advantages and disadvantages are there to using *friend* to refer to a wide range of relationships?

Additional practice activities for each **Sons et lettres** section are provided by:
- Student Activities Manual
- Text Audio

Sons et lettres

TEXT AUDIO

La détente des consonnes finales

As a general rule, final consonant letters are not pronounced in French:

l'enfa**nt** elle e**st** nou**s** somme**s** trè**s** jeune**s** beaucou**p**

However, there are four final consonant letters that are generally pronounced: **-c**, **-r**, **-f**, and **-l**. To remember them, think of the English word *careful.*

la fa**c** pou**r** neu**f** Danie**l**

An exception is the letter **-r** in the infinitive ending **-er** and in words ending in **-er** and **-ier**:

écout**er** dans**er** le dîn**er** le prem**ier** janv**ier**

The letter **n** is seldom pronounced at the end of a word. Together with the preceding vowel letters it represents a nasal vowel sound:

m**on** cop**ain** le chi**en** l'**en**f**an**t

At the end of a word, one or more consonant letters followed by **-e** always stand for a pronounced consonant. These consonants must be clearly articulated, for they mark important grammatical distinctions such as feminine versus masculine forms of adjectives. The final written **-e** doesn't represent any sound.

	Danielle es**t**	intelligen**te**	amusan**te**	sérieu**se**
vs.	Daniel es**t**	intelligen**t**	amusan**t**	sérieu**x**

À vous la parole

2-4 Prononcer ou ne pas prononcer ? In which words should you pronounce the final consonant?

avec Robert	il aime danser	s'il vous plaît	pour ma sœur
neuf cahiers	le jour de Noël	le Québec	le singulier

2-5 Contrastes. Read each pair of sentences aloud and note the contrasts.

C'est Denise. / C'est Denis.
Voilà Françoise. / Voilà François.
Pascale est amusante. / Pascal est amusant.
Michèle est blonde. / Michel est blond.

Formes et fonctions

1. *Les adjectifs variables*

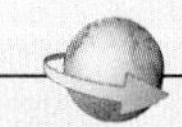

Additional practice activities for each **Formes et fonctions** section are provided by:
- Student Activities Manual
- *Points de départ* Companion Website: **http://www.prenhall.com/pointsdedepart**

- You have learned that adjectives agree in gender and number with the noun they modify. *Invariable* adjectives have only one spoken form. The feminine ending **-e** and the plural ending **-s** show up only in the written forms.

Ma sœur est têtu**e**.	Mes amies sont têtu**es**.
Mon frère est discipliné.	Mes amis sont disciplinés.
Mon père est calme.	Mes parents sont calme**s**.

- *Variable* adjectives have masculine and feminine forms that differ in pronunciation. Their feminine form ends in a pronounced consonant. To pronounce the masculine, drop the final consonant sound. The written letter **-s** or **-x** at the end of plural adjectives is not generally pronounced.

singulier	*f.*	Claire est	amusan**te**	et	généreu**se**.
	m.	Jacques est	amusant	et	généreu**x**.
pluriel	*f.*	Mes amies sont	amusan**tes**	et	généreu**ses**.
	m.	Mes copains sont	amusan**ts**	et	généreu**x**.

The feminine form of variable adjectives always ends in the letter **-e**. The final **-e** is dropped in the masculine form; therefore, the final consonant sound, heard in the feminine form, is also dropped. Although some variable adjectives have spelling irregularities, this pronunciation rule still applies. For example, in the feminine form **généreuse** [ʒenerøz], the final consonant is pronounced, but it is dropped in the masculine form **généreux** [ʒenerø]. In the written form, the final **-e** is dropped in the masculine and the final **-s** is changed to **-x**. Other regular variable adjectives that show spelling changes include:

rou**sse** → rou**x**	gro**sse** → gro**s**	genti**lle** → genti**l**

- Adjectives whose masculine singular form ends in **-x** do not change in the masculine plural form.

Laurent est rou**x**.	Laurent et Matthieu sont rou**x**.

- As you have learned, with a mixed group of feminine and masculine nouns, the plural form of the adjective is always the masculine form.

Jessica et Laure sont **brunes**.	*Jessica and Laure are brunettes.*
Kevin et Benoît sont **blonds**.	*Kevin and Benoît are blonds.*
Max et Sylvie sont **roux**.	*Max and Sylvie are redheads.*

- Note the following irregular forms:

féminin	masculin
belle	beau
brune	brun
sportive	sportif

À vous la parole

2-6 Pas mes amis ! Your friends are quite different from what your mother thinks; tell how.

MODÈLE Tes amies sont paresseuses !
➤ Ah non, elles sont énergiques.

1. Tes amis sont méchants !
2. Tes amis sont trop idéalistes !
3. Tes amies sont têtues !
4. Tes amis sont trop petits !
5. Tes amis sont trop bêtes !
6. Tes amis sont égoïstes !
7. Tes amies sont trop sérieuses !
8. Tes amis sont tous (*all*) pessimistes !

2-7 Les amis. Describe the friends in this photo.

MODÈLE ➤ Le garçon, ici (*here*), est assez grand et brun.

2-8 Le monde idéal. Describe ideal people and pets, following the suggestions below. In each case, compare your ideal with that of a classmate, then with the class as a whole.

MODÈLE le chien idéal

É1 Pour moi, le chien idéal est petit, gentil et intelligent.

É2 Pour moi aussi, le chien idéal est gentil et intelligent, mais il est grand.

1. la mère idéale
2. l'enfant idéal
3. le/la colocataire idéal/e
4. le professeur idéal
5. l'étudiant idéal
6. l'ami/e idéal/e
7. le/la partenaire idéal/e
8. le chat idéal

2. Les adverbes interrogatifs

- To ask a question requesting specific information, it is necessary to use some type of interrogative word or expression. The interrogative word or expression usually comes at the beginning of the question and is usually followed by **est-ce que/qu'**:

Où est-ce que tes amis travaillent ?	*Where do your friends work?*
Quand est-ce que sa copine arrive ?	*When does his girlfriend arrive?*

Some of the words or expressions frequently used to ask questions are:

comment	*how*	**Comment est-ce que** tu t'appelles ?
où	*where*	**Où est-ce qu'**il travaille ?
quand	*when*	**Quand est-ce que** tu arrives ?
pourquoi	*why*	**Pourquoi est-ce que** tu ne travailles pas ?
combien de	*how many*	**Combien d'**étudiants **est-ce qu'**il y a ?

The question **pourquoi ?** can be answered in two ways:

—**Pourquoi est-ce que** tu aimes tes amis ?	—*Why do you like your friends?*
—**Parce qu'**ils sont très amusants.	—*Because they're lots of fun.*
—**Pourquoi est-ce que** tu téléphones ?	—*Why are you calling?*
—**Pour** inviter mes amis à dîner.	—*To invite my friends to dinner.*

When used to ask *how many*, **combien** is linked to the noun by **de/d'**:

Combien de frères est-ce que tu as ?	*How many brothers do you have?*
Combien d'enfants est-ce qu'ils ont ?	*How many children do they have?*

- Another question construction, called *inversion*, is used in writing, in formal conversation, and in a few fixed expressions. In questions with a pronoun subject using inversion, the subject follows the verb and is connected to it with a hyphen.

Notice that when the verb form ends in a vowel, the letter **-t-** is inserted before the pronoun and linked to it with a hyphen.

Comment **vas-tu** ?	*How are you?*
Comment **allez-vous** ?	*How are you?*
Quel âge **a-t-il** ?	*How old is he?*

Inversion is also more generally used with the verbs **aller** and **être** when the subject is a noun:

Comment **vont tes parents** ?	*How are your parents?*
Où **est ta sœur** ?	*Where's your sister?*

2-9 Pardon ? You can't quite hear all that your instructor says, so use a question word or expression to ask for the missing information.

MODÈLE J'ai cinq cahiers.
➤ Combien ?

1. Nous travaillons dans la salle de classe.
2. Il y a un examen mardi.
3. Il y a trois étudiants français.
4. Jacques est absent parce qu'il est malade.
5. Elle s'appelle Chloé.
6. Elle a deux sœurs.
7. Nous ouvrons le livre pour réviser un exercice.

2-10 À propos de Thomas. Your friend is telling you about her new boyfriend, Thomas, and you want more details.

MODÈLE Thomas a deux colocataires.
➤ Ah bon ? Comment est-ce qu'ils s'appellent ?
➤ Ah bon ? Est-ce qu'ils sont aussi étudiants ?

1. Il est assez jeune.
2. Il n'habite pas dans la résidence (*dorm*).
3. Il est d'une famille nombreuse.
4. Il travaille le week-end.
5. Il arrive bientôt.
6. Il n'est pas en forme.
7. Il n'aime pas le sport.
8. Il a des chiens.

2-11 Questions indiscrètes ? Interview one of your classmates, asking him/her questions about the following subjects. Report back to the class what you learned about your partner.

MODÈLES la famille

➤ Est-ce que tu as des frères ou des sœurs ?
➤ Où est-ce qu'ils habitent ?...

la musique

➤ Est-ce que tu aimes la musique ?
➤ Quand est-ce que tu aimes écouter de la musique ? ...

(you report back) Voici Ian. Il a un frère. Il habite à Baltimore. Ian n'aime pas la musique mais...

1. la famille
2. les animaux
3. les amis
4. la musique
5. le sport

Lisons

2-12 Les Misérables

A. Avant de lire. You are about to read an excerpt from the opening paragraphs of the novel ***Les Misérables*** by Victor Hugo, a well-known nineteenth-century French novelist, playwright, and poet. ***Les Misérables*** has been translated into many languages and has been a major musical for many years.

Three characters are introduced in the beginning of the novel, the Bishop of Digne and the two women in his household. Look at the illustrations of these three characters by Georges Jeanniot for the first edition of ***Les Misérables***. Then make lists of adjectives you know in French that could be used to describe each person. Using the illustrations to make preliminary assumptions about these characters can help you follow the author's descriptions, even if you cannot understand every word.

Stratégie

Use illustrations to predict content. To anticipate and better understand an author's descriptions in a text, make preliminary assumptions by studying the illustrations.

Additional activities to develop the four skills are provided by:
- Student Activities Manual
- Text Audio
- *Points de départ* video
- *Points de départ* Companion Website: **http://www.prenhall.com/pointsdedepart**

L'évêque

Mme Magloire, Mlle Baptistine, Jean Valjean et l'évêque

B. En lisant. As you read the descriptions of the Bishop, Mlle Baptistine, and Mme Magloire, focus on getting a general sense of the passage. You will note that the author incorporates a number of adjectives into his description of the two women and gives an indication of each person's age. Then look for the answers to the following specific questions:

1. How old is the Bishop, M. Myriel?
2. Knowing that **moins** means *less*, indicate how old his sister is.
3. What is the name of the Bishop's sister?
4. What is the name of their household servant?
5. Give two adjectives in English to describe each woman.

En 1815, M. Charles-Francois-Bienvenu Myriel était[1] évêque de Digne. C'était un vieillard[2] d'environ soixante-quinze ans...

M. Myriel était arrivé[3] à Digne accompagné d'une vieille fille[4], Mlle Baptistine, qui était sa sœur et qui avait[5] dix ans de moins que lui.

Ils avaient[6] pour tout domestique une servante appelée Mme Magloire. 5

Mlle Baptistine était une personne longue, pâle, mince, douce[7]. Elle n'avait jamais[8] été jolie...

Mme Magloire était une petite vieille, blanche, grasse, replète[9], affairée, toujours haletante, à cause de son activité d'abord, ensuite à cause d'un asthme. 10

[1]*past tense of the verb* être [2]une personne âgée [3]*had arrived* [4]une femme d'un certain âge qui est célibataire [5]*past tense of the verb* avoir, sg. [6]*past tense of the verb* avoir, pl. [7]*gentle* [8]*never* [9]grosse

C. En regardant de plus près. Take a closer look at the following features of the text.

1. There are two words in the text that are synonyms and mean "household worker." What are they?
2. Mlle Baptistine is described with the adjective **longue**. Can you provide a synonym in French for this word? What point do you think the author is trying to make with the choice of this particular adjective?
3. Look at the adjective **affairée**. This is an adjective used to describe a very busy person. Do you know any other adjectives in French that could be used to indicate the same idea?
4. Mme Magloire is described as **haletante**. The rest of the sentence explains why she is described in this way. Given this context, and the illustration of Mme Magloire, what do you think the adjective **haletante** means?

D. Après avoir lu. How successful are the author's brief descriptions in painting a portrait of each of the three characters? Look back at the lists of adjectives you drew up in preparation for reading. How closely do your predictions coincide with what you read? Is there anything you would change in the illustrations, based on the descriptions in the text?

Leçon 2 Nos loisirs

Points de départ

Nos activités

TEXT AUDIO

Moi, je fais du sport ; je joue au foot avec des amis. Nous avons un match tous les samedis.

Mes copains font de la musique. Ils jouent dans un groupe. Ils donnent un concert samedi soir. Mamadou joue de la guitare et Valentin joue du piano.

François et Léa organisent une fête. François fait les courses et Léa fait la cuisine.

Ma copine Amélie ne fait pas grand-chose ; elle reste à la résidence et elle regarde un film. Ses amies Vanessa et Anne-Laure jouent aux échecs.

Nathalie est super sportive ; elle fait de la natation. Elle fait du vélo aussi.

Benjamin fait du bricolage et son amie Élodie fait du jardinage.

DES LOISIRS

On fait...	On joue...
du sport	au football, au basket-ball, au tennis, au golf,
de la natation, du vélo,	au football américain, au rugby, au volley-ball,
du jogging	au hockey
On fait...	On joue...
de la musique	du piano, de la guitare, de l'harmonica,
	du saxophone, de la batterie
	de la musique classique, du jazz, du rock
On fait...	On joue...
des courses, la cuisine,	aux cartes, aux échecs, au Scrabble, au loto,
du bricolage, du jardinage	aux jeux de société

À vous la parole

2-13 On joue ? Based on the drawings, what is everyone doing this afternoon?

MODÈLE ➤ On joue au tennis.

1. 
2. 
3. 
4. 
5. 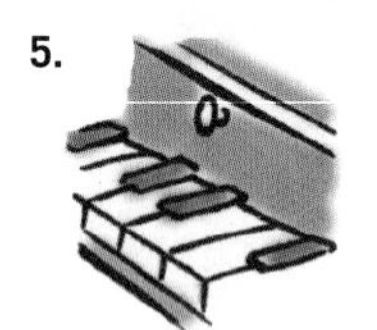
6. 
7. 
8. 

2-14 Chacun à ses goûts. Based on the descriptions, figure out with a partner what these friends probably do in their spare time.

MODÈLE É1 Marie-Anne est très réservée.

É2 Elle ne fait pas grand-chose ; elle reste à la maison et regarde un film.

1. Charlotte est très sociable.
2. Loïc est super sportif.
3. Delphine est une bonne musicienne.
4. Florian adore le cinéma.
5. Laurent est fanatique de jazz.
6. Céline aime préparer le dîner.
7. Alex préfère les jeux de société.
8. Rachid est très actif.
9. Anaïs est bricoleuse.

Vie et culture

Les loisirs des Français

The French devote more than one-third of their waking hours to leisure activities, about seven hours per day on average. They now enjoy the shortest workweek of any European country, 35 hours, and have five weeks of paid vacation each year. Typically, about twenty percent of the total household budget is used for leisure activities.

The chart indicates the percentage of French people who participated in various leisure time activities at least once in the course of the year 2003. Examine the chart with a partner: How many activities can you identify? How do these activities compare with your own leisure activities and those of the people you know? How do you think a chart drawn up for North Americans would differ from this one?

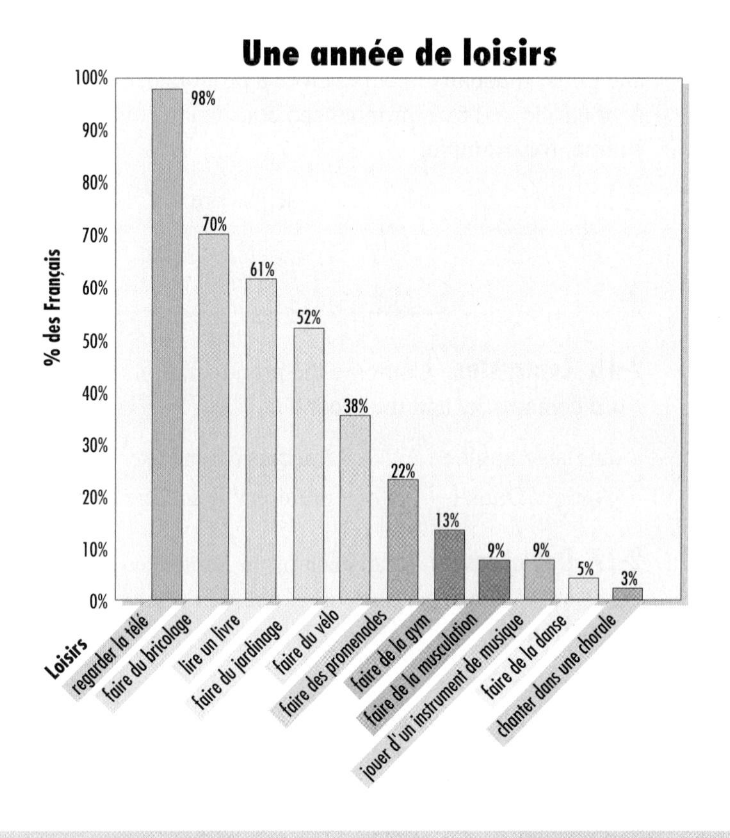

2-15 Et toi ? With the person sitting beside you, take turns telling three things you typically do on the weekend. Use only words and expressions that you know. Then share with your classmates what you have learned about your partner.

MODÈLE É1 Le week-end, je travaille un peu, je joue au basket et je fais la cuisine. Et toi ?

É2 Je ne fais pas grand-chose ; je reste à la maison et je prépare mes cours.

Sons et lettres

TEXT AUDIO

Les voyelles /e/ et /ɛ/

The vowels of **et** and **mère** differ by the degree of tension with which they are pronounced and where they occur in words. The vowel of **et**, /e/, must be pronounced with a lot of tension and without any glide; otherwise the vowel of the English word *day* is produced. To avoid producing a glide, keep the vowel short and hold your hand under your chin to make sure it does not drop as you say **et**; your lips should stay in a smiling position and tense. The vowel /e/ occurs generally only at the end of words or syllables, and it is often written with **é**, or **e** followed by a silent consonant letter. It also occurs in the endings **-er**, **-ez**, and **-ier**.

la **télé** | **et** | ass**ez** | janvi**er** | **r**é**p**é**t**er | écout**ez**

The vowel of **mère**, /ɛ/, is pronounced with less tension than /e/, but still without any glide. It usually occurs before a pronounced consonant and is spelled with **è**, **ê**, or **e** followed by a pronounced consonant. It is also spelled **ei** or **ai** in **seize** or **j'aime**, for example.

la m**è**re | b**ê**te | je préf**è**re | **e**lle | il dét**e**ste

À vous la parole

2-16 Contrastes. Compare the pronunciation of each pair of words: the first word contains /e/ and the second /ɛ/.

anglais / anglaise | français / française | assez / seize
André / Daniel | préférer / je préfère | marié / célibataire

2-17 Des phrases. Read each of the sentences aloud. To avoid glides, hold the rounded, tense position of /e/ and do not move your lips or chin during its production.

1. Écoutez Hélène.
2. Hervé n'est pas bête.
3. Danielle est réservée.
4. Son père s'appelle André.
5. Sa grand-mère est âgée.

FORMES ET FONCTIONS

1. *Les prépositions* à *et* de

- The preposition **à** generally indicates location or destination and has several English equivalents.

Elle habite **à** Paris.	*She lives* ***in*** *Paris.*
Il est **à** la maison.	*He's* ***at*** *the house.*
Elle va **à** une fête.	*She's going* ***to*** *a party.*

As you've seen, the preposition **à** is also used in the expression **jouer à**, *to play sports or games.*

Nous jouons **au** tennis le lundi.	*We play tennis on Mondays.*
Ils jouent **aux** cartes le samedi soir.	*They play cards on Saturday evenings.*

With other verbs, **à** introduces the indirect object, usually a person who receives the action.

parler	Cédric **parle à** la petite fille.	*Cédric's speaking to the little girl.*
téléphoner	Nous **téléphonons à** nos amis.	*We're phoning our friends.*
donner	Elle **donne** la photo **à** son ami.	*She gives her boyfriend the photo.*

- **À** combines with the definite articles **le** and **les** to form contractions. There is no contraction with **la** or **l'**.

à + le → au	Il joue **au** tennis.	*He plays tennis.*
à + les → aux	Ils jouent **aux** cartes avec des amis.	*They play cards with friends.*
à + la → à la	Je reste **à la** maison vendredi soir.	*I'm staying home on Friday evening.*
à + l' → à l'	Je parle **à l'**oncle de Simon.	*I'm talking to Simon's uncle.*

- The preposition **de/d'** indicates where someone or something comes from.

Mon copain Jean est **de** Montréal.	*My boyfriend Jean is from Montreal.*
Elle arrive **de** France demain.	*She arrives from France tomorrow.*

As you've seen, **de** is also used in the expression **jouer de**, *to play music or a musical instrument.*

Son ami joue **du** piano dans un groupe.	*Her friend plays piano in a group.*
Lui, il joue **de l'**harmonica.	*He plays the harmonica.*

De/d' also is used to indicate possession or other close relationships.

C'est le frère **du** professeur.	*It's the teacher's brother.*
Voilà le livre **de** Kelly.	*There's Kelly's book.*

- **De** combines with the definite articles **le** and **les** to form contractions. There is no contraction with **la** or **l'**.

de + le → du	Mon amie fait **du** jogging.	*My girlfriend goes jogging.*
de + les → des	On parle **des** projets pour le week-end.	*We're talking about plans for the weekend.*
de + la → de la	Moi, je joue **de la** guitare.	*I play the guitar.*
de + l' → de l'	Il joue **de l'**accordéon.	*He plays the accordion.*

À vous la parole

2-18 Ça cause. Tell what today's subjects of conversation are for Camille and her friends.

MODÈLE la copine de Bruno
➤ Elles parlent de la copine de Bruno.

1. le professeur de français
2. le match de basket
3. les problèmes du campus
4. la colocataire de Camille
5. l'oncle d'Antoine
6. les devoirs d'anglais
7. le dernier film de Spielberg

2-19 Des célébrités. What do these famous people do?

MODÈLE Kobe Bryant
➤ Il joue au basket-ball.

1. John Mayer
2. Lance Armstrong
3. Mia Hamm
4. Rachael Ray
5. Serena Williams
6. Alicia Keys
7. Kenny G.
8. Tiger Woods

2-20 Trouvez une personne qui... Circulate in the classroom to find someone who does each of the things listed. You may have to speak to several people in each instance, so keep moving! When your instructor calls time, compare notes to see who came closest to completing the list.

MODÈLE joue de l'harmonica

É1 Est-ce que tu joues de l'harmonica ?
É2 Non. (*Ask another person the same question.*)
OU Oui. (*You write down this person's name and move on to the next question.*)

1. fait du vélo
2. fait de la natation
3. est d'une grande ville, par exemple de Chicago ou de New York
4. joue au golf le week-end
5. joue du piano
6. téléphone à ses parents le week-end
7. parle au professeur en français
8. joue du saxophone
9. joue souvent (*often*) aux cartes
10. fait du jardinage

2. Le verbe faire

- The verb **faire** (*to make, to do*) is used in a wide variety of expressions. Here are the forms of this irregular verb.

FAIRE *to make, to do*			
SINGULIER		PLURIEL	
je	fai**s**	nous	**faisons**
tu	fai**s**	vous	**faites**
il / elle / on	fai**t**	ils / elles	**font**

- A question using **faire** does not necessarily require **faire** in the answer:

—Qu'est-ce que tu **fais** samedi ? —*What are you doing on Saturday?*
—Je joue au golf. —*I'm playing golf.*

- A form of the preposition **de** is used with the verb **faire** in some expressions.

—Elle fait **du** sport. —*She plays sports.*
—Moi aussi, je fais **de la** natation. —*Me too, I swim.*

- **Faire** is used in many idiomatic expressions related to everyday activities; it is one of the most common and useful French verbs.

Tu fais du sport ?	*Do you play sports?*
Nous faisons une promenade.	*We're taking a walk.*
Elle aime faire la cuisine.	*She likes to cook.*
Il fait des courses.	*He's running errands.*
Ils font du jogging le matin.	*They jog in the morning.*
Vous faites de la danse ?	*Do you study dance?*
Je fais du français.	*I study French.*

Ils font du jogging dans le Jardin du Luxembourg à Paris. Est-ce que vous faites du jogging le week-end ?

À vous la parole

2-21 Suite logique. Based on their interests, what are these people doing in their spare time?

MODÈLE Sylvie aime le ballet.
➤ Elle fait de la danse.

1. Nous arrivons au supermarché.
2. Florent et Hamid aiment la nature.
3. Tu adores préparer le dîner.
4. Vous êtes fanatique de jazz.
5. Ludovic aime travailler dans le jardin.
6. Hélène et Béa sont vraiment sportives.
7. J'aime travailler à la maison.
8. David et moi sommes très paresseux.

2-22 Et vous ? Discuss with a partner your usual activities for each of the categories proposed.

MODÈLE la musique

É1 Je ne fais pas de musique, mais j'ai un lecteur CD et beaucoup de CD ; j'aime le jazz.

É2 Je fais de la musique ; je joue du piano et de la guitare.

1. la musique
2. le sport
3. les jeux
4. la cuisine
5. des travaux à la maison

2-23 Nos passe-temps

A. Avant de regarder. In this clip, several speakers describe their sports and cultural activities. Look at the list below of activities that they mention; can you guess—in cases where you don't already know—what each of these activities might involve?

l'athlétisme   la danse classique   la danse orientale   le piano   le tennis

As you watch this video segment, look for any clues that might support your guesses about unfamiliar activities.

Caroline joue du piano.

B. En regardant. Who does which activities? Each speaker is listed in order; fill in the activities each person mentions.

personne	activité/s	jour/s
Hervé-Thomas	*piano*	
Caroline	1.	
	2.	
	3.	
Catherine (sa sœur)	1.	
	2.	
	3.	
	4.	
Fadoua		

Several of the speakers specify the days on which they do various activities; listen again and note those days on the chart.

C. Après avoir regardé. What is your impression of the types and number of activities in which these speakers are involved? How do their habits compare with your own habits and those of your family and friends?

Leçon 3 Où est-ce qu'on va ce week-end ?

Points de départ

Destinations diverses

TEXT AUDIO

Le week-end, qu'est-ce que tu fais ? Tu aimes nager ? Alors tu vas probablement à la piscine. Tu pratiques un autre sport ? Alors tu vas probablement au stade, au gymnase ou au parc. Tu aimes les activités culturelles ? Tu vas peut-être voir un film au cinéma ou une exposition au musée ; ou bien tu assistes à une pièce, un ballet ou un concert au théâtre. Tu cherches un livre ? Voilà la bibliothèque ou bien la librairie. Tu ne fais pas la cuisine ? Alors va au restaurant, au café ou chez un ami pour manger.

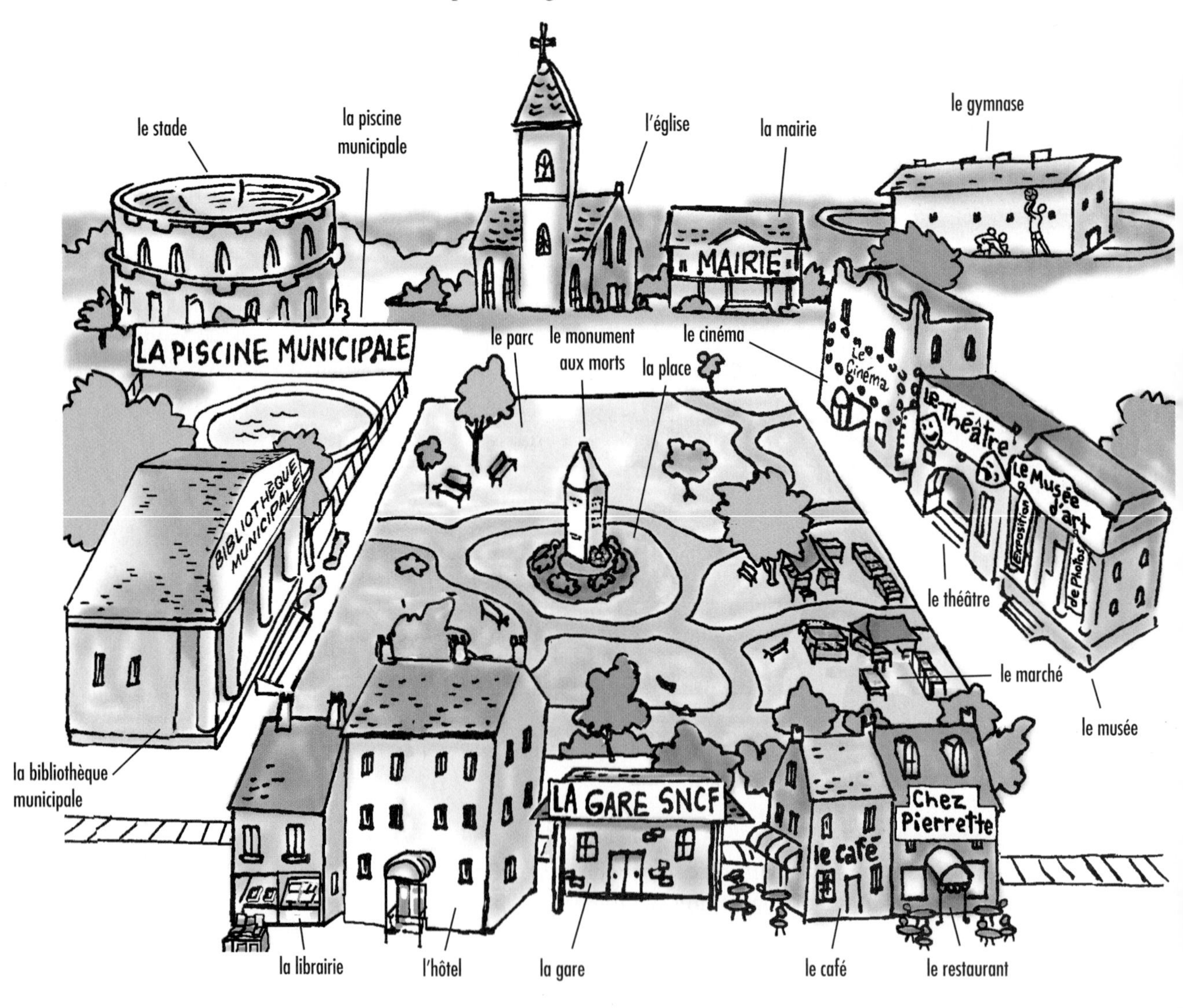

Vie et culture

Les petites villes

Small towns in France have a traditional structure. At the center is the Catholic church; a square, often with a veterans' memorial, is nearby. This is usually the location for the open-air market. The town hall is also in a central location. Older towns and villages often still have small merchants clustered around this central area. In many cases, a train station and a modest hotel are also close to the town center. Most communities also provide municipal sports centers for their residents. Young people and adults can swim at **la piscine municipale**, play basketball or take an exercise class at a local **gymnase**, or watch soccer games at **le stade municipal**.

Le Tour de France en Provence

Le Tour de France à vélo

Each summer for a three-week period in June and/or July many small towns and larger cities serve as a backdrop for the **Tour de France** cycling race. This race often begins in the north of the country and literally makes a tour of France (and neighboring countries such as Belgium, Germany, Luxembourg), ending symbolically in Paris, on the Champs-Élysées. Each year, the route of the race changes and features several new cities that have been added as official stopovers.

Et vous ?

1. Is there a traditional structure for small towns in North America? Does this vary from region to region? Why do you think North American towns tended to evolve as they did? Compare your ideas with those of a partner.
2. What basic similarities and differences can you identify in the layout of traditional town centers in North America and France? How would you explain them?
3. Have you ever seen the Tour de France or a similar world-class biking event? What might be the advantage of having such events run through small towns? Do you think such an event would generate great interest in North America? Why or why not?

À vous la parole

2-24 Dans quel endroit ? Where would you hear people saying this?

MODÈLE Du rosbif, s'il vous plaît.
➤ au restaurant

1. Tu nages bien, toi !
2. Le match commence dans dix minutes.
3. Regarde, la mariée et le marié arrivent.
4. C'est mon ballet préféré.
5. Où sont les biographies, s'il vous plaît ?
6. On regarde la télé ce soir ?
7. La musique est excellente ce soir.
8. Encore un café ?
9. J'aime beaucoup cette statue.
10. C'est combien pour ces deux livres et un cahier ?

2-25 Votre itinéraire. With your partner, take turns telling where you're going and what you're doing this weekend. Then summarize your plans for your classmates.

MODÈLE É1 Ce week-end, je vais au restaurant. Mon copain et moi, nous dînons ensemble. Et toi ?
É2 Moi, je vais au musée. Il y a une exposition de photos.

2-26 Vos endroits préférés. Discuss with a partner your favorite place for each activity listed. How similar—or dissimilar—are your preferences?

MODÈLE pour dîner ?
É1 Moi, j'aime dîner chez ma mère. Et toi ?
É2 Moi, j'aime dîner au restaurant.

1. pour dîner ?
2. pour travailler ?
3. pour voir un film ?
4. pour rencontrer des amis ?
5. pour pratiquer un sport ?
6. pour écouter de la musique ?

Formes et fonctions

1. *Le verbe* aller *et le futur proche*

- The irregular verb **aller** means *to go.*

Je **vais** à la librairie. — *I'm going to the bookstore.*
Tu **vas** au ciné avec nous ? — *You're going to the movies with us?*

- You have already used **aller** in greetings and commands.

Comment ça **va** ?	*How are things?*
Comment **allez**-vous ?	*How are you?*
Allez au tableau !	*Go to the board!*

ALLER *to go*			
SINGULIER		PLURIEL	
je	**vais**	nous‿	**allons**
tu	**vas**	vous‿	**allez**
il / elle / on	**va**	ils / elles	**vont**

- To express future actions that are intended or certain to take place, use the present tense of **aller** and an infinitive. This construction is called **le futur proche** (*the immediate future*). In negative sentences, place **ne ... pas** around the form of **aller**; the infinitive does not change.

Je **vais travailler** ce soir.	*I'm going to work this evening.*
Attention, tu **vas tomber** !	*Watch out, you're going to fall!*
Il **va téléphoner** à son père.	*He's going to call his father.*
Tu **ne vas pas danser** ?	*You're not going to dance?*

- To express a future action you may also simply use the present tense of a verb and an adverb referring to the future.

Mon copain arrive **demain**.	*My friend arrives tomorrow.*
Tu joues **ce soir** ?	*Are you playing tonight?*

Here are some useful expressions referring to the immediate future:

ce soir	*tonight*
demain	*tomorrow*
ce week-end	*this weekend*
bientôt	*soon*
la semaine prochaine	*next week*
le mois prochain	*next month*
l'été prochain	*next summer*
l'année prochaine	*next year*

À vous la parole

2-27 Où aller ? Based on their interests, where are these people probably going?

MODÈLE Anne adore nager.
➤ Elle va à la piscine.

1. Rémi aime le basket.
2. Nous aimons les films.
3. Tu désires manger des spaghettis.
4. M. et Mme Dupont aiment l'art moderne.
5. Vous adorez jouer au foot.
6. Sandrine aime les livres historiques.
7. J'aime beaucoup parler avec mes amis.
8. Sophie et Angélique adorent le café.

2-28 Les habitudes. Tell a partner where you usually go and why during the times indicated.

MODÈLE le samedi soir

É1 Je vais au ciné avec mes amis pour voir un film.
É2 Moi, je vais à une fête chez des amis pour manger et pour écouter de la musique.

1. le lundi matin
2. le vendredi soir
3. le jeudi après-midi
4. le mercredi soir
5. le dimanche matin
6. le samedi matin
7. le samedi après-midi

2-29 Les projets. What are these people likely to do this weekend, given the circumstances?

MODÈLE Marion révise ses leçons.
➤ Elle va travailler à la bibliothèque.

1. Christophe aime écouter de la musique.
2. Nous n'avons pas de devoirs.
3. Marine et Ludovic ont deux places (*tickets*) pour aller voir un ballet.
4. Jean-Thomas invite des amis.
5. Je travaille à la maison.
6. Amandine ne fait pas grand-chose ce week-end.
7. Vous faites du sport.
8. Tu aimes les films.

2-30 Vos projets. Interview a partner about his/her plans for this afternoon and this evening and report back to the class what you have found out.

MODÈLE É1 Qu'est-ce que tu vas faire cet après-midi ?
É2 Cet après-midi je vais travailler. Et toi ?
É1 Mon copain et moi, nous allons jouer au tennis.

2. *Les nombres à partir de cent*

To express numbers larger than 100, use the following terms:

101	cent un	700	sept cents
102	cent deux	750	sept cent cinquante
200	deux cents	900	neuf cents
201	deux cent un	999	neuf cent quatre-vingt-dix-neuf
1 000	mille	1 000 000	un million
2 000	deux mille	2 000 000	deux millions
1 000 000 000	un milliard	2 000 000 000	deux milliards

- As the examples above show, add **-s** after **cent**, **million**, and **milliard** in the plural. But when **cent** is followed by another number, do not add **-s**. No **-s** is ever added after **mille**.

- Dates can be expressed in either of two ways:

La Révolution française commence en mille sept cent quatre-vingt-neuf (1789). — *The French Revolution begins in 1789.*

Les Américains vont sur la Lune en dix-neuf cent soixante-neuf (1969). — *The Americans go to the moon in 1969.*

- A comma is used in French where we would use a decimal point.

Environ vingt-neuf virgule cinq pour cent (29,5 %) des Français jouent au loto. — *About twenty-nine point five percent (29.5%) of the French play the lottery.*

- Use a space to separate out thousands and other large numbers.

De Paris à Montréal, ça fait 5 511 kilomètres. — *From Paris to Montreal is 5,511 kilometers.*

- Use **de/d'** after **million**:

Dans Paris intra-muros, il y a plus de 2 000 000 **d'**habitants. — *The city of Paris proper has more than 2,000,000 inhabitants.*

À vous la parole

2-31 Distances à parcourir. Imagine you and a classmate are taking a train from Paris to spend the weekend in another French city. Indicate the approximate distance and total number of kilometers traveled.

MODÈLE Paris – Toulouse / 600 km

É1 De Paris à Toulouse, ça fait six cents kilomètres.

É2 Donc, mille deux cents kilomètres pour le week-end !

1. Paris – Tours / 200 km
2. Paris – Strasbourg / 400 km
3. Paris – Bordeaux / 500 km
4. Paris – Nice / 700 km
5. Paris – Marseille / 650 km
6. Paris – Nantes / 350 km

2-32 Dates historiques. Match items in the two columns to tell what happened in the years listed.

MODÈLE 1804

➤ En mille huit cent quatre les Haïtiens déclarent leur indépendance.

1066	Les Haïtiens déclarent leur indépendance.
1492	La Révolution française commence.
1776	Les Normands arrivent en Angleterre.
1789	Les Américains vont sur la Lune.
1804	La Première Guerre mondiale commence.
1860	Christophe Colomb découvre l'Amérique.
1914	La Seconde Guerre mondiale commence.
1939	La guerre de Sécession commence.
1969	Jefferson écrit la Déclaration d'Indépendance américaine.

2-33 Chiffres importants. Exchange the following information about yourself with a partner.

MODÈLES date de naissance (*birth*)

É1 C'est le quatorze février, mille neuf cent quatre-vingt-neuf. (14/02/1989)

numéro de téléphone

É2 C'est le cinq cent cinquante-cinq, zéro huit, trente-sept. (555-0837)

1. date de naissance
2. numéro de téléphone
3. code postal

TEXT AUDIO

2-36 Des portraits d'athlètes

A. Avant d'écouter. Look at the photos of three Francophone athletes. Which sport does each play? Can you think of two or three adjectives to describe each athlete? Have you ever seen any of these athletes in person or on television?

Tony PARKER

Hoda LATTAF

Guillaume LATENDRESSE

B. En écoutant. Listen to the descriptions of the three athletes and fill in the missing information in the chart below.

Name	Sport	Age	Appearance	Favorite Activities and Family Information
Tony PARKER				
Hoda LATTAF				
Guillaume LATENDRESSE				

C. Après avoir écouté. From Marseille to Madagascar, from Martinique to Morocco, sports are a unifying element in Francophone life. Throughout the year, people watch their favorite sporting events on television, listen to soccer matches on the radio, and follow their favorite athletes through stories in the Francophone press and on the Internet. Are sports a unifying element in North America, as they are in Francophone countries? Are victories a source of national pride? Are there sports and sporting events in North America whose popularity rivals that of soccer in the Francophone world? If so, which ones? Discuss with a partner.

Vocabulaire

Leçon 1

le caractère	***disposition, nature, character***
ambitieux/-euse	*ambitious*
amusant/e	*funny*
bête	*stupid*
drôle	*amusing, funny*
égoïste	*selfish*
énergique	*energetic*
généreux/-euse	*generous, warm-hearted*
gentil/le	*kind, nice*
intelligent/e	*intelligent, smart*
méchant/e	*mean, naughty*
pantouflard/e	*homebody, stay-at-home*
paresseux/-euse	*lazy*
sérieux/-euse	*serious*
sportif/-ive	*athletic*

le physique	***physical traits***
âgé/e	*aged, old*
beau/belle	*handsome, beautiful*
blond/e	*blond/e*
brun/e	*brunette*
châtain	*chestnut colored, auburn*
de taille moyenne	*of medium height*
d'un certain âge	*middle-aged*
élégant/e	*elegant*
fort/e	*strong, stout*
grand/e	*tall*
gros/se	*fat*
jeune	*young*
joli/e	*pretty*
mince	*thin, slender*
moche	*ugly*
petit/e	*short, little*
roux/-sse	*redhead, redhaired*

pour poser une question	***to ask questions***
combien de	*how many*
comment	*how*
où	*where*
parce que	*because*
pourquoi	*why*
quand	*when*
qui	*who*

en ville (f.)	***in the city***
une clinique	*private hospital*
une fac(ulté)	*college*

autres mots utiles	***other useful words***
adorer	*to adore, love*
arrête !	*stop it!*
autre	*other, another*
bien sûr	*of course*
un chapeau	*hat*
un/e coloc(ataire)	*roommate*
comme	*like, as*
un copain/une copine	*friend*
donc	*then, therefore, so*
une histoire drôle	*joke*
peut-être	*maybe*
une photo	*photo*
pour	*for, in order to*

Leçon 2

quelques sports (m.)	***some sports***
le basket(-ball)	*basketball*
le football américain	*football*
le *hockey	*hockey*
un match	*game (sports)*
le rugby	*rugby*
le volley(-ball)	*volleyball*

quelques jeux (m.)	***some games***
les cartes (f.)	*cards*
les échecs (m.)	*chess*
un jeu	*game, deck (of cards)*
un jeu de société	*board game*
le loto	*lottery*

la musique | *music*

le jazz	*jazz*
le rock	*rock*
une batterie	*percussion, drum set*
un concert	*concert*
un harmonica	*harmonica*
un saxophone	*saxophone*

d'autres activités | *other activities*

bricoler	*to do do-it-yourself projects*
les loisirs (m.)	*leisure-time activities*
organiser une fête	*to plan a party*
rester à la résidence	*to stay in the dorm*

quelques expressions avec *faire* | ***expressions using* faire**

faire du bricolage	*to do do-it-yourself projects*
faire des courses	*to run errands*
faire la cuisine	*to cook*
faire de la danse	*to dance, to study dance*
faire du français	*to study French*
faire du jardinage	*to garden*
faire du jogging	*to go jogging*
faire de la musique	*to play (make) music*
faire de la natation	*to swim*
faire une promenade	*to take a walk*
faire du sport	*to play sports*
faire du vélo	*to go biking*
ne pas faire grand-chose	*to not do much*

Leçon 3

en ville | *in town*

une bibliothèque (municipale)	*(municipal) library*
un café	*café*
un cinéma	*movie theater*
une église	*(Catholic) church*
une gare	*train station*
un gymnase	*gym*
un hôtel	*hotel*
une librairie	*bookstore*
la mairie	*town hall*
un marché	*market*
un monument aux morts	*veterans' memorial*
un musée	*museum*
un parc	*park*
une piscine (municipale)	*(municipal) swimming pool*
une place	*square (in a town)*
un restaurant	*restaurant*
un stade	*stadium*
un théâtre	*theatre*

activités culturelles | *cultural activities*

assister à...	*to attend . . .*
un ballet	*a ballet*
un concert	*a concert*
voir...	*to see . . .*
une exposition	*exhibition*
une pièce	*a play (theater)*

pour parler de l'avenir | *to talk about the future*

aller (Je vais manger.)	*to go (I'm going to eat./I will eat.)*
l'année (f.) prochaine	*next year*
bientôt	*soon*
ce soir	*tonight*
ce week-end	*this weekend*
demain	*tomorrow*
l'été (m.) prochain	*next summer*
le mois prochain	*next month*
la semaine prochaine	*next week*

les nombres à partir de 100 | *numbers from 100*

cent	*hundred*
mille	*thousand*
un million	*a million*
un milliard	*a billion*

autres mots utiles | *other useful words*

alors	*so*
chercher	*to look for*
manger	*to eat*
nager	*to swim*

Does this scene look familiar? Where do you imagine it is taking place?

Chapitre 3 Études et professions

In this chapter:

- Talking about a university and courses of study
- Talking about jobs and the workplace
- Giving commands and making suggestions
- Expressing preferences
- Comparing education and the workplace in the U.S., France, and Canada

Leçon 1 Nous allons à la fac

Additional practice activities for each *Points de départ* section are provided by:
- Student Activities Manual
- *Points de départ* Companion Website: **http://www.prenhall.com/pointsdedepart**

POINTS DE DÉPART

À la fac

TEXT AUDIO

Je m'appelle Julie et je suis en deuxième année d'études à l'Université de Montréal. J'ai une majeure en psychologie et une mineure en sociologie. Du lundi au vendredi, je vais à la fac. J'ai tous mes cours ici, et je travaille le week-end à la bibli. Après les cours, je retrouve mes amis au café dans le Centre étudiant. J'habite en ville, mais j'ai des amis qui habitent en résidence. On mange ensemble à la cafétéria et on fait du sport au Centre des sports.

Voici un plan du campus. Si vous arrivez à UdeM en voiture, le garage se trouve à droite du Pavillon principal. Si vous arrivez en métro, il y a une station juste en face du Pavillon principal. Dans le Pavillon principal, il y a une librairie et des bureaux administratifs. Les résidences se trouvent à gauche et le Centre étudiant est juste à côté. Au Centre étudiant il y a un cinéma, un café, le bureau des inscriptions et des bureaux d'associations étudiantes. Le Centre des sports est tout près des résidences, et les terrains de sport sont juste derrière.

PRÉPOSITIONS DE LIEU

à droite de	à gauche de
en face de	à côté de
dans	
près de	loin de
devant	derrière

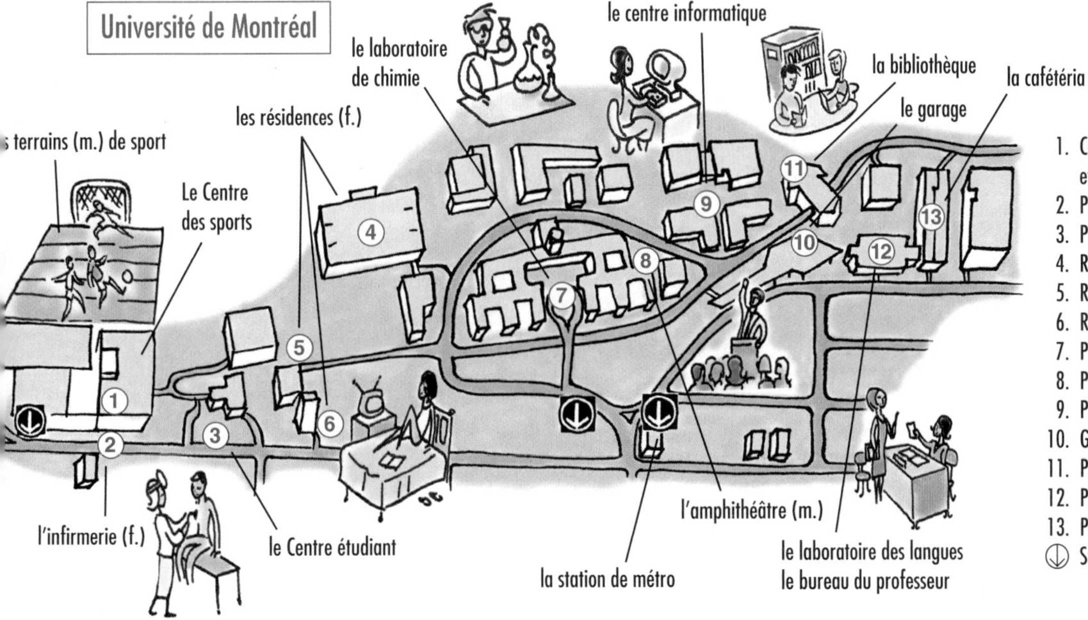

1. Centre d'éducation physique et des sports (CEPSUM)
2. Pavillon 2101, boul. Édouard-Montpetit
3. Pavillon J.-A.-DeSève (Centre étudiant)
4. Résidence C (étudiants et étudiantes)
5. Résidence A (étudiants)
6. Résidence Thérèse-Casgrain (étudiantes)
7. Pavillon principal
8. Pavillon Claire-McNicoll
9. Pavillon André-Aisenstadt
10. Garage Louis-Colin
11. Pavillon Samuel-Bronfman
12. Pavillon Lionel-Groulx
13. Pavillon 3200, rue Jean-Brillant

Station de métro

À vous la parole

3-1 Dans quel endroit ? Where would you be likely to hear people asking these questions or making these comments?

MODÈLE Vous avez un permis (*permit*) pour votre voiture ?
➤ au garage

1. Voilà le bureau de l'association.
2. Le match commence dans dix minutes.
3. Listen and repeat: number one.
4. Écoute ! C'est une explosion !
5. Où sont les biographies, s'il vous plaît ?
6. On regarde la télé ce soir ?
7. Où est le docteur Martin ?
8. Désolé, Monsieur, je n'ai pas mes devoirs.
9. Tu as un autre CD ?
10. C'est combien pour ces deux livres et un cahier ?

3-2 Vos endroits préférés. Discuss with a partner your favorite place on campus for each activity listed. Then share your preferences with other classmates.

MODÈLE pour dîner ?

É1 Moi, je préfère la cafétéria ; c'est très pratique. Et toi ?
É2 Moi, je préfère le café au Centre étudiant ; c'est plus calme.
É1 (*reporting back*) Pour dîner, je préfère la cafétéria, mais Anne préfère le café au Centre étudiant…

1. pour dîner ?
2. pour travailler ?
3. pour voir un film ?
4. pour parler avec des amis ?
5. pour pratiquer un sport ?
6. pour préparer un examen ?

3-3 Sur votre campus. Pick one place on your campus, then circulate among your classmates, asking where it is located. See the list below for some ideas. How many different responses do you get?

MODÈLE É1 C'est où, la résidence Denton ?
É2 La résidence Denton, c'est près des terrains de sport.
É1 La résidence Denton, s'il vous plaît ?
É3 C'est en face du Centre étudiant.

1. la bibliothèque
2. les bureaux de l'administration
3. le Centre étudiant
4. la piscine
5. le bureau des inscriptions
6. le théâtre
7. la librairie
8. la cafétéria
9. la résidence X
10. les terrains de sport

Vie et culture

Le système éducatif au Québec

The educational system in the province of Quebec is organized somewhat differently from the system in the United States. Secondary school usually lasts five years; students normally graduate at 17 and then spend two years in a **CÉGEP** (**Collège d'enseignement général et professionnel**). Afterward, many continue at a university where they may complete **un baccalauréat** (**un bacc**), **une maîtrise**, and **un doctorat**. These are equivalent to the American bachelor's, master's, and Ph.D. degrees, respectively. As in American universities, students in Canadian universities may choose highly specialized degrees in one discipline or they may choose to have a major (**une majeure**) in one discipline and a minor (**une mineure**) in another.

La Sorbonne, l'Université de Paris IV, is at the heart of the busy Latin Quarter. Founded in 1253, it is surrounded today by cafés and bookstores that cater to the university clientele.

L'Université de Montréal, the largest university in Canada, has an expansive campus located on the outskirts of town. It offers a wide range of majors and professional degrees.

Le campus dans l'université française

Most French universities do not have a centralized campus. The different **facultés**, or schools, are often housed in buildings with historical significance that are scattered around town, usually in urban settings.

French students refer to their university as **la fac**; they say, for example, **Je vais à la fac**. To socialize and to study, students often go to a nearby café. Some French universities have residence halls located near classroom buildings, but most French students, in Paris and elsewhere in France, live at home or rent a room in town.

Et vous ?

1. Does your region have any institutions comparable to the **CÉGEP** in Quebec?
2. How is your campus similar to a French campus, and how is it different? You might compare location, size, type of buildings, and general campus layout.
3. Are students' living arrangements at your university similar to or different from those of typical French students?

Additional practice activities for each **Formes et fonctions** section are provided by:
- Student Activities Manual
- *Points de départ* Companion Website: **http://www.prenhall.com/pointsdedepart**

Formes et fonctions

1. L'impératif

- To make a suggestion or a request, or to tell someone to do something, the *imperative* forms of a verb—without subject pronouns—may be used. For **-er** verbs, drop the infinitive ending, **-er**, and add:
  - **-e** when speaking to someone with whom you are on informal terms:

Ferm**e** la porte !	*Shut the door!*
Donn**e**-moi le cahier.	*Give me the notebook.*

  - **-ez** when speaking to more than one person or to someone with whom you are on formal terms:

Parl**ez** plus fort !	*Speak louder!*
Écout**ez**-moi !	*Listen to me!*

  - **-ons** to make suggestions to a group of which you are part:

Jou**ons** aux cartes.	*Let's play cards.*
Regard**ons** un film.	*Let's watch a film.*

- To be more polite, add **s'il te plaît** or **s'il vous plaît** as appropriate:

Ouvrez la fenêtre, **s'il vous plaît**.	*Open the window, please.*
Donne-moi la règle, **s'il te plaît**.	*Please give me the ruler.*

- To tell someone not to do something, put **ne** (**n'**) before the verb and **pas** after it:

Ne regarde **pas** la télé !	*Don't watch TV!*
N'écoutons **pas** la radio.	*Let's not listen to the radio.*

3-4 Impératifs. Use appropriate forms of the imperative to make requests to your friends and your instructor.

MODÈLE Dites (*tell*) à un/e ami/e de ne pas regarder la télé.
➤ Ne regarde pas la télé !

Dites à un/e ami/e…

1. d'écouter
2. de fermer la porte
3. de ne pas parler anglais
4. de ne pas manger en classe

Demandez à votre professeur (n'oubliez pas d'être poli/e ! [*don't forget to be polite!*])...

5. de répéter
6. de parler plus fort
7. de ne pas fermer la porte
8. de ne pas parler anglais

Proposez à vos amis...

9. de jouer au basket
10. d'écouter de la musique
11. d'aller au cinéma
12. de ne pas travailler

3-5 Pourquoi pas ? You'd like to do something different in French class today. What can you suggest to your instructor? Choose from this list of possibilities and include some of your own ideas as well: **aller**, **jouer**, **faire**, **parler**, **écouter**, **regarder**.

MODÈLE aller
➤ Allons au café.

3-6 Situations. With a partner, give examples of a request or suggestion you'd be likely to hear in each situation. How many examples can you come up with?

MODÈLE une mère à son enfant
➤ Écoute, mon chéri (*dear*).
ET ➤ Mange tes carottes.

1. un professeur aux étudiants
2. une étudiante à un/e ami/e
3. un étudiant au professeur
4. un étudiant à son copain
5. un entraîneur (*coach*) de basket à ses joueurs
6. votre professeur, à vous
7. vos parents, à vous

2. *Les adjectifs prénominaux au singulier*

- Most adjectives follow the noun in French. A few, however, are placed before the noun.

LES ADJECTIFS PRÉNOMINAUX	
jolie/joli	
belle/bel/beau	
première/premier	dernière/dernier
jeune	vieille/vieil/vieux
nouvelle/nouvel/nouveau	
bonne/bon	mauvaise/mauvais
petite/petit	grande/grand
	grosse/gros

- In the singular, **jeune** and **joli/e** each have a single spoken form. For **joli**, add **-e** for the feminine written form: **jolie**.

une jeune étudiante
un jeune professeur

une joli**e** bibliothèque
un joli campus

- Most of the other adjectives that are placed before the noun have two spoken forms in the singular. Like other adjectives you know, the masculine form ends in a vowel sound and the feminine form ends in a pronounced consonant. However, the masculine form sounds just like the feminine form when followed by a word beginning in a vowel sound.

C'est une petite piscine.
C'est un peti**t**‿amphithéâtre.
C'est un petit laboratoire.

C'est une mauvaise bibli.
C'est un mauvai**s**‿hôtel.
C'est un mauvais prof.

C'est la première librairie.
C'est le premie**r**‿ordinateur.
C'est le premier jour.

- **Belle**, **nouvelle**, and **vieille** also have two spoken forms in the singular. However, when followed by a consonant, the masculine form has a different vowel sound. Notice also the special written form of the masculine singular adjective before a word beginning with a vowel sound.

C'est une belle étudiante.
C'est un **bel**‿étudiant.
C'est un b**eau** garçon.

C'est une nouvelle étudiante.
C'est un **nouvel**‿étudiant.
C'est un nouv**eau** prof.

C'est une vieille amie.
C'est un **vieil**‿ami.
C'est un v**ieux** copain.

- The adjectives **grande** and **grosse** have three spoken forms in the singular. When followed by a word beginning with a vowel sound, the masculine form has a final consonant sound different from the feminine form.

C'est une grande piscine. /d/
C'est un gran**d**‿amphithéâtre. /t/
C'est un grand stade.

Regarde la grosse calculatrice ! /s/
Regarde le gro**s**‿ordinateur ! /z/
Regarde le gros stylo !

À vous la parole

3-7 Tout à fait d'accord ! Indicate that you agree.

MODÈLE Le cours est bon ?
➤ Oui, c'est un bon cours.

1. Le prof est mauvais ?
2. La fac est nouvelle ?
3. L'infirmerie est bonne ?
4. Le campus est grand ?
5. L'amphithéâtre est nouveau ?
6. Le stade est nouveau ?
7. L'ordinateur est beau ?
8. L'étudiante est jeune ?

3-8 Ce n'est pas vrai ! Contradict your partner!

MODÈLE É1 C'est un vieux professeur.
É2 Mais non, c'est un jeune professeur !

1. C'est un mauvais livre.
2. C'est un vieil ordinateur.
3. C'est le premier pavillon.
4. C'est une grande piscine.
5. C'est la dernière résidence.
6. C'est un petit ordinateur.
7. C'est un mauvais professeur.
8. C'est un nouvel amphithéâtre.

3-9 Trouvez une personne qui... Find someone in your class who . . .

MODÈLE a un bon prof de maths

É1 Est-ce que tu as un bon prof de maths ?
É2 Non, je n'ai pas de cours de maths. (*you ask another person*)
É1 Est-ce que tu as un bon prof de maths ?
É3 Oui, j'ai un bon prof ; il s'appelle M. McDonald. (*you write down the name of this student*)

1. a un bon prof de maths
2. a une bonne note en français
3. a un nouvel ordinateur
4. a son premier cours à huit heures du matin
5. a un gros dictionnaire
6. prépare un grand examen
7. est en première année de fac
8. est en dernière année de fac
9. a un bon cours d'histoire
10. a un vieil ami sur le campus

Additional activities to develop the four skills are provided by:
- Student Activities Manual
- Text Audio
- *Points de départ* video
- *Points de départ* Companion Website: **http://www.prenhall.com/pointsdedepart**

Stratégie

Use your own prior knowledge to help you understand the content of a text. For example, when you know the title and focus of a passage, think about what you already know about the subject matter and what the implications may be.

3-10 Le français au Québec

A. Avant de lire. Canada is officially bilingual, and almost seven million of the country's 30 million citizens speak French as their native language. Most French Canadians live in the province of Quebec, where approximately 85 percent of the population is French-speaking. Montreal is the second largest Francophone city in the world, after Paris.

Le vieux Montréal

Around 1960, Quebec experienced the "Quiet revolution" (**la Révolution tranquille**). The provincial government began to encourage wider participation by the Francophone majority in industry and commerce while it promoted Québécois culture through music, theater, film, and literature. In 1977, the provincial legislature made French the sole official language of Quebec with Bill 101 (**la Loi 101**). All official documents, however, have continued to be published in English and French, and the rights of Anglophone minorities who are Canadian citizens are protected.

This excerpt is from an informational magazine called **Emménager à Montréal** (*Moving to Montreal*), which is a guide for people who are relocating to Montreal. This particular passage is concerned with the use of the French language. Thinking about what you have just learned about **la Loi 101** in Quebec can help you understand this text. What is the intent of this law and what do you think the implications are likely to be for English-speaking people who move to Montreal?

B. En lisant. As you read, look for the following information.

1. What language is commonly used by most people in Quebec?
2. According to the article, in what three contexts is French used most often?
3. The law requires that two things be done mostly in French. What are they?
4. How could you learn French if you were moving to Quebec?

Le français au Québec

Le Québec se caractérise par un taux de bilinguisme élevé[1], dans une société où le français est la langue publique commune. C'est la langue que l'on utilise le plus souvent[2] en recherche et développement dans les milieux[3] de travail, les communications, le commerce et les affaires. 5

Le Québec tient à[4] préserver et à promouvoir sa langue officielle. Le français représente non seulement[5] un instrument de communication essentiel, mais aussi un symbole commun d'appartenance à la société québécoise. La réglementation de la Loi 101 prévoit[6] donc que l'affichage et la publicité doivent être présentés majoritairement en français. 10

Le ministère des Relations avec les citoyens et de l'Immigration du Québec offre aux immigrants toute une gamme[7] de cours de français GRATUITS, le jour ou le soir, à temps plein ou à temps partiel, dans les écoles spécialisées ou en milieu de travail. 15
(514) 864-9191.

Source: *Emménager à Montréal*, 2000/2001

[1]*a high rate* [2]*the most often* [3]*the context* [4]*is determined to* [5]*not only*
[6]*requires* [7]*a wide range*

C. En regardant de plus près. Focusing on the context and your own background knowledge, can you provide an English equivalent for each of the highlighted words?

1. … préserver et **promouvoir** la langue officielle. (l. 7)
2. … un symbole… d'**appartenance** à la société québécoise. (l. 10)
3. … l'**affichage** et la publicité doivent être présentés… en français. (l. 12-13)
4. … cours de français **gratuits**,… (l. 16)

D. Après avoir lu. Discuss the following questions with your classmates.

1. What is your opinion of the provisions of **la Loi 101** mentioned in this excerpt? Do you think they are necessary and appropriate? How do you think you would feel about this law and its provisions if you were going to be living in Quebec?
2. At this time, there is no national law specifying that English is the official language of the United States, although some groups have expressed support for such a law. Do you think an English-only law is necessary or would be beneficial? Why or why not?

Leçon 2 Une formation professionnelle

Points de départ

Des programmes d'études et des cours

TEXT AUDIO

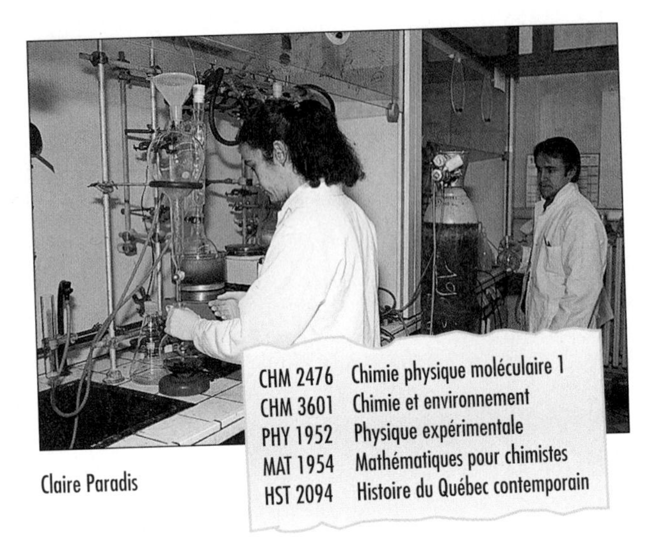

CHM 2476 Chimie physique moléculaire 1
CHM 3601 Chimie et environnement
PHY 1952 Physique expérimentale
MAT 1954 Mathématiques pour chimistes
HST 2094 Histoire du Québec contemporain

Claire Paradis

ECN 1010 Éléments de microéconomique
SOL 1952 Introduction aux concepts sociologiques
GÉO 2513 Géographie du développement
POL 1951 Éléments de politique
ALL 1080 Cours pratique d'allemand parlé

Gilles Robillard

Claire et Gilles, étudiants à l'Université de Montréal, parlent des cours qu'ils suivent. Claire prépare un bacc en chimie avec une mineure en histoire ; Gilles a une majeure en sciences économiques avec une mineure en langues modernes.

GILLES : Qu'est-ce que tu as comme cours ce trimestre ?

CLAIRE : Deux cours de chimie, un cours de calcul, un cours de physique et un cours d'histoire.

GILLES : Tu aimes ton cours de calcul ?

CLAIRE : Non, c'est ennuyeux, mais c'est un cours obligatoire. Et ton cours de sciences politiques, ça va ?

GILLES : Ben, il est intéressant, ce cours, mais difficile.

CLAIRE : Il y a beaucoup d'examens ?

GILLES : Non, il y a un examen final, mais il y a deux devoirs à écrire. J'ai eu une note assez médiocre pour le premier devoir.

QU'EST-CE QUE VOUS ÉTUDIEZ ?

les lettres :	l'histoire, une langue étrangère, la littérature, la philosophie
les sciences humaines :	l'anthropologie, la psychologie, les sciences politiques, la sociologie
les sciences naturelles :	la biologie, la botanique, la physiologie, la zoologie
les sciences physiques :	l'astronomie, la chimie, la physique
les sciences économiques :	la comptabilité, l'économie, la gestion
les arts du spectacle :	le théâtre, la danse, le cinéma
les beaux-arts :	le dessin, la musique, la peinture, la sculpture, la photographie

l'informatique	le droit	la médecine
les mathématiques	le journalisme	les sciences de l'éducation

—Quels cours est-ce que vous suivez ?
—Je suis un cours de biologie, un cours d'économie et un cours de maths.

SUIVRE *to follow; to take (a course)*			
SINGULIER		PLURIEL	
je	suis	nous	suivons
tu	suis	vous	suivez
il / elle / on	suit	ils / elles	suivent

À vous la parole

3-11 Deux étudiants. Answer these questions about Gilles' and Claire's studies, based on the dialogue and the list of their current courses.

MODÈLE Claire prépare un diplôme en sciences économiques ou en chimie ?
➤ Elle prépare un diplôme en chimie.

1. Sa mineure est en biologie ?
2. Et Gilles, quel diplôme est-ce qu'il prépare ?
3. Quelle est sa mineure ?
4. Ce trimestre, Claire suit un cours d'écologie ?
5. Pour quels cours est-ce qu'elle travaille au laboratoire ?
6. Elle suit un cours de maths ?
7. Gilles suit un cours de sciences humaines ce trimestre ?

Vie et culture

L'université française et la réforme européenne

The educational system in France is organized quite differently from the American and Canadian systems. At the end of their high school curriculum, French students take a rigorous national exam called **le baccalauréat (le bac)**. Students who pass are guaranteed entrance into the university system, or they can continue their studies in other, specialized institutions such as schools of business or engineering. The most prestigious and competitive of these are the

Un professeur à l'Université de Nice donne son cours dans un amphithéâtre.

3-12 La majeure. Based on the courses they're taking, what are these Canadian students probably majoring in?

MODÈLE Guillaume : Principes de chimie analytique ; Chimie physique moléculaire ; Mathématiques pour chimistes
➤ Il prépare sans doute (*no doubt*) un diplôme en chimie.

1. Cécile : L'Europe moderne ; Introduction à l'étude des États-Unis ; Histoire générale des sciences
2. Arnaud : Civilisation allemande ; Allemand écrit 1 ; Cours pratique d'allemand parlé
3. Romain : Introduction aux concepts sociologiques ; Communication et organisation ; Psychologie sociale
4. Jennifer : Théorie macroéconomique ; Éléments de microéconomique ; Statistique pour économistes
5. Ben : Histoire politique du Québec ; Éléments de politique ; Géographie du développement
6. Anne-Marie : Biologie expérimentale ; Principes d'écologie ; Introduction à la génétique
7. Aurélie : Systèmes éducatifs du Québec ; Philosophie de l'éducation ; Sociologie de l'école

3-13 Votre diplôme et vos cours. Compare your major and minor with a partner and discuss the courses you are taking this semester.

MODÈLE É1 Je prépare un B.A. en sciences politiques. J'ai une mineure en espagnol. Et toi ?

Grandes Écoles, comparable to certain high-ranking graduate schools in **North America**. Students who plan to apply to the **Grandes Écoles** and other prestigious schools enroll in special **lycée** classes, called **classes préparatoires** or **prépas**, for two years. Many future politicians, business leaders, and professors are educated at the **Grandes Écoles**.

Recently France has been reforming its university system along with 32 other European countries. This reform involves reorganizing the university year into two semesters (instead of the traditional October to June year); establishing a common system of credits; and awarding diplomas based on a common progression from **une licence**, after three years of study, to **un master** after five years, and **un doctorat** after eight years.

Look at the video clip *Je suis étudiant*, filmed at **l'Université de Nice**. Identify the places on campus you see and the subjects that each speaker studies (or teaches!).

Et vous ?

1. Comment on the **bac**. How would you feel about taking a rigorous national exam like this at the end of secondary school? How does it seem to compare to the exams you did take, such as the SATs and/or ACTs?
2. Think about the reforms of the French university system. What are likely to be some advantages and disadvantages of greater uniformity and transferability within Europe of university credits and diplomas?

É2 Moi, je prépare un B.A. en mathématiques, mais je n'ai pas de mineure.
É1 Ce semestre je suis deux cours d'histoire, un cours de sociologie et ce cours de français.
É2 Bien sûr, je suis un cours de français et j'ai aussi trois cours de maths !

Sons et lettres

TEXT AUDIO

Additional practice activities for each **Sons et lettres** section are provided by:
- Student Activities Manual
- Text Audio

Les voyelles /o/ et /ɔ/

The vowel of **beau**, /o/, is short and tense, in contrast to the longer, glided vowel of English *bow.* Hold your hand under your chin to make sure it does not drop as you say **beau**; your lips should stay rounded and tense. The vowel /o/ generally occurs at the end of words or of syllables, and it is written with **o**, **au/x**, **eau/x**, or combinations of **o** and silent consonants:

au rest**o** U | **aux** bure**aux** | le m**ot** | il est gr**os**

The vowel of **sport**, /ɔ/, is pronounced with less tension than /o/, but still without any glide. It usually occurs before a pronounced consonant and is spelled **o**:

le pr**o**f | il est f**o**rt | Yv**o**nne | il ad**o**re

In a few words, /o/ occurs before a pronounced consonant. In these cases, it may also be spelled **ô** or **au**:

le dipl**ô**me | les **au**tres | à g**au**che | elle est gr**o**sse

À vous la parole

3-14 Contrastes. Compare the pronunciation of each pair of words or phrases. The first has the /o/ sound; the second the /ɔ/ sound.

le stylo / la gomme	Bruno / Yvonne	la radio / la porte
le piano / la note	Mme Lebeau / M. Lefort	il est beau / elle est bonne

3-15 Les abréviations. French students use many abbreviations to talk about their courses and other aspects of university life. Many of these abbreviations end in /o/ as in the list below. With a partner, practice saying each abbreviation and match it to its full form.

1. le labo	a. le dictionnaire
2. le resto U	b. le laboratoire
3. la compo	c. la philosophie
4. les sciences po	d. les sciences politiques
5. la psycho	e. la sociologie
6. la philo	f. le restaurant universitaire
7. la socio	g. la composition
8. le dico	h. la psychologie

FORMES ET FONCTIONS

1. Les verbes comme préférer *et l'emploi de l'infinitif*

- For verbs conjugated like **préférer**, the singular forms and the third-person plural form of the present tense show the change from **é** /e/ to **è** /ɛ/. In all of these forms the endings are silent.

—Quel sport est-ce que vous préf**é**rez ?
—Nous préf**é**rons le tennis.
—Vous préf**é**rez le rugby ?
—Nous, on préf**è**re le football.
—Eux, ils préf**è**rent le hockey.
—Non, moi, je préf**è**re le golf.

PRÉFÉRER *to prefer*			
SINGULIER		PLURIEL	
je	préfèr**e**	nous	préfér**ons**
tu	préfèr**es**	vous	préfér**ez**
il / elle / on	préfèr**e**	ils / elles	préfèr**ent**

- Other verbs that show the same type of change are **répéter** (*to repeat*) and **suggérer** (*to suggest*):

Répétons après le professeur.	Répète après moi !
Qu'est-ce que vous suggérez ?	Qu'est-ce que tu suggères ?

- **Préférer** may be followed by a noun or by an infinitive:

Je préfère **le golf**.	*I prefer golf.*
Il préfère **jouer** au tennis.	*He prefers to play tennis.*

- Use the following verbs to talk about likes and dislikes; all, like **préférer**, can be followed by a noun or an infinitive:

détester	*to detest*
aimer bien	*to like fairly well*
aimer	*to like or to love*
aimer beaucoup	*to like or love a lot*
préférer	*to prefer*
adorer	*to adore*

3-16 Activités préférées. Everyone is supposed to be studying, but is instead thinking about his/her favorite activity! Tell what each person prefers to do.

MODÈLE ➤ Pauline préfère jouer au tennis.

3-17 Les vacances. Based on the descriptions, figure out with a partner what these people probably prefer to do during their vacation.

MODÈLE Marie-Laure est très sociable.

É1 Elle préfère organiser des fêtes.

OU É2 Elle préfère dîner avec ses amies.

1. Fred et ses amis adorent le sport.
2. Mathilde est très réservée.
3. Nous aimons la musique.
4. Le copain de Sabrina est très énergique.
5. Vous n'êtes pas très énergiques.
6. La mère de mon amie aime bien travailler dans la nature.
7. Je suis assez paresseuse.
8. Tu n'aimes pas beaucoup le sport.

3-18 Vos préférences. Discuss your preferences with a classmate, then summarize them for the class.

MODÈLE les jeux : le Scrabble ou les échecs ?

É1 Est-ce que tu préfères jouer au Scrabble ou aux échecs ?

É2 Moi, je préfère jouer aux échecs, et toi ?

É1 Moi, j'adore jouer au Scrabble.

(*plus tard*) :

É2 Moi, j'aime les échecs, mais lui, il préfère le Scrabble.

1. les jeux : le Scrabble ou les échecs ?
2. la musique : le rock ou le jazz ?
3. les sports : le football ou le basket ?
4. les cours : le français ou les mathématiques ?
5. les animaux : les chats ou les chiens ?

Les Français préfèrent les chats. Ils ont 9,4 millions de chats et 8,5 millions de chiens.

2. *Les adjectifs prénominaux au pluriel*

- You have learned that a few adjectives precede the noun in French. These include:

masc. sing.		masc. pl.	fem. sing.	fem. pl.
jeune		jeunes	jeune	jeunes
joli		jolis	jolie	jolies
petit		petits	petite	petites
grand		grands	grande	grandes
gros		gros	grosse	grosses
mauvais		mauvais	mauvaise	mauvaises
bon		bons	bonne	bonnes
premier		premiers	première	premières
dernier		derniers	dernière	dernières
+ consonne	**+ voyelle**			
beau	bel	beaux	belle	belles
nouveau	nouvel	nouveaux	nouvelle	nouvelles
vieux	vieil	vieux	vieille	vieilles

- The final letter of the plural form of these adjectives is usually not pronounced.

des jolies filles — des jeunes filles

However, when these adjectives precede a noun beginning with a vowel sound, you hear the plural marker, /z/.

des beau**x**‿enfants (/z/) — des jeune**s**‿amis (/z/)

For **jeune** and **joli**, there are two spoken forms in the plural. For all the other prenominal adjectives you have learned, there are four spoken forms in the plural, for example:

des grands labos — des grands‿amphithéâtres
des grandes piscines — des grandes‿universités

des petits stades — des petits‿amphithéâtres
des petites librairies — des petites‿affiches

3-19 Décrivons l'université. Respond affirmatively to the following questions.

MODÈLE Les résidences sont nouvelles ?
➤ Oui, ce sont des nouvelles résidences.

1. Les amphithéâtres sont vieux ?
2. Les laboratoires sont bons ?
3. Les ordinateurs sont mauvais ?
4. Les étudiants sont jeunes ?
5. Les terrains de sport sont beaux ?
6. Les bureaux sont grands ?
7. Les affiches sont belles ?
8. Les piscines sont nouvelles ?

3-20 C'est le contraire ! Change the following narrative by substituting adjectives that have the opposite meaning.

MODÈLE Je suis étudiant dans une *petite* université.
➤ Je suis étudiant dans une *grande* université.

Je suis étudiant dans une *petite* université. Nous avons des *vieilles* résidences ; moi, j'ai une *grande* chambre au *premier* étage. Il y a des *nouveaux* terrains de sport juste derrière notre *petit* Centre étudiant. J'ai des *bons* cours et des *mauvais* cours. Dans mes cours, j'ai des *vieux* amis, et on travaille bien ensemble.

3-21 Votre ville natale. Describe your hometown to a classmate, commenting on the features outlined below and using adjectives from the list: **jolie**, **belle**, **première**, **dernière**, **jeune**, **nouvelle**, **vieille**, **bonne**, **mauvaise**, **petite**, **grande**, **grosse**.

MODÈLE des parcs
➤ Dans ma ville natale, il y a des jolis parcs…

1. une mairie
2. des parcs
3. des hôtels
4. des piscines municipales
5. des universités
6. des cinémas
7. des maisons
8. des appartements

3-22 Un peu d'histoire

A. Avant de regarder. You are about to listen in on a conversation between Marie, a university student, and Marie-Julie Kerharo, a professor at the same university. Marie is writing a paper on the history of Quebec and she is asking Professor Kerharo some questions. Naturally, since they are talking about historical events, both often use the past tense. Take a look at the following words and expressions from their conversation and see if, drawing on your familiarity with cognates as well as your knowledge of history, you can determine what they mean.

1. Verrazzano a découvert le territoire
2. Jacques Cartier en a pris possession au nom du roi de France
3. Samuel de Champlain a fondé la première colonie
4. la Nouvelle-France a été cédée à l'Angleterre après une longue guerre

You will, of course, also hear references to important dates throughout the discussion of Quebec's history. Remember that in general, dates in French are given in three parts: the thousands (**mille**), the hundreds (**cinq cents**), and the rest. So 1524 is: **mille cinq cent vingt-quatre**.

le Château Frontenac à Québec

B. En regardant. As you watch the video clip, indicate where each event mentioned fits on the time line by writing the number of the event under the proper year.

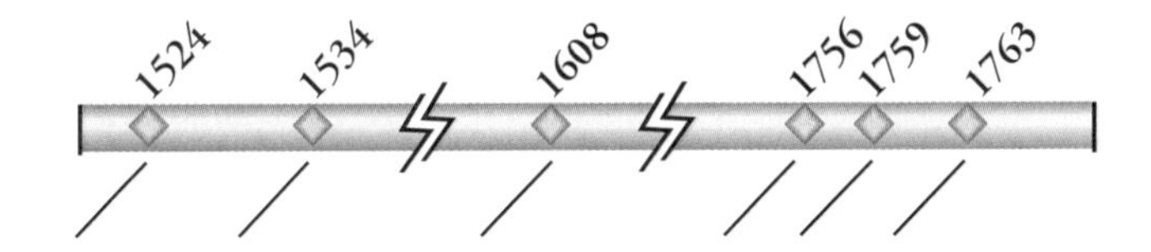

1. La Nouvelle-France est cédée à l'Angleterre.
2. Verrazzano découvre le territoire et le nomme la Nouvelle-France.
3. Jacques Cartier prend possession de la Nouvelle-France au nom du roi.
4. Samuel de Champlain fonde une colonie en Nouvelle-France.
5. Il y a 65 000 colons français et 1 500 000 colons anglais.

C. Après avoir regardé. Now discuss the following questions with classmates.

1. What name is given to **la Nouvelle-France** now?
2. Can you think of place-names in North America that include this idea of "new"? How did these places come to have these names?

Leçon 3 Choix de carrière

Points de départ

TEXT AUDIO

Qu'est-ce que vous voulez faire comme travail ?

Dans quel domaine est-ce que vous voulez travailler ? Est-ce que vous voulez aider les gens, comme les médecins, par exemple ? Est-ce que vous voulez voyager, comme certains journalistes ? Est-ce que vous êtes doué pour les mathématiques, comme les comptables ?

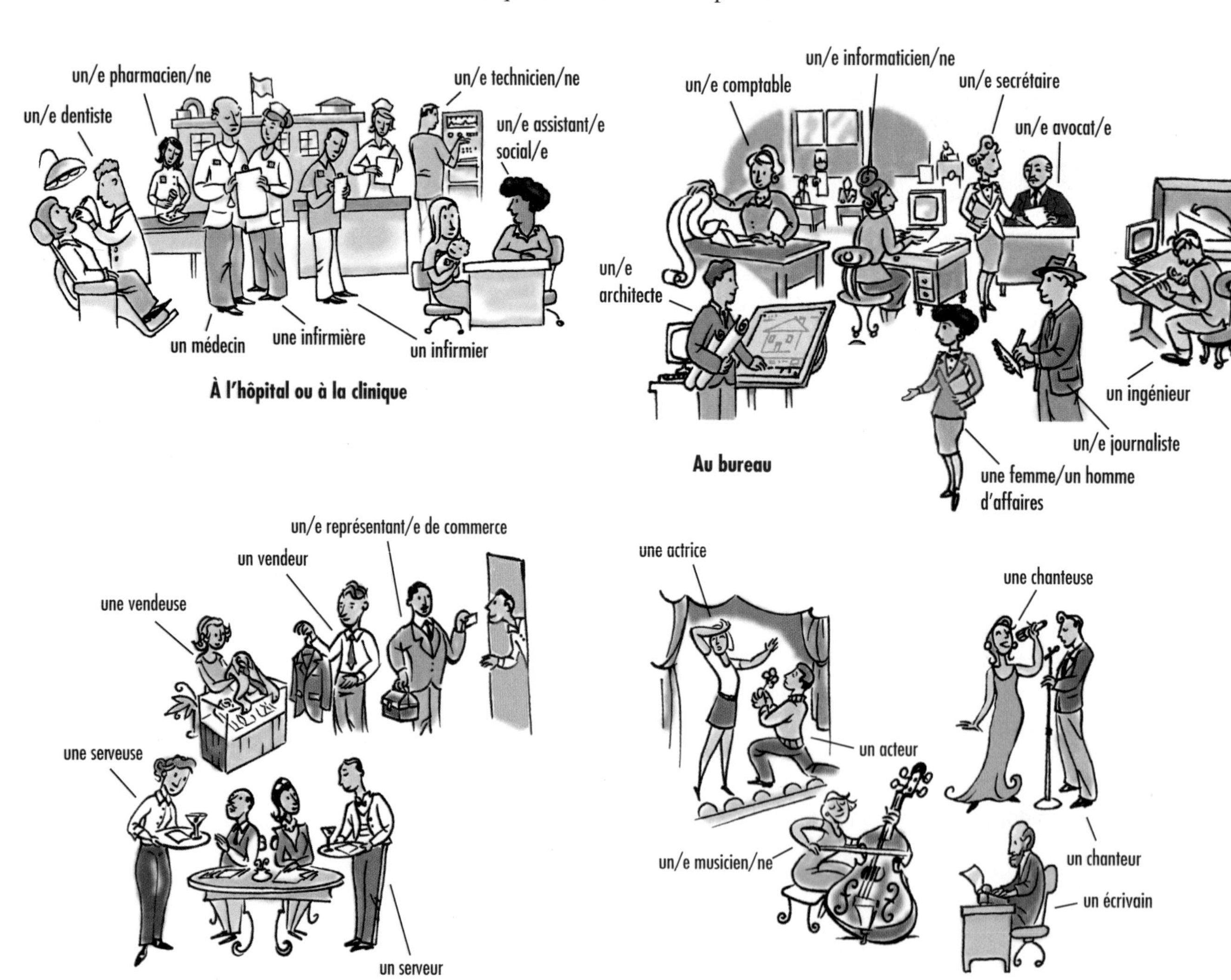

QU'EST-CE QUI VOUS INTÉRESSE ?

Je veux avoir...	Je cherche un travail où...
un bon salaire	on peut voyager
beaucoup de prestige	on peut aider les gens
beaucoup de responsabilités	on n'est pas trop stressé
un contact avec le public	on est très autonome
un travail en plein air	on gagne beaucoup d'argent

À vous la parole

3-23 Classez les métiers. Name some jobs or professions that have the features listed.

MODÈLE On gagne beaucoup d'argent.
➤ Un avocat gagne beaucoup d'argent.
OU ➤ Un acteur célèbre (*famous*) gagne beaucoup d'argent.

1. On est très autonome.
2. On travaille en plein air.
3. Un diplôme universitaire n'est pas nécessaire.
4. On n'est pas très stressé.
5. On a un contact avec le public.
6. On a beaucoup de prestige.
7. On peut travailler avec les enfants.
8. On peut voyager.

Vie et culture

La féminisation des noms de professions

Across the globe, women are making careers in professions that were once male dominated. Language reflects this. The trend in English is toward more gender-neutral terms: instead of *waiter/waitress*, we say *server;* instead of *fireman, firefighter.* The French language tends toward specifying gender with regard to profession. For some professions that lack a feminine form, such as **un professeur**, a female professional has traditionally been addressed as **Madame le Professeur**, and students talking about their professors would say, **Mon professeur de chimie est Madame Durand**. Canadian and Swiss students, however, routinely use the form **une professeure** and might say, for example, **Ma professeure de psychologie est Madame Laurent**.

Et vous ?

1. Based on what you have learned in the **Points de départ**, provide some examples to illustrate how names of professions in French may have:
   a. one form
   b. a variable article
   c. separate masculine and feminine forms
2. Why do you think that English speakers have opted for gender-neutral terms whereas in French-speaking countries the trend is toward gender-specific terms?

3-24 Aptitudes et goûts. Based on the descriptions, tell what each of these people will probably do for a living.

MODÈLE Rémi est sociable. Il aime aider les gens avec leurs problèmes.
➤ Il va être assistant social.

1. Lucie s'intéresse au théâtre. Elle danse et elle chante très bien.
2. Kevin aime le travail précis. Il est très bon en maths.
3. Stéphanie est énergique et sociable. Elle aime voyager, et elle aime le contact avec le public.
4. Camille s'intéresse à l'informatique et elle aime créer des programmes.
5. Nicolas est très doué pour les sciences ; il aime travailler au laboratoire.
6. Nathalie adore la mode ; elle veut ouvrir une boutique un jour.
7. Charline s'intéresse à l'architecture ; elle aime dessiner (*to design*) des maisons et des appartements.
8. Grégorie aime travailler avec les enfants ; il est calme et patient.

3-25 Vos projets de carrière. In a group of three or four students, find out what career each person wants—and does not want—to pursue.

MODÈLE É1 Toi, Mike, qu'est-ce que tu veux faire comme travail ?
É2 Je veux être assistant social. J'aime travailler avec les gens.
É1 Et toi, Margot, qu'est-ce que tu ne veux pas faire ?
É3 Moi, je ne veux pas être avocate. On travaille trop et on est trop stressé.

Sons et lettres

L'enchaînement et la liaison

TEXT AUDIO

In French, consonants that occur within a rhythmic group tend to be linked to the following syllable. This is called **enchaînement**. Because of this feature of French pronunciation, most syllables end in a vowel sound:

il a /i la/ sept amis /sɛ ta mi/ Alice arrive /a li sa riv/

Some final consonants are almost always pronounced. As you recall, these include final **-c**, **-r**, **-f**, **-l**, and all consonants followed by a written **-e**:

Éri**c** ma sœu**r** neu**f** l'éco**le** la no**te** sei**ze** **il** ai**me**

As you have learned, other final consonants are pronounced only when the following word begins with a vowel. These are called *liaison consonants*, and the process that links the liaison consonant to the beginning of the next syllable is called *liaison*. Liaison consonants are usually found in grammatical endings and words such as pronouns, articles, possessive adjectives, prepositions, and numbers. You have seen the following liaison consonants:

- **-s**, **-x**, **-z** (pronounced /z/): vous‿avez, le**s**‿enfants, no**s**‿amis, au**x**‿échecs, trè**s**‿aimable, si**x**‿ans, che**z**‿eux

- **-t**: c'es**t**‿un stylo, elles son**t**‿énergiques
- **-n**: o**n**‿a, u**n**‿oncle, mo**n**‿ami

When you pronounce a liaison consonant, articulate it as part of the next word:

deu**x**‿oncles /dø zɔ̃kl/	*not* */døz ɔ̃kl/
o**n** a /ɔ̃ na/	*not* */ɔ̃n a/
il es**t**‿ici /i le ti si/	*not* */il et i si/

3-26 Contrastes : sans et avec enchaînement. Pronounce each pair of phrases. Be sure to link the final consonant of the first word to the following word when it bcgins with a vowcl.

une classe	une université
pour Bertrand	pour Albert
Luc parle	Luc écoute
neuf dentistes	neuf actrices
quel cousin	quel oncle
elle préfère ça	elle aime ça

3-27 Liaisons. Pronounce the liaison consonants in the following phrases. Be sure to link the consonant with the following word.

nous‿allons	vous‿écoutez
on‿a	un‿an
ils‿arrivent	elles‿étudient
elles sont‿au labo	elles vont‿au resto U
son petit‿ami	il a vingt‿ans
ton‿amie	son‿enfant

Formes et fonctions

1. C'est *et* il est

- There are two ways to indicate someone's profession:
  - Use a form of **être** + the name of the profession, without an article:

Julie **est** musicienne.	*Julie is a musician.*
Son frère **est** acteur.	*Her brother is an actor.*
Nous **sommes** professeurs.	*We are schoolteachers.*

- Use **c'est/ce sont** + the indefinite article + the name of the profession:

Julie, **c'est une** musicienne.	*Julie is a musician.*
Stéphane ? **C'est un** dentiste.	*Stéphane? He's a dentist.*
Leurs parents ? **Ce sont des** architectes.	*Their parents? They're architects.*

- When you include an adjective along with the name of a profession, you must use **c'est/ce sont** + the indefinite article. Compare:

Anne **est** musicienne.	*Anne is a musician.*
C'est une excellente musicienne.	*She's an excellent musician.*
Ils **sont** artistes.	*They're artists.*
Ce sont des artistes très doués.	*They're very talented artists.*

À vous la parole

3-28 Professions et traits de caractère. For each profession, specify a fitting character trait.

MODÈLE Anne est infirmière.
➤ C'est une infirmière calme.

1. Delphine est avocate.
2. Rémi est assistant social.
3. Virginie est médecin.
4. Max est représentant de commerce.
5. Coralie est musicienne.
6. Florian et Sylvie sont informaticiens.
7. Hugo et Jessica sont serveurs.
8. Sandra et Alex sont professeurs.

3-29 Identification. Identify the nationality and profession of each of the following famous people. Choose from: **américain/e** or **français/e**.

MODÈLE Jules Verne
➤ C'est un écrivain français.

1. Gustave Eiffel
2. Barbra Streisand
3. Gérard Depardieu
4. Louis Pasteur
5. Ruth Bader Ginsburg
6. Carl Bernstein
7. Frank Lloyd Wright
8. Toni Morrison

3-30 Quelle est leur profession ? With a partner, tell what some of the people you know well do for a living.

MODÈLE votre mère

É1 Ma mère est technicienne de laboratoire.
É2 Ma mère travaille à la maison ; c'est une femme au foyer (*homemaker*).

1. votre mère
2. votre père
3. votre frère ou sœur
4. votre grand-père
5. votre oncle
6. votre tante

2. *Les verbes* devoir, pouvoir *et* vouloir

- The verbs **devoir**, **pouvoir**, and **vouloir** are irregular.

DEVOIR *must, to have to, to be supposed to*			
SINGULIER		PLURIEL	
je	dois	nous	dev**ons**
tu	dois	vous	dev**ez**
il / elle / on	doi**t**	ils / elles	doiv**ent**

POUVOIR *can, to be able*			
SINGULIER		PLURIEL	
je	peu**x**	nous	pouv**ons**
tu	peu**x**	vous	pouv**ez**
il / elle / on	peu**t**	ils / elles	peuv**ent**

VOULOIR *to want*			
SINGULIER		PLURIEL	
je	veu**x**	nous	voul**ons**
tu	veu**x**	vous	voul**ez**
il / elle / on	veu**t**	ils / elles	veul**ent**

- These verbs are often used:
  - With an infinitive:

Tu **dois** travailler ?	*Do you have to work?*
Je **veux** arriver demain matin.	*I want to arrive tomorrow morning.*
Tu ne **peux** pas arriver ce soir ?	*Can't you arrive this evening?*

  - To soften commands and make suggestions. Compare:

Attendez ici !	*Wait here!*
Vous **devez** attendre ici.	*You must wait here.*
Vous **voulez** attendre ici, s'il vous plaît ?	*Will you wait here, please?*
Vous **pouvez** attendre ici.	*You can wait here.*

- The verb **devoir** also has the meaning *to owe*:

Il **doit** 50 € à mon frère.	*He owes my brother 50 euros.*
Combien est-ce que je vous **dois** ?	*How much do I owe you?*

- **Vouloir** is used in a number of useful expressions:

Tu **veux** aller avec nous au ciné ?	*You want to go to the movies with us?*
Je **veux** bien.	*O.K.*
Qu'est-ce que vous **voulez** dire ?/ Qu'est-ce que tu **veux** dire ?	*What do you mean?*
Qu'est-ce que ça **veut** dire ?	*What does that mean?*

À vous la parole

3-31 Un peu de tact ! Caroline and Jean-Sébastien work in a department store. Caroline is speaking sharply to Jean-Sébastien. Give him the same instructions in a more tactful way.

MODÈLE Va au bureau !
➤ Tu veux aller au bureau ?
ou ➤ Tu peux aller au bureau ?

1. Donne la calculatrice à Pierre !
2. Parle à cette dame !
3. Montre le lecteur CD au monsieur !
4. Change le DVD !
5. Va à la banque !
6. Téléphone au directeur !

Now change the orders given by the boss to both Caroline and Jean-Sébastien.

MODÈLE Montrez les ordinateurs aux clients !
➤ Vous voulez montrer les ordinateurs aux clients ?
ou ➤ Vous pouvez montrer les ordinateurs aux clients ?

7. Fermez la porte du bureau !
8. Montrez ce magnétoscope au monsieur !
9. Allez au bureau du comptable !
10. Téléphonez au directeur !

3-32 Une future profession. What can these people do for a living? With a partner, suggest possibilities.

MODÈLE Sarah veut gagner beaucoup d'argent, mais elle ne veut pas faire des études supérieures.

É1 Elle peut devenir (*become*) actrice de cinéma, par exemple.
É2 Elle peut aussi devenir chanteuse.

1. Adrien ne veut pas travailler dans un bureau.
2. Gaëlle et Alexandra veulent travailler avec les enfants.
3. Je veux voyager et je suis assez sociable.
4. Nous voulons un contact avec le public et nous préférons travailler le soir.
5. Jean-Baptiste veut aider les gens et il n'est pas doué pour les sciences.
6. Audrey est très douée pour la musique et très disciplinée.
7. Simon et David ne veulent pas un travail avec beaucoup de stress.

3-33 Vouloir, c'est pouvoir. What are your plans for the future? Compare your ideas with those of your partner.

MODÈLE faire comme travail

É1 Qu'est-ce que tu veux faire comme travail ?
É2 Moi, je veux être médecin ou dentiste. Et toi ?
É1 Moi, je ne veux pas être médecin ni (*nor*) dentiste ; je veux être architecte.

1. faire comme travail
2. habiter
3. voyager
4. avoir des enfants
5. avoir de l'argent

3-34 Trouvez une excuse. You don't want to go out (*sortir*) with your classmate's friend, so you must come up with a good excuse!

MODÈLE ➤ Je ne peux pas sortir ce soir avec ton ami/e ; je dois préparer un examen et aller chez mes parents.

Stratégie

Scan a text by searching quickly to locate specific information that you need. Then, when you find the desired information, focus on it and read it carefully.

3-35 Petites annonces

A. Avant de lire. The text on page 116 consists of several job ads from a newspaper. When you read ads like these, you typically will be looking for specific pieces of information. You may want to know, for example, if any of the ads is for a teaching position or if your bilingual skills would be an asset in any of the positions advertised. The reading skill you use to search a text quickly for specific information of this sort is scanning. You can scan the text—assisted by the design and layout—to find relevant ads, then focus more intensively on information of interest.

B. En lisant. Scan the ads to find the answers to the following questions.

1. Find an ad:
   a. for a teaching job
   b. for a full-time permanent position
   c. for a temporary position
   d. for an office job
   e. for which you need to speak two languages
2. Find a sentence that indicates that all jobs are offered to both men and women. In spite of this, one ad is clearly written with women in mind. Which ad is it? Which ad(s) make(s) it clear that both men and women are encouraged to apply?
3. One job requires knowledge of computers. You can find it by looking for names of computer programs. Which ad is it?
4. One job specifies that working some weekends is required. Which one? The expression used to express "weekend" is different from the word used in France, **le week-end**. How is this expressed in Canadian French?

carrières

Pour faire paraître vos annonces dans cette section composez 868-0237 ou écrivez à carrières et professions

Tous les emplois annoncés s'adressent aux hommes et aux femmes.

CÉGEP
de St-Philippe

Le Cégep de Saint-Philippe requiert les services d'enseignant(e) afin de dispenser les charges de cours suivant :

CH-2006-04 Charge temps partiel en mathématiques
Exigence : baccalauréat en mathématiques

L'expérience en psychopédagogie et en enseignement est souhaitable.

Les personnes intéressées doivent faire parvenir leur curriculum vitae ***au plus tard le 7 mai 2008 à 17 h*** à l'adresse suivante :

Cégep de Saint-Philippe
Service des ressources humaines
Saint-Philippe (Québec) G2R 8K2
Télécopieur : (418) 261-9796

Fruits & Parfums

Fruits & Parfums, un réseau de boutiques offrant des produits de soins corporels, d'ambiance et de gourmet est à la recherche d'un(e)

CONSEILLER(ÈRE) AUX VENTES (temps plein)

- Vous avez un sens de la vente.
- Vous détenez un diplôme d'études secondaires.
- Vous êtes bilingue.

Si vous êtes un(e) passionné(e) de fragrances enivrantes, veuillez faire parvenir votre curriculum vitae au plus tard le 30 avril prochain, par télécopieur au (418) 296-2080, par courriel au *emploi@fruits-parfums.com* ou en vous présentant directement à la boutique située dans le Vieux-Québec.

CONSTRUCTION QUÉBÉCOISE

Entrepreneur général en construction résidentielle recherche un(e)

COMPTABLE

Connaissance du système Acomba et des applications Excel et Word nécessaire.

Expérience en construction serait un atout. Bonne formation et quelques années d'expérience pertinente souhaitables.

S.V.P. faire parvenir curriculum vitae à l'attention de Gilles Lamontagne

CONSTRUCTION QUÉBÉCOISE
4500, boul. de la Couronne
Québec (QC) G2F 2B9

HYGIÉNISTE DENTAIRE

demandée à Lac-Saint-Martin

Temps plein en remplacement d'un congé de maternité, 18 à 24 mois

Tél : **489-4271**

Pharmacien(ne)

Ville de Québec
(quartier Petit Champlain)
33 heures/semaine
Une (1) fin de semaine sur quatre (4)
Horaire flexible

Appeler Alain Paradis
459-3025

C. En regardant de plus près. Now that you have located particular pieces of information in the ads, focus on the following features.

1. Look more closely at the ad for a teaching job: Is this a full-time position? What qualifications are required, and what experience is desirable?
2. Based on its ad, what type of business is **Fruits & Parfums**?
3. If you wanted to apply for the job at **Fruits & Parfums**, what options do you have?

D. Après avoir lu. Now discuss the following questions with your classmates.

1. Would you be qualified for any of the jobs listed? Explain why or why not. Do you find any of the jobs particularly interesting? Why?
2. Are these ads in any way different from ads for the same types of jobs in your own local newspaper?

Vocabulaire

Leçon 1

à l'université, à la fac(ulté)	***at the university, the school***
un amphithéâtre	*lecture hall*
des associations (f.) étudiantes	*student organizations*
la bibliothèque universitaire (la BU)	*university library*
des bureaux (m.) administratifs	*administrative offices*
le bureau des inscriptions	*registrar's office*
le bureau du professeur	*professor's office*
la cafétéria	*cafeteria*
le centre des sports	*sports complex*
le centre étudiant	*student center*
un centre informatique	*computer center*
un garage	*garage*
une infirmerie	*health center*
un labo(ratoire) de chimie, de langues	*chemistry, language lab*
une majeure (en sociologie)	*major (Can.) (in sociology)*
une mineure (en français)	*minor (Can.) (in French)*
un pavillon (principal)	*(main) building*
un plan du campus	*campus map*
la résidence	*residence hall*
le restaurant universitaire (le resto U)	*dining hall*
une station de métro	*subway, metro stop*
un terrain de sport	*playing field, court*

prépositions de lieu	***prepositions***
à côté de	*next to, beside*
à droite de	*to the right of*
à gauche de	*to the left of*
dans	*in, inside*
derrière	*behind*
devant	*in front of*
en face de	*across from*
loin de	*far from*
près de	*close to, near*

adjectifs prénominaux	***adjectives that precede the noun***
beau/bel/belle	*beautiful, handsome*
bon/bonne	*good*
dernier/dernière	*last*
grand/e	*tall*
gros/se	*big, fat*
jeune	*young*
joli/e	*pretty*
mauvais/e	*bad*
nouveau/nouvel/nouvelle	*new*
petit/e	*small, short*
premier/première	*first*
vieux/vieil/vieille	*old*

autres mots utiles	***other useful words***
après	*after*
un cours	*course*
ici	*here*
retrouver quelqu'un	*to meet someone*
tous (m. pl.)	*all*
se trouver	*to be located*
une voiture	*car*

Leçon 2

des cours (m.)	***courses***
l'allemand (m.)	*German*
le calcul	*calculus*
l'espagnol (m.)	*Spanish*

(see p. 99 for more courses)

les facultés (f.)	***colleges***
les beaux-arts (m.)	*fine arts*
le droit	*law*
la gestion	*business management*
le journalisme	*journalism*
les lettres (f.)	*humanities*
la médecine	*medicine*
les sciences de l'éducation (f.)	*education*

les sciences économiques	*economics*
les sciences humaines	*social sciences*
les sciences naturelles	*natural sciences*
les sciences physiques	*physical sciences*

pour parler des études (f.)	***to talk about studies***
un bacc(alauréat) (en sciences économiques)	*B.A or B.S. degree (Can.) (in economics)*
une composition	*in-class essay exam*
un devoir	*essay*
des devoirs	*homework*
un dictionnaire	*dictionary*
un diplôme (en beaux-arts)	*degree (in fine arts)*
un examen (préparer un examen)	*exam (to study for an exam)*
une note (avoir une note)	*grade (to have/receive a grade)*
préparer un diplôme (en chimie)	*to do a degree (in chemistry)*
un semestre	*semester*
une spécialisation (en français)	*major (in French)*
suivre un cours	*to take a course*
un trimestre	*trimester, quarter*

pour décrire les cours, les examens, les notes	***to describe courses, tests, grades***
difficile	*difficult*
ennuyeux/ennuyeuse	*boring, tedious*
facile	*easy*
final/e	*final*
intéressant/e	*interesting*
médiocre	*mediocre*
obligatoire	*required*

pour exprimer les préférences	***to express preferences***
adorer	*to adore*
aimer	*to like or to love*
aimer beaucoup	*to like or love a lot*
aimer bien	*to like fairly well*
détester	*to detest*
préférer	*to prefer*

verbes conjugués comme préférer	***verbs conjugated like* préférer**
répéter	*to repeat*
suggérer	*to suggest*

Leçon 3

où on travaille	***where people work***
un bureau	*office*
une clinique	*private hospital*
un hôpital	*public hospital*

des métiers (m.) et des professions (f.)	***jobs and professions***
un acteur/une actrice	*actor/actress*
un/e architecte	*architect*
un/e artiste	*artist*
un/e assistant/e social/e	*social worker*
un/e avocat/e	*lawyer*
un chanteur/une chanteuse	*singer*
un/e comptable	*accountant*
un/e dentiste	*dentist*
un écrivain	*writer*
une femme d'affaires	*businesswoman*
un homme d'affaires	*businessman*
un infirmier/une infirmière	*nurse*
un/e informaticien/ne	*programmer*
un ingénieur	*engineer*
un/e journaliste	*journalist*
un médecin	*physician*
un/e musicien/ne	*musician*
un/e pharmacien/ne	*pharmacist*
un/e représentant/e de commerce	*sales representative*
un/e secrétaire	*secretary*
un serveur/une serveuse	*server*
un/e technicien/ne de labo	*(lab) technician*
un vendeur/une vendeuse	*sales clerk*

quelques mots utiles	*some useful words*
l'argent (m.)	*money*
autonome	*independent*
une carrière	*career*
être doué/e	*to be talented*
les gens (m.)	*people*
en plein air	*outdoors*
le prestige	*prestige*
le public (un contact avec le public)	*the public (contact with the public)*
la responsabilité	*responsibility*
un salaire	*salary*
les services (m.)	*the service sector*
le travail	*work*

quelques verbes	*some verbs*
aider les gens	*to help people*
chercher	*to look for*
devoir	*must, to have to, should; to owe*
gagner (de l'argent)	*to earn (money), to win*
s'intéresser à	*to be interested in*
pouvoir	*to be able to*
vouloir	*to want, to wish*
voyager	*to travel*

Where are these people and where are they going, in your opinion? How do they seem to be feeling?

Chapitre 4 *Métro, boulot, dodo*

Leçon 1 *La routine de la journée*

Leçon 2 *À quelle heure ?*

Leçon 3 *Qu'est-ce qu'on met ?*

In this chapter:

- Talking about your daily routine
- Telling time
- Making comparisons
- Describing clothing
- Comparing daily routines and fashion in places where French is spoken

Leçon 1 *La routine de la journée*

Points de départ

La routine du matin

TEXT AUDIO

Il est huit heures du matin. La journée commence !

Chez les Bouchard, Thomas se réveille ; il va bientôt se lever.

Sa petite sœur Vanessa est déjà debout ; elle se coiffe. Monsieur Bouchard est en train de se raser. Il va bientôt prendre une douche.

Madame Bouchard se maquille et elle s'habille pour aller au travail. Le bébé s'endort de nouveau.

Dans son appartement, Caroline se dépêche ; elle va bientôt à la fac. Elle se lave les mains et la figure et elle se brosse les dents.

Chez les Morin, Madame Morin se douche et se lave les cheveux ; après, elle s'essuie. Son mari rentre à la maison. Lui, il travaille tard la nuit, donc il rentre tôt le matin pour se coucher. Il se déshabille et il se couche.

Additional practice activities for each **Points de départ** section are provided by:
- Student Activities Manual
- *Points de départ* Companion Website: **http://www.prenhall.com/pointsdedepart**

Les articles de toilette

Vie et culture

Métro, boulot, dodo

The expression **métro**, **boulot**, **dodo** epitomizes the daily routine of most Parisians—in fact, of people who live in any big city. In the morning, many Parisians take the **métro** (the highly efficient Paris subway), go to their **boulot** (a slang word for **un job/un travail**), then at night they return home and crawl into bed to **faire dodo** (a child's expression for **se coucher/dormir**). In English, we often call this routine *the daily grind*.

What does the expression **métro**, **boulot**, **dodo** lead you to believe about life in Paris? Describe a person whose daily routine could be summarized by this expression. Would this expression apply also to the daily routine of North Americans who live in big cities? Would it apply to life in your hometown?

Now watch the video clip *La routine du matin* as two girls describe their morning routine. Make a list of their activities, for example: **Elles se réveillent.** Is there anything that surprises you about their routine, or does it seem very familiar and logical?

À vous la parole

4-1 Ordre logique. In what order do most people complete the following activities?

MODÈLE on se coiffe, on se douche
➤ On se douche, et après on se coiffe.

1. on se lave, on s'habille
2. on se lave les cheveux, on se coiffe
3. on se lève, on se réveille
4. on se déshabille, on se couche
5. on mange, on se brosse les dents
6. on se couche, on se brosse les dents
7. on se couche, on s'endort
8. on s'essuie, on se lave

4-2 Suite logique. Tell what these people are going to do next, choosing a verb from the list.

se coiffer	s'essuyer	se laver les cheveux
se coucher	s'habiller	se lever
s'endormir	se laver	se raser

MODÈLE Margaux a un tee-shirt et un jean.
➤ Elle va s'habiller.

1. Adrien a un rasoir.
2. Olivier va dans sa chambre.
3. Julie cherche le shampooing.
4. Fanny est très fatiguée.
5. Damien entend sa mère qui dit : « Allez, debout ! »
6. Grégory va prendre une douche.
7. Delphine termine sa douche.
8. Sandrine a un peigne.

4-3 Un questionnaire. Do you pay attention to how you look? A little? Too much? Not enough? Ask your partner the following questions and then add up the points. What are your conclusions?

1. Vous prenez une douche ou un bain tous les jours ?	**oui**	**non**
2. Vous vous lavez les cheveux tous les jours ?	**oui**	**non**
3. Vous vous brossez les dents après chaque repas ?	**oui**	**non**
4. Vous vous coiffez trois ou quatre fois pendant la journée ?	**oui**	**non**
5. Vous vous habillez différemment chaque jour ?	**oui**	**non**
6. Vous vous maquillez/vous vous rasez tous les jours ?	**oui**	**non**
7. Vous vous mettez du parfum/de l'eau de Cologne ?	**oui**	**non**
8. Vous faites très attention de ne jamais grossir *(gain weight)* ?	**oui**	**non**

Maintenant, marquez un point pour les réponses « oui », zéro pour les réponses « non » et ensuite additionnez vos points :

- Si vous avez 7 ou 8 points, vous vous intéressez peut-être un peu trop à votre apparence physique. Pensez un peu aux choses plus sérieuses.
- Si vous avez de 3 à 6 points, c'est bien. Vous faites attention à votre présentation, mais vous n'exagérez pas.
- Si vous avez moins de 3 points, attention ! Vous risquez de vous négliger.

Additional practice activities for each **Sons et lettres** section are provided by:
- Student Activities Manual
- Text Audio

Sons et lettres

TEXT AUDIO

La voyelle /y/

The vowel /y/, as in **tu**, is generally spelled with **u**. To pronounce /y/, your tongue must be forward and your lips rounded, protruding, and tense. As you pronounce /y/, think of the vowel /i/ of **ici**. It is important to make a distinction between /y/ and the /u/ of **tout**, as many words are distinguished by these two vowels.

À vous la parole

4-4 Imitation. Be careful to round your lips when pronouncing /y/!

tu du zut Luc Jules Bruno Lucie Suzanne

4-5 Contrastes. Be careful to distinguish between /y/ (spelled **u**) and /u/ (spelled **ou**).

tu	tout	bu	bout
du	doux	pu	poux
zut	tous	début	debout

4-6 Salutations. Practice greetings, using the following names.

MODÈLES Bruno
➤ Salut, Bruno.

Mme Dupont
➤ Bonjour, Madame Dupont.

1. Bruno
2. Lucie
3. Suzanne
4. Mme Dumont
5. M. Dumas
6. Mme Camus

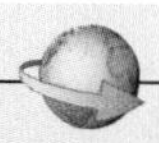

Additional practice activities for each **Formes et fonctions** section are provided by:
- Student Activities Manual
- *Points de départ* Companion Website: **http://www.prenhall.com/pointsdedepart**

FORMES ET FONCTIONS

1. Les verbes pronominaux et les pronoms réfléchis

- Verbs like **s'essuyer** (*to dry oneself off*) and **se laver** (*to wash up*) include a reflexive pronoun as part of the verb: this pronoun indicates that the action is reflected on the subject. In English, the word *-self* is sometimes used to express this idea.

Je **m'essuie**.	*I'm drying myself off.*
On **se lave**.	*We're washing up.*
Tu **te lèves** ?	*Are you getting up?*

The reflexive pronouns are shown below with the verb **se laver**.

SE LAVER *to wash*					
SINGULIER			PLURIEL		
je	**me**	lave	nous	**nous**	lav**ons**
tu	**te**	lave**s**	vous	**vous**	lav**ez**
il / elle / on	**se**	lave	ils / elles	**se**	lav**ent**

- Before a vowel sound, **me**, **te**, and **se** become **m'**, **t'**, **s'**.

Je **m'**essuie les mains.	*I'm drying my hands.*
Tu **t'**habilles ?	*Are you getting dressed?*
Il **s'**essuie la figure.	*He wipes his face.*

- Note that reflexive pronouns always maintain their position near the verb, even in the negative and the immediate future.

Il ne **se** lave pas.	*He's not washing up.*
Je ne vais pas **m'**habiller.	*I'm not going to get dressed.*

- When a part of the body is specified, the definite article is used, since the reflexive pronoun already indicates whose body part is affected.

Elle se lave **la** figure.	*She's washing her face.*
Ils se brossent **les** dents.	*They're brushing their teeth.*

- In an affirmative command, the reflexive pronoun follows the verb and is connected to it by a hyphen. Note the use of the stressed form **toi**. In negative commands, the reflexive pronoun precedes the verb.

Lave-**toi** la figure !	Ne **te** lave pas la figure !
Dépêchez-**vous** !	Ne **vous** dépêchez pas !

4-7 Qu'est-ce qu'on fait ? Explain how people use the objects mentioned.

MODÈLE Moi, le shampooing ?
➤ Je me lave les cheveux.

1. Les enfants, le savon et un gant de toilette ?
2. Jules, son rasoir ?
3. Vous, la serviette de toilette ?
4. Toi, le pull-over ?
5. Moi, le dentifrice ?
6. Nous, le peigne ?
7. Julie, le maquillage ?

4-8 Fais ta toilette ! Your partner always has an excuse! Take turns asking and answering questions and making comments about grooming.

MODÈLE se raser

É1 Tu te rases ?

É2 Non, je n'ai pas de rasoir.

É1 Tiens, voilà un rasoir ; rase-toi donc !

1. se laver les mains
2. se laver la figure
3. s'essuyer les mains
4. se laver les cheveux
5. se brosser les dents
6. se coiffer

4-9 La routine chez vous. At your house or in your family, who does the following things? Compare your answers with those of a partner.

MODÈLE se lève en premier ?

É1 Qui se lève en premier chez toi ?

É2 Ma mère se lève en premier. Et chez toi ?

É1 Moi, je me lève en premier.

1. se lève en premier ?
2. se douche en premier ?
3. se maquille tous les jours ?
4. s'habille avec beaucoup d'attention ?
5. se lave les cheveux tous les jours ?
6. se couche tard le soir ?
7. se réveille facilement le matin ?

2. Les adverbes : intensité, fréquence, quantité

- The adverbs listed below indicate to what degree something occurs.

trop	Elle travaille **trop**.	*She works too much.*
beaucoup	Elle se douche **beaucoup**.	*She showers a lot.*
assez	Nous mangeons **assez**.	*We eat enough.*
un peu	Je me dépêche **un peu**.	*I hurry a little.*
ne … pas	Il **ne** se rase **pas**.	*He doesn't shave.*

- These same adverbs, followed by **de/d'** plus a noun, indicate quantities.

trop de	Il prend **trop de** douches.	*He takes too many showers.*
beaucoup de	Elle a **beaucoup d'**amis.	*She has lots of friends.*
assez de	Vous avez **assez d'**argent ?	*Do you have enough money?*
peu de	J'ai **peu de** maquillage chez moi.	*I don't have much makeup at my house.*
ne ... pas de	Tu **n'**as **pas de** rasoir ?	*Don't you have a razor?*

- Other adverbs indicate frequency, how often something is done. Notice that these adverbs follow the verb, like those you learned in the first section on page 126.

tous les...	Je me lave les cheveux **tous les** jours.	*I wash my hair every day.*
toutes les...	Nous avons un match **toutes les** semaines.	*We have a game every week.*
toujours	Je me lève **toujours** en premier.	*I always get up first.*
souvent	Il prend **souvent** le métro.	*He often takes the metro.*
quelquefois	Tu travailles **quelquefois** ici ?	*Do you work here sometimes?*
rarement	Elle se maquille **rarement**.	*She rarely wears makeup.*
ne ... jamais	Il **ne** se coiffe **jamais**.	*He never combs his hair.*

- Another useful expression to indicate frequency is formed with the noun **fois** followed optionally by **par** and a time expression.

Il se rase **une fois par semaine**.	*He shaves once a week.*
Je me brosse les dents **deux fois par jour**.	*I brush my teeth twice a day.*
Ma petite sœur prend une douche **trois fois par semaine**.	*My little sister takes a shower three times a week.*

À vous la parole

4-10 Vos habitudes. Be precise! Compare your habits with those of your partner.

MODÈLE travailler le week-end

É1 Moi, je travaille beaucoup le week-end.

É2 Par contre, moi, je travaille rarement le week-end.

1. travailler le week-end
2. se réveiller tôt le matin
3. se brosser les dents
4. parler français
5. jouer au tennis
6. regarder la télé
7. aider les gens
8. se coucher de bonne heure (= tôt)

4-11 Combien ? How much or how many do you have? Compare your responses with those of your partner.

MODÈLE des livres

É1 J'ai beaucoup de livres.
É2 Moi, j'ai peu de livres.

1. des livres
2. des CD
3. des rasoirs
4. des serviettes
5. des peignes
6. du maquillage
7. des amis
8. de l'argent
9. des problèmes

4-12 Stéréotypes et réalité. What is the stereotype, and what is the reality? Compare ideas with your partner.

MODÈLE É1 les Américains : manger au McDo ?
É2 Les Américains mangent très souvent au McDo.
É1 Mais moi, je ne mange jamais au McDo.

1. les Américains : manger dans des fast-foods ?
2. les Américains : se dépêcher ?
3. les Africains : être décontractés (*relaxed*) ?
4. les Suisses : avoir beaucoup d'argent ?
5. les Français : jouer au football ?
6. les Français : manger de la quiche ?
7. les étudiants : se coucher tard ?
8. les étudiants : travailler ?
9. les professeurs : se lever tôt ?
10. les professeurs : donner des devoirs ?

4-13 Familiale

TEXT AUDIO

A. Avant de lire. Jacques Prévert (1900–1977) has probably been the most popular and widely read French poet since Victor Hugo. Prévert's first book of poetry, ***Paroles*** (*Lyrics*), appeared in late 1945, just as World War II was ending. The poem you are about to read is taken from that collection.

In ***Familiale***, Prévert uses the simple language of everyday life to make a profound statement about war and loss. He indicates in a matter-of-fact way what the three members of a family do:

La mère fait du tricot. / Elle tricote.	*The mother knits.*
Le père fait des affaires.	*The father does business.*
Le fils fait la guerre.	*The son wages war.*

As the poem reaches its climax, the poet's simple statements about the family members' lives are interrupted. The rhythm changes and verbs ultimately disappear from the narrative. Consider, as you read the poem, how these structural changes help to evoke and reinforce the poet's troubling message.

B. En lisant. As you read the poem on the following page, answer these questions.

1. What is the nature of the characters' everyday life as conveyed in the first nine lines of the poem?
2. Like a play or a film, the poem builds to a climax. What is that climax? What happens afterward?

C. En regardant de plus près. Now look more closely at the structure of the poem.

1. The poem uses repetition to produce an effect and to convey meaning. For example, with what repeated phrase does Prévert suggest the characters' attitude toward their daily life? When this phrase recurs the third time, it has taken on new meaning and become associated with a terrible irony. Why? Can you point out some other instances of repetition that are significant in the poem?
2. What verb is used most frequently in the poem? What effect does this produce, and what is the effect when another verb is used instead? At what point do verbs disappear altogether?
3. Poetry is often characterized by a rhyme scheme. How would you describe the rhyme scheme in this poem? What might this type of rhyme scheme symbolize?
4. Look at the final line of the poem. How would you explain the seeming contradiction of the poet's reference to « La vie avec le cimetière » ?

Stratégie

Pay attention to both the meaning and form of the text when you read a poem. In an effective poem, form and meaning work together, so that variations in form—the poem's rhythm or structure, for example—contribute to the impact of its message.

Additional activities to develop the four skills are provided by:
- Student Activities Manual
- Text Audio
- *Points de départ* video
- *Points de départ* Companion Website: **http://www.prenhall.com/pointsdedepart**

Family Life

FAMILIALE°

thinks / *nothing* / *finishes* / *will do* / *killed / no longer*

La mère fait du tricot
Le fils fait la guerre
Elle trouve° ça tout naturel la mère
Et le père qu'est-ce qu'il fait le père ?
Il fait des affaires 5
Sa femme fait du tricot
Son fils la guerre
Lui des affaires
Il trouve ça tout naturel le père
Et le fils et le fils 10
Qu'est-ce qu'il trouve le fils ?
Il ne trouve rien° absolument rien le fils
Le fils sa mère fait du tricot son père des affaires lui la guerre
Quand il aura fini° la guerre
Il fera° des affaires avec son père 15
La guerre continue la mère continue elle tricote
Le père continue il fait des affaires
Le fils est tué° il ne continue plus°
Le père et la mère vont au cimetière
Ils trouvent ça tout naturel le père et la mère 20
La vie continue la vie avec le tricot la guerre les affaires
Les affaires la guerre le tricot la guerre
Les affaires les affaires et les affaires
La vie avec le cimetière.

Jacques Prévert, *Paroles*

D. Après avoir lu. Now discuss the following questions with your classmates.

1. Poetry is meant to be read aloud. With a partner, or with your class as a whole, practice reading aloud ***Familiale***. Does this help you appreciate Prévert's efforts to convey meaning through the form and rhythm of his poem as well as through the words themselves?
2. Work with a partner to translate the poem. How can you use the structure and rhythm of the poem in English to help convey Prévert's message?
3. Good literature has a timeless quality; readers in many different contexts can relate it to their circumstances. Do you believe Prévert's poem has this quality?

Leçon 2 À quelle heure ?

POINTS DE DÉPART

Je n'arrête pas de courir !

TEXT AUDIO

Delphine parle de sa journée :
Mon radio-réveil sonne à sept heures du matin. Mon premier cours commence à neuf heures, alors je quitte ma chambre à huit heures et demie pour aller à la fac.

J'arrive en classe à neuf heures moins le quart. Super ! je suis en avance ; je vais trouver une bonne place.

Le professeur arrive toujours à l'heure ; il entre dans la classe vers neuf heures moins cinq et il commence à parler.

À dix heures et quart, je regarde ma montre. Zut alors ! encore un quart d'heure ! Le cours continue jusqu'à dix heures et demie.

À onze heures moins vingt je prends un café. Je parle avec des camarades de classe pendant vingt minutes. Je regarde l'horloge. Mince, je suis en retard ! J'arrive au deuxième cours à onze heures dix. J'ai dix minutes de retard.

Entre midi et une heure de l'après-midi, je déjeune au resto U avec un ami, Jean-Baptiste.

L'après-midi, nous allons voir le nouveau film de Gérard Depardieu. On va à la séance de 14h55. C'est moins cher, et ça fait une petite pause dans une journée mouvementée. Ouf !

Vous avez l'heure ?

14:15

Il est deux heures et quart de l'après-midi. (Il est quatorze heures quinze.)

21:30

Il est neuf heures et demie du soir. (Il est vingt et une heures trente.)

23:45

Il est minuit moins le quart. (Il est vingt-trois heures quarante-cinq.)

00:00

Il est minuit. (Il est zéro heure.)

01:45

Il est deux heures moins le quart du matin. (Il est une heure quarante-cinq.)

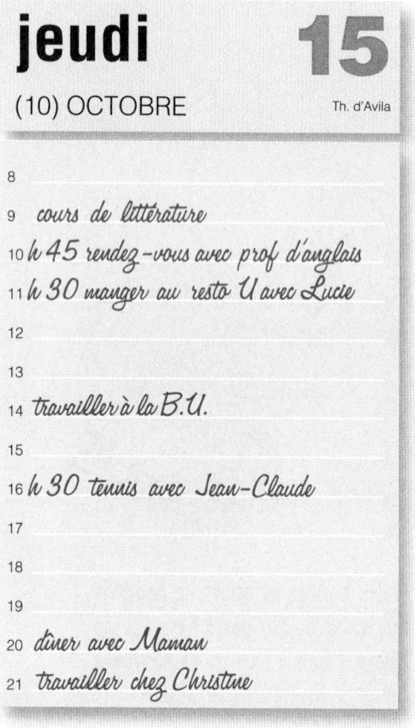

jeudi 15
(10) OCTOBRE — Th. d'Avila

8
9 cours de littérature
10 h 45 rendez-vous avec prof d'anglais
11 h 30 manger au resto U avec Lucie
12
13
14 travailler à la B.U.
15
16 h 30 tennis avec Jean-Claude
17
18
19
20 dîner avec Maman
21 travailler chez Christine

À vous la parole

4-14 Une journée bien mouvementée. Look at Sophie's agenda and tell what she is doing today.

MODÈLE ➤ À neuf heures du matin, elle a son cours de littérature.

4-15 Dans le monde francophone. Look at the map below showing world time zones and tell what time it is in each of the Francophone cities shown. Then, based on the time, indicate what people are most likely to be doing.

MODÈLE À Paris. On mange ou on se couche ?
➤ À Paris il est midi. On mange.

1. À La Nouvelle-Orléans. On se lève ou on travaille ?
2. À Cayenne. Les étudiants vont en classe ou ils rentrent chez eux ?
3. À Dakar. On va bientôt déjeuner ou on va bientôt dîner ?
4. À Marseille. On rentre à la maison pour manger ou on travaille ?
5. À Djibouti. On fait la sieste ou on mange ?
6. À Mahé. On nage ou on rentre à la maison pour dormir ?
7. À Nouméa. On se couche ou on joue au football ?

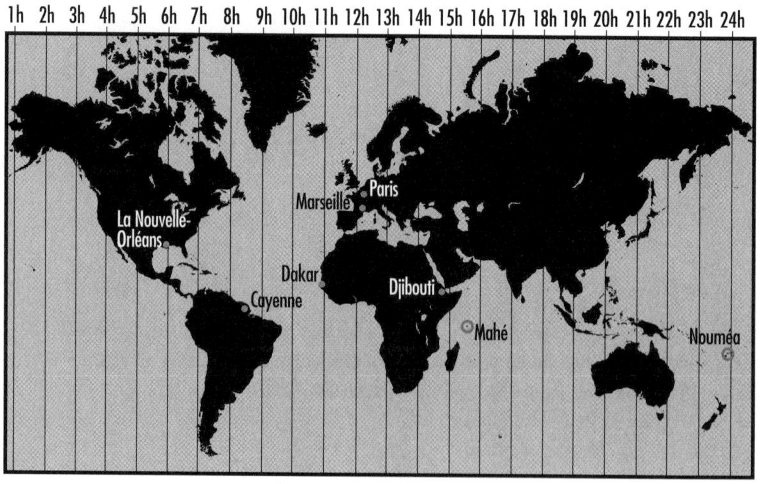

1h 2h 3h 4h 5h 6h 7h 8h 9h 10h 11h 12h 13h 14h 15h 16h 17h 18h 19h 20h 21h 22h 23h 24h

La Nouvelle-Orléans
Cayenne
Dakar
Marseille
Paris
Djibouti
Mahé
Nouméa

Vie et culture

Le système des 24 heures

In this lesson you have already seen examples of the 24-hour clock (sometimes called *military time* in English). What might be the advantage of using the 24-hour clock? The expressions **et quart**, **et demie**, and **moins le quart** are not used when reporting times using the 24-hour clock. Instead, give the exact number of minutes after the hour: for example, **15h15** is read as **quinze heures quinze**.

Find examples of the 24-hour clock in the photos. Can you restate the equivalents in conventional time? What can you learn about typical business hours in France from these photos? In what ways are these hours similar to and different from business hours in North America? Which system do you prefer and why?

MAGASIN OUVERT
DU MARDI AU SAMEDI
DE 9 H 00 A 12 H 00
ET 14 H 00 A 19 H 00
LE LUNDI
DE 14 H 00 A 19 H 00

fnac.com
HORAIRES D'OUVERTURE
le lundi de 13h00 à 19h00
du mardi au vendredi
de 10h00 à 19h00
le samedi
de 9h30 à 19h00
www.fnac.com

4-16 Votre journée typique. What do you typically do at the times specified below? Share your responses with a partner, using some of the boxed suggestions. How similar—or dissimilar—are your responses?

se lever	se coucher
aller en cours de / au labo de...	regarder la télé
faire...	téléphoner à...
jouer à...	travailler
manger...	parler à...

MODÈLE à huit heures du matin

É1 Normalement, à huit heures du matin, je me lève. Et toi ?

É2 Moi, à huit heures, je suis en classe.

1. à huit heures du matin
2. à dix heures du matin
3. à midi et demi
4. à quatre heures de l'après-midi
5. à six heures du soir
6. à huit heures du soir
7. à minuit
8. à deux heures du matin

Formes et fonctions

1. Les verbes en -ir *comme* dormir, sortir, partir

- You have learned that regular **-er** verbs have one stem and three spoken forms in the present indicative. Unless the verb begins with a vowel sound, you must use the context to tell the difference between the third-person singular and plural:

Mon frère ? **Il regarde** la télé.	*My brother? He's watching TV.*
Mes amis ? **Ils regardent** le match de foot.	*My friends? They are watching the soccer game.*
Ma sœur ? **Elle écoute** la radio.	*My sister? She's listening to the radio.*
Ses amies ? **Elles‿écoutent** un CD. /z/	*Her friends. They are listening to a CD.*

- Verbs like **dormir** (*to sleep*) have two stems and four spoken forms. Their singular endings are **-s**, **-s**, **-t**; these letters are usually silent. The stem for the plural forms contains the consonant heard in the infinitive.

dormir (*to sleep*)	Ils dor**m**ent tard.	Il dort debout.
sortir (*to go out*)	Elles sor**t**ent souvent.	Elle sort le week-end.

DORMIR *to sleep*			
SINGULIER		PLURIEL	
je	dor**s**	nous	dorm**ons**
tu	dor**s**	vous	dorm**ez**
il / elle / on	dor**t**	il / elles	dorm**ent**

IMPÉRATIF : Dors bien ! Dorm**ez** tard ! Dorm**ons** ici !

- Here is a list of verbs conjugated like **dormir**, along with the prepositions often used with some of these verbs.

dormir jusqu'à	Je **dors jusqu'à** huit heures.	*I sleep until eight o'clock.*
s'endormir	Ils **s'endorment** tout de suite.	*They go to sleep right away.*
partir avec	Je **pars avec** mes parents.	*I'm leaving with my parents.*
de	Nous **partons de** Montréal.	*We're leaving from Montreal.*
pour	Vous **partez pour** la France ?	*Are you going to France?*
sortir avec	Elle **sort avec** ses amies.	*She goes out with her girlfriends.*
	Elle **sort avec** David.	*She's dating David.*
de	Les étudiants **sortent du** labo.	*The students are leaving the lab.*
servir	Qu'est-ce qu'on **sert** ce soir ?	*What are they serving tonight?*

À vous la parole

4-17 C'est fini le boulot ! These people are leaving their place of work; identify their workplace.

MODÈLE Mlle Morin est pharmacienne.
➤ Elle sort de la pharmacie.

1. Nous sommes vendeurs.
2. Florian est comptable.
3. Vous êtes mécanicien.
4. Je suis actrice.
5. Jérémy et Audrey sont professeurs.
6. Tu es ingénieur.
7. Claire et Marine sont serveuses.

4-18 Notre routine. Gaëlle is describing her family and friends. Use a logical verb in **-ir** to complete each description.

MODÈLE Mon frère, il n'est pas énergique. Le samedi matin...
➤ Le samedi matin, il dort très tard.

1. Maman travaille tout le temps ? Non, ...
2. Gilles et toi, vous travaillez dans un café ; vous...
3. Mes amis et moi travaillons pendant la semaine. Mais le samedi soir...
4. Mes copains travaillent dans un bureau à Paris. Le matin...
5. Karine est serveuse dans un restaurant, alors elle...
6. Tu vas au cinéma ce soir ? Oui, ...
7. Mireille arrive ? Non, elle...

4-19 Je n'arrête pas de courir. Compare your weekly routine with your partner's. Then tell the class what you've learned.

MODÈLE Pendant la semaine, je dors jusqu'à...

É1 Moi, pendant la semaine, je dors jusqu'à 7 h.
É2 Moi, je dors jusqu'à 8 h 30 ; mon premier cours commence à 9 h.

1. Pendant la semaine, je dors jusqu'à...
2. Le week-end, je dors jusqu'à...
3. Le matin, je pars pour mon premier cours...
4. Le week-end, je pars souvent pour...
5. Je sors avec mes amis...
6. Je ne sors pas quand...
7. Le soir, je m'endors vers...

2. *Le comparatif et le superlatif des adverbes*

- You have learned to use adverbs to make your descriptions more precise.

Elle dort.	*She's sleeping.*
Elle dort **tard**.	*She sleeps late.*
Elle dort **bien**.	*She sleeps well.*
Elle dort **souvent** en classe.	*She often sleeps in class.*

- The expressions **plus ... que** (*more than*), **moins ... que** (*less than*) and **aussi ... que** (*as much as*) can be used with adverbs to make comparisons.

plus ... que	Je dors **plus** tard **que** mon frère.	*I sleep later than my brother.*
aussi ... que	Tu joues **aussi** bien **que** Stéphane.	*You play as well as Stéphane.*
moins ... que	Il sort **moins** souvent **que** moi.	*He goes out less often than I do.*

When a pronoun follows **que** in a comparison, it must be a stressed pronoun.

- The adverb **bien** has an irregular comparative form **mieux**, as shown below:

Je chante bien.	*I sing well.*
Je chante aussi bien que toi.	*I sing as well as you do.*
Je chante moins bien que lui.	*I don't sing as well as he does.*
Tu chantes **mieux que** nous.	*You sing **better** than we do.*

- When comparing amounts, **plus, moins**, and **autant** are followed by **de** and a noun:

plus de … que	Elle a **plus de** travail **que** nous.	*She has more work than we do.*
moins de … que	Il a **moins de** devoirs **que** vous.	*He has less homework than you.*
autant de … que	J'ai **autant d**'amis **que** vous.	*I have as many friends as you.*

- To express a superlative, use the definite article **le** and **plus**, **moins**, or **mieux**:

Elle sort **le moins souvent**.	*She goes out the least often.*
Il a **le plus d'**amis.	*He has the most friends.*
Tu chantes **le mieux**.	*You sing the best.*

À vous la parole

4-20 Comparaisons. Who does better? Compare your answers with those of your partner.

MODÈLE Qui chante mieux, vous ou votre mère ?

É1 Ma mère chante mieux que moi.

É2 Moi aussi, je chante moins bien que ma mère.

1. Qui chante mieux, vous ou votre mère ?
2. Qui travaille mieux, vous ou votre meilleur/e ami/e ?
3. Qui danse mieux, vous ou votre ami/e ?
4. Qui parle mieux le français, vous ou votre professeur ?
5. Qui mange mieux, vous ou votre père ?
6. Qui joue mieux au basket, vous ou votre frère/votre sœur ?
7. Qui s'habille mieux, vous ou votre meilleur/e ami/e ?

4-21 Plus ou moins ? Look in your backpack or book bag, and compare what you have with what your partner has.

MODÈLE Qui a le plus de stylos ?

➤ Moi, j'ai le plus de stylos ; j'ai trois stylos, et toi, tu as deux stylos.

OU ➤ Tu as moins de stylos que moi.

OU ➤ J'ai plus de stylos que toi.

1. Qui a le plus de stylos ?
2. Qui a le plus de livres ?
3. Qui a le plus de cahiers ?
4. Qui a le plus de crayons ?
5. Qui a le plus de devoirs ?
6. Qui a le plus d'argent ?
7. Qui a le plus de photos ?

4-22 Distribution des prix. In your French class, who excels in each of the following categories? Ask your classmates questions to find out. Can you get them to demonstrate their talents?

MODÈLE chanter

É1 Qui chante le mieux ?

É2 Cindy chante le mieux.

1. chanter
2. parler français
3. travailler
4. danser
5. s'habiller
6. parler espagnol
7. écrire

4-23 Une journée typique

A. Avant de parler. Choose a photo and imagine what a typical day in the life of one of the people shown would be like. You may want to jot down a few notes.

B. En parlant. In a group of four or five people, share your description. What similarities or differences do you notice in each person's description?

MODÈLE ➤ Je suis en vacances à Aix-en-Provence, alors je dors assez tard le matin. Je me lève en général à dix heures et je vais au marché. L'après-midi, je visite la ville jusqu'à quatre heures et demie. Le soir, je sors dans des bars…

C. Après avoir parlé. Whose day would you prefer? Why? Whose day is the most like your own?

Le marché aux fleurs à Aix-en-Provence

Dans une petite rue à Marrakech

Leçon 3 Qu'est-ce qu'on met ?

POINTS DE DÉPART

Les vêtements et les couleurs

TEXT AUDIO

Vêtements pour femmes

Deux amies regardent des vêtements dans la vitrine d'un grand magasin :

—J'ai envie d'acheter la belle robe noire.

—Dis donc, elle est chère ; regarde le prix !

—Ah oui ; en plus, elle est un peu démodée, tu ne penses pas ?

—Si, mais regarde la jupe bleue ; elle est moins chère.

Vêtements pour hommes

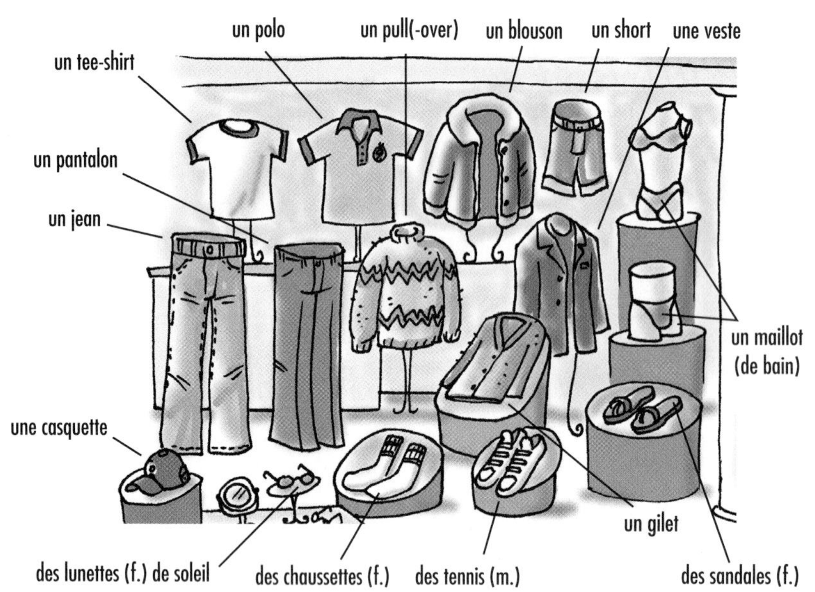

Vêtements de sport et de loisirs

Un vendeur parle au monsieur :

—Vous désirez, monsieur ?

—Je voudrais une chemise en coton.

—Tenez, voici une belle chemise jaune.

—Je n'aime pas le jaune ; vous avez ce même modèle en bleu ?

—Bien sûr, monsieur. Voilà.

Vêtements d'extérieur

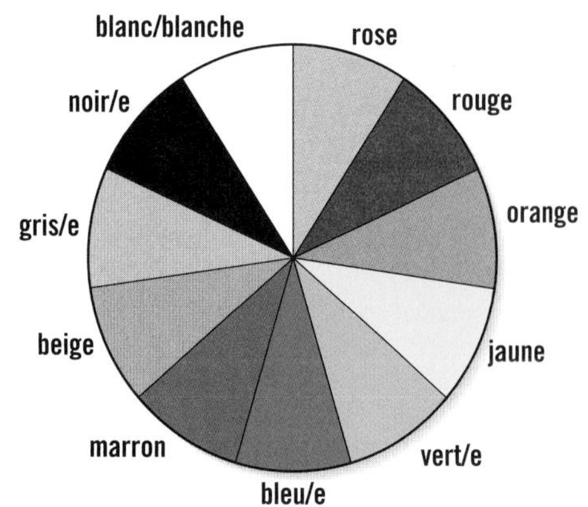

Vie et culture

Les compliments

The French do not usually compliment people they do not know well on their al appearance. Among friends, the compliments and responses below are typical. What do you notice about the nature of the response in each case? How do you typically respond to compliments? Would you feel comfortable responding to compliments as the French do?

—Il est chic, ton pantalon !	—*Your pants are really stylish!*
—Tu trouves ?	—*Do you think so?*
—Elle est très jolie, ta robe !	—*Your dress is very pretty!*
—Oh, elle n'est pas un peu démodée ?	—*Oh, isn't it a little old-fashioned?*
—Tu parles très bien le français.	—*You speak French really well.*
—Ah ! pas toujours !	—*Oh! not always!*

Une création de Catherine BIZOUX à Niamey au 5e Festival International de la Mode Africaine

La haute couture

Un défilé de mode à Paris, la haute couture

Paris has long been an international fashion center with worldwide influence. When you think of French fashion, what images come to your mind? Watch the video clip *La mode*, and see how many designers and styles you can recognize. Did you see the names of such great designers as Coco Chanel, Pierre Cardin, and Christian Lacroix?

Paris is not the only center of **la haute couture** in the Francophone world. Since 1998, **FIMA (le Festival International de la Mode Africaine)** has been held in Niger and features the largest fashion shows of African designers. In 1997 in Senegal, Oumou Sy launched **SIMOD (la Semaine Internationale de la Mode à Dakar)** which has since become the annual Dakar Fashion Week. These events present the creations of African designers such as Adama Paris, Diouma Dieng Diakhaté, Ndiaga Diaw, and Oumou Sy, who showcase traditional African styles alongside European styles.

À vous la parole

4-24 Comment s'habiller ? What do you normally wear for each of the following occasions?

MODÈLE pour aller en classe
➤ Pour aller en classe, je porte un jean, un polo et des tennis.

1. pour aller à un mariage
2. pour courir dans un marathon
3. pour manger dans un restaurant élégant
4. pour travailler dans le jardin
5. pour faire du ski
6. pour nager
7. pour aller au théâtre
8. pour sortir avec des amis

4-25 Marier les vêtements. What goes well with each of the items mentioned? Work with a partner to decide.

MODÈLE avec une robe bleue en soie ?

É1 Avec une robe bleue en soie, on peut porter un foulard bleu et vert.
É2 Et des chaussures à talons.
É1 Oui, c'est bien.

1. avec une mini-jupe rouge
2. avec un costume bleu marine
3. avec une chemise rose
4. avec un short vert et jaune
5. avec un beau chemisier blanc en soie
6. avec un gros manteau vert
7. avec un chemisier bleu en coton
8. avec un pantalon noir en cuir

4-26 Préparez la valise. Imagine that you have just won a trip to the destination indicated. Work with a partner to decide what items you will pack, and make a list.

MODÈLE huit jours à Tahiti
➤ trois maillots de bain, deux paires de sandales, des tennis, cinq shorts, sept tee-shirts, des lunettes de soleil

1. un long week-end à Québec, en février
2. quatre jours à Lafayette, en Louisiane, en juillet
3. huit jours à Grenoble, dans les Alpes, en janvier
4. trois jours à Haïti
5. cinq jours à Dakar, au Sénégal
6. huit jours à Paris, en avril

Sons et lettres

TEXT AUDIO

Les voyelles /ø/ et /œ/

To pronounce the vowel /ø/ of **deux**, start from the position of /e/ as in **des** and round the lips. The lips should also be tense and moved forward. It is important to lengthen the sound while continuing to keep the lips rounded, protruded, and tense. Typically, /ø/ occurs at the end of words and syllables and before the consonant /z/: **deux, jeu, peu, sérieuse, vendeuse**. When it is pronounced, the *mute e* (in words like **le, me, ce**, and **vendredi**) is usually pronounced with the vowel /ø/ of **deux**.

To pronounce the vowel /œ/ of **leur**, start from the position of /ø/ and relax the lips somewhat. Both vowels are usually spelled as **eu**. The vowel /œ/ is also spelled as **œu**, as in **sœur**. The vowel /œ/ of **leur** occurs before a pronounced consonant, except for /z/ as mentioned above.

/ø/	/œ/
bl**eu**	la coul**eu**r
il p**eu**t	ils p**eu**vent
la vend**eu**se	le vend**eu**r
vendr**e**di	une h**eu**re

À vous la parole

4-27 Au féminin. Provide the appropriate feminine form.

MODÈLE le vendeur
➤ la vendeuse

1. le chanteur
2. le chercheur
3. il est généreux
4. ils sont malheureux
5. il est paresseux

4-28 Phrases. Read each sentence aloud.

1. Des cheveux bleus ! Ce n'est pas sérieux !
2. Le neveu de Monsieur Meunier sort de l'immeuble à neuf heures.
3. La sœur de Madame Francœur porte un tailleur à fleurs bleues.
4. Le vendeur suggère ces deux couleurs.
5. Depardieu est un acteur ; Montesquieu, un auteur.

FORMES ET FONCTIONS

1. Le comparatif et le superlatif des adjectifs

• In the previous lesson, you learned to use the expressions **plus ... que**, **moins ... que**, and **aussi ... que** with adverbs to make comparisons.

Je dors **plus** tard **que** lui.	*I sleep later than he does.*
Tu joues **aussi** bien **que** moi.	*You play as well as I do.*
Il sort **moins** souvent **que** toi.	*He goes out less often than you do.*

• To compare the qualities of two people or things, use these same expressions with an adjective. The adjective you use agrees with the first noun.

La robe est **plus** élégante **que** le tailleur.	*The dress is more elegant than the suit.*
Le pantalon est **moins** cher **que** la jupe.	*The pants are less expensive than the skirt.*
Les bottes noires sont **aussi** larges **que** les bottes marron.	*The black boots are as roomy as the brown boots.*

POUR DÉCRIRE LES VÊTEMENTS

long, longue	court/e
large	petit/e
à la mode	démodé/e
fin/e	
cher, chère	bon marché

• When comparing people, remember to use stressed pronouns after **que**:

Christiane est plus grande que **moi**.	*Christiane is taller than I am.*
Vous êtes moins sociables qu'**eux**.	*You are not as outgoing as they are.*
Je suis aussi grand que **lui**.	*I'm as tall as he is.*

• The adjective **bon** has an irregular comparative form **meilleur/e**, as shown below:

La qualité de cette robe est bonne.	*The quality of this dress is good.*
En fait, la robe est **meilleure** que la jupe.	*In fact, the dress is better than the skirt.*
La qualité de la jupe est moins bonne.	*The quality of the skirt is less good.*

- To express the superlative, use the definite article **le**, **la**, or **les** with **plus**, **moins**, or **meilleur/e**:

La jupe rose est **la moins** chère.	*The pink skirt is the least expensive.*
Les bottes marron sont **les plus** élégantes.	*The brown boots are the most elegant.*
Le sac noir en cuir est **le meilleur**.	*The black leather bag is the best.*

À vous la parole

4-29 Comparez les vêtements. Answer the questions, referring to the illustrations.

MODÈLE Qucl pantalon cst lc plus long ?
➤ Le pantalon bleu est plus long que le pantalon noir.

1. Quelle robe est la plus élégante ?
2. Quel blouson est le plus large ?
3. Quelle jupe est la plus courte ?
4. Quelles chaussures sont les plus fines ?
5. Quelle chemise est la plus à la mode ?

1.

2.

3.

4.

5.

4-30 Comparaisons. Work with a partner to compare these students' height and age.

nom	taille		âge
Christelle	1 m 60	(5′3″)	18 ans
Alexandre	1 m 80	(6′)	21 ans
Pauline	1 m 65	(5′5″)	21 ans
Laura	1 m 80	(6′)	19 ans
Sébastien	1 m 85	(6′3″)	23 ans
Vincent	1 m 65	(5′5″)	23 ans
Marine	1 m 60	(5′3″)	20 ans
Fabien	1 m 75	(5′9″)	17 ans

MODÈLES Christelle / Fabien

É1 Christelle est moins grande que Fabien.
É2 Mais elle est plus âgée que lui.

Christelle / Fabien / Sébastien

É1 Fabien est le plus grand.
É2 Et Sébastien est le plus âgé.

1. Christelle / Laura
2. Alexandre / Sébastien
3. Laura / Vincent
4. Vincent / Fabien
5. Marine / Pauline / Christelle
6. Fabien / Alexandre / Vincent
7. Marine / Sébastien / Laura

4-31 Distribution des prix. Compare yourself to your partner. Who is . . .

MODÈLE le plus grand ?

É1 Qui est le plus grand, toi ou moi ?
É2 Moi, je fais 1 m 75.
É1 Et moi, 1 m 80 ; alors, je suis plus grand que toi.

1. le plus grand ?
2. le moins âgé ?
3. le moins sérieux ?
4. le plus sociable ?
5. le plus élégant ?
6. le moins doué pour le sport ?
7. le plus doué pour le français ?
8. le meilleur chanteur ?
9. le meilleur musicien ?
10. le meilleur étudiant en français ?

2. *Le verbe* mettre

- The verb **mettre** (*to put, to put on*) has a wide range of meanings.

Mettez vos manteaux dans l'armoire !	*Put your coats in the wardrobe!*
Tu **mets** un pull-over ?	*Are you putting on a sweater?*
Tu peux **mettre** la table ?	*Can you set the table?*
Nous **mettons** une heure pour arriver là.	*It takes us one hour to get there.*

- Here are the forms of the verb **mettre**.

METTRE *to put, to put on*			
SINGULIER		PLURIEL	
je	met**s**	nous	mett**ons**
tu	met**s**	vous	mett**ez**
il / elle / on	met	ils / elles	mett**ent**

IMPÉRATIF : Met**s** la table ! Mett**ez** un pull ! Mett**ons** nos livres là !

- As is the case for all two-stem verbs, you can tell if someone is talking about one person or more than one person, since the plural form ends in a pronounced consonant.

Ils me**tt**ent des gants.	Elle met son pull-over.

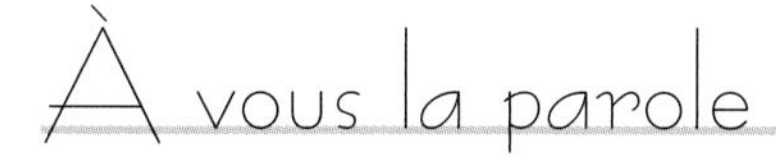

4-32 Bien s'habiller. Tell what people typically wear in each situation.

MODÈLE C'est le mois de mars et on va en ville. On...
➤ On met un imperméable ou un blouson.

1. C'est le mois de juillet et je joue au base-ball. Je...
2. Vous allez à la montagne pour faire du ski. Vous...
3. C'est le mois d'octobre et ils travaillent dans le jardin. Ils...
4. On dîne dans un restaurant élégant ce soir. Tu...
5. C'est bientôt Noël et elle fait du shopping. Elle...
6. Nous allons à la piscine pour nager. Nous...
7. Il va en classe. Il...

4-33 Où est-ce que vous mettez ça ? Tell your partner where you normally put the items listed: **dans votre chambre**, **dans votre sac à dos** (*backpack*) ou **dans la voiture**?

MODÈLE tes lunettes de soleil

É1 Où est-ce que tu mets tes lunettes de soleil ?

É2 Je mets mes lunettes dans la voiture.

1. ton CD préféré
2. ton dictionnaire
3. ton manuel de français
4. un plan de la ville
5. ton pull préféré
6. ton lecteur CD
7. ton agenda

4-34 Vous mettez combien de temps ? In groups of three, ask your partners how much time it takes them for the trips listed: **quinze minutes ? deux heures ?** Then, compare your responses; are they similar or different?

MODÈLE É1 Combien de temps est-ce que vous mettez pour aller à la fac le matin ?

É2 Je mets quinze minutes pour aller à la fac. Et toi ?

É3 Moi, je mets trente minutes.

É1 Et moi aussi, trente minutes.

É3 Nous deux, nous mettons trente minutes, mais lui, il met quinze minutes.

1. pour aller à la fac le matin
2. pour aller à la bibliothèque
3. pour aller en ville
4. pour rentrer chez vous le soir
5. pour aller chez vos parents

4-35 Mon style personnel

A. Avant de regarder. In this video clip, watch as two people describe the ways in which they personalize their wardrobe. With what elements of everyday dress can you most easily make a personal statement? Make a list in French of those items of clothing.

Honorine est bien habillée.

B. En regardant. As you watch, look for answers to the following questions.

1. For what items of clothing does Pauline demonstrate various uses?
2. How can she wear each item?
3. She claims that she is not trying to be stylish, but rather she often . . .
   a. has nothing to wear
   b. gets cold
   c. loses her accessories
4. What colors does she say she frequently wears?
5. Honorine and her friend model typical women's clothing from Bénin. She specifies that women dressed like this are . . .
   a. stared at
   b. imitated
   c. respected
6. In her country, women do not typically wear . . .
7. She demonstrates how to use an item of clothing called . . .
   a. un pagne
   b. un boubou
   c. une chemise batik

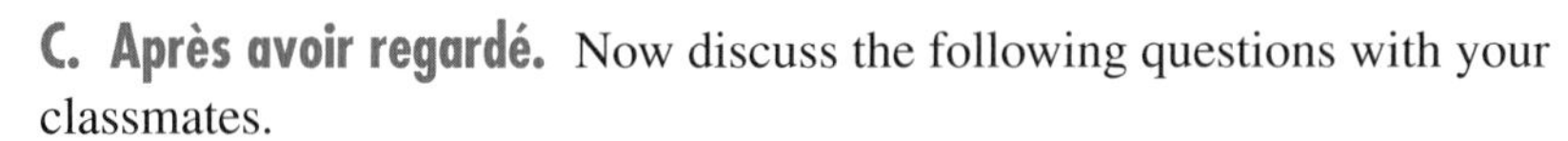

C. Après avoir regardé. Now discuss the following questions with your classmates.

1. In this video clip you see Pauline and Honorine model and talk about their clothing. Does either woman also make a personal statement through her clothing? How?
2. If you saw Honorine or Pauline on the street in your town, you might guess from their clothing that they are not from your region. Can North Americans be identified in a similar way by their style of dress? What items in particular are typical of your region?
3. In French there is a proverb, **L'habit ne fait pas le moine** (*monk*). Do you know a similar proverb in English? How is it different from the French example?

Vocabulaire

Leçon 1

la routine de la journée	***the daily routine***
être debout	*to be up*
prendre une douche	*to take a shower*
se brosser les dents	*to brush one's teeth*
se coiffer	*to fix one's hair*
se coucher	*to go to bed*
se dépêcher	*to hurry*
se déshabiller	*to undress*
se doucher	*to shower*
s'endormir	*to fall asleep*
s'essuyer	*to dry off, wipe off*
s'habiller	*to get dressed*
se laver (les cheveux (m.), la figure, les mains (f.))	*to wash (one's hair, one's face, one's hands)*
se lever	*to get up*
se maquiller	*to put on makeup*
se raser	*to shave*
se réveiller	*to wake up*
rentrer	*to return home*

les articles de toilette	***toiletries***
une brosse à dents/à cheveux	*toothbrush/hairbrush*
du dentifrice	*toothpaste*
un gant de toilette	*wash mitt*
du maquillage	*makeup*
un peigne	*comb*
un rasoir	*razor*
un savon	*soap*
une serviette de toilette	*towel*
du shampooing	*shampoo*

pour exprimer la fréquence	***to express frequency***
toujours	*always, still*
tous les…/toutes les…	*every . . .*
souvent	*often*
quelquefois	*sometimes*
rarement	*rarely*
ne … jamais	*never*
une fois	*once, one time*
deux fois par jour	*twice a day*

autres mots utiles	***other useful words***
déjà	*already*
de nouveau	*again*
être en train de (+ infinitif)	*to be busy (doing something)*
une journée	*day*
le lavabo	*bathroom sink*
la nuit	*at night*
tôt	*early*
tard	*late*
assez	*enough*

Leçon 2

pour parler de l'heure	***to talk about the time***
une horloge	*clock*
une montre	*watch*
un (radio) réveil	*alarm clock (clock radio)*
être à l'heure	*to be on time*
être en avance	*to be early*
être en retard	*to be late*
Vous avez l'heure ?	*What time is it?*
pendant	*during, for*
jusqu'à	*until*
encore (un quart d'heure)	*another (quarter of an hour)*
entre	*between*
vers	*around, toward*
Il est une heure, huit heures.	*It is one o'clock, eight o'clock.*
et quart	*00:15*
et demi/e	*00:30*
moins vingt	*00:40*
moins le quart	*00:45*
du matin	*in the morning,* A.M.
de l'après-midi	*in the afternoon,* P.M.
du soir	*in the evening,* P.M.
midi	*noon*
minuit	*midnight*

quelques expressions utiles	***some useful expressions***
Mince !	*Shoot!*
Super !	*Great!*

Ouf !	*Whew!*
Zut (alors) !	*Darn!*

quelques verbes utiles	***some useful verbs***
chanter	*to sing*
commencer	*to begin*
courir	*to run*
dormir	*to sleep*
partir	*to leave*
quitter (ma chambre)	*to leave (my room)*
servir	*to serve*
sonner	*to ring, to alarm*
sortir	*to go out*
trouver	*to find*

pour comparer	***to compare***
aussi ... que	*as . . . as*
autant de ... que	*as many . . . as*
moins (de) ... que	*less . . . than*
plus (de) ... que	*more . . . than*
mieux que	*better than*
le mieux	*the best*

Leçon 3

les vêtements (m.) pour femmes	***women's clothing***
des chaussures (f.) à talons	*high-heeled shoes*
un chemisier	*blouse*
un collant	*pantyhose*
un foulard	*silk scarf*
une jupe	*skirt*
une robe	*dress*
un sac	*purse*
un tailleur	*woman's suit*

les vêtements pour hommes	***men's clothing***
une chemise	*man's shirt*
un costume	*man's suit*
une cravate	*tie*
des mocassins (m.)	*loafers*

les tissus (m.) et les matières (f.)	***fabrics and materials***
le coton	*cotton*
le cuir	*leather*
la laine	*wool*
la soie	*silk*

les vêtements de sport et de loisirs	***sportswear***
un blouson	*heavy jacket*
une casquette	*baseball cap*
des chaussettes (f.)	*socks*
un gilet	*cardigan sweater*
un jean	*jeans*
des lunettes (f.) (de soleil)	*(sun)glasses*
un maillot (de bain)	*swimsuit*
un pantalon	*slacks*
un polo	*polo shirt*
un pull(-over)	*pull-over sweater*
des sandales (f.)	*sandals*
un short	*shorts*
un tee-shirt	*T-shirt*
des tennis (m.)	*tennis shoes*
une veste	*jacket, suit coat*

les vêtements d'extérieur	***outerwear***
un anorak	*parka (with hood)*
des bottes (f.)	*boots*
une écharpe	*scarf*
des gants (m.)	*gloves*
un imper(méable)	*raincoat*
un manteau	*overcoat*
un parapluie	*umbrella*

les couleurs (voir page 140) — ***colors***

au (grand) magasin	***at the (department) store***
avoir envie de (+ nom, + infinitif)	*to want (something, to do something)*
ce modèle	*this style*
mettre	*to put, to put on*
porter (une robe)	*to wear (a dress)*
le prix	*price*
les soldes (f.)	*sales*
Tenez...	*Here . . .*
la vitrine	*display window*

pour décrire les vêtements	***to describe clothing***
à la mode	*stylish, fashionable*
bon marché	*cheap*
cher/chère	*expensive*
court/e	*short*
démodé/e	*old-fashioned, out-of-date*
fin/e	*thin, elegant*
large	*big, large, roomy*
long/ue	*long*
même	*same*
(le/la) meilleur/e	*better (the best)*

Regardez ces deux personnes : où sont-ils ? Qu'est-ce qu'ils vont probablement faire aujourd'hui ?

Chapitre 5 *Activités par tous les temps*

Leçon 1 *Il fait quel temps ?*

Leçon 2 *On part en vacances !*

Leçon 3 *Je vous invite*

In this chapter:

- Talking about the weather
- Talking about vacation and cultural activities
- Telling about past actions or events
- Asking questions
- Extending, accepting, and refusing invitations
- Identifying vacation spots and activities in places where French is spoken

Leçon 1 *Il fait quel temps ?*

Additional practice activities for each **Points de départ** section are provided by:

- Student Activities Manual
- *Points de départ* Companion Website: **http://www.prenhall.com/pointsdedepart**

POINTS DE DÉPART

Le temps à toutes les saisons

En été, il fait chaud et lourd.

Il fait beau. Il y a du soleil et le ciel est bleu.

Le ciel est couvert ; il y a des nuages. Il va pleuvoir.

Au printemps, il fait frais et il y a du vent.

En automne, il fait mauvais. Il pleut et il y a du brouillard.

Il y a un orage : il y a des éclairs et du tonnerre.

En hiver, il gèle ; il y a du verglas.

Il fait froid et il neige.

To indicate that a person feels cold or hot, use the verb **avoir**:

Il fait 30°C ; j'**ai** très **chaud**.	*It's 86 degrees; I'm very hot.*
Il commence à neiger ; nous **avons froid**.	*It's starting to snow; we're cold.*

Vie et culture

Mesurer la température

In Francophone countries and throughout much of the world, temperature is measured in degrees Celsius. To make things easy, just remember a few key expressions that correspond to certain temperatures. To practice, look at the thermometer and match each temperature with the most appropriate expression:

30°C →	Il fait froid.
25°C	→ Il fait très chaud.
10°C	Il fait frais.
0°C	Il fait bon.

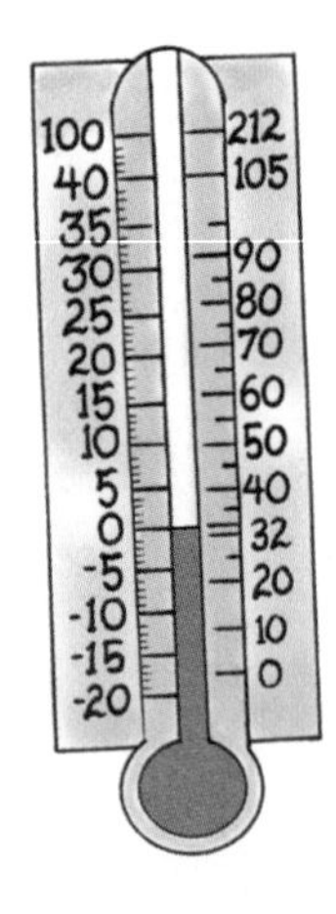

Les départements et les collectivités d'outre-mer

France is divided into approximately 100 administrative units, or **départements**. Four of these are **départements d'outre-mer** (**DOM**) : **la Guadeloupe**, **la Martinique**, **la Guyane française**, and **la Réunion**. Because of their tropical climate, the **DOM** are prime vacation destinations for the French. Find the **départements d'outre-mer** on the map at the beginning of your textbook. Formerly French colonies, they are today an integral part of France, and their inhabitants are French citizens. A few other former colonies, known as **collectivités d'outre-mer**, continue their political association with France but have greater autonomy. In all of these locations, French is the official language, and local varieties of Creole are also spoken.

Et vous ?

1. As you can see from the map, France has territories throughout the world. Is this an advantage for France? Explain your answer.
2. Is it also advantageous for these territories to have close links to France? Why, in your opinion?
3. Does the United States have territories comparable to the **DOM** and the **collectivités d'outre-mer**?

À vous la parole

5-1 Quel temps fait-il ?

D'après le journal, dites quel temps il fait dans ces villes francophones.

MODÈLE Paris
➤ À Paris, il fait assez frais et le ciel est couvert.

1. Paris
2. Alger
3. Dakar
4. Montréal
5. Nice
6. La Nouvelle-Orléans
7. Papeete
8. Fort-de-France
9. Tunis

PRÉVISIONS POUR LE 2 AVRIL

Ville par ville, les minima/maxima de température et l'état du ciel.
S : soleil ; C : couvert ; P : pluie ; V : vent fort ; O : orages ; N : neige

AMÉRIQUES		
BRASILIA	19/28	S
CHICAGO	7/21	S
MEXICO	10/24	S
MONTRÉAL	−6/0	N
NEW YORK	5/14	C
LA NOUVELLE-ORLÉANS	10/26	S
TORONTO	2/13	C

FRANCE métropole		
AJACCIO	9/19	S
BIARRITZ	8/16	P
CAEN	3/10	C
LILLE	3/11	C
NICE	9/16	S,V
PARIS	3/12	C

FRANCE d'outre-mer		
CAYENNE	23/27	P
FORT-DE-FR.	23/28	S
PAPEETE	25/31	P

AFRIQUE		
ALGER	13/21	S
DAKAR	20/26	O
KINSHASA	23/29	P
LE CAIRE	16/27	S
TUNIS	15/26	P

5-2 Prévisions météorologiques.

Voilà le temps qu'on annonce pour la France. Demandez à votre partenaire quel temps il va faire et la température.

MODÈLE à Lyon

É1 Quel temps est-ce qu'il va faire à Lyon ?
É2 À Lyon, il va pleuvoir.
É1 Et la température ?
É2 Il va faire onze degrés, donc il va faire assez frais.

1. à Paris
2. à Bordeaux
3. à Perpignan
4. à Brest
5. à Nice
6. dans les Alpes
7. à Lille
8. à Strasbourg
9. à Bastia

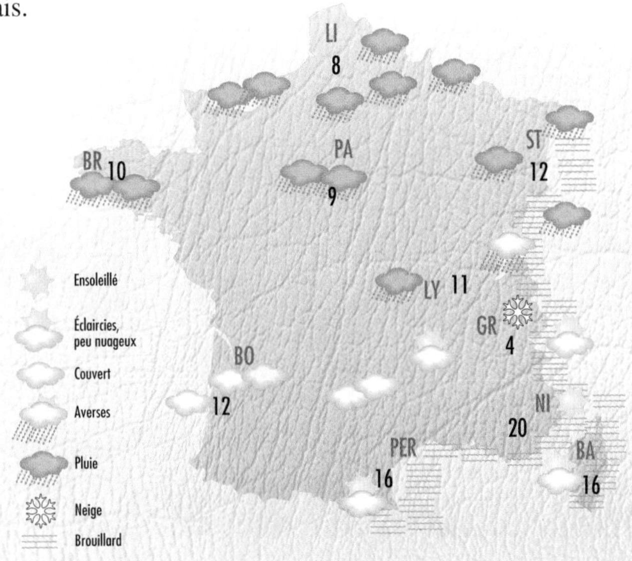

5-3 Vos préférences. Avec un/e partenaire, posez les questions suivantes pour découvrir quand votre partenaire préfère faire ces activités.

MODÈLE É1 Quand est-ce que tu n'aimes pas aller en classe ?
É2 Je n'aime pas aller en classe quand il neige beaucoup ou quand il y a un orage.

1. Quand est-ce que tu aimes rester dans le jardin ?
2. Quand est-ce que tu n'aimes pas faire du shopping ?
3. Quand est-ce que tu aimes faire du sport ?
4. Quand est-ce que tu préfères rester chez toi ?
5. Quand est-ce que tu aimes aller au cinéma ?
6. Quand est-ce que tu n'aimes pas voyager ?

LES SAISONS DE L'ANNÉE

le printemps (au printemps) :
mars
avril
mai

l'été (en été) :
juin
juillet
août

l'hiver (en hiver) :
décembre
janvier
février

l'automne (en automne) :
septembre
octobre
novembre

5-4 Nous sommes en quelle saison ? Pour chaque phrase, décidez avec un/e partenaire de quelle saison on parle.

MODÈLE En Bretagne, le ciel est souvent couvert, il y a souvent de la pluie, mais il fait bon. On peut jouer au tennis ou au golf.

É1 C'est le printemps ou peut-être l'automne.

É2 Je pense que c'est le printemps parce qu'il y a beaucoup de pluie.

1. En France, on célèbre la fête nationale. Mais c'est la saison des orages : il y a des éclairs et du tonnerre.
2. Il y a souvent du brouillard en Bourgogne. Il gèle et il y a du verglas.
3. À Paris, c'est la rentrée et le temps est variable. Souvent, il y a du vent et le ciel est gris.
4. À la Martinique, il fait très chaud et lourd et il y a des nuages. Il pleut souvent.
5. On est sûr d'avoir du soleil et un temps chaud en France. Voilà pourquoi les Français partent en vacances.
6. Il y a beaucoup de soleil à Tahiti. On porte un maillot de bain.
7. Partout en France, c'est la belle saison. Le ciel est bleu et il fait très beau. Mais les étudiants sont stressés parce que les examens vont bientôt commencer.
8. Il fait très beau à la Guadeloupe. Il ne fait pas trop chaud et le temps est sec (*dry*). C'est le temps parfait pour travailler dans le jardin.

Sons et lettres

TEXT AUDIO

Additional practice activities for each **Sons et lettres** section are provided by:
- Student Activities Manual
- Text Audio

Les voyelles nasales

Both English and French have nasal vowels. In English, any vowel followed by a nasal consonant is automatically nasalized, as in *man*, *pen*, *song*. In French, whether the vowel is nasal or not can make a difference in meaning. For example:

beau	/bo/	*handsome*	vs.	bon	/bɔ̃/	*good*
ça	/sa/	*that*	vs.	cent	/sɑ̃/	*a hundred*
sec	/sɛk/	*dry*	vs.	cinq	/sɛ̃k/	*five*

There are four nasal vowels in French. Use this phrase to remember them:

un/œ̃/ bon /bɔ̃/ vin/vɛ̃/ blanc/blɑ̃/ *a good white wine*

Nasal vowels are always written with a vowel letter followed by a nasal consonant (**m** or **n**), but that consonant is not usually pronounced: **mon**, **dans**, **cinq**.

- The vowel /ɔ̃/ is usually spelled **on**: **l'oncle**
- The vowel /ɑ̃/ is spelled **an** or **en**: **janvier**, **le vent**
- For /ɛ̃/ there are several spellings: **vingt**, **le chien**, **l'examen**, **la main**
- The vowel /œ̃/, which is rare and often pronounced like /ɛ̃/, is spelled **un**: **brun**, **lundi**
- Before **b** and **p**, all nasal vowels are spelled with **m**: **combien**, **le temps**, **impossible**

Note this exception: **le bonbon**

À vous la parole

5-5 Contrastes. Répétez et faites bien entendre les différences de prononciation.

beau / bon	allô / allons	sec / cinq
fine / fin	Jeanne / Jean	américaine /américain

5-6 Quelle voyelle nasale ? Faites attention à bien faire entendre les différences de prononciation entre ces voyelles nasales.

1. le vin / le vent
2. cent pages / cinq pages
3. c'est long / c'est lent
4. il vend / ils vont
5. la langue / elle est longue

5-7 Phrases. Répétez chaque phrase.

1. Allons, allons ! Voyons ! Voyons !
2. En septembre, il y a souvent du vent.
3. Alain et Colin vont à Lyon par le train.
4. On annonce une température de vingt-cinq degrés.

Additional practice activities for each **Formes et fonctions** section are provided by:
- Student Activities Manual
- *Points de départ* Companion Website: **http://www.prenhall.com/pointsdedepart**

FORMES ET FONCTIONS

*1. Les verbes en -***re** *comme* **vendre**

- Verbs ending in **-re** differ from the **-er** verbs you have already learned in two ways:
  - The singular forms have different written endings. Note that the final consonants in these singular forms are never pronounced.

    j'attend**s** (*I wait*) tu entend**s** (*you hear*) il répon**d** (*he answers*)
  - With these verbs, you can always tell whether someone is talking about one person, or more than one, because the **-d** is pronounced in the plural forms.

    elles répon**d**ent vs. elle répon**d**

ATTENDRE *to wait for*			
SINGULIER		PLURIEL	
j'	attend**s**	nous	attend**ons**
tu	attend**s**	vous	attend**ez**
il / elle / on	attend	ils / elles	attend**ent**

IMPÉRATIF : Attends ! Attend**ons** ici. Attend**ez** un moment !

- Here are the most common verbs ending in **-re**.

attendre	*to wait for*	Ils **attendent** le professeur.
descendre	*to go down*	Je **descends.**
de	*to get off*	Elle **descend du** bus.
en ville	*to go downtown*	Vous **descendez en ville** ?
entendre	*to hear*	Tu **entends** cette musique ?
perdre	*to lose*	Il **perd** toujours ses cahiers.
rendre à	*to give back*	Le prof **rend** les essais **aux** étudiants.
rendre visite à	*to visit someone*	Nous **rendons visite à** nos parents.
répondre à	*to answer*	Vous **répondez à** sa lettre ?
en		Elle **répond en** anglais.
vendre	*to sell*	Ils **vendent** des magazines.

- Remember that English and French often differ in the use of prepositions with verbs:

J'attends le métro.	*I'm waiting **for** the subway.*
Il répond **au** professeur.	*He's answering the professor.*
Elle rend visite **à** sa mère.	*She's visiting her mother.*

5-8 C'est logique. Complétez chaque phrase de manière logique en utilisant un verbe en **-re**.

MODÈLE nous / le métro
➤ Nous attendons le métro.

1. le professeur / en français en classe
2. l'étudiante / ses devoirs au professeur
3. nous / des livres à la bibliothèque
4. moi / mes parents à Québec
5. vous / le train ?
6. toi / au téléphone ?
7. elle / son foulard
8. Marc / le week-end pour sortir avec des amis

5-9 Réponses personnelles. Posez les questions suivantes à votre partenaire, puis partagez avec le reste de la classe ce que vous avez appris.

MODÈLE À qui est-ce que tu rends visite le week-end ?
➤ Je rends visite à mes parents.
➤ Je rends visite à mes amis.

1. À qui est-ce que tu rends visite le week-end ?
2. Est-ce que tu perds souvent tes vêtements ? Si oui, comment ?
3. Est-ce que tu revends tes livres à la fin du semestre ? Pourquoi ?
4. Est-ce que tu réponds rapidement à tes messages ?
5. Quand est-ce que tu descends en ville, et pourquoi ?

2. *Le passé composé avec* avoir

- To express an action completed in the past, use the **passé composé**. The **passé composé** is a past tense composed of an auxiliary, or helping, verb and the past participle of the verb that expresses the action. Usually, the present tense of **avoir** is the helping verb.

J'**ai travaillé** hier.	*I worked yesterday.*
Tu **as mangé** ?	*Did you eat?*
Il **a fait** beau ce week-end.	*The weather was nice this weekend.*
Nous **avons écouté** la météo à la radio.	*We listened to the weather forecast on the radio.*
Vous **avez regardé** la météo à la télé.	*You watched the weather forecast on TV.*
Ils **ont annoncé** du beau temps à la radio.	*They predicted nice weather on the radio.*

- The specific meaning of the **passé composé** depends on the verb and on the context.

Hier on **a montré** un film à la télé.	*Yesterday they showed a film on TV.*
Mais j'**ai** déjà **préparé** les devoirs !	*But I have already done the homework!*
L'hiver dernier il **a fait** très froid.	*Last winter it was very cold.*
Mais j'**ai** beaucoup **travaillé** !	*But I did work a lot!*

- To form the past participle:
  - for **-er** verbs, add **-é** to the base (the infinitive form minus the **-er** ending):

    quitt**er** J'ai quitt**é** la maison à huit heures. *I left home at eight o'clock.*

  - for **-ir** verbs, add **-i** to the base (the infinitive form minus the **-ir** ending):

    dorm**ir** Tu as dorm**i** pendant le concert ? *You slept during the concert?*

  - for **-re** verbs, add **-u** to the base (the infinitive form minus the **-re** ending):

    attend**re** Ils ont attend**u** devant le café. *They waited in front of the café.*

- Here are past participles for irregular verbs that you know.

avoir	J'ai **eu** une bonne note.	*I got a good grade.*
devoir	Il a **dû** travailler hier soir.	*He had to work last night.*
être	On a **été** surpris.	*We were surprised.*
faire	Il a **fait** beau.	*It was nice weather.*
mettre	J'ai **mis** un chapeau.	*I put on a hat.*
pleuvoir	Il a **plu** hier.	*It rained yesterday.*
pouvoir	J'ai **pu** sortir.	*I was able to go out.*
vouloir	Elles n'ont pas **voulu** partir.	*They refused to leave.*

- In negative sentences, place **ne** and **pas** around the conjugated auxiliary verb.

Il **n'**a **pas** fait beau hier.	*The weather wasn't nice yesterday.*
Nos parents **n'**ont **pas** téléphoné.	*Our parents didn't call.*

- The following expressions are useful for referring to the past.

hier	*yesterday*
avant-hier	*the day before yesterday*
samedi dernier	*last Saturday*
l'année dernière	*last year*
il y a longtemps	*a long time ago*
il y a deux jours	*two days ago*
ce jour-là	*that day*
à ce moment-là	*at that moment*

À vous la parole

5-10 La météo d'hier. Regardez la carte météorologique et dites quel temps il a fait hier au Canada et en Nouvelle-Angleterre.

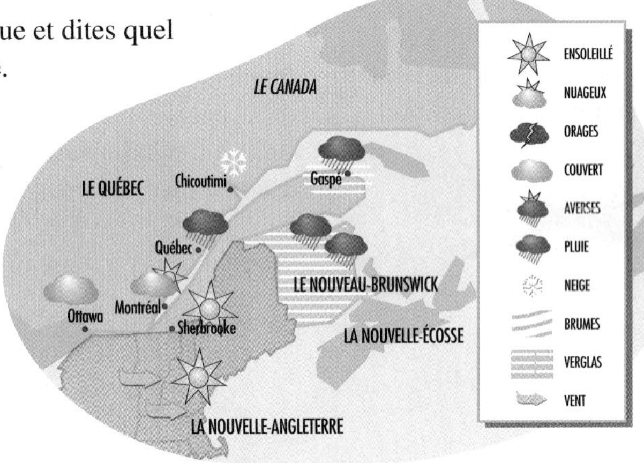

MODÈLE Au Nouveau-Brunswick ? geler, pleuvoir
➤ Au Nouveau-Brunswick, il a gelé et il a plu.

1. À Chicoutimi ? neiger
2. En Nouvelle-Angleterre ? faire beau, faire du vent
3. À Montréal ? ne pas faire beau
4. À Gaspé ? pleuvoir, geler
5. À Sherbrooke ? faire chaud
6. À Ottawa ? ne pas faire beau

5-11 Mais c'est logique ! Avec un/e partenaire, imaginez ce que ces gens ont fait à l'endroit mentionné. Combien de possibilités est-ce que vous pouvez trouver ?

MODÈLE Qu'est-ce que Julie a fait dans le magasin hier ?
➤ Elle a acheté une jolie robe.
➤ Elle a travaillé ; c'est une vendeuse.

1. Qu'est-ce que vous avez fait au labo de langues ce matin ?
2. Qu'est-ce que les Brunet ont fait à la piscine l'été dernier ?
3. Qu'est-ce que tu as fait à la bibliothèque hier ?
4. Qu'est-ce que nous avons fait en classe hier ?
5. Qu'est-ce que tu as fait chez toi hier soir ?
6. Qu'est-ce que David a fait au stade avant-hier ?
7. Qu'est-ce que vos camarades ont fait chez eux le week-end dernier ?
8. Qu'est-ce que le prof a fait dans son bureau ce matin ?

5-12 Normalement, mais...

Racontez à votre partenaire vos habitudes et aussi les exceptions !

MODÈLE dormir

➤ Normalement, je dors jusqu'à sept heures, mais samedi dernier, j'ai dormi jusqu'à dix heures.

1. dormir
2. manger
3. quitter la maison
4. travailler à la bibliothèque
5. jouer
6. regarder la télé
7. passer l'été

Lisons

Stratégie

Use the title and subtitles of a text as clues to understanding its focus and organization. You can learn what kind of information is likely to be included and what the major subdivisions are. With this approach, you will know a great deal about the content even before you read the passage as a whole.

5-13 Martinique : Guide pratique

La baie de St-Pierre et le volcan, Mont Pélée, à la Martinique

A. Avant de lire. The following passage is excerpted from a travel guide written by **le Comité Martiniquais du Tourisme**. Martinique is a frequent travel destination for the French, since it is a **département d'outre-mer**. Before reading, look at the title and the various subtitles to get a sense of the focus and organization of this passage.

1. The title of the booklet is **Martinique : Guide pratique**. Who do you think is the intended audience for a **Guide pratique**? What kind of information would you expect to be included in a "practical guide"?
2. Now look at the two major subtitles that appear in red type. They set up the two major divisions of this text. What is the focus of each?
3. Finally, look at the eight black subheadings. These indicate the topic of each paragraph. Considering these subheadings together with what you have determined about the focus and organization of the text, summarize what you know already about its content.

B. En lisant. As you read each section, look for the following information.

1. What is the capital of Martinique?
2. How far is Martinique from France?
3. What is the climate like?
4. Name three natural resources of Martinique.
5. Which languages are spoken and understood in Martinique?
6. As a North American, do you need a visa to enter Martinique? What is required?
7. What type of clothes would you need to bring to visit Martinique?

Martinique : Guide pratique

Informations générales

Histoire et administration

Christophe Colomb débarqua à la Martinique en 1502 et depuis 1635, excepté de courtes périodes d'occupation anglaise, elle partage[1] les destinées de la France. Département français depuis 1946 et région depuis 1982, sa structure administrative et politique est identique à celle des départements de la métropole. Siège[2] de la préfecture, Fort-de-France est la capitale administrative, commerciale et culturelle de la Martinique.

Géographie

La Martinique fait partie du groupe des petites Antilles ou « Îles au vent ». Elle est baignée à l'Ouest par la Mer des Antilles et à l'Est par l'Océan Atlantique. Elle se trouve à environ 7.000 km de la France et 440 km du continent américain.

Climat

Le climat est relativement doux à la Martinique et la chaleur n'y est jamais insupportable. La température moyenne se situe aux environs de 27°C, mais sur les hauteurs, il fait plus frais. De l'Est et du Nord-est, des brises régulières, les alizés, rafraîchissent l'atmosphère en permanence.

Ressources économiques

Principales ressources naturelles de l'île : le rhum, le sucre, l'ananas, la banane. La Martinique produit également des conserves de fruits, des confitures et des jus de fruits locaux. Le tourisme connaît un essor[3] remarquable et tend à devenir le secteur économique de pointe.

Langue

Le français est parlé et compris par toute la population mais on entend beaucoup le créole. Bien entendu, l'anglais est également parlé surtout dans les lieux touristiques.

Informations pratiques

Formalités d'entrée

Les Français peuvent entrer en Martinique avec leur carte nationale d'identité ou leur passeport. Les ressortissants des États-Unis et du Canada sont admis sans visa pour un séjour inférieur à trois mois. Une pièce d'identité est toutefois requise.

Conseils vestimentaires

Au pays de l'éternel été, vous porterez des vêtements légers et décontractés pour vos excursions : maillot de bain, short et sandales pour la plage. Les femmes s'habillent généralement le soir davantage[4] que les messieurs pour lesquels veste et cravate ne sont exigés que[5] très rarement. Toutefois, n'oubliez pas un lainage et vos lunettes de soleil.

Monnaie

La monnaie légale est l'Euro. Le dollar américain est accepté ainsi que tout autre paiement par chèque de voyage ou carte de crédit.

[1] *shares* [2] *Seat* [3] *development* [4] *more* [5] *are only required*

C. En regardant de plus près. Now that you understand the focus and general content of this text, examine the following elements closely.

1. Look at the noun **les ressortissants** in the section **Formalités d'entrée**. Can you see an **-ir** verb in the noun? Which one? Given the meaning of that verb and the context, what does the word **ressortissants** mean?
2. The word **vestimentaires** in the section **Conseils vestimentaires** is related to another French word you know. Given the context, what do you think this adjective means?
3. In the same section, you see the noun **un lainage**. If you know that the word **laine** means *wool,* then given the context, what do you think **un lainage** is?

D. Après avoir lu. Discuss the following questions with your classmates.

1. How well did your initial summary of the content of this guide correspond with the specific information that actually was provided?
2. What information, if any, do you think is missing for potential visitors to Martinique?
3. Based on the information provided above, would you be interested in visiting Martinique? Why or why not?

Leçon 2 On part en vacances !

POINTS DE DÉPART

Des activités par tous les temps

À la plage, on peut faire...
du ski nautique
du surf
de la voile
de la planche à voile

À la campagne, on peut faire...
des pique-niques
du cheval
du vélo

À la montagne, on peut faire…
du camping
de l'alpinisme
des randonnées
du ski
du surf des neiges

En ville, on peut faire…
du tourisme
des courses
des achats
et on peut visiter des musées
et des monuments

Projets de vacances

TEXT AUDIO

M. KELLER : Cette année, nous n'allons pas aux sports d'hiver.

MAX : Ah, non, c'est pas vrai ! Zut alors !

M. KELLER : Si, cette année, vous n'allez pas faire du ski en février, mais du ski nautique.

CAROLINE : Chouette ! Alors nous allons aux Antilles ? À Tahiti ?

M. KELLER : Pas tout à fait, ma grande. J'ai des billets d'avion pour aller aux Seychelles, dans l'Océan Indien.

MAX : Bravo ! Vive les Seychelles !

CAROLINE : Et la voile, la planche à voile !

M. KELLER : Et vive la pêche et le repos !

À vous la parole

5-14 Qu'est-ce qu'on peut faire ? Avec un/e partenaire, suggérez des activités logiques.

MODÈLE Qu'est-ce qu'on peut faire à la montagne, quand il y a de la neige ?

É1 On peut faire du ski.

É2 On peut faire du surf des neiges.

1. à la plage, en été ?
2. à la campagne, quand il fait beau ?
3. au gymnase, quand il pleut ?
4. à la montagne, quand il fait beau ?
5. au stade, en automne ?
6. à la piscine, quand il fait chaud ?
7. en ville, quand il fait beau ?
8. en ville, quand il fait mauvais ?

5-15 Suggestions. Proposez une activité à votre partenaire ; il/elle va donner sa réaction.

MODÈLE Vous êtes à la montagne.

É1 Nous allons faire une randonnée.

É2 Super ! J'adore la nature !

OU Zut alors ! Je n'ai pas de bonnes chaussures !

1. Vous êtes à la montagne.
2. Vous êtes à la plage.
3. Vous êtes à la campagne.
4. Vous êtes en ville.

5-16 Les vacances idéales. Demandez à un/e camarade quelles sont ses vacances idéales, et ensuite dites ce que vous préférez.

MODÈLE É1 Moi, je préfère aller à la plage, où il fait chaud. J'aime bien nager et jouer au volley-ball. Et toi ?

É2 Pour moi, les vacances idéales, c'est la montagne en hiver. J'adore faire du ski et du surf des neiges.

Vie et culture

Les vacances des Français

Look at the calendar to identify the various holiday periods for French school children. Notice that France is divided into three zones for two of the vacation periods; the map shows the location of each zone. Can you explain this division into zones? Think about when these vacation periods take place, what French people might do, and where they would most likely go during these times. What other places, besides metropolitan France, figure into the map? Why would these places be included?

Since 1982, all salaried workers in France have had the right to five weeks of paid vacation each year. With the advent of the 35-hour workweek, the French are beginning to take more frequent, and shorter, vacations, often opting for long weekend trips. Throughout France, however, it is still not unusual to see businesses (restaurants, hairdressers, small shops, bakeries, etc.) closed for several weeks in the months of July or August.

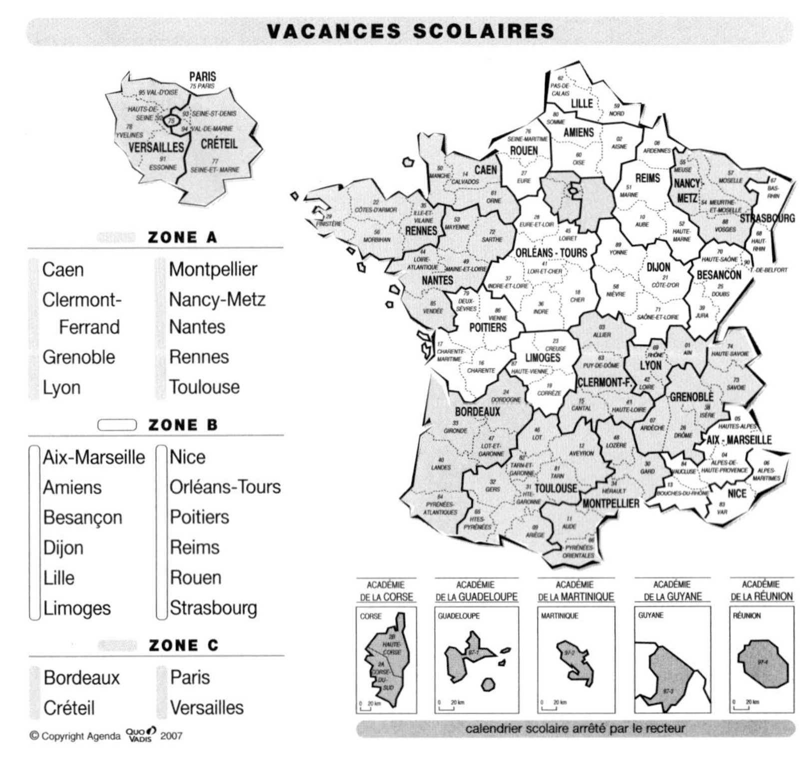

ZONE A
Caen, Clermont-Ferrand, Grenoble, Lyon, Montpellier, Nancy-Metz, Nantes, Rennes, Toulouse

Rentrée scolaire des élèves	Toussaint	Noël	Hiver	Printemps	Début des vacances d'été*
le mercredi 02-09-09	du samedi 24-10-09 au jeudi 05-11-09	du samedi 19-12-09 au lundi 04-01-10	du samedi 13-02-10 au lundi 01-03-10	du samedi 10-04-10 au lundi 26-04-10	le vendredi 02-07-10

ZONE B
Aix-Marseille, Amiens, Besançon, Dijon, Lille, Limoges, Nice, Orléans-Tours, Poitiers, Reims, Rouen, Strasbourg

Rentrée scolaire des élèves	Toussaint	Noël	Hiver	Printemps	Début des vacances d'été*
le mercredi 02-09-09	du samedi 24-10-09 au jeudi 05-11-09	du samedi 19-12-09 au lundi 04-01-10	du samedi 06-02-10 au lundi 22-02-10	du samedi 03-04-10 au lundi 19-04-10	le vendredi 02-07-10

ZONE C
Bordeaux, Créteil, Paris, Versailles

Rentrée scolaire des élèves	Toussaint	Noël	Hiver	Printemps	Début des vacances d'été*
le mercredi 02-09-09	du samedi 24-10-09 au jeudi 05-11-09	du samedi 19-12-09 au lundi 04-01-10	du samedi 20-02-10 au lundi 08-03-10	du samedi 18-04-10 au lundi 03-05-10	le vendredi 02-07-10

Le départ en vacances a lieu après la classe, la reprise des cours le matin des jours indiqués.

Et vous ?

1. How many weeks of paid vacation are typical in the United States? How does this situation compare with that of France, and what factors might account for any differences?
2. The right to longer paid vacations has often been a factor in labor negotiations in France. Knowing this, and that many businesses shut down for weeks at a time for vacation, what conclusions can you draw about the value the French place on vacations? Do North Americans place a similar value on vacations?

Sons et lettres

TEXT AUDIO

Les voyelles nasales et les voyelles orales plus consonne nasale

Compare the following pairs of words; the first ends with a final pronounced consonant (**-n** or **-m**) and the second ends in a nasal vowel. Only the second word contains a nasal vowel; notice the difference as you repeat after your instructor.

bonne /bɔn/	bon /bɔ̃/
Simone /simɔn/	Simon /simɔ̃/
ma cousine /kuzin/	mon cousin /kuzɛ̃/
l'année /lane/	l'an /lɑ̃/

For words containing a nasal vowel, pronounce each syllable slowly, and do not pronounce **-m** or **-n** when it follows the nasal vowel:

le camp	le cam-ping	la cam-pagne
mon	mon-ter	la mon-tagne

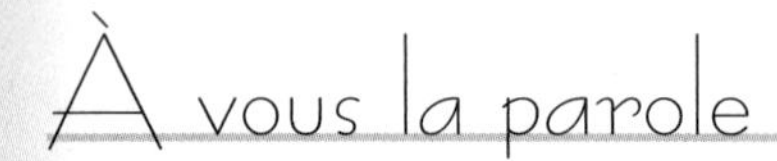

5-17 Les groupes de mots. Attention de bien insister sur les voyelles nasales.

1. mon — mon-tagne
2. sans — san-té (*health*)
3. camp — cam-ping
4. franc — fran-çaise
5. l'un — lun-di

5-18 Les phrases. Lisez chaque phrase.

1. Il fait bon en automne.
2. Mettons notre blouson et nos gants.
3. Jean et Jeanne vont en Bourgogne en juin.
4. Au printemps, Marianne va en Louisiane chez son oncle.
5. Lundi, nous faisons une randonnée à la montagne avec nos parents.

5-19 Poème. Répétez ces deux vers de Verlaine.

> Les sanglots° longs des violons de l'automne
> Blessent° mon cœur d'une langueur monotone.
>
> —Extrait de Paul Verlaine, « *Chanson d'automne* »

sobbing
strike

Formes et fonctions

1. *Le passé composé avec* être

- To tell what you did in the past, you have already learned that most French verbs form the **passé composé** with the present tense of **avoir**. However, some verbs use the present-tense forms of **être** as an auxiliary. These are usually verbs of motion:

aller	*to go*	Tu **es allé** à la plage ce week-end ?
arriver	*to arrive*	Je **suis arrivé** en ville vers dix heures du matin.
venir	*to come*	Il **est venu** à la campagne avec nous pour un pique-nique.
revenir	*to return*	Elle **est revenue** à l'Office de Tourisme hier matin.
devenir	*to become*	Elle **est devenue** médecin.
entrer	*to go/come in*	Anne **est entrée** dans le magasin.
rentrer	*to go/come back*	Nous **sommes rentrés** tard après une journée de ski.
retourner	*to go back*	Elles **sont retournées** en France.
partir	*to leave*	Vous **êtes parties** ensemble à la montagne ?
sortir	*to go out*	Rémy **est sorti** en ville avec Juliette pour faire du tourisme.
passer	*to go/come by*	On **est passés** chez toi hier.
rester	*to stay*	Ils **sont restés** à la plage tout l'après-midi.
tomber	*to fall*	Elle **est tombée** dans la rue (*street*).
monter	*to go up*	Lucie **est montée** dans sa chambre.
descendre	*to go down*	Nous **sommes descendues** en ville pour dîner.
naître	*to be born*	Elle **est née** en 1992.
mourir	*to die*	Il **est mort** l'été dernier.

- For verbs that form the **passé composé** with **être**, the past participle agrees in gender and number with the subject.

Mon frère est arrivé hier.	*My brother arrived yesterday.*
Ma sœur est arrivé**e** ce matin.	*My sister arrived this morning.*
Ses cousins sont allé**s** au musée.	*Her cousins went to the museum.*
Ses cousines sont descendu**es** en ville aussi.	*Her cousins went downtown too.*

- Pronominal verbs also use **être** in the **passé composé**. Note, however, that when a noun follows the verb, no past participle agreement is made.

Il s'est endormi.	*He fell asleep.*
Ils se sont couché**s**.	*They went to bed.*
Elle s'est lavé**e**.	*She washed up.*
Elle s'est lavé les cheveux.	*She washed her hair.*

À vous la parole

5-20 L'après-midi de M. Dumont. Racontez l'après-midi de M. Dumont au passé.

Cet après-midi, M. Dumont va sortir faire une promenade. Sa femme va rester à la maison pour préparer le dîner. Alors, M. Dumont va sortir avec son chien, Castor. Ils vont partir vers trois heures, et ils vont passer chez un ami de M. Dumont. Ensuite (*then*), ils vont aller au parc, et ils vont entrer au zoo. Finalement, ils vont descendre par l'avenue principale, et ils vont rentrer à la maison vers cinq heures.

MODÈLE ➤ Hier après-midi, M. Dumont est sorti faire une promenade.

5-21 Le samedi de Guillaume. Racontez comment Guillaume a passé la journée samedi. Utilisez les expressions ci-dessous pour faire un récit.

POUR FAIRE UN RÉCIT

d'abord	ensuite	après	puis	enfin
first	*next*	*after*	*then*	*finally*

MODÈLE ➤ D'abord, Guillaume a quitté sa chambre à huit heures. Ensuite, il...
OU ➤ D'abord, Guillaume est sorti à huit heures. Après, il...

5-22 Et vous ? Qu'est-ce que vous avez fait hier ? Où est-ce que vous êtes allé/e ? Avec qui ? Qu'est-ce que vous avez fait ? Racontez à un/e partenaire.

MODÈLE ➤ Hier, dimanche, je ne suis pas allé/e à la fac. J'ai quitté mon appartement vers neuf heures, et ensuite...

2. *Les questions avec* quel

- The interrogative word **quel** is used to ask *which?* or *what?* Although **quel** agrees in number and gender with the noun it modifies, it is always pronounced the same, unless a plural form, **quels** or **quelles**, modifies a noun beginning with a vowel.

Quel écrivain est-ce que tu préfères ?	*Which writer do you prefer?*
Quelle musique est-ce qu'il préfère ?	*What type of music does he prefer?*
Quels cours est-ce que tu suis ?	*Which courses are you taking?*
Quelles‿affiches est-ce que tu vas acheter ?	*Which posters will you buy?*

- **Quel** is used in a number of fixed interrogative expressions:

Quel temps fait-il ?	*What's the weather like?*
Quelle heure est-il ?	*What time is it?*
Quelle est la date aujourd'hui ?	*What's today's date?*
Quel âge est-ce que tu as ?	*How old are you?*

- **Quel** can also be used before a form of the verb **être**, followed by the noun it modifies:

Quel est ton cours préféré ?	*What's your favorite course?*
Quelles sont les meilleures résidences ?	*Which are the best residence halls?*

5-23 Petite épreuve. Posez des questions à un/e partenaire, qui doit répondre correctement !

MODÈLE les jours de la semaine

É1 Quels sont les jours de la semaine ?
É2 Lundi, mardi,...

1. les jours de la semaine
2. les mois de l'année
3. les saisons de l'année
4. la date de la fête nationale française
5. la date de ton anniversaire
6. ta saison préférée

5-24 Précisez, s'il vous plaît !
Demandez à votre partenaire de préciser, en utilisant une question avec **quel**.

MODÈLE la saison

É1 Quelle saison est-ce que tu préfères ?

É2 Je préfère l'automne.

1. la saison
2. la ville
3. l'artiste
4. les acteurs
5. le sport
6. la musique
7. les écrivains

5-25 Des superbes vacances

A. Avant de regarder. Dans cette séquence vidéo, Corinne et Édouard parlent de leurs superbes vacances. D'après les photos ainsi que les phrases et expressions suivantes, où est-ce qu'ils sont allés ? Qu'est-ce qu'ils ont fait ?

Corinne :

J'ai pu voir des crocodiles…

… ils ont un beau hamac.

… j'en ai profité pour faire des photos avec Mickey, Daisy, Donald…

Édouard :

... je suis parti en croisière en bateau à voile.

... on a découvert... toutes les îles italiennes.

B. En regardant. Regardez et écoutez la séquence pour répondre aux questions suivantes.

1. Pour chaque personne, indiquez les endroits mentionnés :

Corinne :

_____ la Californie _____ les États-Unis _____ les Everglades _____ la Floride

_____ Miami _____ New York _____ Orlando _____ Paris

Édouard :

_____ Antibes _____ la Corse _____ la France _____ la Grèce

_____ l'île Maurice _____ Naples _____ Nice _____ Rome

2. Avec qui est-ce que Corinne et Édouard ont passé leurs vacances ?
3. Qu'est-ce qu'ils ont vu pendant leur voyage ?

C. Après avoir regardé. Discutez de ces questions avec vos camarades de classe.

1. Pourquoi, à votre avis, est-ce que Corinne et Édouard considèrent que ce sont des superbes vacances ?
2. Est-ce que vous avez visité les endroits mentionnés par Corinne ou Édouard ? Si oui, qu'est-ce que vous avez vu et qu'est-ce que vous avez fait ?
3. Pour vous personnellement, qu'est-ce que c'est des superbes vacances ? Est-ce que vos idées correspondent à une de ces photos ? Laquelle ? Pourquoi ?

On fait du bateau à l'île Curieuse aux Seychelles.

On fait un tour à Paris. Il fait beau aujourd'hui !

Leçon 3 *Je vous invite*

POINTS DE DÉPART

Qu'est-ce qu'on propose ?

TEXT AUDIO

—On organise une petite fête samedi soir ; tu es libre ?
—Non, désolée, je ne peux pas.

—Vous êtes libres samedi ? J'ai des places pour un ballet, « Coppélia » de Delibes.
—Ah oui, c'est très gentil à vous !

—Le match est annulé à cause de la pluie, alors, je peux t'accompagner à l'exposition.
—Super ! On se retrouve devant le musée?

—Alors, rendez-vous au Palais des Congrès pour voir le concert de rock ?
—Oui, à 19 h 30.

—Tu voudrais nous accompagner au théâtre ? On va voir une pièce de Molière.
—Volontiers ! J'adore le théâtre.

—Il pleut, donc qu'est-ce qu'on fait cet après-midi ?
—Il y a un bon film à la Cinémathèque.
—Super ! On y va ensemble ?

—On va passer une soirée tranquille chez nous.
—Je regrette, je ne peux pas venir. Je dois travailler.

POUR INVITER QUELQU'UN

Tu es/Vous êtes libre/s ?
On y va ensemble ?
Tu veux m'accompagner ?/Vous voulez nous accompagner ?

POUR ACCEPTER UNE INVITATION

Oui, je suis libre.
(J'accepte) Avec plaisir.
C'est gentil à toi/vous.
Je suis ravi/e.

POUR REFUSER UNE INVITATION

Je suis désolé/e...	je ne suis pas libre.
Je regrette...	je suis pris/e.
C'est dommage,...	j'ai déjà un rendez-vous.

Vie et culture

Les pratiques culturelles

This document shows the results of a recent survey by the French Ministry of Culture. What does the heading tell you about the information summarized here, and how is that information organized? Consider the following questions with your classmates:

1. According to these statistics, what are the most popular cultural activities for the French?
2. If you were to construct a similar list for your friends and family, how might it resemble or differ from what you see here?

It is common for the French to go with friends and family to concerts, movies, and museums. Often such activities are included in a family's vacation plans.

PRATIQUES CULTURELLES

Sur 100 Français de 15 ans et plus, au cours des douze derniers mois :

58 ont lu au moins un livre
46 ont lu au moins un magazine
87 ont écouté la radio
75 ont écouté des disques
99 ont regardé la télévision
47 sont allés au cinéma
39 ont visité un musée ou une exposition
31 sont allés au concert ou spectacle musical
16 sont allés au théâtre ou café-théâtre

Source : Ministère de la Culture, *mini-chiffres clés 2007*

À vous la parole

5-26 Qu'est-ce qu'on peut faire ? Le Centre Pompidou est un musée à Paris qui a aussi des salles de cinéma, de conférences et de spectacles. Avec un/e partenaire, regardez le programme à gauche et décrivez les activités possibles.

MODÈLE É1 Le samedi et le dimanche, à quatre heures, il y a des visites commentées des collections du musée.

É2 Et regarde, du 6 au 24 juin, il y a un festival de musique et danse.

AGENDA
TOUTES LES MANIFESTATIONS

CENTRE POMPIDOU – Art, culture, musée, expositions, cinémas, conférences, débats, spectacles, concerts.

EXPOSITIONS

Accrochage « Histoire de l'Atelier Brancusi »
Une reconstitution de l'atelier parisien, où vécut l'un des maîtres de la sculpture moderne.

7 mars – 19 novembre
14 h 00 – 18 h 00
Galerie de l'Atelier Brancusi

VISITES COMMENTÉES

Les visites commentées des collections du Musée
Le samedi et le dimanche à 16 h.
En anglais le samedi à 15 h.

3 février – 1er juillet
Entrée du Musée

CINÉMAS

Jeu de pistes avec Jacques Rivette

21 – 30 avril

D'abord cinéphile et critique, membre aux côtés de Rohmer, Truffaut et Godard de la bande des quatre jeunes Turcs qui s'empara des *Cahiers du cinéma* dans les années 1950, Jacques Rivette est probablement le plus exigeant des réalisateurs de la Nouvelle Vague.

20 h 00 – *Hurlevent*, Jacques Rivette, 1984-1985 – *Cinéma 2*
20 h 30 – *L'Amour par terre*, Jacques Rivette, 1984 – *Cinéma 1*

CONFÉRENCES-DÉBATS

Où va notre démocratie ?

2 février – 11 mai

Comment se répartissent les rôles entre société civile et institutions politiques ? Quel impact ont les médias, les sondages, l'opinion ?

SPECTACLES-CONCERTS

Festival Agora
Musique et danse

6 – 24 juin

Dédié à la musique contemporaine mais également à la danse, au théâtre et au cinéma, le festival Agora se place sous la thématique de l'utopie et de l'exotisme.

ACTIVITÉS POUR ENFANTS

Les mercredis des 6–10 ans
Ateliers d'Arts Plastiques

Les enfants expériment des formes, des couleurs, des matières, à propos d'un thème ou en lien avec l'univers d'un artiste. Forts de ces expériences plastiques, ils regardent les œuvres du Musée autrement.

7 mars – 30 mai
Espace éducatif

5-27 Oui ou non ? Avec un/e camarade de classe, imaginez les situations suivantes. Qu'est-ce que vous allez dire ?

MODÈLE On vous invite à aller au musée demain. Vous ne voulez pas y aller.

É1 Tu veux aller au musée avec moi ? Il y a une bonne exposition.

É2 Je regrette (OU Désolé/e), je ne suis pas libre.

1. On vous invite à un concert. Vous êtes ravi/e d'y aller.
2. On vous invite à aller au théâtre. Vous demandez quelle pièce on joue.
3. On vous invite à faire une randonnée, mais vous n'aimez pas les promenades.
4. On cherche quelqu'un pour jouer au bridge. Vous aimez ce jeu.
5. On a des places pour un concert de rock. Vous aimez ce type de musique, mais vous avez un rendez-vous ce jour-là.
6. On a deux places pour un ballet. Vous demandez, « C'est pour quel soir ? », et puis vous acceptez.

5-28 Des invitations. Vous allez inviter des camarades de classe. Ils vont accepter ou refuser selon leur préférence.

1. D'abord, faites une liste de trois activités que vous voulez proposer et une liste de trois personnes que vous voulez inviter. N'oubliez pas le professeur !
2. Ensuite, proposez vos activités à trois personnes différentes qui vont accepter ou refuser vos invitations selon leurs préférences. Bien sûr, vos camarades de classe vont vous inviter aussi et vous devez accepter ou refuser à votre tour.
3. Pour terminer : Qui est-ce que vous avez invité ? Pour quelle activité ? Est-ce qu'on a accepté ou refusé ?

FORMES ET FONCTIONS

1. *Les verbes comme* acheter *et* appeler

- You have learned that for verbs like **préférer** (*to prefer*), the second vowel in the singular forms and the third-person plural form of the present tense are spelled and pronounced like the **è** in **mère**:

Je préf**è**re le cinéma. Ils préf**è**rent le théâtre.

- Verbs like **acheter** (*to buy*) and **appeler** (*to call*) similarly show changes in the singular forms and in the third-person plural. The final vowel in these forms is also pronounced like the /ɛ/ in **mère**.
  - This pronunciation change is reflected in the spelling by the use of the **accent grave** in verbs like **acheter**.

acheter	*to buy*	Qu'est-ce que tu **achètes** ?
amener	*to bring a person*	Ils **amènent** leurs enfants au théâtre.
lever	*to raise*	Elle ne **lève** jamais le doigt (*finger*).

  - Verbs like **appeler** reflect the pronunciation change by doubling the final consonant of the base in the singular and the third-person plural forms:

appeler	*to call*	J'**appelle** le théâtre pour avoir des places ?
épeler	*to spell*	Il **épelle** son nom.
jeter	*to throw* (*out*)	Elle ne **jette** pas les billets des spectacles qu'elle a vus.

- The **nous** and **vous** forms for these verbs are two syllables long:

nous ach**é**tons vous app**é**lez

ACHETER *to buy*			
SINGULIER		PLURIEL	
j'	achète	nous	achetons
tu	achètes	vous	achetez
il / elle / on	achète	ils / elles	achètent

IMPÉRATIF : **Achète** ce foulard !
Achetez cette belle robe !
Achetons des jeans !

PASSÉ COMPOSÉ : **J'ai acheté** des belles bottes en solde.

APPELER *to call*			
SINGULIER		PLURIEL	
j'	app**elle**	nous	appelons
tu	app**elles**	vous	appelez
il / elle / on	app**elle**	ils / elles	app**ell**ent

IMPÉRATIF : **Appelle** le dentiste !
Appelez le médecin !
Appelons le mécanicien !

PASSÉ COMPOSÉ : Nous **avons appelé** nos parents.

À vous la parole

5-29 Des achats. Quels vêtements est-ce qu'on achète ?

MODÈLE Je dois aller à un mariage.
➤ J'achète un costume bleu marine.

1. Nous allons à Tahiti pour les vacances.
2. Mes amis vont à un concert de rock.
3. David va voir un ballet.
4. Maryse passe ses vacances à la plage.
5. Vous aimez faire du cheval.
6. Christiane est très élégante quand elle va au théâtre.
7. Nous aimons les vêtements très décontractés (*relaxed*) pour les vacances.
8. Je n'ai pas beaucoup d'argent.

5-30 Mais pourquoi ? Imaginez que vous avez un/e colocataire impossible. Demandez-lui pourquoi il/elle fait les choses suivantes.

MODÈLE jeter mon affiche préférée

É1 Pourquoi est-ce que tu jettes mon affiche préférée ?
É2 Je n'aime pas ton affiche. Elle est moche.

1. acheter tous ces magazines
2. ne pas appeler tes parents
3. porter mon beau pull rouge
4. ne pas épeler correctement mon nom
5. acheter toujours des chips et du chocolat
6. jeter mon CD préféré
7. appeler tous tes amis

5-31 Une interview. Interviewez un/e partenaire pour apprendre s'il/si elle…

MODÈLE jette ses vieux tickets de concerts

É1 Est-ce que tu jettes tes vieux tickets de concerts ?

É2 Oui, je jette mes vieux tickets de concerts.

1. appelle ses parents tous les week-ends
2. achète beaucoup de CD
3. achète des magazines
4. se lève toujours avant huit heures
5. jette ses vieux tickets de concerts
6. jette toujours ses devoirs et examens corrigés
7. amène toujours des amis quand il/elle est invité/e à une fête

2. Les questions avec les pronoms interrogatifs : qui, que, quoi

- To ask *what*, use **qu'est-ce qui** and **qu'est-ce que**:
  - **Qu'est-ce qui** is used as the subject of a question and is followed by a verb:

    Qu'est-ce qui se passe ? — *What's happening?*

    Qu'est-ce qui est sur la photo ? — *What's in the photo?*

  - **Qu'est-ce que** is used as the direct object and is followed by the subject of the sentence:

    Qu'est-ce que vous faites ? — *What are you doing?*

    Qu'est-ce que tu as mis dans la valise ? — *What did you put in the suitcase?*

- To ask *who* or *whom*, use **qui**:
  - When **qui** is the subject, it is followed directly by the verb:

    Qui va au cinéma ? — *Who's going to the movies?*

    Qui n'aime pas les fêtes ? — *Who doesn't like parties?*

  - When **qui** is the direct object, use **est-ce que** before the subject of the sentence:

    Qui est-ce que tu aimes ? — *Whom do you like?*

    Qui est-ce qu'ils regardent ? — *Whom are they looking at?*

  - When a verb requires a preposition, that preposition precedes **qui**:

    À qui est-ce que tu parles ? — *Whom are you talking to?*

    Avec qui est-ce que tu vas au musée ? — *Whom are you going to the museum with?*

  - After prepositions, use **quoi** to ask *what*:

    Avec quoi est-ce qu'on écrit ? — *What are we writing with?*

    De quoi est-ce qu'il va parler ? — *What is he going to speak about?*

À vous la parole

5-32 Projets de vacances. La famille Dupont va partir en vacances. Mme Dupont est très anxieuse et n'arrête pas de poser des questions pour avoir tous les détails. Avec un/e partenaire, suivez le modèle et jouez les rôles de Mme Dupont et de son mari.

MODÈLES É1 Dis, chéri, *Georges* va acheter les billets ?
É2 Mais non.
É1 Alors, *qui* va acheter les billets ?

É2 Dis, chéri, nous allons laisser (*leave*) le chat *chez les Michaud* ?
É1 Mais non, ma chérie.
É2 Alors, *chez qui est-ce que* nous allons laisser le chat ?

1. Nous allons demander *à Suzanne* de garder (*keep*) le chien ?
2. *Georges* va porter nos sacs ?
3. Stéphane va amener *sa fiancée ?*
4. Nous allons acheter *des cartes postales* comme souvenirs ?
5. Nous allons faire *du vélo ?*
6. *Ta secrétaire* va téléphoner à l'hôtel ?
7. Nous allons payer *avec la carte de crédit ?*

5-33 Jéopardy ! Avec deux partenaires, jouez au Jéopardy. La première personne va donner une réponse au hasard. Les deux autres vont consulter la liste des verbes pour pouvoir poser une question logique. La première à poser sa question peut donner la réponse suivante.

admirer écouter manger parler regarder réviser téléphoner

MODÈLES É1 de la musique classique
É2 Qu'est-ce que vous écoutez ?
É1 C'est bon. Alors, c'est à toi.

É2 à mes parents
É3 À qui est-ce que tu téléphones ?
É2 Oui, à toi alors !

la télévision	la sociologie
Bill et Melinda Gates	le manuel de français
de la pizza	de politique
à mon copain	Beyoncé Knowles

5-34 On va tout savoir. Interviewez un/e partenaire pour connaître tous les détails de sa vie universitaire.

MODÈLES habiter

➤ Où est-ce que tu habites ? Avec qui est-ce que tu habites ?

faire comme études

➤ Qu'est-ce que tu fais comme études ?

1. habiter
2. faire comme études
3. manger
4. préférer
5. faire le week-end

5-35 Une carte invitation

A. Avant d'écrire. Au lieu d'acheter des invitations préfabriquées, aujourd'hui, on a tendance à faire soi-même ses cartes d'invitation à l'occasion d'un anniversaire, par exemple. La créativité est au rendez-vous ! À quelles occasions est-ce que vous invitez des amis chez vous : pour fêter un anniversaire ? l'arrivée des vacances ? un nouvel emploi ? Préparez une carte pour inviter des amis à une fête. Décidez quels renseignements vous allez mettre dans votre invitation et faites une petite liste des détails que vous voulez inclure.

B. En écrivant. Regardez le modèle ; est-ce que vous trouvez dans cette invitation tous les détails que vous avez notés ? Maintenant, complétez votre invitation avec des renseignements personnalisés.

C. Après avoir écrit. Vérifiez que vous avez mis tous les détails nécessaires dans votre invitation. Ensuite, donnez votre invitation à un/e camarade de classe. Est-ce qu'on accepte votre invitation ? Chouette !

Ça s'arrose!

Pourquoi : On fête les 25 ans de Julia

Où : chez Christophe et Annie
12, rue de la Harpe

Quand : samedi, le 9 mai à partir de 20h

Précisions : Téléphonez-nous au 01.22.08.87 pour nous dire si vous êtes libres. Apportez un plat à partager et un petit cadeau, SVP. Le thème de la fête, c'est « le jardinage ». C'est une surprise, donc n'en parlez pas à Julia !

Vocabulaire

Leçon 1

le temps à toutes les saisons (f.)	***the weather in all seasons***
Quel temps fait-il ?	*What's the weather like?*
Il fait beau.	*It's beautiful weather.*
Il y a du soleil.	*It's sunny.*
Le ciel est bleu.	*The sky is blue.*
Il y a du brouillard.	*It's foggy.*
Il y a des nuages (m.).	*It's cloudy.*
Le ciel est couvert.	*The sky is overcast.*
Le ciel est gris.	*The sky is gray.*
Il y a du vent.	*It's windy.*
Il fait mauvais.	*The weather's bad.*
Il fait lourd.	*It's humid.*
Il neige. (neiger)	*It's snowing. (to snow)*
Il y a du verglas.	*It's icy, slippery.*
Il y a un orage.	*There is a (thunder)storm.*
Il y a des éclairs (m.).	*There is lightning.*
Il y a du tonnerre.	*There is thunder.*
Il pleut. (pleuvoir) (la pluie)	*It's raining. (to rain) (rain)*
pour parler de la température	***to talk about the temperature***
Il fait 10 degrés (m.).	*It's 10 degrees.*
Il fait chaud.	*It's hot (weather).*
Il fait bon.	*It's warm (weather).*
Il fait frais.	*It's cool (weather).*
Il fait froid.	*It's cold (weather).*
Il gèle. (geler)	*It's freezing. (to freeze)*
J'ai chaud/froid.	*I'm hot/cold.*
la météo(rologie)	*weather, weather report*
les saisons (f.)	***the seasons***
au printemps (m.)	*in the spring*
en été (m.)	*in the summer*
en automne (m.)	*in the fall*
en hiver (m.)	*in the winter*
verbes en *-re*	***-re verbs***
attendre	*to wait for*
descendre	*to go down*
entendre	*to hear*
perdre	*to lose*
rendre à	*to give back*
rendre visite à	*to visit someone*
répondre à	*to answer*
vendre	*to sell*
pour parler du passé	***to talk about the past***
hier	*yesterday*
avant-hier	*the day before yesterday*
samedi dernier	*last Saturday*
l'année dernière	*last year*
il y a longtemps	*a long time ago*
il y a deux jours	*two days ago*
ce jour-là	*that day*
à ce moment-là	*at that moment*

Leçon 2

les vacances (f. pl.)	***vacation***
partir en vacances	*to go on vacation*
un billet (d'avion)	*(plane) ticket*
une carte postale	*postcard*
des destinations (f.)	*destinations*
la campagne	*countryside*
la mer	*sea*
la montagne	*mountains*
la plage	*beach*
la ville	*city*
la pêche (aller à la pêche)	*fishing (to go fishing)*
des projets de vacances (m.)	*vacation plans*
le repos	*rest*
les sports d'hiver (m.)	*winter sports*
des activités (f.)	***activities***
faire…	
des achats (m.)	*to shop*
de l'alpinisme (m.)	*to go mountain climbing*
du camping	*to camp, to go camping*
du cheval	*to go horseback riding*

un pique-nique	*to picnic*
de la planche à voile	*to windsurf*
une randonnée	*to take a hike*
du ski	*to ski*
du ski nautique	*to water ski*
du surf	*to go surfing*
du surf des neiges	*to go snowboarding*
du tourisme	*to go touring, to go sightseeing*
de la voile	*to go sailing*
visiter des musées ou des monuments	*to visit museums or monuments*

quelques expressions utiles — ***some useful expressions***

Bravo !	*Great! Well done!*
C'est pas vrai !	*It can't be!*
Chouette !	*Neat!*
Pas tout à fait !	*Not quite!*
quel/le	*which*
Vive... (les Seychelles) !	*Hurray for . . . (the Seychelles)!*

quelques verbes conjugués avec *être* au passé composé — ***some verbs conjugated with* être *in the passé composé***

devenir	*to become*
entrer	*to go/come in*
monter	*to go up*
mourir	*to die*
naître	*to be born*
passer	*to go/come by*
rentrer	*to go/come back*
retourner	*to go back*
revenir	*to return*
tomber	*to fall*
venir	*to come*

pour faire un récit — ***to construct a narrative***

d'abord	*first*
ensuite	*next*
après	*after, after that*
puis	*then*
enfin	*finally*

Leçon 3

pour inviter quelqu'un — ***to invite someone***

Tu es/Vous êtes libre(s) ?	*Are you free?*
On y va ensemble ?	*Shall we go (there) together?*
Tu veux/Vous voulez m'accompagner ?	*Would you like to come with me?*

pour accepter une invitation — ***to accept an invitation***

Oui, je suis libre.	*Yes, I am free.*
(J'accepte) Avec plaisir.	*(I accept) With pleasure.*
C'est gentil à toi/vous.	*That's kind (of you).*
Je suis ravi/e.	*I am delighted.*
Volontiers.	*With pleasure, gladly.*

pour refuser une invitation — ***to refuse an invitation***

Je suis désolé/e...	*I am sorry . . .*
C'est dommage...	*It's too bad . . .*
Je regrette...	*I'm sorry . . .*
Je ne suis pas libre.	*I'm not free.*
Je suis pris/e.	*I'm busy.*
J'ai déjà un rendez-vous.	*I already have a meeting/date/appointment.*

des distractions (f.) — ***amusements/diversions***

aller à un concert	*to go to a concert*
voir/jouer une pièce	*to watch/perform a play*
passer une soirée tranquille	*to spend a quiet evening*
une place	*seat, place*
se retrouver	*to meet*

quelques verbes utiles — ***some useful verbs***

acheter	*to buy*
amener	*to bring (a person)*
appeler	*to call*
épeler	*to spell*
jeter	*to throw, to throw away*
lever	*to raise*

pour poser une question — ***to ask a question***

qu'est-ce que/qui... ?	*what . . .?*
qui ?	*who?*
quoi ?	*what?*

une expression utile — ***a useful expression***

à cause de	*because of*

Est-ce que cette maison est semblable aux maisons où vous habitez ? Pourquoi ?

Chapitre 6 Nous sommes chez nous

Leçon 1 *La vie en ville*

Leçon 2 *Je suis chez moi*

Leçon 3 *La vie à la campagne*

In this chapter:

- Talking about where you live
- Identifying geographical features
- Making suggestions
- Describing in the past
- Understanding the notions of home and regionalism in France

Leçon 1 La vie en ville

POINTS DE DÉPART

Additional practice activities for each **Points de départ** section are provided by:
- Student Activities Manual
- *Points de départ* Companion Website: **http://www.prenhall.com/pointsdedepart**

Chez les Santini

TEXT AUDIO

Les Santini habitent à Paris dans le dix-huitième arrondissement, près de Montmartre. M. et Mme Santini ont deux enfants, Nicolas et Véronique. Ils habitent un bel immeuble dans une rue tranquille d'un quartier résidentiel.

L'appartement des Santini est au sixième étage — on peut prendre les escaliers ou l'ascenseur. C'est un cinq-pièces, avec une grande salle de séjour, une salle à manger et trois chambres. Chaque enfant a sa propre chambre. Il y a aussi une salle de bains, des toilettes (des W.-C.) et une grande cuisine. L'appartement a un grand balcon qui donne sur la rue, et dans la chambre de M. et Mme Santini, il y a même un petit balcon qui donne sur la cour. Au sous-sol, il y a un garage où les Santini garent leur voiture. Ils ont des voisins sympathiques au cinquième étage.

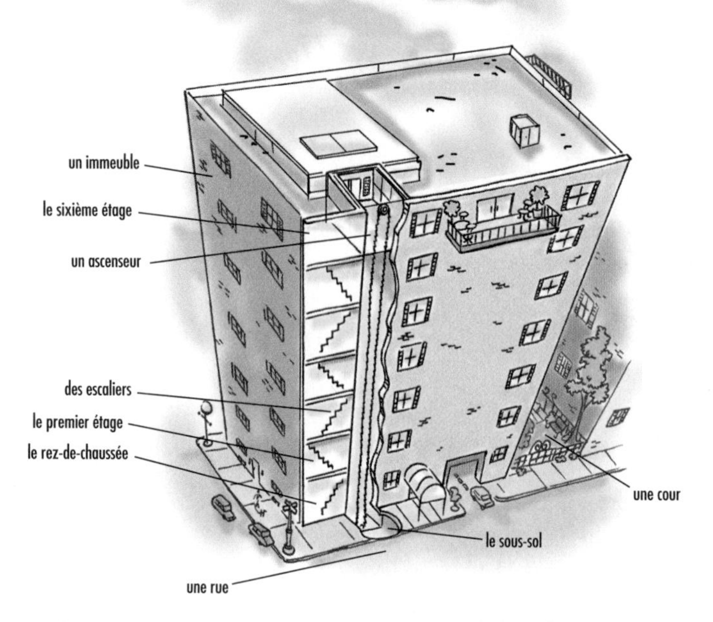

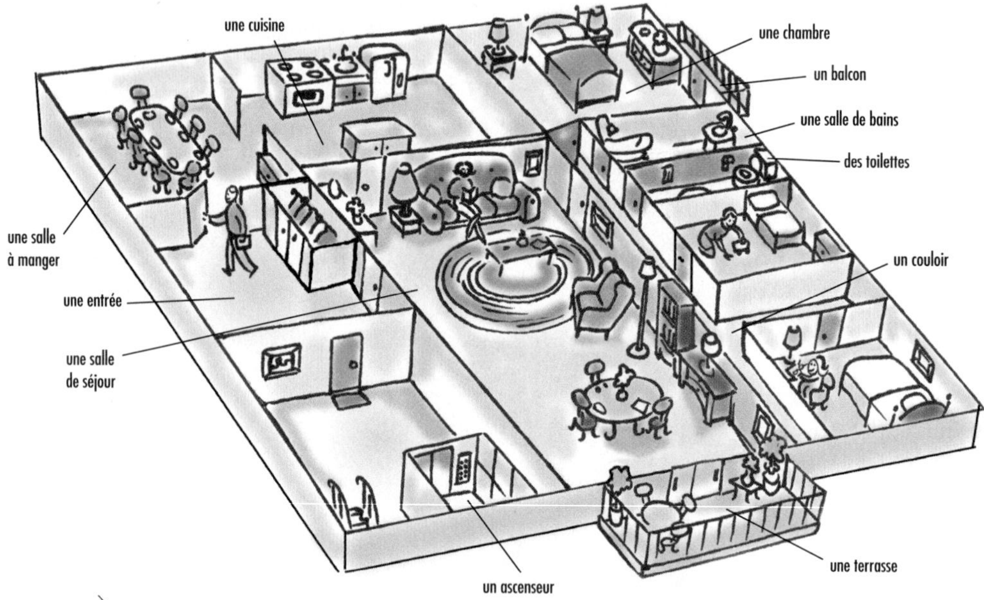

À vous la parole

6-1 Où est-ce qu'ils sont ? Expliquez où sont ces gens.

MODÈLE Nicolas fait ses devoirs.
➤ Il est dans sa chambre.

1. Mme Santini prépare le dîner pour la famille.
2. Véronique met la table.
3. M. Santini regarde un film à la télé.
4. Nicolas se douche.
5. Les enfants jouent aux cartes.
6. M. Santini regarde les voitures qui passent.
7. Le voisin frappe à la porte.
8. M. Santini prépare le café.
9. Véronique fait la sieste.
10. Mme Santini gare la voiture.

Vie et culture

Où habitent les Français ?

Environ[1] 56 % des familles en France habitent une maison individuelle, mais dans les centres urbains, les appartements sont plus nombreux. La majorité des Français (57 %) sont propriétaires de leur maison ou appartement ; 40 % sont locataires, c'est-à-dire qu'ils paient un loyer chaque mois. Quelquefois, les charges (l'électricité et le gaz) sont comprises[2] dans le loyer et quelquefois, c'est en supplément.

Dans les quartiers résidentiels des grandes villes, beaucoup de familles habitent un appartement dans un grand immeuble. En France, le nombre de pièces (sans compter la cuisine, la salle de bains ou les toilettes) détermine la classification des appartements et des maisons. Un studio est un appartement avec une seule pièce (plus, éventuellement[3], cuisine, salle de bains et toilettes). Est-ce que la majorité des Américains habitent des maisons individuelles ou des appartements ?

[1]*approximately* [2]*included* [3]peut-être

Voici des maisons à Amboise près de la Loire. Elles sont assez typiques des maisons en France.

À quel étage ?

In English, we often call the ground floor of a building the *first floor* and the floor above it the *second floor*. In French, however, the ground floor of a building is called **le rez-de-chaussée**, and the floor above it **le premier étage**, followed by **le deuxième**, **le troisième**, etc. The basement is called **le sous-sol**.

RdeCh	rez-de-chaussée	11e	onzième
1er	premier	12e	douzième
2e	deuxième	…	
3e	troisième	20e	vingtième
…		21e	vingt et unième

6-2 Une comparaison. Avec un/e partenaire, comparez l'endroit (*place*) où vous habitez avec l'appartement des Santini.

MODÈLE Les Santini habitent un appartement de cinq pièces.
É1 Moi, j'habite un deux-pièces.
É2 Moi, j'ai une chambre à la résidence.

1. Les Santini habitent une grande ville.
2. Ils habitent un quartier animé.
3. Ils habitent un bel immeuble.
4. Ils sont propriétaires.
5. Ils habitent au sixième étage.
6. Il y a un ascenseur et aussi des escaliers dans l'immeuble.
7. Les Santini habitent un appartement de cinq pièces.
8. Chez les Santini, il y a une grande cuisine.
9. Il y a trois chambres chez eux.
10. Ils ont deux balcons.

6-3 Trois appartements. Voici trois appartements. Avec un/e partenaire, décrivez chaque appartement et choisissez l'appartement que vous préférez.

MODÈLE ➤ Le premier appartement est un deux-pièces. Il y a une petite chambre et un séjour. Il y a une terrasse, etc.... Je préfère..., parce que...

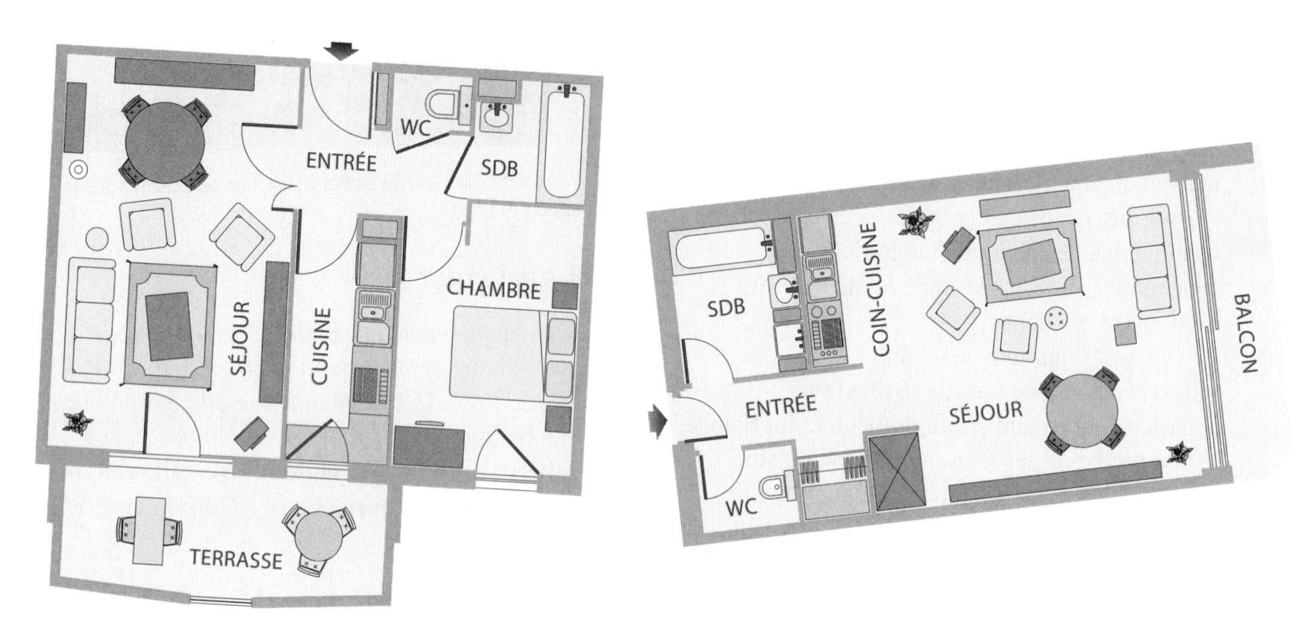

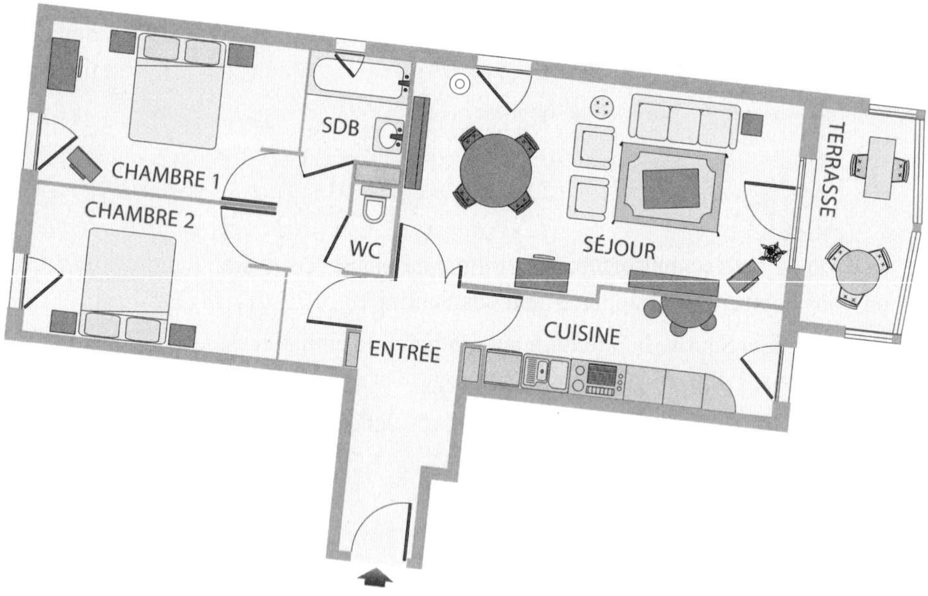

FORMES ET FONCTIONS

1. Les verbes en -ir *comme* choisir

- Like other **-ir** verbs, verbs like **choisir** have four spoken forms. The final /s/ of the plural form is dropped in the singular.

ils **choisissent** /ʃwazis/ le deux-pièces   il **choisit** /ʃwazi/ le studio

To form the present tense of verbs like **choisir**, add **-iss-** to the base for the plural forms: **chois ir** → **chois -iss-**.

CHOISIR *to choose*			
SINGULIER		PLURIEL	
je	chois**is**	nous	chois**issons**
tu	chois**is**	vous	chois**issez**
il / elle / on	chois**it**	ils / elles	chois**issent**

IMPÉRATIF : Ne **choisis** pas ça ! **Choisissez** le studio ! **Choisissons** un appartement !

PASSÉ COMPOSÉ : **J'ai** déjà **choisi**.

- Some **-ir/-iss-** verbs are derived from common adjectives. They express the meaning that someone or something is becoming more like the adjective:

maigre	*thin, skinny*	**maigrir**	*to lose weight*
grosse	*large, fat*	**grossir**	*to gain weight*
grande	*large, tall*	**grandir**	*to grow taller, to grow up (for children)*
rouge	*red*	**rougir**	*to blush*
pâle	*pale*	**pâlir**	*to become pale*

- Some other common verbs conjugated like **choisir** are:

finir	*to finish*	Tu **as fini** la visite de l'appartement ?
obéir à	*to obey*	**Obéis à** ta mère ! Pas de chocolat dans le séjour !
désobéir à	*to disobey*	Ces enfants **désobéissent** toujours **à** leur père.
punir	*to punish*	Tu **punis** ton fils parce qu'il n'a pas bien garé la voiture ?
réfléchir à	*to think*	Je **réfléchis à** l'appartement que je préfère.
réussir à	*to succeed*	Elle ne **réussit** pas **à** appeler l'ascenseur.
	to pass	Il **a réussi à** son examen de maths. (OU, Il **a réussi** son examen de maths.)

Additional practice activities for each **Formes et fonctions** section are provided by:
- Student Activities Manual
- *Points de départ* Companion Website: **http://www.prenhall.com/pointsdedepart**

À vous la parole

6-4 Des enfants modèles ? Est-ce que ces enfants obéissent ou désobéissent à leurs parents ?

MODÈLE Delphine ne s'essuie pas quand elle sort de la douche.
➤ Elle désobéit à ses parents.

1. Fabien mange du chocolat dans sa chambre.
2. Laetitia et Fabien font leurs devoirs devant la télé.
3. Tu manges bien tous les matins avant d'aller à l'école.
4. Fabien et Delphine jouent au basket sur la terrasse.
5. Laetitia ne mange jamais dans sa chambre.
6. Vous ne sortez pas quand vous avez un examen à préparer.
7. Delphine et vous, vous mettez la télévision très fort.
8. J'aide mes parents à préparer le dîner.

6-5 Le choix est à vous ! Qu'est-ce que vous choisissez ? En groupes de trois ou quatre, comparez votre réponse avec la réponse de vos partenaires.

MODÈLE entre un appartement au rez-de-chaussée et un appartement au cinquième étage

É1 Moi, je choisis un appartement au rez-de-chaussée ; c'est pratique pour sortir.

É2 Pas moi ! Je choisis un appartement au cinquième, j'aime avoir une belle vue.

É3 Moi aussi, donc toi et moi, nous choisissons un appartement au cinquième.

1. entre un appartement en centre-ville et un appartement dans un quartier tranquille
2. entre un studio et un deux-pièces
3. entre l'ascenseur et les escaliers
4. entre une grande cuisine et une grande salle de bains
5. entre une belle terrasse qui donne sur la rue et un petit balcon qui donne sur la cour
6. entre un appartement avec une grande chambre et un appartement avec deux petites chambres
7. entre un appartement avec un jardin et un appartement avec un garage

6-6 Trouvez une personne. Dans votre salle de classe, trouvez une personne qui…

MODÈLE finit toujours ses devoirs avant d'arriver en classe

É1 Est-ce que tu finis toujours tes devoirs avant d'arriver en classe ?

É2 Non, je ne finis pas toujours mes devoirs avant d'arriver en classe.

OU Oui, je finis toujours mes devoirs avant d'arriver en classe.

1. rougit toujours quand il/elle parle devant un groupe
2. finit toujours ses devoirs avant d'arriver en classe
3. grossit toujours en hiver
4. grandit toujours (*still*)
5. réfléchit toujours avant de répondre
6. réussit toujours à ses examens
7. maigrit quand il/elle est stressé/e
8. grossit quand il/elle est stressé/e
9. ne désobéit jamais à ses parents

2. Les pronoms compléments d'objet direct le, la, l', les

- A direct object receives the action of a verb, answering the question *who* or *what*. For example, **un appartement** is the direct object in the following sentence: **Ils habitent un appartement**. A direct-object pronoun can replace a direct-object noun indicating a person or thing; it agrees in gender and number with the noun it replaces.

Elle gare **la voiture** ?	Oui, elle **la** gare.	*Yes, she is parking it.*
Elle regarde **le voisin** ?	Oui, elle **le** regarde.	*Yes, she is looking at him.*
Elle achète **l'appartement** ?	Oui, elle **l'**achète.	*Yes, she is buying it.*
Elle aime bien **les voisins** ?	Oui, elle **les**‿aime bien. /z/	*Yes, she likes them.*

- Here are the third-person forms of the direct-object pronouns. In the plural, liaison /z/ is pronounced before a vowel.

	singulier	**pluriel**
masc.	**le**	**les**
m./f. + voyelle	**l'**	**les**‿ /z/
fém.	**la**	**les**

- To point out people or objects, the direct-object pronouns precede **voilà**.

Sylvie ? **La** voilà.	*Sylvie? There she is.*
Mes CD ? **Les** voilà.	*My CDs? There they are.*

- In most other cases, direct-object pronouns precede the conjugated verb. In sentences containing an infinitive, the direct-object pronoun is placed before the infinitive:

—Vous aimez l'appartement en centre-ville ?	*—Do you like the downtown apartment?*
—Nous ne **l'**aimons pas. C'est trop cher.	*—We don't like it. It's too expensive.*
—Où sont les escaliers ?	*—Where are the stairs?*
—Je ne sais pas, je ne **les** ai pas remarqués.	*—I don't know, I didn't notice them.*
—Tu vas payer les charges ?	*—Are you going to pay the utilities?*
—Mais bien sûr, je vais **les** payer.	*—Well, of course I'm going to pay them.*

The negative **ne** never comes between an object pronoun and verb:

Les voisins, nous ne **les** appelons jamais.	*. . . we never call them.*
L'appartement, je ne **l'**ai pas acheté.	*. . . I didn't buy it.*
La voiture, je ne vais pas **la** garer.	*. . . I'm not going to park it.*

- In negative commands, an object pronoun is placed before the conjugated verb:

Cet appartement ? Ne **le** montrez pas ! *. . . Don't show it!*

In affirmative commands, an object pronoun is placed after the conjugated verb and joined to it by a hyphen.

Le nouveau studio ? Montrez-**le** à Susan ! *. . . Show it to Susan!*

- In the **passé composé**, the past participle agrees in gender and number with a preceding direct-object pronoun:

J'ai donné **le CD** à Karine.	Je **l'**ai donné à Karine.
J'ai donné **la lampe** à Ludovic.	Je **l'**ai donn**ée** à Ludovic.
J'ai donné **les livres** à Gaëlle.	Je **les** ai donn**és** à Gaëlle.
J'ai donné **les affiches** à Rémi.	Je **les** ai donn**ées** à Rémi.

In French you cannot emphasize a word by adding stress to it, as in English: "Did you see *John* or *Bill*?" "I saw *John*." One way to emphasize a word or phrase in French is to place it at the very beginning of the sentence, and put a pronoun equivalent in its place: « Tu as vu Jean ? » « Non, **Jean**, je ne **l'**ai pas vu. »

À vous la parole

6-7 Les opinions sont partagées ! Décidez avec un/e partenaire si vous êtes d'accord ou non.

MODÈLE On les aime : les films ? les examens ?

É1 Les films, on les aime.

É2 Les examens, on ne les aime pas.

1. On l'aime beaucoup : la danse ? le théâtre ?
2. On l'aime bien : le golf ? le football ?
3. On les écoute toujours : les parents ? les professeurs ?
4. On les déteste : les jours de pluie ? les jours d'orage ?
5. On les regarde souvent : les films ? les documentaires ?
6. On la visite souvent : la ville de New York ? la France ?
7. On l'adore : le français ? la musique ?
8. On les aime : les pique-niques ? les vacances ?

6-8 Où est-ce que c'est rangé ? David s'installe dans un nouvel appartement, mais il ne trouve plus rien ! Jouez les rôles de David et de son copain avec un/e partenaire.

MODÈLE É1 Où sont mes casseroles (*pots*) ?

É2 Les voilà, dans la cuisine.

1. Où est ma télé ?
2. Où sont mes livres ?
3. Où est mon manteau ?
4. Où sont mes CD ?
5. Où est mon mixer ?
6. Où sont mes photos ?
7. Où est mon ordinateur ?
8. Où est mon affiche de Paris ?

6-9 Les occupations et les loisirs. Quels sont les occupations et les loisirs de vos camarades de classe ? Posez des questions à deux camarades, et ensuite comparez les réponses.

MODÈLE faire la cuisine

É1 Tu aimes faire la cuisine ?

É2 Oui, j'aime la faire. Et toi ?

É3 Non, je n'aime pas la faire.

1. faire la cuisine
2. faire les courses
3. mettre la table
4. faire les devoirs
5. inviter tes amis
6. préparer les repas
7. regarder la télé pendant le dîner

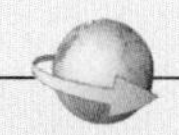

Additional activities to develop the four skills are provided by:
- Student Activities Manual
- Text Audio
- *Points de départ* video
- *Points de départ* Companion Website: **http://www.prenhall.com/pointsdedepart**

6-10 Visitons Seillans

A. Avant de regarder. Dans cette séquence vidéo, nous allons « visiter Seillans ». Seillans se trouve dans le Midi de la France, pas très loin de la Côte d'Azur. Regardez la photo de Seillans pour répondre à ces questions.

1. Qui est la personne qui va faire le guide dans la séquence vidéo, à votre avis ?
2. Seillans, c'est un centre urbain, une grande ville ou un petit village ?
3. À votre avis, quels aspects de Seillans est-ce que le guide va nous montrer ?

B. En regardant. Maintenant, regardez la séquence vidéo pour trouver la bonne réponse.

1. Seillans se trouve dans quelle région de la France ?
2. Seillans, c'est un village classé : pourquoi ?
3. À Seillans, vous allez remarquer (cochez les bonnes réponses) :

_____ des belles fontaines
_____ des villas magnifiques
_____ des petites places avec des arbres
_____ des églises romanes
_____ des collines boisées
_____ des paysages spectaculaires

4. Quels sont les produits locaux bien appréciés ?

_____ le vin
_____ la lavande
_____ les olives
_____ le coton

C. Après avoir regardé. D'après la description, est-ce que Seillans est un endroit que vous voudriez visiter ? Pourquoi ?

Leçon 2 Je suis chez moi

POINTS DE DÉPART

Chez Christelle

TEXT AUDIO

Christelle habite un vieil immeuble rénové dans le centre-ville de Nice. Son studio se trouve sous les toits : il n'est pas très chic, mais il est agréable. En plus, il n'est pas cher : son loyer est de seulement 460 euros par mois. Le studio est meublé : il y a une belle armoire ancienne pour ranger ses vêtements et une petite étagère pour ranger ses livres. Les autres meubles sont un peu abîmés, mais ils sont confortables, surtout le lit et le fauteuil. Par terre, il y a un beau tapis, et il y a des rideaux neufs à la fenêtre. Il y a des affiches aux murs. Le coin cuisine est petit mais bien équipé : il y a un petit réfrigérateur à côté de l'évier et une cuisinière avec un petit four. Il y a aussi des grands placards — c'est très pratique pour mettre ses affaires. Il y a aussi une salle de bains moderne et des W.-C.

Voici l'immeuble où se trouve le studio de Christelle.

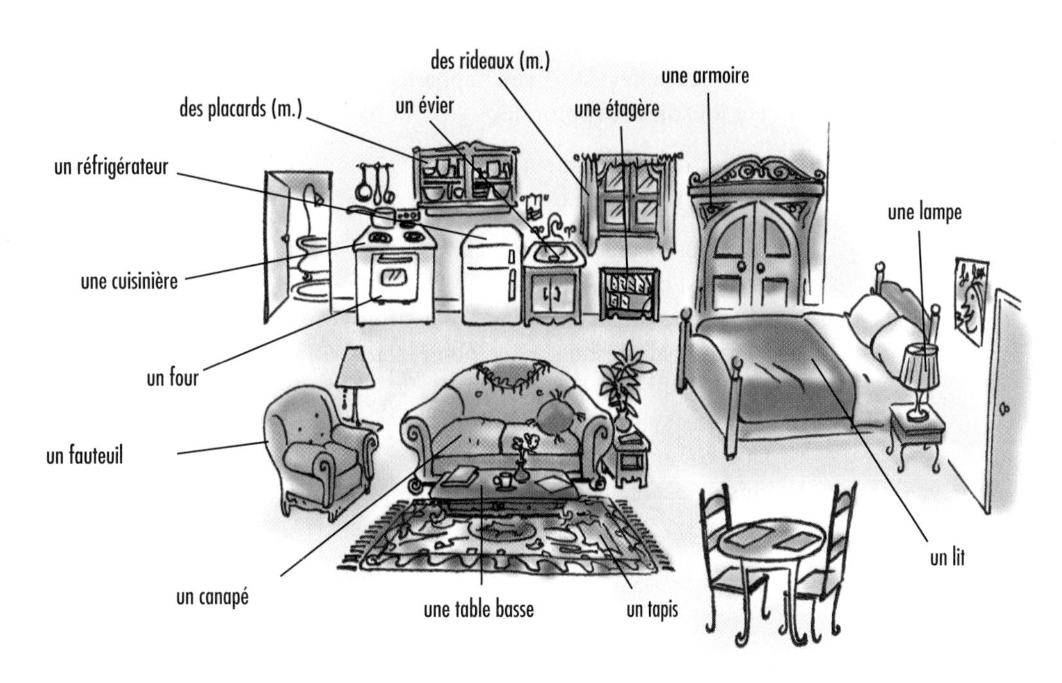

Vie et culture

Le quartier

Dans les grandes villes, c'est le quartier qui donne un aspect plus personnel à la vie urbaine souvent trop impersonnelle. Chaque quartier est comme une petite communauté : il y a le café du coin[1] et les petits commerçants[2]. On peut faire les courses tous les jours. Il y a souvent un marché certains jours de la semaine.

Regardez la séquence vidéo, *Mon quartier*, où une jeune Parisienne décrit son quartier. Quels aspects de son quartier est-ce qu'elle aime en particulier ? Et vous, est-ce que vous habitez aussi dans un quartier ? Est-ce que vous avez aussi le sentiment de faire partie d'une petite communauté ? Pourquoi ?

[1] *corner* [2] *merchants*

À vous la parole

6-11 Chez Christelle. Décrivez l'appartement où habite Christelle en choisissant un adjectif approprié.

MODÈLE L'immeuble est neuf ou vieux ?
➤ L'immeuble est vieux.

1. Le studio est spacieux ou petit ?
2. Le loyer est cher ou pas cher ?
3. Le fauteuil est confortable ou pas confortable ?
4. La salle de bains est ancienne ou moderne ?
5. L'armoire est neuve ou ancienne ?
6. Les rideaux sont neufs ou vieux ?
7. Le tapis est abîmé ou beau ?
8. La cuisine est bien équipée ou mal équipée ?

6-12 La chambre de Van Gogh. Van Gogh (1853–1890), un artiste néerlandais bien connu, a habité en France. Voici un de ses tableaux ; c'est sa chambre en Provence. Décrivez cette chambre en cinq ou six phrases.

MODÈLE ➤ Dans cette chambre, il y a un petit lit. À côté du lit, il y a...

Vincent Van Gogh, « La chambre de Van Gogh à Arles », 1889.
Oil on canvas. 57.5 × 74 cm. Musée d'Orsay, Paris, France. Erich Lessing/Art Resource, NY.

6-13 Ma chambre. Avec un/e partenaire, décrivez votre chambre à la résidence, dans votre maison ou votre appartement, ou chez vos parents. N'oubliez pas de parler de ce que vous avez fait pour rendre votre environnement plus personnel.

Des suggestions :

Quels meubles est-ce qu'il y a ?

Qu'est-ce qu'il y a aux murs ? par terre ?

Quels objets personnels — des photos, des plantes — est-ce qu'il y a ?

Quelles couleurs est-ce qu'il y a dans la chambre ?

MODÈLE É1 J'habite une petite chambre dans la résidence universitaire. Dans ma chambre, il y a deux lits, deux bureaux et des étagères.

É2 Moi aussi, j'habite une chambre dans la résidence. Qu'est-ce que tu as fait pour rendre ta chambre plus personnelle ?

É1 J'ai mis des plantes ; j'adore les plantes. Et toi ?

É2 Moi, j'ai mis un beau tapis par terre et beaucoup d'affiches aux murs. C'est très bien chez moi.

Formes et fonctions

1. *Les pronoms compléments d'objet indirect* lui *et* leur

- You have learned that nouns that function as direct objects answer the question *who?* or *what?*; they follow the verb directly and can be replaced by a direct-object pronoun.

Tu prends **cet appartement** ?	—Oui, je **le** prends.
Elle attend **le propriétaire** ?	—Oui, elle **l'**attend.
Vous aimez **ces appartements** ?	—Non, nous ne **les** aimons pas.

- In French, nouns that function as indirect objects are generally introduced by the preposition **à**; they often answer the question *to whom?* and they always refer to a person.

Je donne le loyer **à la propriétaire**.	*I'm giving the rent* ***to the landlady****.* (or, *I'm giving* ***the landlady*** *the rent.*)
Tu as répondu **à tes parents** ?	*Did you answer* ***your parents****?*

In the above sentences, the indirect-object pronouns **lui** (*to him, to her*) and **leur** (*to them*) can be substituted for **à la propriétaire** and **à tes parents**.

Je **lui** donne le loyer.	*I'm giving the rent* ***to him/her****.*
Tu **leur** as répondu ?	*Did you answer* ***them****?*

- Like other object pronouns, **lui** and **leur** are placed immediately before the conjugated verb, unless there is an infinitive. If there is an infinitive in the sentence, **lui** and **leur** precede the infinitive.

Je **lui** parle du loyer.	*I'm speaking* ***to him/her*** *about the rent.*
Nous **leur** avons téléphoné.	*We called* ***them*** *up.*
Tu vas **lui** donner l'argent pour les charges ?	*Are you going to give* ***him/her*** *the money for utilities?*
Elle peut **leur** expliquer combien ça coûte par mois.	*She can explain* ***to them*** *how much it costs per month.*

- In negative commands, **lui** and **leur** are placed immediately before the conjugated verb:

Ne **lui** prête pas l'appartement.	*Don't loan the apartment* ***to him/her****.*

In affirmative commands, **lui** and **leur** are placed immediately after the verb and joined to it by a hyphen:

Donne-**lui** ta nouvelle adresse.	*Give* ***her/him*** *your new address.*
Téléphone-**leur** à propos de l'appartement.	*Call* ***them*** *about the apartment.*

- Two main groups of verbs take indirect objects.
  - Verbs of communication:

demander	*to ask*	On va **leur** demander l'adresse.
expliquer	*to explain*	Tu peux **lui** expliquer le problème ?
montrer	*to show*	Qui va **lui** montrer la chambre ?
parler	*to speak*	Je **leur** parle souvent au téléphone.
répondre	*to answer*	Elle ne **leur** a pas répondu.
téléphoner	*to phone*	Nous **leur** avons téléphoné hier.

  - Verbs of transfer:

acheter	*to buy*	Je **leur** ai acheté un petit appartement.
apporter	*to bring*	La propriétaire **lui** a apporté la lettre.
donner	*to give*	On peut **leur** donner l'adresse.
emprunter	*to borrow*	Je **lui** emprunte la voiture.
offrir	*to give (a gift)*	Elle **lui** offre un cadeau pour son anniversaire.
prêter	*to lend*	Tu **leur** prêtes ton appartement ?
remettre	*to hand in/over*	Nous **lui** avons remis le loyer.
rendre	*to give back*	Je **lui** ai rendu le livre.

6-14 De quoi est-ce qu'on parle ? Avec un/e partenaire, trouvez au moins deux possibilités logiques pour chaque phrase.

MODÈLE Je lui offre souvent des cadeaux.
➤ J'offre souvent des cadeaux à mon petit frère.
OU ➤ J'offre souvent des cadeaux à mon copain.

1. Je leur téléphone souvent le week-end.
2. Je lui ai rendu visite l'été passé.
3. Je voudrais lui donner mon adresse.
4. J'aime leur parler.
5. Je lui prête mes affaires.
6. Je leur explique mes problèmes.
7. Je peux lui demander de l'argent.
8. Je leur offre des cadeaux.

6-15 Qu'est-ce qu'on peut offrir ? Les personnes suivantes ont acheté un nouvel appartement. D'après les indications, qu'est-ce qu'on pourrait leur offrir comme cadeau ?

MODÈLE Ma sœur n'a pas grand-chose aux murs.
➤ Je lui offre une belle affiche.

1. Mes parents ont un nouveau lecteur DVD.
2. Mon oncle adore faire la cuisine.
3. Ma tante adore les plantes et les fleurs (*flowers*).
4. Ma cousine aime les livres.
5. Mes grands-parents aiment la musique.
6. Mon cousin n'a pas de colocataire.
7. Mes amis ont une belle terrasse.

6-16 Rarement, souvent ou jamais ? Interviewez un/e camarade de classe pour savoir avec quelle fréquence il/elle fait les choses suivantes : **rarement**, **souvent** ou **jamais** ?

MODÈLE prêtes tes vêtements à ta/ton colocataire

É1 Est-ce que tu prêtes tes vêtements à ta colocataire ?
É2 Non, je ne lui prête jamais mes vêtements.
OU Oui, je lui prête souvent mes pull-overs.

1. rends toujours les devoirs au professeur
2. expliques tes problèmes à tes parents
3. parles souvent à tes parents
4. offres des cadeaux à tes amis
5. demandes souvent de l'argent à tes parents
6. empruntes souvent des vêtements à tes amis
7. achètes des bonbons pour tes nièces et tes neveux
8. empruntes de l'argent à tes amis

2. *Les pronoms compléments d'objet* me, te, nous, vous

- The pronouns **me/m'**, **te/t'**, **nous**, and **vous** function as direct-object pronouns, corresponding to **le**, **la**, **l'**, and **les**. They also serve as indirect-object pronouns, corresponding to **lui** and **leur**.

Direct-object pronouns

Tu **m'**attends devant l'immeuble ?	*Will you wait for **me** in front of the building?*
Attention ! On **te** regarde.	*Watch out. They're looking at **you**.*
Elles **nous** ont invités chez elles.	*They invited **us** to their place.*
Je vais **vous** inviter à dîner.	*I'm going to invite **you** to dinner.*

Indirect-object pronouns

Je **te** téléphone tout de suite.	*I'll call **you** right away.*
Vous **me** parlez ?	*Are you talking **to me**?*
Il **nous** a montré des photos de sa maison.	*He showed **us** pictures of his house.*
Qui **vous** a dit que l'appartement est à louer ?	*Who told **you** that the apartment is for rent?*

- Here is a summary of object pronouns:

	personne		direct	indirect
	$1^{\text{ère}}$		me/m'	me/m'
singulier	2^{e}		te/t'	te/t'
	3^{e}	*m.*	lc/l'	lui
		f.	la/l'	lui
	$1^{\text{ère}}$		nous	nous
pluriel	2^{e}		vous	vous
	3^{e}		les	leur

6-17 Esprit de contradiction ou pas ? Vous allez proposer quelque chose. Un/e de vos partenaires va donner son accord, l'autre va refuser.

MODÈLE É1 Tu m'attends ?
É2 Oui, je t'attends.
É3 Non, je ne t'attends pas.

1. Tu m'aides à ranger l'appartement ?
2. Tu me téléphones ?
3. Tu m'invites chez toi ?
4. Tu me prêtes ton studio à Paris ?
5. Tu vas me répondre ?
6. Tu vas me montrer ta chambre ?
7. Tu vas m'accompagner à la piscine ?

6-18 Du chantage. Répondez que vous êtes d'accord.

MODÈLE Je t'invite à dîner si tu me prêtes de l'argent.
➤ Alors, je te prête de l'argent.

1. Je te réponds si tu me donnes ton adresse.
2. Je te téléphone si tu me donnes ton numéro de téléphone.
3. Nous t'accompagnons au musée si tu nous invites à ta fête.
4. Nous t'offrons le dessert si tu nous aides à ranger le garage.
5. Je t'amène au cinéma si tu me prêtes ta voiture demain.
6. Je répare ton vélo si tu m'expliques le problème de maths.
7. Nous te prêtons de l'argent si tu nous accompagnes à la bibliothèque.

6-19 Qu'est-ce qu'ils font ? Qu'est-ce que ces gens font pour vous ? Parlez-en avec un/e camarade, et ensuite comparez vos réponses avec celles des autres étudiants.

MODÈLE vos parents

É1 Qu'est-ce que tes parents font pour toi ?

É2 Ils me téléphonent le week-end ; ils me prêtent de l'argent pour payer mes études ; ils m'offrent des cadeaux.

1. votre frère ou sœur
2. votre colocataire
3. votre meilleur/e ami/e
4. votre copain/copine ou votre mari/femme
5. vos professeurs
6. vos parents

6-20 La ville de...

A. Avant d'écrire. Imaginez que vous préparez une brochure sur une ville de France. D'abord, choisissez une ville qui vous intéresse. Qu'est-ce que vous avez besoin de savoir pour préparer cette brochure ? Regardez la brochure sur Marseille à la page suivante pour avoir des idées, et consultez des guides, des vidéos touristiques et des sites Internet pour pouvoir répondre aux questions suivantes :

1. Où se trouve cette ville en France ? (près de la mer ? à côté de Paris ?)
2. Quels sont les sites touristiques les plus intéressants dans cette ville ? Décrivez-les.
3. Quelles activités est-ce qu'on peut y pratiquer ? Est-ce qu'il y a des activités pour les personnes qui aiment le sport, les beaux-arts, l'histoire ?

B. En écrivant. Maintenant, en utilisant toutes ces informations, rédigez un texte (quatre petits paragraphes) qui décrit la ville. N'oubliez pas de donner un titre à votre brochure. Utilisez comme modèle la brochure pour Marseille. Pour élaborer votre projet, vous pouvez ajouter des images (photos, dessins, tableaux) de la ville.

C. Après avoir écrit. Présentez votre ville à vos camarades de classe et essayez de les persuader de la visiter.

Marseille

Lieu d'habitat prédestiné depuis 28 000 ans, Marseille compte près d'un million d'habitants.

Paradis des plongeurs et des plaisanciers, les loisirs se pratiquent ici en pleine nature et toute l'année. Le bleu est sa couleur quotidienne.

A Découvrir, à Visiter

Les Monuments

Abbaye de Saint-Victor Bus 54, 55, 60, 61, 80 81 E5

Fondée au Ve siècle par Jean Cassien sur la sépulture de Saint-Victor, martyr romain mort au IIIe siècle.

Château d'If (point de vue) Métro 1 Vieux Port + Bateau C6

Ancienne forteresse construite sous François Ier en 1524... Le roman d'Alexandre Dumas, « le Comte de Monte Cristo » l'a rendu célèbre.

Les Musées

Musée des Beaux Arts Métro 2, Avenue Longchamp ; Bus 81 D3

Musée des Docks Romains Métro 1 Vieux Port D5

Musée d'Histoire de Marseille de Jardin des Vestiges Métro 1 Vieux Port D4

Les Plages

Le Parc Balnéaire du Prado

Métro 1 Castellane + bus 19

– **Plages du Roucas Blanc** (graviers, sable) :

Pistes de vélo-cross, jeux d'enfants, jeu de boules, jeu de volley-ball, radeaux et plongeoirs, solarium

– **Plages du David** (galets) : Jeux de sable, 2 solariums

– **Plage des Véliplanchistes** : Réservée aux planches à voile

Leçon 3 La vie à la campagne

POINTS DE DÉPART

Tout près de la nature

Cette résidence secondaire est une vieille ferme ; les propriétaires peuvent bricoler et faire du jardinage le week-end et pendant les vacances.

Les Santini possèdent une petite villa qui se trouve loin de la ville. Ils ont passé le week-end dernier là-bas. M. Santini en parle avec son collègue M. Deleuze.

M. DELEUZE : Qu'est-ce que vous avez fait le week-end dernier ?
M. SANTINI : Nous sommes allés à la campagne où nous avons une petite maison.
M. DELEUZE : C'était bien ?
M. SANTINI : Formidable ! C'était calme, j'ai bricolé, je suis allé à la pêche et avec les enfants, nous nous sommes promenés dans le bois. Comme il a fait très beau, on a même fait un pique-nique au bord du lac.
M. DELEUZE : Vous avez un jardin aussi ?
M. SANTINI : Oh, nous avons un petit potager et quelques arbres fruitiers, c'est tout. C'est ma femme qui s'occupe de tout cela.
M. DELEUZE : Alors, il me semble que vous avez passé un week-end agréable.
M. SANTINI : En effet, on se détend toujours quand on est à la campagne.

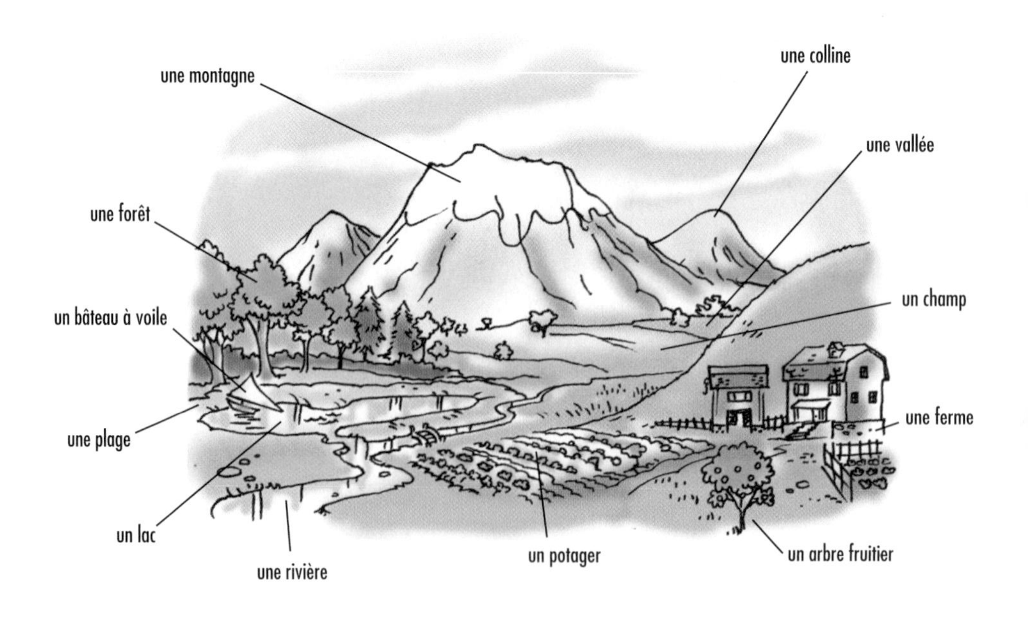

À vous la parole

6-21 Où aller ? Suggérez le meilleur endroit pour chaque activité mentionnée.

MODÈLE pour faire de la pêche
➤ Allons au bord d'une rivière.
OU Allons au bord de la mer.
OU Allons au lac.

1. pour faire du ski
2. pour faire un pique-nique
3. pour nager
4. pour faire une promenade dans la nature
5. pour chercher des tomates et des carottes
6. pour faire du cheval
7. pour faire de la voile
8. pour faire du camping

6-22 Plaisirs de la ville, plaisirs de la campagne. Vous préférez habiter la ville ou la campagne ? Pourquoi ? Discutez votre préférence avec un/e partenaire et dressez une liste des avantages et des inconvénients.

MODÈLE É1 Moi, je préfère habiter la ville ; il y a beaucoup de bons restaurants et de cinémas.
É2 Il y a trop d'activité et trop de voitures en ville ; je préfère le calme à la campagne...

la ville : avantages = les restaurants, les cinémas,...
inconvénients = les voitures,...
la campagne : avantages = le calme,...

6-23 La maison de vos rêves. Imaginez que vous pouvez acheter une résidence secondaire. Décrivez-la d'après vos préférences, et comparez vos idées avec celles d'un/e partenaire.

1. Elle se trouve au bord de la mer ? à la montagne ? à la campagne ?
2. C'est une grande ou une petite maison ? simple ou élégante ?
3. Qu'est-ce que vous faites quand vous allez dans votre résidence secondaire ?

MODÈLE ➤ Ma résidence secondaire se trouve à la montagne. C'est un petit chalet, très simple mais confortable. Là-bas, il ne fait pas trop chaud en été, et il y a toujours de la neige en hiver. En été, donc, je peux faire des randonnées, et en hiver, je peux faire du ski.

Vie et culture

Les régions et les langues de France

Pour les Français, la France a la forme d'une figure géométrique. Regardez la carte et essayez de voir quelle figure. Oui, c'est un hexagone. C'est un hexagone équilibré, avec trois côtés bordés par des mers et trois côtés limités par d'autres pays[1]. Est-ce que vous pouvez nommer les mers et les pays qui bordent la France ?

Les frontières[2] de la France d'aujourd'hui ne sont pas des frontières naturelles. En fait, l'Hexagone est le résultat d'événements politiques qui ont réuni[3] peu à peu des peuples de langues et de cultures différentes. Par exemple, la Bretagne a été ajoutée[4] en 1532 ; le Pays Basque en 1620 ; le Roussillon (la région autour de Perpignan) en 1659 ; l'Alsace en 1681 ; la Corse en 1768 ; la Savoie et la région de Nice en 1860.

Les habitants des régions françaises ont conservé une partie de leur culture à travers la musique, les fêtes, la cuisine et les langues régionales. Les communautés locales font un effort pour préserver ces langues, et on commence à enseigner les langues régionales à l'école. Voici quelques exemples de la langue de ces régions qui, tous, veulent dire : « Venez chez nous en… ! »

- En Bretagne, le breton : **Deit genomb é Breizh !**
- En Alsace et en Lorraine, des dialectes allemands : **Komme zü uns ens Elsass !**
- En Corse, le corse : **Venite in Corsica !**

Regardez la séquence vidéo *À la découverte de la France : les provinces*. Combien de régions différentes est-ce que vous pouvez identifier ?

[1]*other countries* [2]*borders* [3]*united* [4]*added*

Et vous ?

1. Faites une liste des régions des États-Unis. Quelles sortes de spécialités (la musique, les fêtes) est-ce qu'on trouve dans ces régions?
2. D'après vous, est-ce qu'il existe des langues régionales aux États-Unis comme en France ? Expliquez.

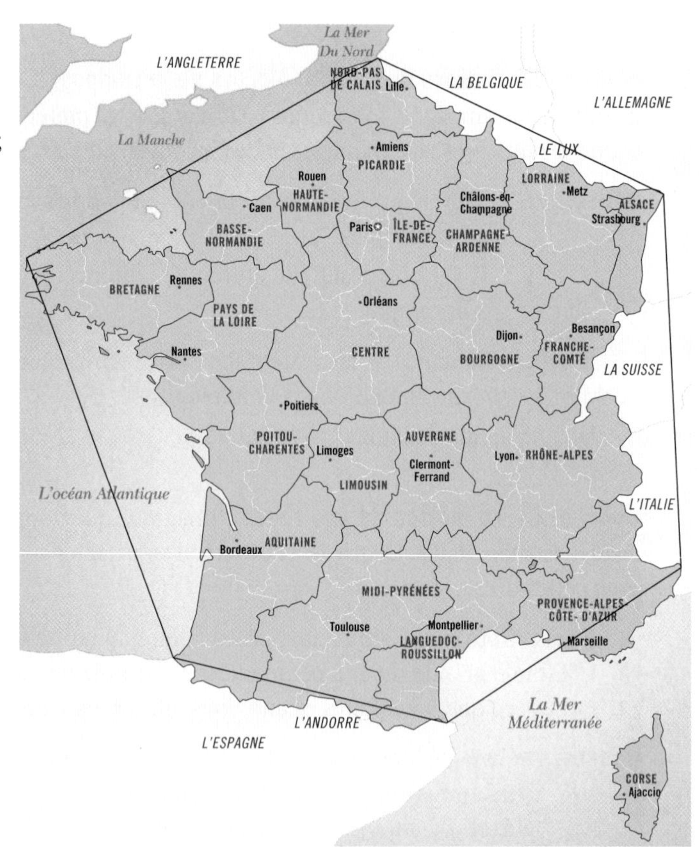

FORMES ET FONCTIONS

1. Faire des suggestions avec l'imparfait

- The imperfect (**l'imparfait**) is a tense that is used in a variety of ways. For example, it is used with **si** to make suggestions and to soften commands.

Si on **faisait** une promenade ?	*Shall we take a walk?*
Si tu **allais** à la pêche ?	*Why don't you go fishing?*
Si nous **allions** à la montagne ?	*How about going to the mountains?*

- To form the **imparfait**, drop the **-ons** ending of the **nous-** form of the present tense and add the **imparfait** endings. The only exception to this rule is the verb **être**, which has an irregular stem, **ét-**, as shown below.

L'IMPARFAIT					
INFINITIVE	jouer	partir	finir	descendre	être
NOUS FORM	jouons	partons	finissons	descendons	
IMPARFAIT STEM	**jou-**	**part-**	**finiss-**	**descend-**	**ét-**
je	jou**ais**	part**ais**	finiss**ais**	descend**ais**	ét**ais**
tu	jou**ais**	part**ais**	finiss**ais**	descend**ais**	ét**ais**
il / elle / on	jou**ait**	part**ait**	finiss**ait**	descend**ait**	ét**ait**
nous	jou**ions**	part**ions**	finiss**ions**	descend**ions**	ét**ions**
vous	jou**iez**	part**iez**	finiss**iez**	descend**iez**	ét**iez**
ils / elles	jou**aient**	part**aient**	finiss**aient**	descend**aient**	ét**aient**

6-24 Un week-end à la campagne. Transformez ces ordres en suggestions.

MODÈLE Jouons au golf !
➤ Si on jouait au golf ?

1. Faisons une randonnée !
2. Travaille dans le jardin !
3. Descendez au bord du lac !
4. Organisons un pique-nique !
5. Faites une promenade dans la forêt !
6. Cherchons des tomates !
7. Fais du bricolage !
8. Allons à la pêche !
9. Faisons de la voile !

6-25 Pour une sortie. En groupes de trois personnes, organisez une petite sortie. Mettez-vous d'accord sur l'endroit et les distractions. Utilisez les verbes indiqués.

MODÈLE aller ; apporter ; faire

É1 Si on allait à la plage ? (ou chez Tracy ?, etc.)
É2 Si tu apportais ta guitare ?
É3 Si on faisait un pique-nique ?

1. aller
2. apporter
3. acheter
4. jouer
5. faire
6. inviter

2. L'imparfait : la description au passé

- You have just learned to use the **imparfait** to make suggestions. You can also use this tense to describe situations and settings in the past.
  - To indicate the time:

Il **était** une heure du matin.	*It was one o'clock in the morning.*
C'**était** en hiver.	*It was during the winter.*

  - To describe the weather:

Il **pleuvait** et il **faisait** froid.	*It was raining and it was cold.*
Le ciel **était** gris.	*The sky was gray.*

  - To describe people and places:

C'**était** une belle maison.	*It was a nice house.*
La dame **avait** les cheveux roux.	*The woman had red hair.*
Elle **portait** un manteau noir.	*She was wearing a black coat.*

  - To express feelings or describe emotions:

Nous **avions** froid.	*We were cold.*
Ils **étaient** contents.	*They were happy.*

- Use the **imparfait** to express habitual actions in the past:

Tous les week-ends, nous **faisions** une randonnée dans les bois.	*Every weekend we would take (we took) a hike in the woods.*
Quand j'étais petit, on **passait** les vacances chez mes grands-parents.	*When I was little, we used to spend vacations at my grandparents'.*

Here are some expressions often used with the **imparfait** to describe things that were done on a routine basis:

quelquefois	*sometimes*
souvent	*often*
d'habitude	*usually*
toujours	*always*
le lundi, le week-end	*every Monday, every weekend*
tous les jours, tous les soirs	*every day, every evening*
toutes les semaines	*every week*

À vous la parole

6-26 Une journée à la campagne. Complétez les phrases pour décrire une journée à la campagne chez les Santini.

MODÈLE il / faire beau
➤ Il faisait beau.

1. les oiseaux / chanter
2. le ciel / être bleu
3. les enfants / jouer dans le jardin
4. Mme Santini / préparer un pique-nique
5. M. Santini / travailler dans le jardin
6. les grands-parents / regarder les enfants
7. les enfants / jouer au foot
8. M. Santini / dormir sous un arbre

6-27 Test de mémoire. Regardez ces photos avec un/e partenaire et ensuite fermez votre manuel. Pouvez-vous vous rappeler tous les détails ? Pour chaque photo, indiquez :

1. quelle était la saison
2. quel temps il faisait
3. comment étaient les gens
4. quelles étaient leurs activités

6-28 Votre enfance. Posez des questions à un/e camarade de classe pour savoir ce qu'il/elle faisait pendant son enfance.

MODÈLE habiter ici

É1 Est-ce que tu habitais ici ?

É2 Non, j'habitais à Chicago avec mes parents.

1. habiter ici
2. avoir des animaux
3. aimer aller à l'école
4. faire du sport
5. jouer d'un instrument
6. aller souvent chez des amis
7. partir souvent en vacances
8. avoir une résidence secondaire

Stratégie

To understand a narrative, identify the main characters and the nature of their relationship with each other. Then as you read and reread the passage, focus on defining the significance of each character and how he or she figures in the story.

6-29 Quand j'étais toute petite

A. Avant de lire. J.M.G. Le Clézio is a well-known and prolific French author. The excerpt you are about to read is from ***Printemps et autres saisons***, a collection of short stories. Each one is set in a different season and tells the story of a particular woman. In this excerpt, Zinna, a young woman who has left her home in Morocco for the South of France, describes her childhood home in the **Mellah** (the Jewish quarter). Before you begin reading, skim the text and make a list of all the charachers mentioned; take note especially of an essential character who figures prominently in the story: Zinna's elderly neighbor, **la tante Rachel**. Consider as you read why Rachel, whom Zinna never actually encounters in person, is very important to her narrative.

B. En lisant. As you read, answer the following questions.

1. The excerpt consists mainly of a quote: to whom is Zinna speaking? When and where is she telling her story?
2. Two houses are described in this passage; to whom do they belong? Describe each house: its size, the number of rooms, and any other physical features mentioned.
3. Describe the person who lives in the second house. Why is she an object of fascination for Zinna?

C. En regardant de plus près. Now think about the structure and larger meaning of this short text.

1. Early in the text, how does the narrator make it clear that Tomi (Gazelle) has often heard stories of Zinna's life in the Mellah?
2. Zinna's memory of the rooftop of her childhood home is vivid: describe the activities and the people involved.
3. Zinna's rooftop is contrasted with the balcony of the house of her neighbor, Rachel. What do we learn about Rachel from this description? What does Zinna imagine about Rachel's balcony, which she has never visited?

« Tu sais, Gazelle, quand j'étais toute petite, il n'y avait pas de plus beau quartier que le Mellah. »

Zinna commençait toujours ainsi. Elle s'asseyait sur la plage, et Tomi se mettait à côté d'elle. C'était généralement le matin... (5)

« Alors, nous habitions une maison très vieille, étroite, juste une pièce en bas où couchait mon père avec mon oncle Moché, et moi j'étais dans la chambre du haut. Il y avait une échelle[1] pour grimper[2] sur le toit[3], là où était le lavoir[4]. C'était moi (10) qui lavais le linge, quelquefois Khadija venait m'aider, elle était grosse, elle n'arrivait pas à grimper l'échelle, il fallait[5] la pousser. À côté de chez nous, il y avait la maison bleue. Elle n'était pas bleue, mais on l'appelait comme ça parce qu'elle (15) avait une grande porte peinte en bleu, et les fenêtres à l'étage aussi étaient peintes en bleu. Il y avait surtout une fenêtre très haute, au premier, qui donnait sur un balcon rond. C'était la maison d'une vieille femme qu'on appelait la tante Rachel, mais elle (20) n'était pas vraiment notre tante. On disait qu'elle était très riche, qu'elle n'avait jamais voulu se marier. Elle vivait[6] toute seule dans cette grande maison, avec ce balcon où les pigeons venaient se percher. Tous les jours, j'allais voir sa maison. De son balcon, (25) je rêvais[7] qu'on pouvait voir tout le paysage, la ville, la rivière avec les barques qui traversaient, jusqu'à la mer. La vieille Rachel n'ouvrait jamais sa fenêtre, elle ne se mettait jamais au balcon pour regarder... »

[1]*ladder* [2]*climb* [3]*roof* [4]*washtub* [5]*it was necessary* [6]*lived* [7]*imagined*

D. Après avoir lu. Discuss the following questions with your classmates.

1. The contrast between Zinna's rooftop and Rachel's balcony is full of symbolism. What does it represent, in your opinion? What does it tell the reader about differences between Zinna and Rachel? Why are these differences significant?
2. Do you have a memory of a place closely associated with another person that stirred your imagination when you were younger? What dream did you associate with that place?

Vocabulaire

Leçon 1

pour décrire un immeuble	***to describe a building***
un ascenseur	*elevator*
un bâtiment	*building*
une cour	*courtyard*
des escaliers (m.)	*staircase, stairs*
un étage	*floor (of a building)*
garer la voiture	*to park the car*
le rez-de-chaussée	*ground floor*
le sous-sol	*basement*
un/e voisin/e	*neighbor*

pour situer un immeuble	***to situate a building***
un quartier (résidentiel)	*(residential) neighborhood*
une rue	*street*
situé/e	*located, situated*
tranquille	*quiet, tranquil*

pour parler d'un appartement	***to talk about an apartment***
un balcon	*balcony*
une chambre	*bedroom*
les charges (f.)	*utilities*
un cinq-pièces	*3-bedroom apartment with living room and dining room*
un couloir	*hallway*
une cuisine	*kitchen*
donner sur	*to look onto or lead out to*
une entrée	*entrance, foyer*
un/e locataire	*renter*
louer	*to rent*
le loyer	*the rent*
un/e propriétaire	*homeowner; landlord/landlady*
une salle à manger	*dining room*
une salle de bains	*bathroom*
un séjour, une salle de séjour	*living room*
un studio	*studio apartment*
une terrasse	*terrace*
des toilettes (f.), des W.-C. (m.)	*toilet, water closet*

verbes en *-ir* comme *choisir*	***verbs ending in -ir like* choisir**
choisir	*to choose*
désobéir à	*to disobey*
finir	*to finish*
grandir	*to grow taller, to grow up (for children)*
grossir	*to gain weight*
maigrir	*to lose weight*
obéir à	*to obey*
pâlir	*to become pale*
punir	*to punish*
réfléchir à	*to think*
réussir à	*to succeed/to pass*
rougir	*to blush*

autres mots utiles	***other useful words***
chaque	*each*
maigre	*thin, skinny*
même	*even*
pâle	*pale*
propre	*own*

à quel étage ?	***on what floor?***
RdeCh rez-de-chaussée	*ground floor*
1er premier	*first*
2e deuxième	*second*
3e troisième	*third*
10e dixième	*tenth*
11e onzième	*eleventh*
12e douzième	*twelfth*
13e treizième	*thirteenth*
19e dix-neuvième	*nineteenth*
20e vingtième	*twentieth*
21e vingt et unième	*twenty-first*

Leçon 2

des meubles (m.)	***furniture***
une armoire	*armoire, wardrobe*
un canapé	*couch*

une cuisinière	*stove*
une étagère	*bookcase, (book)shelf*
un évier	*sink*
un fauteuil	*armchair*
un four	*oven*
une lampe	*lamp*
un lit	*bed*
des placards (m.)	*cupboards, kitchen cabinets*
un réfrigérateur	*refrigerator*
des rideaux (m.)	*curtains*
une table basse	*coffee table*
un tapis	*rug*

pour décrire un appartement ou un meuble	***to describe an apartment or a piece of furniture***
abîmé/e	*worn, worn out*
agréable	*pleasant*
ancien/ne	*old, antique*
le centre-ville	*downtown*
chic	*stylish*
avec coin cuisine	*with a kitchenette*
confortable	*comfortable (said of objects or places)*
équipé/e	*equipped*
meublé/e	*furnished*
moderne	*modern*
un mur	*wall*
neuf/neuve	*brand new*
par terre	*on the floor*
pratique	*practical*
rénové/e	*renovated*
sous les toits	*in the attic*
sous	*under*
sur	*on top of*
le toit	*roof*

autres mots utiles	***other useful words***
des affaires (f.)	*belongings, things*
ranger	*to put up, to put away*
seulement	*only*
surtout	*above all*

verbes de communication	***verbs of communication***
demander	*to ask*
expliquer	*to explain*

verbes de transfert	***verbs of transfer***
apporter	*to bring*
emprunter	*to borrow*
offrir (un cadeau)	*to give (a gift)*
prêter	*to lend*
remettre	*to hand in/over*

Leçon 3

la vie à la campagne	***life in the country***
se détendre	*to relax*
une ferme	*farm*
un jardin	*garden, yard*
un potager	*vegetable garden*
une villa	*house in a residential area, villa*

la nature	***nature***
un arbre (fruitier)	*(fruit) tree*
un bateau (à voile)	*(sail)boat*
un bois	*woods*
un champ	*field*
une colline	*hill*
une forêt	*forest*
un lac	*lake*
une rivière	*large stream or river (tributary)*
une vallée	*valley*

quelques mots utiles	***some useful words***
au bord (du lac)	*on the shore (of the lake)*
un endroit	*place*
en effet	*yes, indeed*
formidable	*great*
il me semble	*it seems to me*
là(-bas)	*there*
s'occuper de	*to take care of*
posséder	*to own*

pour parler des activités habituelles dans le passé	***to talk about habituel activities in the past***
d'habitude	*usually*
le lundi	*every Monday, on Mondays*
le week-end	*every weekend, on weekends*

Qu'est-ce qu'on fait dans ce parc à Paris ? Pourquoi ?

Chapitre 7 La santé et le bien-être

Leçon 1 *La santé*

Leçon 2 *Les grands événements de la vie*

Leçon 3 *Les émotions*

In this chapter:

- Discussing health and well-being
- Describing and narrating past events
- Reporting what others say and write
- Expressing emotions
- Understanding rites and rituals in the Francophone world

Leçon 1 La santé

Points de départ

Santé physique et morale

Additional practice activities for each **Points de départ** section are provided by:
- Student Activities Manual
- *Points de depart* Companion Website: **http://www.prenhall.com/pointsdedepart**

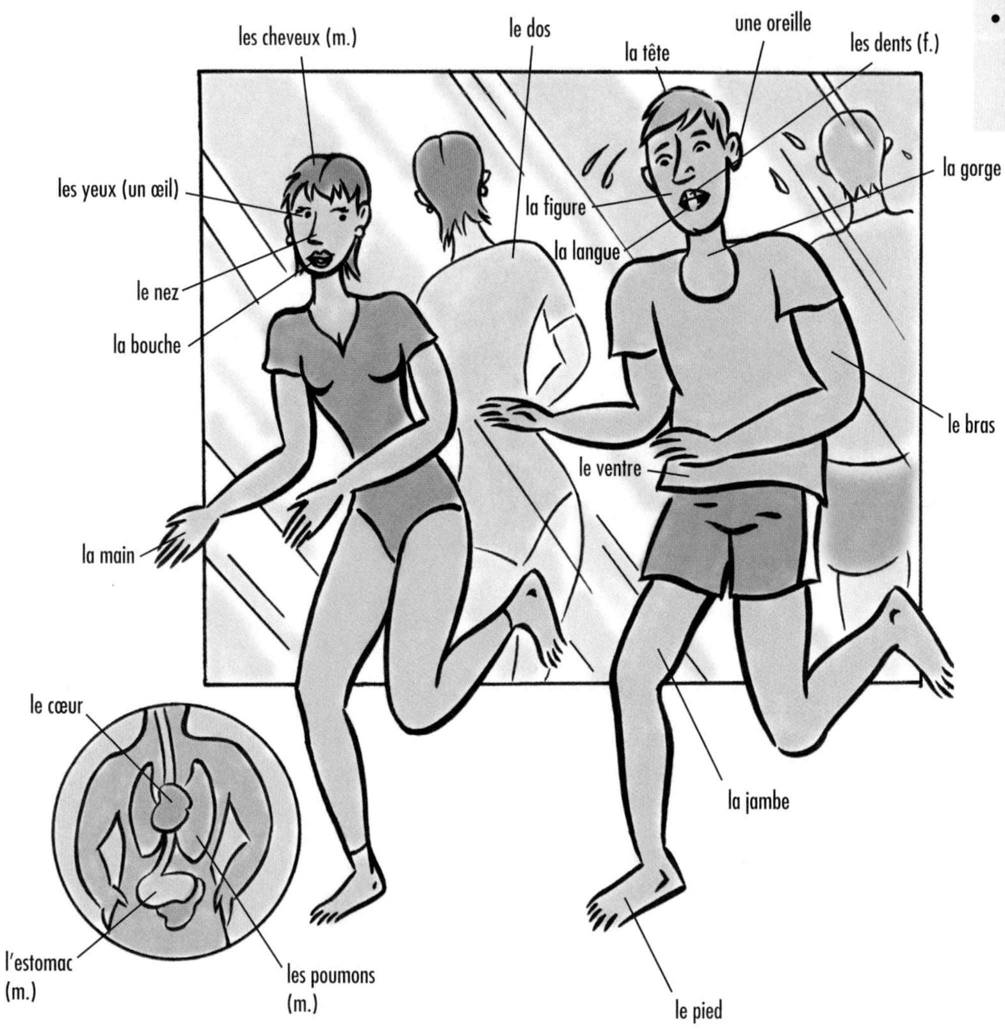

POUR RESTER EN FORME

Il faut consulter régulièrement le médecin et le dentiste
manger des repas équilibrés
faire du sport ou de l'exercice
dormir huit heures par nuit
se détendre de temps en temps

Il ne faut pas fumer
boire trop d'alcool
sauter des repas
grignoter entre les repas
suivre un régime trop strict

Il ne faut pas fumer à la fac.

VOUS AVEZ MAL ?

To indicate the location of body pains, use the expression **avoir mal à** plus the definite article and the body part. Remember that the preposition **à** contracts with the definite article **le**, **la**, **les**, in some cases:

J'**ai mal à la** tête. — *I have a headache.*
Il **a mal au** cœur. — *He's nauseated.*
Elle **a mal aux** pieds. — *Her feet hurt.*
Tu **as mal au** ventre ? — *Do you have a stomach ache?*
J'**ai mal partout**. — *I hurt everywhere.*

À vous la parole

7-1 J'ai mal ! Dites où ces personnes ont mal.

MODÈLE Christiane
➤ Christiane, elle a mal au dos.

La médecine en France

Quels aspects de la vie contribuent à notre sens du bien-être ? Un facteur important, c'est l'accès aux soins médicaux[1]. Les Français ont un excellent système médical. Ils sont tous assurés[2] par un système de Sécurité social qui couvre les dépenses[3] médicales de presque toute la population. Les malades doivent payer le médecin et le pharmacien, mais la plupart[4] des frais médicaux sont remboursés. La vaste majorité (89 %) des Français se disent en bonne santé, mais paradoxalement, les Français sont les plus gros consommateurs de médicaments en Europe. Comment est-ce que le système médical chez vous diffère du système français ?

Le stress

Regardez la séquence vidéo *On se stresse et on se détend.*

1. Quelles sont les sources de stress mentionnées ? Quelles sont les méthodes employées par les gens que vous observez pour réduire le stress ?
2. Est-ce que vous pensez que le stress se manifeste en Amérique du Nord de la même façon qu'en France ? Pourquoi ?

[1]*medical care* [2]*insured* [3]*expenses* [4]la majorité

7-2 Des bons conseils. Avec un/e partenaire, offrez des conseils à chaque personne.

MODÈLE J'ai grossi de cinq kilos.

É1 Il faut suivre un régime.

É2 Et il ne faut pas grignoter entre les repas !

1. Je suis toujours fatigué.
2. J'ai très mal au dos.
3. Je voudrais maigrir un peu.
4. Je suis très stressé.
5. J'adore les chips et le coca, mais j'ai tendance à grossir.
6. J'ai très mal aux dents.
7. Je fume un paquet de cigarettes par jour.
8. Je n'ai pas le temps de manger le matin.

7-3 Pour combattre le stress. Avec un/e partenaire, dressez une liste de choses qui sont sources de stress pour vous. Ensuite, établissez une autre liste de solutions pour combattre le stress. Comparez vos listes avec celles de vos camarades de classe. Qu'est-ce qui cause le stress chez les étudiants en général ? Quelles sont les solutions les plus efficaces pour combattre le stress, selon vous ?

MODÈLE les causes du stress

É1 Pour moi, ce sont les examens qui causent du stress.

É2 Et pour moi, c'est la famille et...

les solutions

É1 Moi, pour réduire le stress, je fais du sport.

É2 Et moi, j'écoute de la musique et...

Qu'est-ce qu'elles font pour combattre le stress ?

Formes et fonctions

1. *Les verbes de communication* écrire, lire *et* dire

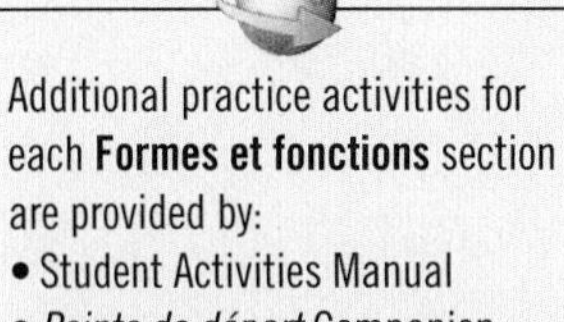

Additional practice activities for each **Formes et fonctions** section are provided by:
- Student Activities Manual
- *Points de départ* Companion Website: **http://www.prenhall.com/pointsdedepart**

- Three useful verbs of communication are **écrire**, *to write*; **lire**, *to read*; **dire**, *to say, to tell.*

SINGULIER		PLURIEL	
je/j'	écri**s**	nous	écriv**ons**
	li**s**		lis**ons**
	di**s**		dis**ons**
tu	écri**s**	vous	écriv**ez**
	li**s**		lis**ez**
	di**s**		**dites**
il / elle / on	écri**t**	ils / elles	écriv**ent**
	li**t**		lis**ent**
	di**t**		dis**ent**

IMPÉRATIF :	Écris !	Écrivez !	Écrivons !
	Lis !	Lisez !	Lisons !
	Dis !	**Dites** !	Disons !
PASSÉ COMPOSÉ :	il **a écrit**	il **a lu**	il **a dit**

- **Décrire**, *to describe*, is conjugated like **écrire**.
- All these verbs may take direct and indirect objects.

Ma mère **m'**a écrit **une lettre**.	*My mother wrote me a letter.*
Tu **leur** dis **bonjour** de ma part ?	*Will you say hello to them for me?*
Tu **lui** as écrit ?	*Did you write to him?*
Décris **ton problème au médecin**.	*Describe your problem to the doctor.*
Vous écrivez **votre rapport** pour demain ?	*Are you writing your report for tomorrow?*
Elles disent toujours **la vérité**.	*They always tell the truth.*
Elle lit **des magazines de santé à sa mère**.	*She reads health magazines to her mother.*

À vous la parole

7-4 On dit « oui » au docteur. Comment est-ce que ces gens de pays différents disent « oui » ? Choisissez un mot de la liste : **oui**, **da**, **ja**, **sì**, **sí**, **yes**

MODÈLE Maria est espagnole.
➤ Elle dit « sí ».

1. Peter et Helmut sont allemands.
2. Louis-Jean est haïtien.
3. Moi, je suis russe.
4. Isabel est mexicaine.
5. Michèle et moi, nous sommes belges.
6. Toi, tu es américaine.
7. Georges et toi, vous êtes suisses.
8. Alan, il est anglais.

7-5 Qu'est-ce qu'ils écrivent ? Choisissez dans la liste ce qu'écrivent ces jeunes gens.

MODÈLE Marc travaille pour le journal (*newspaper*) de l'université.
➤ Il écrit des articles.

des articles	des critiques	des recettes (*recipes*)	des essais
des lettres	des poèmes	des programmes	

1. Anne et moi, nous étudions l'informatique.
2. Geoffrey et toi, vous êtes bons correspondants.
3. Je suis étudiant en littérature.
4. Laetitia aime faire la cuisine.
5. Jessica et Florian sont poètes.
6. Tu travailles pour un magazine.
7. Adrien va souvent au théâtre.

7-6 Sondage. Trouvez une personne qui…

MODÈLE lit le journal tous les jours

É1 Est-ce que tu lis le journal tous les jours ?
É2 Oui, je lis le *New York Times*.
OU Non, je ne lis pas le journal.

1. lit le journal tous les jours
2. écrit à ses parents
3. dit toujours la vérité (*truth*) à son médecin
4. écrit pour le journal de l'université
5. a lu au moins un livre cette année
6. veut nous dire son âge
7. a déjà écrit une lettre dans une langue étrangère

2. *Imparfait et passé composé : description et narration*

Both the **passé composé** and the **imparfait** express past actions and states. They serve different functions in a narrative, however.

- The **passé composé** indicates that an event in the past has been completed. In a story or narrative, the **passé composé** is used to recount actions or events that move the story forward. In other words, the **passé composé** advances the plot; it answers the question, *What happened?*

Bruno **a terminé** ses études de médecine en juin.	*Bruno finished his medical studies in June.*
Il **a quitté** la fac.	*He left the university.*

- In contrast, the **imparfait** provides background information. It describes the setting or situation and answers the questions: *What were the circumstances? What was going on?* Compare the following examples.

Il **était** fatigué.	*He was tired.*
Il **voulait** se détendre.	*He wanted to relax.*
Mais il n'**avait** pas d'argent.	*But he didn't have any money.*
Il **devait** trouver un emploi.	*He needed to find work.*
Alors il **a lu** les petites annonces.	*So he read the newspaper ads.*
Et il **a écrit** des lettres.	*And he wrote letters.*
Enfin, un jour, il **a eu** une réponse.	*Finally one day he got a response.*
Il **était** très heureux.	*He was very happy.*

- Use the **imparfait** to describe time, weather, ongoing actions, physical characteristics, psychological states and feelings, intentions, and thoughts. The following verbs, when used in the past, will usually appear in the **imparfait**.

avoir	Elle **avait** vingt ans en 2007.
devoir	Elle **devait** consulter son médecin.
être	Ils **étaient** contents de maigrir un peu.
faire	Il **faisait** froid. (*in weather expressions*)
penser	Je **pensais** qu'elle avait mal partout après notre randonnée.
pouvoir	Ils ne **pouvaient** pas grignoter entre les repas.
vouloir	Il ne **voulait** pas suivre de régime.

À vous la parole

7-7 Des excuses. Pourquoi est-ce que ces gens ne sont pas venus en classe ? Expliquez la situation ou l'événement, selon le cas.

MODÈLE Vanessa : elle / être malade
➤ Vanessa n'est pas venue parce qu'elle était malade.

David : il / tomber dans les escaliers
➤ David n'est pas venu parce qu'il est tombé dans les escaliers.

1. Ben : sa mère / téléphoner
2. Adrien : il / rater l'autobus
3. Marie : elle / avoir mal à la tête
4. Guillaume : son chien / manger ses devoirs
5. Annick : elle / préparer un examen
6. Grégory : il / travailler à la bibliothèque
7. Claire : elle / avoir un accident
8. Koffi : il / devoir terminer un rapport

7-8 Un accident de voiture. Racontez cette histoire au passé ; employez le passé composé ou l'imparfait, selon le cas

MODÈLE Il est huit heures du soir.
➤ Il était huit heures du soir.

1. Il fait très froid.
2. Il y a du verglas sur la route.
3. Je vais un peu vite (*fast*).
4. Soudain, une autre voiture passe devant moi.
5. J'essaie de m'arrêter, mais je ne peux pas.
6. Je heurte (*hit*) l'autre voiture.
7. Deux hommes sortent de cette voiture.
8. Ils ne sont pas contents.
9. Mais moi, je suis content parce que personne n'est blessé (*injured*).
10. Je téléphone à la police.
11. Ils arrivent tout de suite (*right away)* après.

7-9 Racontez une histoire. Racontez la journée d'Adrien d'après les dessins et en utilisant les mots-clés.

MODÈLE ➤ Hier, c'était samedi. Adrien s'est réveillé à huit heures, etc.

être samedi, se réveiller, faire beau, ne pas avoir cours

être à table, le téléphone / sonner, être Julie, vouloir jouer, dire oui

l'après-midi, faire chaud, jouer au tennis, tomber, être anxieuse

aller à l'hôpital, le médecin / dire / ne pas être sérieux

Maintenant, racontez votre journée d'hier à un/e partenaire.

7-10 Les conseils du docteur

A. Avant d'écrire. Dans le journal *La Gazette du Matin*, le docteur Lespérance répond aux lettres des lecteurs qui demandent des conseils pour se remettre en bonne forme. Est-ce que vous avez écrit à quelqu'un pour demander un conseil ? À qui et pourquoi ?

Maintenant analysez une lettre et la réponse du docteur :

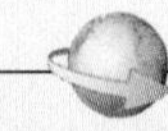

Additional activities to develop the four skills are provided by:

- Student Activities Manual
- Text Audio
- *Points de départ* video
- *Points de départ* Companion Website: **http://www.prenhall.com/pointsdedepart**

POUR GARDER LA FORME

LES CONSEILS DU DOCTEUR LESPÉRANCE

J'ai tendance à grossir et je voudrais commencer un régime pour maigrir. Est-ce que je devrais éliminer toutes les graisses[1] de mon régime ? Est-ce que je pourrais supprimer complètement certains repas ?

Dr Lespérance : *Il est important de faire attention de ne pas trop grossir. Mais il faut surtout éviter de sauter des repas. Il faut faire des repas équilibrés, donc, manger des graisses en quantité raisonnable. Consommez beaucoup de fruits et de légumes[2] avec des protéines équilibrées comme le yaourt et le fromage.[3] Surtout ne grignotez pas entre les repas ou quand vous regardez la télévision. N'oubliez pas le rôle de l'exercice physique pour maintenir votre poids[4] idéal.*

[1]*fat* [2]*vegetables* [3]*cheese* [4]*weight*

1. Quel est le problème posé par le lecteur ? Qu'est-ce qu'il propose de faire ?
2. Est-ce que le docteur Lespérance trouve que ce sont des bonnes solutions ? Comment est-ce que le docteur modifie ses idées ?

B. En écrivant. Le docteur Lespérance part en vacances et c'est maintenant à vous de répondre aux lecteurs ! Examinez les lettres suivantes et choisissez une lettre à laquelle vous voudriez répondre.

J'ai 58 ans. Depuis cinq ans, je ne fais plus de sport et j'ai grossi de dix kilos — surtout au ventre. Je voudrais recommencer à faire du sport. Qu'est-ce que vous me conseillez ?

J'ai beaucoup de responsabilités au travail et je ne trouve pas le temps pour me détendre. En plus, je ne dors pas bien et je commence à faire des migraines. Je me sens[1] de plus en plus stressé. Qu'est-ce que vous me conseillez pour retrouver mon équilibre ?

[1]*feel*

1. D'abord analysez la lettre. Quel est le problème posé ? Est-ce que le lecteur propose lui-même une réponse ? Est-ce que vous trouvez que c'est une bonne solution, ou est-ce que vous voulez proposer une autre réponse ?
2. Ensuite, écrivez votre réponse : identifiez le problème et proposez des stratégies spécifiques pour le solutionner. Encouragez le lecteur à se remettre en bonne forme.

C. Après avoir écrit. Échangez votre lettre avec celle d'un/e camarade de classe. Qui a écrit les conseils les plus pratiques et efficaces (*effective*) ? Partagez vos idées avec tous vos camarades.

Pour maigrir, pour se détendre or pour réduire le stress, il faut faire de l'exercice physique !

Leçon 2 Les grands événements de la vie

POINTS DE DÉPART

Les grands événements

TEXT AUDIO

La mère de Sophie regarde son album de photos.

Le 9 mai 1980, Sophie est née ; elle était adorable !

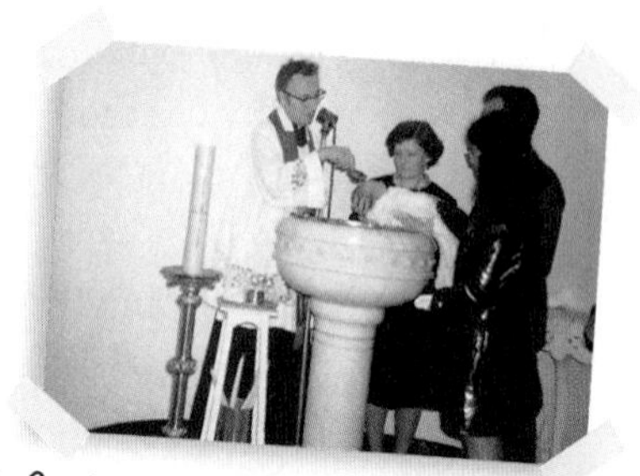

Voilà Sophie à son baptême, avec sa marraine et son parrain.

Le jour de Noël 1982 ; Sophie avait 2 ans. Que de cadeaux !

C'était l'anniversaire de Sophie : 6 bougies sur le gâteau !

L'été 1995, Sophie a passé les grandes vacances à la plage avec son amie Virginie.

Le mariage de Sophie et Arnaud. La cérémonie civile a eu lieu à la mairie et ensuite la cérémonie religieuse, à l'église ; la mariée était en blanc, le marié en smoking !

Vie et culture

Les fêtes religieuses et officielles

Certains jours fériés en France sont des fêtes religieuses et d'autres sont des fêtes nationales.

Noël est la plus grande fête de l'année. On décore le sapin (l'arbre de Noël) et l'on offre des cadeaux. Le soir du 24 décembre (pour certains c'est après la messe de minuit), on prépare un grand dîner, le réveillon.

Le jour de l'An est précédé par le réveillon de la Saint-Sylvestre, la nuit du 31 décembre.

Le jour des Rois (l'Épiphanie) a lieu le 6 janvier. On partage un gâteau, la galette des rois, dans lequel on a caché la fève — un petit personnage en plastique ou en céramique. La personne qui trouve la fève dans sa part de galette est nommée le roi ou la reine[1] et porte une couronne en papier.

La Chandeleur, c'est le 2 février. Traditionnellement, on mange des crêpes. Si vous faites sauter[2] une crêpe et elle retombe dans la poêle[3], vous allez avoir de la chance[4] toute l'année.

Pâques. Cette fête célèbre la résurrection du Christ. On offre aux enfants des œufs et des poules[5] en chocolat.

La fête du Travail. Le premier mai, on organise des défilés et l'on offre du muguet[6] aux membres de la famille.

La fête nationale. Cette grande fête célèbre le début de la Révolution le 14 juillet 1789. Le matin, les Parisiens assistent au grand défilé militaire sur les Champs-Élysées, retransmis en direct à la télévision. Le soir, toutes les villes organisent des bals populaires et l'on tire un feu d'artifice.

La Toussaint. Le 1er novembre, on honore les morts de la famille en mettant des fleurs, surtout des chrysanthèmes, sur leur tombe.

Le Ramadan. Le ramadan est un rituel pratiqué par les musulmans. Ils sont environ cinq millions en France, où l'islam est la deuxième religion après le catholicisme. Le ramadan est une période de jeûne[7]. Pendant cette période, les musulmans ne peuvent ni manger, ni[8] boire[9] pendant la journée. Mais au coucher du soleil, les familles et les amis partagent des grands repas.

Et vous ?

1. Regardez la séquence vidéo, *Les rituels*. Quelles occasions est-ce qu'on fête ?
2. Est-ce que vous célébrez certaines de ces fêtes dans votre région ? Est-ce que vos traditions sont différentes des traditions des Français ? Expliquez pourquoi.
3. Quelles fêtes nord-américaines n'ont pas d'équivalent en France ? Pourquoi ? À votre avis, est-ce que les fêtes nationales sont plus importantes chez vous que chez les Français ? Et les fêtes religieuses ?

[1] *king or queen* [2] *flip* [3] *frying pan* [4] *to have good luck* [5] *hens* [6] *lily of the valley* [7] *fasting* [8] *neither, nor* [9] *to drink*

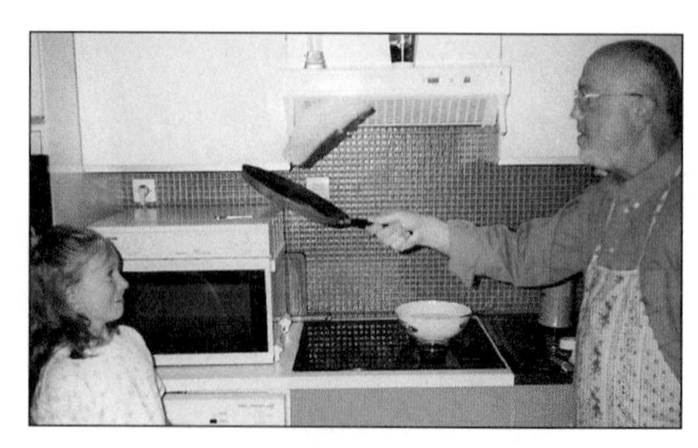

LES VŒUX

Meilleurs vœux !	*Best wishes!*	Bonne année !	*Happy New Year!*
Félicitations !	*Congratulations!*	Bon voyage !	*Have a good trip!*
Bon/Joyeux anniversaire !	*Happy Birthday!*	Bonnes vacances !	*Have a good vacation!*
Joyeux Noël !	*Merry Christmas!*		

À vous la parole

7-11 Qu'est-ce qu'on dit ? Qu'est-ce que vous dites dans les situations suivantes ?

MODÈLE C'est l'anniversaire de votre mère.
➤ Je dis, « Bon anniversaire, maman ! »

1. Vos amis ont eu un enfant.
2. C'est le 25 décembre.
3. C'est la Saint-Sylvestre.
4. Vous assistez à un mariage.
5. Votre ami fête ses 20 ans.
6. Vos parents fêtent leurs 25 ans de mariage.
7. C'est le jour de l'An.
8. Vos cousins partent en voyage.

7-12 Jeu d'association. À quelle occasion est-ce que vous associez ces choses ou ces personnes ? Parlez-en avec un/e partenaire.

MODÈLE un voyage

É1 Ce sont les grandes vacances.

É2 C'est un mariage.

1. un gâteau
2. des cadeaux
3. un document officiel
4. un grand dîner
5. un défilé militaire
6. des fleurs
7. la marraine
8. le maire (*mayor*)
9. le prêtre (*priest*), le pasteur, le rabbin, l'imam
10. un bébé

7-13 Tous les éléments. Quels sont les éléments importants pour une fête ? Avec un/e partenaire, décrivez une fête d'après les éléments suivants : **l'endroit**, **les gens importants**, **les vêtements/les accessoires**, **les activités**

MODÈLE un anniversaire

É1 On peut fêter un anniversaire à la maison ou dans un restaurant, par exemple.

É2 Normalement, la famille et les amis sont présents. Il y a souvent un gâteau avec des bougies.

É1 Oui, on chante et on offre des cadeaux.

1. Noël
2. un mariage
3. un baptême
4. la fête nationale
5. les grandes vacances

Formes et fonctions

1. L'imparfait et le passé composé : d'autres contrastes

As you have seen, the choice of the **imparfait** or the **passé composé** to express past events or circumstances often depends on the context and the speaker's view of the action or situation.

- Use the **passé composé** to express:
  - an action or state that occurred at a specific point in time:

    Elle est née **le jeudi 9 mai 1991**. — *She was born on Thursday, May 9, 1991.*
  - an action or state that occurred a specified number of times:

    Elle a visité le Canada **deux fois**. — *She visited Canada twice.*

- Use the **imparfait** to express:
  - enduring states in the past:

    Cécile était une enfant très sérieuse. — *Cécile was a very studious child.*
  - habitual actions in the past:

    D'habitude, la famille allait au parc **le dimanche**. — *Usually the family would go to the park on Sundays.*

- Use the **imparfait** to express an ongoing action or state interrupted by another action, which is expressed by the **passé composé**.

Sophie **regardait** la télé quand sa marraine **a téléphoné**.	*Sophie was watching TV when her godmother called.*
Ils **quittaient** l'église quand il **a commencé** à pleuvoir.	*They were leaving the church when it started to rain.*

- Finally, some actions or states can be expressed either in the **passé composé** or the **imparfait**, depending on what the speaker means to say.

Elle était malade pendant les vacances.	*She was sick during the vacation.* (emphasis on her state of being sick)
Elle a été malade pendant les vacances.	*She got sick during the vacation.* (emphasis on the act of getting sick)
Il avait peur.	*He was afraid.*
Il a eu peur.	*He got scared/Something scared him.*

À vous la parole

7-14 Hier, ça n'allait pas ! Chloé a eu des problèmes hier. Les choses n'ont pas marché comme d'habitude. Expliquez !

MODÈLE arriver en avance

➤ D'habitude, elle arrivait en avance.

➤ Mais hier, elle n'est pas arrivée en avance.

1. quitter la maison à huit heures
2. arriver la première
3. apporter son cahier
4. réviser sa leçon
5. finir ses devoirs
6. apporter ses livres
7. travailler à la bibliothèque
8. appeler ses amis

7-15 Qu'est-ce qu'ils faisaient ? Décrivez ce que ces gens faisaient quand Solange est arrivée à la fête.

MODÈLE Quand Solange est arrivée,
Marc travaillait dans sa chambre.

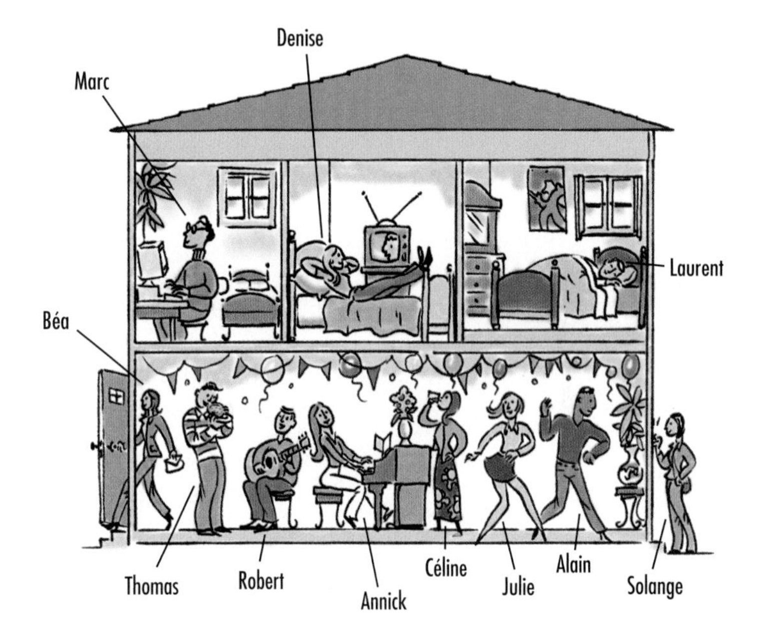

7-16 Mes quinze ans. Avec un/e partenaire, parlez de vos quinze ans. Comment étiez-vous ? Qu'est-ce que vous faisiez ? Qu'est-ce que vous avez fait ?

MODÈLES le caractère

É1 Moi, à quinze ans, j'étais très timide.

É2 Moi, à quinze ans, j'étais très indépendant et individualiste.

les voyages

É1 À quinze ans, je suis allée à Washington, D.C. visiter les monuments et les musées.

É2 Et moi, je suis allé en Floride avec ma famille.

1. le caractère
2. le physique
3. les amis
4. le sport
5. les voyages
6. les études
7. la musique
8. les projets d'avenir

2. L'adjectif démonstratif

- The demonstrative adjective is used to point out specific people or things that are close at hand. The singular form corresponds to *this* or *that* in English, the plural, to *these* or *those.*

Tu aimes **les** fêtes ?	*Do you like holidays (in general)?*
Tu aimes **cette** fête ?	*Do you like this holiday?*

- Note the masculine singular form used before a noun beginning with a vowel sound. It is pronounced like the feminine form but has a different spelling.

Regarde **ce** gâteau !	*Look at this cake!*
Regarde **cet** œuf en chocolat !	*Look at that chocolate egg!*
Regarde **cette** cérémonie !	*Look at that ceremony!*

- Here are the forms of the demonstrative adjective.

	féminin	**masculin**	
		devant voyelle	*devant consonne*
singulier	**cette** fête	**cet**‿œuf	**ce** gâteau
pluriel	**ces**‿affiches	**ces**‿œufs	**ces** cadeaux

À vous la parole

7-17 Regarde ça ! Imaginez que vous regardez des photos dans un album. Montrez les choses que vous remarquez à votre ami/e.

MODÈLE un gros gâteau
➤ Regarde ce gros gâteau !

1. une belle église
2. des beaux feux d'artifice
3. des bougies
4. des œufs en chocolat
5. un pot de chrysanthèmes
6. des cadeaux magnifiques
7. un grand sapin
8. du muguet

7-18 Qu'est-ce que vous offrez ? Imaginez que vous offrez un cadeau et identifiez l'occasion.

MODÈLE du muguet
➤ Ce muguet, c'est pour le premier mai.

1. des chrysanthèmes
2. une poule en chocolat
3. des roses rouges
4. une carte de vœux
5. un gâteau au chocolat
6. une galette
7. des crêpes
8. un gros bouquet de fleurs

7-19 Qu'est-ce que c'est ? Proposez une définition ; vos camarades de classe doivent trouver la réponse.

MODÈLES É1 Ces fleurs sont pour les tombes le premier novembre.
É2 Ce sont des chrysanthèmes.
É3 Cette cérémonie a lieu dans une église, avec un bébé.
É4 C'est un baptême.

7-20 Rites et traditions

Ce couple se marie à l'Hôtel de Ville de Paris.

Une première communion en France

A. Avant de regarder. Vous allez écouter des personnes qui parlent d'événements importants dans leur vie. Quels sont les événements les plus importants dans la vie d'une personne ? Préparez une liste avec vos camarades de classe.

MODÈLE ➤ la naissance (*birth*) d'un enfant, le baptême,...

B. En regardant. Pour chaque personne, répondez aux questions.

Marie-Julie

1. Marie-Julie explique qu'au Québec, lorsqu'elles se marient, les femmes doivent garder...
   a. leur nom de jeune fille
   b. le nom de leur mari
   c. les deux noms

2. C'est...
   a. une vieille coutume
   b. une loi récente
   c. une tradition dans certaines familles

Monsieur le maire de Seillans et Barbara

3. Pour lui, le mariage est un acte...
   a. de foi (*faith*)
   b. familial
   c. officiel

4. Les participants à la cérémonie sont : le maire, les mariés, et...
   a. leurs parents
   b. leurs amis
   c. leurs témoins (*witnesses*)

5. Pour Barbara, son mariage était un peu spécial parce que ... était le maire.
   a. sa mère
   b. sa future belle-mère
   c. son futur mari

C. Après avoir regardé. Maintenant discutez des questions suivantes avec vos camarades de classe.

1. Est-ce que les femmes qui se marient chez vous peuvent choisir leur nom ? Quelles sont les traditions dans votre communauté ?

2. En quoi est-ce que les mariages chez vous sont semblables aux mariages en France ? En quoi est-ce qu'ils sont différents ?

Leçon 3 Les émotions

Points de départ

Pour exprimer les sentiments et les émotions

TEXT AUDIO

MÉLANIE : Tu as l'air content, toi !

ANTOINE : En effet, je suis ravi. Écoute la bonne nouvelle : mon frère s'est fiancé. Il va se marier au mois de juin.

MÉLANIE : C'est super. Tu connais sa fiancée ?

ANTOINE : Oui, et on s'entend bien. Mais dis-moi, qu'est-ce que tu as, toi ? Tu n'as pas l'air heureuse. Tu te fais du souci ?

MÉLANIE : Eh bien, je suis assez inquiète ; je n'ai pas de nouvelles de ma sœur. Elle a eu un bébé le mois dernier et elle se dispute beaucoup avec son mari. Elle doit se reposer, mais c'est elle qui fait tout le travail.

ANTOINE : Calme-toi. Elle est probablement trop occupée pour t'appeler. Téléphone-lui.

LES SENTIMENTS

être heureux/-euse, content/e, ravi/e
être inquiet/inquiète, anxieux/-euse
être furieux/-euse, fâché/e, en colère
être triste, malheureux/-euse
être surpris/e
être embarrassé/e, gêné/e
être jaloux/-ouse

QU'EST-CE QU'ON DIT QUAND ON PERD SON SANG-FROID ?

À vous la parole

7-21 Lire les expressions de la figure. Est-ce que vous et votre partenaire savez lire les émotions peintes sur la figure d'une personne ?

MODÈLE É1 Cette dame est malheureuse ; peut-être qu'elle a entendu des mauvaises nouvelles.

É2 Je pense qu'elle est anxieuse parce qu'elle n'a pas de nouvelles de son ami.

1. 
2. 
3. 
4. 

Vie et culture

Les Français s'expriment

Il y a beaucoup d'expressions fixes que les Français utilisent pour exprimer les émotions. (L'accent et l'intonation sont très importants aussi !) Est-ce que vous pouvez marier les expressions de la colonne de droite aux émotions de la colonne de gauche ?

1. la joie ⟶ b.
2. la colère
3. l'indifférence
4. la tendresse
5. l'embarras
6. la surprise
7. la frustration
8. l'inquiétude

a. Mon Dieu ! Oh, là, là !
b. Super ! Sensationnel ! Formidable !
c. Excusez-moi ! Oh, pardon ! Je suis désolé/e !
d. Bof ! Ça m'est égal.
e. Ma chérie/mon chéri, mon cœur, ma puce
f. C'est pas vrai ! Pas possible ! Incroyable !
g. Espèce d'imbécile ! Crétin ! Quel idiot !
h. Oh, zut ! Mince !

Et vous ?

Le mot juste. Qu'est-ce que vous dites dans les situations suivantes ?

1. Vous avez perdu vos devoirs.
2. Vous avez eu une bonne note à un examen difficile.
3. Vos amis hésitent entre le cinéma ou un DVD ; vous n'avez pas d'opinion.
4. Vous regardez un enfant adorable, votre nièce ou votre neveu.
5. Votre colocataire a emprunté votre livre de français et l'a perdu.
6. Vous avez fait tomber un vase chez la grand-mère de votre ami.
7. Vous apprenez que votre ami/e a eu un accident de voiture.

7-22 Des conseils. Quels conseils est-ce que vous pouvez donner aux personnes suivantes ?

MODÈLE Votre colocataire a des soucis.
➤ Ne t'en fais pas ! Ça va s'arranger.

1. Une amie est très anxieuse avant un examen.
2. Votre ami est furieux parce qu'il pense qu'on l'a insulté.
3. Un monsieur se fâche parce qu'il n'y a pas de place dans l'autobus.
4. Votre amie a tendance à être un peu jalouse.
5. Votre petit frère pleure parce qu'il ne trouve pas son DVD préféré.
6. Une femme est furieuse et elle crie très fort.
7. Vos copains sont anxieux avant un match de tennis.
8. Vos camarades s'inquiètent des notes qu'ils vont recevoir.

7-23 Les sentiments. Expliquez à votre partenaire dans quelle/s situation/s vous ressentez les sentiments suivants

MODÈLE la tristesse
➤ Je suis triste quand mes parents sont absents.

1. le bonheur
2. la jalousie
3. l'inquiétude
4. l'anxiété
5. la colère
6. la surprise
7. la frustration

FORMES ET FONCTIONS

1. Les verbes pronominaux idiomatiques

- Certain verbs change meaning when combined with a reflexive pronoun:

appeler	J'appelle mon chien.	*I'm calling my dog.*
s'appeler	Je **m'appelle** David.	*My name is David.*
entendre	J'entends un bruit.	*I hear a noise.*
s'entendre avec	Je **m'entends** bien avec eux.	*I get along well with them.*

- Here are some additional idiomatic pronominal verbs:

s'amuser	Ils **se sont** bien **amusés**.	*They had a lot of fun.*
s'arranger	Ça va **s'arranger** !	*It will be all right!*
se calmer	**Calmez-vous** !	*Calm down!*
se dépêcher	Il ne **se dépêchait** jamais.	*He never hurried.*
se détendre	Tu devrais **te détendre**.	*You should relax.*
se disputer	Ils **se disputent** tout le temps.	*They argue all the time.*
s'ennuyer	Je **m'ennuie** !	*I'm bored!*
se fâcher	Elle **se fâche** contre lui.	*She's getting angry at him.*
s'inquiéter	Ne **t'inquiète** pas !	*Don't worry!*
s'intéresser à	Tu **t'intéresses à** la musique ?	*Are you interested in music?*
s'occuper de	Tu **t'occupes de** lui ?	*Are you taking care of him?*
se passer	Qu'est-ce qui **se passe** ?	*What's happening?*
se promener	Elle **se promène** dans le parc.	*She takes a walk in the park.*
se rappeler	Je ne **me rappelle** pas.	*I don't remember.*
se reposer	On **se repose**.	*We're resting.*
se retrouver	On **se retrouve** ici ?	*Shall we meet here?*

• Many verbs can be used with a reflexive pronoun to show that the action is mutual, or reciprocal. In English we sometimes use the phrase *each other* to express this idea.

se téléphoner	Nous **nous** sommes téléphoné.	*We phoned each other.*
se rencontrer	On **s'**est rencontrés l'été dernier.	*We met last summer. (for the first time)*
s'embrasser	Ils **se** sont embrassés.	*They kissed.*
se fiancer	Ils **se** sont fiancés.	*They got engaged.*
se marier	Ils **se** sont mariés.	*They got married.*
se séparer	Ils **se** sont séparés.	*They separated.*

7-24 À la maternelle. Christophe se rappelle sa classe à l'école maternelle. Pour compléter ses descriptions, choisissez un verbe qui convient dans la liste ci-dessous.

MODÈLE La maîtresse était toujours calme.
➤ Elle ne se fâchait jamais.

s'amuser	se dépêcher	s'ennuyer	s'entendre
se fâcher	s'occuper de	se rappeler	se reposer

1. Pendant la récréation, les enfants jouaient ensemble.
2. À midi, on avait beaucoup de temps pour aller à la cantine.
3. Une vieille femme préparait le déjeuner.
4. Après le déjeuner, tout le monde faisait la sieste.
5. Jacques et moi, nous étions des bons amis.
6. Je trouvais nos activités en classe très intéressantes.
7. Jacques n'oubliait jamais ses leçons.

7-25 Histoire d'amour. Racontez cette histoire d'amour en vous servant des verbes indiqués.

MODÈLE se rencontrer
➤ Ils se sont rencontrés au cinéma.

1. se parler
2. tomber amoureux *(to fall in love)*
3. se fiancer
4. se marier
5. s'entendre bien
6. se disputer
7. se séparer
8. divorcer

7-26 Trouvez une personne. Trouvez une personne qui…

MODÈLE s'entend bien avec ses parents

É1 Est-ce que tu t'entends bien avec tes parents ?

É2 Non, je ne m'entends pas bien avec eux.

OU Oui, je m'entends bien avec eux.

1. s'entend bien avec ses parents
2. se rappelle son premier jour à l'école
3. s'amuse quelquefois aux mariages
4. s'occupe toujours du dîner au moment des fêtes
5. ne se fâche jamais
6. s'est dépêchée ce matin
7. va se détendre ce week-end
8. se rappelle sa première communion

2. *Les verbes* connaître *et* savoir

The verbs **connaître** and **savoir** both mean *to know*, but they are used in somewhat different ways.

- **Connaître** means *to be acquainted with* or *to be familiar with* and usually refers to places and persons; **connaître** is always followed by a noun:

Je **connais** bien sa famille.	*I know his/her family well.*
Il ne **connaît** pas Abidjan.	*He is not familiar with Abidjan.*
Vous **connaissez** cette chanson ?	*Are you familiar with this song?*

- When used in the **passé composé** with persons, **connaître** means *to have met.*

J'**ai connu** mon copain l'été dernier.	*I met my boyfriend last summer.*

CONNAÎTRE *to know, to be familiar with*			
SINGULIER		PLURIEL	
je	connai**s**	nous	connaiss**ons**
tu	connai**s**	vous	connaiss**ez**
il / elle / on	conna**ît**	ils / elles	connaiss**ent**

PASSÉ COMPOSÉ : J'**ai connu** Jamila l'été dernier.

- **Savoir** generally means *to know facts*, *information*, or *how to do something*. It can be used in five types of constructions:
  - Followed by an infinitive:

Tu **sais** faire du yoga ?	*Do you know how to do yoga?*
Ma mère ne **sait** pas se détendre.	*My mother doesn't know how to relax.*

  - Followed by a noun:

Il **sait** sa leçon par cœur.	*He knows his lesson by heart.*
Je ne **sais** pas tout.	*I don't know everything.*
Nous **savons** la réponse.	*We know the answer.*

  - Followed by a sentence introduced by **que**:

Je **sais qu'**ils sont séparés.	*I know that they are separated.*
Elle **sait que** nous sommes fiancés.	*She knows that we're engaged.*

  - Followed by a sentence introduced by a question word or **si** (*whether*).

Je ne **sais** pas **comment** sa copine s'appelle.	*I don't know his girlfriend's name.*
Tu **sais si** elle va venir pour Noël ?	*Do you know if she's coming for Christmas?*

  - Used alone:

Qu'est-ce qu'elles **savent** ?	*What do they know?*
Je **sais**.	*I know.*

- When used to talk about the past, **savoir** in the **imparfait** means *knew*.

Elle **savait** que nous étions fatigués.	*She knew that we were tired.*

- When used in the **passé composé**, **savoir** means *to have learned* or *found out*.

J'**ai su** qu'elle était malade hier.	*I found out that she was sick yesterday.*

SAVOIR ***to know***

SINGULIER		PLURIEL	
je	sais	nous	sav**ons**
tu	sais	vous	sav**ez**
il / elle / on	sait	ils / elles	sav**ent**

PASSÉ COMPOSÉ : **J'ai su** où il habitait.

À vous la parole

7-27 Les connaissances. Avec un/e partenaire, dites qui vous connaissez et qui vous ne connaissez pas.

MODÈLE la famille de votre beau-frère/belle-sœur
➤ Je connais la sœur de mon beau-frère, mais je ne connais pas sa mère.

1. la famille de votre beau-frère/belle-sœur
2. la famille de votre colocataire
3. la famille de vos voisins
4. la famille de votre prof de français
5. la famille de votre meilleur/e ami/e
6. la famille de votre ami/e
7. la famille de votre femme/mari/fiancé/e

7-28 L'espion international. L'Interpol recherche Claude Martin, un grand espion. Est-ce que vous le connaissez ? Qu'est-ce que vous savez à son sujet ? Faites des phrases en employant **connaître** ou **savoir**.

MODÈLES où il travaille
➤ Je sais où il travaille.

la ville où il est né
➤ Je connais la ville où il est né.

1. M. Martin
2. qu'il parle portugais
3. les noms de ses camarades
4. sa femme
5. quand il est parti d'Italie
6. qu'il parle allemand
7. où M. Martin habite
8. pourquoi il est allé en Belgique
9. ses amis à Liège
10. quand il va repartir

7-29 Trouvez une personne. Trouvez quelqu'un parmi vos camarades de classe qui sait/connaît… Comparez vos notes à la fin pour bien connaître vos camarades de classe !

MODÈLE jouer de la guitare
➤ Est-ce que tu sais jouer de la guitare ?

1. parler italien
2. une personne célèbre
3. le président de l'université
4. faire du ski
5. la ville de Washington, D.C.
6. la Belgique
7. jouer d'un instrument
8. le prénom du professeur
9. combien d'étudiants il y a à l'université

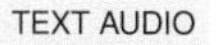

Stratégie

Put yourself in the writer's place to better understand his/her point of view. Consider whether there may be aspects of the writer's background or experience that have shaped his or her perspective, reactions, and focus.

7-30 Je suis cadien

Voici le poète, Barry Ancelet. Pourquoi, à votre avis, est-ce qu'il est habillé ainsi ?

A. Avant de lire. The title of this poem, *Je suis cadien*, gives you essential information about the identity of the poet, Barry Ancelet (who takes the pen name Jean Arceneaux). He speaks **le français cadien**, and he is a descendent of French speakers who fled to Louisiana in the eighteenth century from the Canadian province of **Acadie** after refusing allegiance to the British crown. Since the poet has announced his Cajun French identity at the outset, are you surprised, looking at the first lines of his poem, to see that they are in English? Why do you think the poem is written in two languages, French and English? Can you put yourself in the poet's place, identifying with his feelings as a Louisiana schoolboy? What message do you think he will attempt to convey?

B. En lisant. Le poète exprime les pensées et les émotions d'un enfant cadien qui va à l'école publique en Louisiane. En lisant un extrait de ce poème, répondez aux questions suivantes.

1. Pourquoi est-ce que le poète répète la première phrase plusieurs fois ? À quelle punition pendant « leur temps de recess » est-ce qu'il fait référence ?
2. Le poète écrit au vers 9, « Ça fait mal ; ça fait honte ». Quelle situation est-ce qu'il décrit ?
3. Dans les vers 25 à 42, on explique à l'enfant pourquoi il doit parler anglais. Est-ce que vous pouvez résumer les arguments ?
4. L'enfant n'est pas convaincu. Comment est-ce que les derniers vers (52 à 57) montrent cela ?

JE SUIS CADIEN (*extrait*)

I will not speak French on the school grounds.
I will not speak French on the school grounds.
I will not speak French...
I will not speak French...
5 I will not speak French...

Gloss	Text	Line
bastards	Hé ! Ils sont pas bêtes, ces salauds°.	
	Après mille fois, ça commence à pénétrer	
anybody's head	Dans n'importe quel esprit°.	
makes you ashamed	Ça fait mal ; ça fait honte°.	
	Et on ne speak pas French on the school grounds	10
	Et ni anywhere else non plus.	
	Jamais avec des étrangers.	
You never know	On sait jamais° qui a l'autorité	
damned	De faire écrire ces sacrées° lignes	
	À n'importe quel âge.	15
	Surtout pas avec les enfants.	
	Faut jamais que eux, ils passent leur temps de recess	
	À écrire ces sacrées lignes.	
	I will not speak French on the school grounds.	
	I will not speak French on the school grounds.	20
They shouldn't have to	Faut pas qu'ils aient besoin° d'écrire ça	
	Parce qu'il faut pas qu'ils parlent français du tout.	
It shows / nothing but	Ça laisse voir° qu'on est rien que° des Cadiens.	
	Don't mind us, we're just poor coonasses,	
gotta hide it	Basse classe, faut cacher ça°.	25
	Faut dépasser ça.	
	Faut parler en anglais.	
	Faut regarder la télévision en anglais.	
	Faut écouter la radio en anglais	
	Comme de bons Américains.	30
	Why not just go ahead and learn English,	
	Don't fight it, it's much easier anyway,	
	No bilingual bills, no bilingual publicity.	
	No danger of internal frontiers.	
	Enseignez l'anglais aux enfants.	35
Take them all the way	Rendez-les tout le long°,	
	Tout le long jusqu'aux discos,	
	Jusqu'au Million Dollar Man.	
anyway	On a pas réellement besoin de parler français quand même°.	
	C'est les États-Unis ici.	40
	Land of the Free.	
will always be	On restera toujours° rien que des poor coonasses.	
	I will not speak French on the school grounds.	
	I will not speak French on the school grounds.	
that doesn't bother us	Coonass, non, non, ça gêne pas°.	45
	C'est juste un petit nom.	
	Ça veut rien dire.	
	C'est pour s'amuser, ça gêne pas.	
	On aime ça, c'est cute.	

50 Ça nous fait pas fâchés°.
Ça nous fait rire°.
Mais quand on doit rire, c'est en quelle langue qu'on rit ?
Et pour pleurer°, c'est en quelle langue qu'on pleure ?
Et pour crier ?
55 Et chanter ?
Et aimer ?
Et vivre ?

—Jean Arceneaux, de « Je suis Cadien », *Suite du loup*, Éditions Perce-Neige, 1998.

That doesn't make us mad.
laugh
cry

C. En regardant de plus près. Le poète permet au lecteur de s'identifier avec l'enfant cadien.

1. Pourquoi est-ce que le poème mélange (*mix*) l'anglais et le français ?
2. Dans le texte, on utilise un nom péjoratif : quelle est la réaction de l'enfant quand il entend ce nom ? Quelle est votre réaction quand vous le lisez ? Quelle réaction est-ce que le poète cherche, à votre avis ?
3. Le poème finit par une série de questions ; quel est l'effet de ces questions sur le lecteur ?

D. Après avoir lu. Discutez de ces questions avec vos camarades de classe.

1. Est-ce que vous pouvez vous identifier avec le point de vue et les émotions exprimés dans ce poème ? Pourquoi ?
2. Est-ce que vous connaissez un peu l'histoire des immigrés en Amérique du Nord ? Est-ce que l'expérience de l'enfant cadien ressemble à l'expérience d'autres groupes d'immigrés, ou non ?

Un défilé de Mardi gras à La Nouvelle-Orléans

Vocabulaire

Leçon 1

pour rester en forme	***to stay in shape***
Il faut... / Il ne faut pas...	*One must ... / One must not ...*
faire de l'exercice (m.)	*to exercise*
consulter le médecin	*to see a doctor*
se détendre	*to relax*
faire/suivre un régime	*to (be on a) diet*
un repas équilibré	*well-balanced meal*
réduire le stress	*reduce stress*
la santé	*health*

choses à éviter pour rester en forme	***things to avoid to stay in shape***
boire de l'alcool (m.)	*to drink alcohol*
fumer	*to smoke*
grignoter	*to snack*
sauter (un repas)	*to skip (a meal)*

le corps humain	***the human body***
la bouche	*mouth*
le bras	*arm*
les cheveux (m.)	*hair*
le cœur	*heart*
le dos	*back*
les dents (f.)	*teeth*
l'estomac (m.)	*stomach*
la figure	*face*
la gorge	*throat*
la jambe	*leg*
la langue	*tongue*
la main	*hand*
le nez	*nose*
l'œil (m.) (les yeux)	*eye (eyes)*
l'oreille (f.)	*ear*
le pied	*foot*
les poumons (m.)	*lungs*
la tête	*head*
le ventre	*belly, abdomen*

des maux, un mal	***ache/s and pain/s***
avoir mal à (la tête)	*to hurt (to have a headache)*
avoir mal partout	*to hurt everywhere*
avoir mal au cœur	*to be nauseated*
avoir mal au ventre	*to have a stomach ache*

verbes de communication	***verbs of communication***
décrire	*to describe*
dire	*to say, to tell*
écrire	*to write*
lire	*to read*

quelques expressions utiles	***some useful expressions***
de temps en temps	*from time to time*
régulièrement	*regularly*

Leçon 2

les grands événements de la vie	***major life events***
un anniversaire	*birthday, anniversary*
un baptême	*baptism*
une bougie	*candle*
un cadeau	*gift*
une cérémonie civile	*civil ceremony*
une fête religieuse	*religious holiday*
un gâteau	*cake*
les grandes vacances (f.)	*summer vacation*
un mariage	*wedding*
un/e marié/e	*groom/bride*
une marraine	*godmother*
un parrain	*godfather*

des vœux	***wishes***
un vœu	*wish*
Meilleurs vœux !	*Best wishes!*
Félicitations !	*Congratulations!*
Bon/Joyeux anniversaire !	*Happy Birthday!*

Joyeux Noël !	*Merry Christmas!*
Bonne année !	*Happy New Year!*
Bon voyage !	*Have a good trip!*
Bonnes vacances !	*Have a good vacation!*

pour parler des fêtes	***to talk about holidays***
avoir lieu	*to take place*
un bal populaire	*a street dance*
cacher	*hide*
un défilé	*parade*
fêter	*to celebrate*
un feu d'artifice	*fireworks*
une fleur	*flower*
une galette	*type of cake*
un jour férié	*legal holiday*
le muguet	*lily of the valley*
un œuf en chocolat	*chocolate egg*
partager	*to share*
un sapin	*fir tree, Christmas tree*

Leçon 3

les sentiments	***feelings***
Qu'est-ce que tu as ?	*What's wrong?*
anxieux/-euse	*anxious*
content/e	*happy*
embarrassé/e	*embarrassed*
en colère	*angry*
fâché/e	*angry*
furieux/-euse	*furious*
gêné/e	*bothered, embarrassed*
heureux/-euse	*happy*
inquiet/inquiète	*uneasy, anxious, worried*
jaloux/-ouse	*jealous*
malheureux/-euse	*unhappy*
ravi/e	*delighted*
surpris/e	*surprised*
triste	*sad*

pour exprimer les sentiments	***to express feelings***
crier	*to yell*
perdre son sang-froid	*to lose one's composure*
pleurer	*to cry*

quelques verbes pronominaux	***some pronominal verbs***
s'amuser	*to have fun*
s'appeler	*to be named, called*
s'arranger	*to work out, to be all right*
se calmer	*to calm down*
s'ennuyer	*to become bored*
s'entendre (avec)	*to get along (with)*
se fâcher (contre)	*to get angry (at, with)*
se faire du souci	*to worry*
Ne t'en fais pas ! / Ne vous en faites pas !	*Don't worry!*
s'inquiéter	*to worry*
se passer	*to happen*
se promener	*to take a walk*
se rappeler	*to remember*
se reposer	*to rest*
se téléphoner	*to phone each another*

dans la vie sentimentale	***in one's emotional life***
se disputer	*to argue, to fight*
divorcer	*to divorce*
s'embrasser	*to kiss*
se fiancer	*to get engaged*
se marier	*to get married*
se rencontrer	*to meet (for the first time)*
se séparer	*to separate*

autres verbes utiles	***other useful verbs***
connaître	*to know, be familiar with*
savoir	*to know*

quelques expressions utiles	***some useful expressions***
Ce n'est pas grave.	*It's not serious.*
fort (adv.)	*loudly*
Je vous/t'en prie	*Please*
Ne sois pas...	*Don't be ...*
une nouvelle	*piece of news*
si	*whether, if*
Soyez calme !	*Be calm !*

Qui va au marché ? Qu'est-ce qu'on achète ? Qu'est-ce que vous voudriez acheter ?

Chapitre 8 *Du marché à la table*

Leçon 1 *Qu'est-ce que vous prenez ?*

Leçon 2 *À table !*

Leçon 3 *Faisons des courses*

In this chapter:

- Ordering food and drink in a restaurant
- Describing meals and regional dishes
- Shopping for food
- Specifying quantities
- Understanding the importance of cuisine and regional dishes in the Francophone world

Leçon 1 Qu'est-ce que vous prenez ?

Points de départ

Au café

TEXT AUDIO

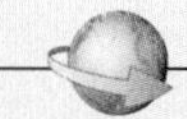

Additional practice activities for each **Points de départ** section are provided by:

- Student Activities Manual
- *Points de départ* Companion Website: **http://www.prenhall.com/pointsdedepart**

ROMAIN : J'ai faim. On va au McDo ?

HÉLÈNE : Des hamburgers, des frites et du coca, quelle horreur ! Allons au café, c'est plus sympa.

(*au café*)

LE SERVEUR : Qu'est-ce que je vous sers ?

HÉLÈNE : J'ai très soif. Je voudrais seulement quelque chose à boire. Euh, une limonade, s'il vous plaît.

ROMAIN : Moi, j'ai faim. Je prends un croque-monsieur et une bière.

(*plus tard*)

ROMAIN : Monsieur !... L'addition, s'il vous plaît.

LE SERVEUR : J'arrive... Voilà.

HÉLÈNE : C'est combien ?

ROMAIN : Seize euros. On partage ?

HÉLÈNE : Sans problème.

Des boissons chaudes

Des boissons rafraîchissantes

Des boissons alcoolisées

Des casse-croûte

un sandwich au jambon

une pizza

des crudités

des frites

un croque-monsieur

une glace

une salade

À vous la parole

8-1 Proposez des boissons. Proposez des boissons...

MODÈLE chaudes

➤ un café, un thé, un chocolat chaud

1. rafraîchissantes
2. gazeuses (*carbonated*)
3. alcoolisées
4. qui contiennent du jus de fruit
5. qui contiennent de la caféine
6. à prendre avec le dîner

8-2 Qu'est-ce que vous désirez ? Vous êtes au café. Dites ce que vous préférez d'après la situation donnée.

MODÈLE Vous êtes au McDo.

É1 Pour moi, un cheeseburger et un coca.

É2 Un hamburger avec des frites et une limonade.

1. Il fait très chaud.
2. Vous avez très froid.
3. Vous devez travailler très tard.
4. Il est 14 h et vous n'avez pas mangé.
5. C'est le matin.
6. Vous mangez une pizza et vous voulez boire quelque chose.
7. Vous avez très faim.
8. Vous avez très soif.

8-3 Au café. À tour de rôle, imaginez que vous êtes le serveur ou la serveuse. Vous prenez la commande de vos camarades qui sont les clients.

MODÈLE É1 Madame !

É2 Vous désirez ?

É1 Un café crème.

É2 Oui, et pour vous, mademoiselle ?

É3 Je voudrais un sandwich au jambon.

É2 C'est tout ?

É3 Non, une bière aussi, s'il vous plaît.

É2 Alors, pour monsieur, un café crème et pour mademoiselle, un sandwich au jambon et une bière.

Vie et culture

La restauration à la chaîne

Depuis quelques années, les Français mangent moins souvent au restaurant, mais les chaînes de restauration continuent à progresser. La plus importante est McDonald's, mais les Français mangent huit fois plus de sandwichs que de hamburgers. Ils achètent leurs sandwichs surtout dans des chaînes spécialisées (La Brioche Dorée, Paul, Point Chaud) et pas forcément dans des cafés. Le nombre de cafés en France a beaucoup diminué, mais c'est encore un endroit agréable pour prendre un casse-croûte et discuter avec ses amis. Souvent, les cafés ont des terrasses où l'on aime prendre une boisson et regarder les gens passer.

Qu'est-ce que vous désirez ?

Et vous ?

1. Est-ce qu'il y a beaucoup de cafés en Amérique du Nord ? Pourquoi, à votre avis ? Est-ce qu'il y a beaucoup de chaînes de restauration chez vous ?
2. Est-ce que vous allez habituellement au café pour retrouver vos amis ? Expliquez votre réponse.

Additional practice activities for each **Formes et fonctions** section are provided by:
- Student Activities Manual
- *Points de départ* Companion Website: **http://www.prenhall.com/pointsdedepart**

Formes et fonctions

1. Les verbes prendre *et* boire

The verbs **prendre** and **boire** are irregular.

PRENDRE *to take*

SINGULIER		PLURIEL	
je	pre**nd**s	nous	pre**n**ons
tu	pre**nd**s	vous	pre**n**ez
il / elle / on	pre**nd**	ils / elles	pre**nn**ent

IMPÉRATIF : **Prends** un café ! **Prenez** du vin ! **Prenons** une pizza !
PASSÉ COMPOSÉ : **J'ai pris** un chocolat chaud.

BOIRE *to drink*

SINGULIER		PLURIEL	
je	**bois**	nous	**bu**vons
tu	**bois**	vous	**bu**vez
il / elle / on	**boit**	ils / elles	**boi**vent

IMPÉRATIF : Ne **bois** pas ça ! **Buvez** de l'eau ! Ne **buvons** pas trop !
PASSÉ COMPOSÉ : **J'ai bu** un café.

- The verb **prendre** is used with foods or beverages.

Je **prends** un citron pressé.	*I'm having lemonade.*
—Qu'est-ce que tu **as pris** ?	*—What did you have?*
—Un coca.	*—A Coke.*
On **prend** un sandwich au jambon et des frites.	*We're having a ham sandwich and fries.*

- **Prendre** also means *to take*.

On **prend** le bus ou un taxi ?	*Shall we take the bus or a taxi?*
Tu **prends** ton sac ?	*Are you taking your bag?*

- **Apprendre**, *to learn*, and **comprendre**, *to understand*, are formed like **prendre**.

Tu **apprends** l'italien ?	*You're learning Italian?*
Ils **comprennent** l'arabe.	*They understand Arabic.*

- **Boire** means *to drink*.

Qu'est-ce que tu **bois** ?	*What are you drinking?*
On **boit** du vin rouge.	*We're drinking red wine.*
Je n'**ai** pas **bu** de café.	*I didn't drink any coffee.*

À vous la parole

8-4 Quelle consommation ? Qu'est-ce que ces personnes prennent ou boivent ?

MODÈLE la dame âgée ?
➤ Elle prend un café crème.
OU ➤ Elle boit un café crème.

1. et le jeune homme ?
2. et son amie ?
3. et les enfants ?
4. et le monsieur ?
5. et la petite fille ?
6. et ces hommes ?

8-5 C'est logique. Posez une question logique pour savoir quelles langues ces personnes comprennent ou apprennent. Voici la liste des langues : **l'allemand**, **l'espagnol**, **le français**, **l'italien**, **le portugais**, **le russe**

MODÈLES Bruno habite au Portugal.
➤ Alors il comprend le portugais ?

Je vais en Russie.
➤ Alors tu apprends le russe ?

1. Isabella habite en Italie.
2. J'habite en Russie.
3. Franz habite en Allemagne.
4. Nous habitons en France.
5. Mes cousins habitent en Espagne.
6. Guillaume et Pierre vont à Moscou.
7. Nous allons au Mexique.
8. Mélanie va en Allemagne.
9. Je vais au Portugal.
10. Nous allons au Québec.

8-6 Vos habitudes. Dites ce que vous prenez dans ces situations. Comparez votre réponse avec la réponse de votre partenaire.

MODÈLE le matin, avant d'aller en classe ?

É1 Moi, je prends un café noir.
É2 Et moi, un jus d'orange.

1. pendant la journée ?
2. quand vous n'avez pas le temps de manger ?
3. le soir, quand vous ne pouvez pas dormir ?
4. quand vous regardez la télé ?
5. quand vous êtes au cinéma ?
6. quand vous sortez avec des amis ?
7. quand vous avez très soif ?

2. *L'article partitif*

- Look at the following examples:

J'aime le café mais pas le thé.	*I like coffee but not tea.*
J'adore les croissants mais je déteste les bananes.	*I love croissants but I hate bananas.*

Nouns are of two types in French and in English. *Count nouns* refer to things that can be counted, such as croissants and bananas. *Mass nouns* are things that normally are not counted, like coffee, tea, sugar, and water. Notice that, as in the examples above, count nouns can be made plural; mass nouns are normally used only in the singular.

- When you refer to a noun not previously specified, use the indefinite article if it is a count noun.

Il a mangé **un** sandwich.	*He ate a sandwich.*
Je prends **une** pizza.	*I'm having a pizza.*
Elle a acheté **des** oranges.	*She bought some oranges.*

Use the *partitive article* if it is a mass noun.

Tu veux **du** coca ?	*Do you want some Coke?*
Tu prends **de la** glace ?	*Do you want some ice cream?*
Je sers **de l'**eau minérale.	*I'm serving mineral water.*

• In the examples below, note the differences in meaning between the definite article, on the one hand, and the indefinite and partitive articles on the other. Here the definite article denotes a specific or presupposed item. The indefinite or partitive article denotes an unspecified item.

Definite article	**Indefinite or partitive article**
Il a pris **l'**orange. *He took the orange.* (*the specific orange*)	Il a pris **une** orange. *He took an orange.* (*any orange*)
Vous voulez **les** sandwichs ? *Do you want the sandwiches?* (*these particular sandwiches*)	Vous voulez **des** sandwichs ? *Do you want sandwiches?* (*any sandwiches*)
Elle a mangé **le** pain. *She ate the bread.* (*this specific bread*)	Elle a mangé **du** pain. *She ate some bread.*

• The definite article is also used when nouns are used in a general sense, to express preferences.

J'aime **le** vin mais je n'aime pas **la** bière.	*I like wine but I do not like beer.*

• In negative sentences, both the indefinite and the partitive articles are replaced by **de/d'**:

Il prend **un** Orangina ?	—Non, non, il ne prend pas **d'**Orangina.
Je peux avoir **des** glaçons ?	—On n'a pas **de** glaçons, mademoiselle.
Vous servez **du** thé ?	—Non, nous ne servons pas **de** thé, monsieur.

À vous la parole

8-7 Ce n'est pas logique ! Corrigez ces phrases illogiques.

MODÈLE Avec le café, je prends du vin blanc.
➤ Avec le café, je ne prends pas de vin blanc ; je prends du sucre.

1. Comme dessert, je prends une pizza.
2. Avec une pizza, je prends du café.
3. Quand j'ai très soif, je prends du vin.
4. Généralement, je prends de la bière avec des glaçons.
5. Quand il fait très chaud, on prend du chocolat chaud.
6. Dans un thé au lait, on met des frites.
7. Quand on veut manger quelque chose, on prend de la limonade.
8. Quand on veut boire quelque chose, on prend une pizza.

8-8 Au café. D'après les descriptions suivantes, imaginez ce que chaque personne prend au café.

MODÈLE Vincent n'a jamais assez de temps pour manger le matin.
➤ Il prend seulement un café noir.

1. Mme Sauvert fait très attention de manger correctement.
2. Sophie voudrait un dessert.
3. Claire n'a pas très faim.
4. Rémi a très soif.
5. Antoine est végétarien.
6. Le petit Nicolas a très faim.
7. M. Berger mange souvent au fast-food.

8-9 Vos habitudes et préférences. Complétez chaque phrase et comparez votre réponse avec la réponse de votre partenaire.

MODÈLE Le matin, je prends toujours…

É1 Le matin, je prends toujours du café.

É2 Je déteste le café. Moi, je prends toujours du thé.

1. Le matin, je prends toujours…
2. Quand je vais au McDo, je prends toujours…
3. Le week-end, je prends…
4. Quand j'ai très soif, j'aime…
5. Quand je travaille très tard le soir, je prends souvent…
6. Ma boisson préférée, c'est…

8-10 Une recette louisianaise

Stratégie

Read a text such as a recipe intensively: make sure you understand each step as it is outlined before you proceed.

A. Avant de lire. When you think of Louisiana, what types of food come to mind? Jambalaya? Gumbo? Crayfish étouffé? These typical dishes are made with local products, using traditional methods of preparation. Look at the recipe below and the photo that accompanies it: have you ever eaten pralines, another specialty of Louisiana? What will probably be among the main ingredients? Follow the text step-by-step, making sure you understand the procedures, the ingredients, and the quantities involved.

B. En lisant. Trouvez les réponses aux questions suivantes.

1. La recette est divisée en trois parties — quelles sont ces trois parties ?
2. Dressez une liste des ingrédients, par exemple : du sucre brun clair, …

C. En regardant de plus près. Maintenant examinez quelques caractéristiques du texte.

1. Quand on prépare une recette, il est très important de bien mesurer les ingrédients. Quel est le sens exact des mots et des abréviations suivants ?
   a. g
   b. une pincée
   c. une cuillerée à thé

Pralines aux pacanes

Temps de préparation :
5 minutes
Temps de cuisson :
30 minutes
Difficulté : très facile

Traditionnellement, les pralines sont faites avec des noix de pécans ou pacanes qui poussent abondamment dans le Sud des États-Unis.

Ingrédients pour 12 grandes pralines ou 48 morceaux

- 500 g de sucre brun clair
- 450 g de beurre[1] fondu
- 2 œufs[2] battus
- 1 pincée de sel
- 500 g de farine[3]
- 1 cuillerée à thé de poudre à pâte[4]
- 1 c. à thé de vanille
- 250 g de pécans

Préparation

1. dans un bol, mélanger le beurre, le sucre brun, les œufs battus et la vanille ;
2. dans un autre bol, mélanger la farine, la poudre à pâte et le sel ;
3. incorporer le mélange de farine doucement au beurre-cassonade ;
4. incorporer les pacanes ;
5. déposer des cuillerées de ce mélange sur une plaque graissée et farinée ;
6. enfourner dans un four préchauffé à 160°C (325°F) pendant 30 min ;
7. laisser refroidir avant de servir.

[1] *butter* [2] *eggs* [3] *flour* [4] *baking powder*

2. Les verbes suivants indiquent les méthodes de préparation. Quel est le sens de chaque verbe ?
   a. mélanger
   b. incorporer
   c. déposer
   d. enfourner
   e. laisser refroidir
3. Les adjectifs expliquent aussi la préparation ; quel est le sens des expressions suivantes ?
   a. du beurre **fondu**
   b. un œuf **battu**
   c. une plaque **graissée** et **farinée**

D. Après avoir lu. Discutez de ces questions avec vos camarades de classe.

1. Pourquoi, à votre avis, est-ce que c'est un bon exemple d'un plat louisianais ?
2. Est-ce que vous connaissez une autre recette qui ressemble à celle-ci ? Quelle est cette recette ?
3. Essayez cette recette, et apportez des pralines à votre professeur et à vos camarades de classe !

Leçon 2 À table !

Points de départ

Les repas

Les Sangala habitent à Bordeaux ; ils prennent le petit-déjeuner vers huit heures.

Les Canadiens prennent souvent un petit-déjeuner copieux.

Les Dupuis habitent une ferme en Belgique ; ils déjeunent chez eux à midi et demi.

Marie-Christelle, Jean-Pierre et Guillaume habitent en Touraine ; ils prennent le goûter vers quatre heures et demie.

M. et Mme Haddad habitent en Algérie ; ils dînent vers huit heures.

Vie et culture

Le déjeuner

Pour la majorité des Français, le repas principal de la journée est le déjeuner. Quand c'est possible, les gens rentrent chez eux à midi pour manger en famille. Autrement, ils mangent dans un restaurant près de leur travail. Pour découvrir en quoi consiste un déjeuner ordinaire, regardez ces menus trouvés à l'entrée d'un petit restaurant. D'abord, il y a une entrée ; indiquez une ou deux des entrées proposées. Ensuite, il y un plat principal (de la viande ou du poisson) servi avec un légume. Après, on peut choisir entre un fromage ou un dessert. À la fin du repas, on prend le café. Quel menu et quels plats est-ce que vous préférez et pourquoi ?

Le déjeuner du dimanche

En France, le grand repas de la semaine est le déjeuner du dimanche. Souvent on invite des membres de la famille ou des bons amis. Ces déjeuners sont très animés et très longs : ils peuvent durer entre deux et trois heures. Est-ce qu'il y a un grand repas de la semaine chez vous ? Quand ? Qui est-ce que vous invitez et qu'est-ce que vous servez ?

Le dîner

Le repas du soir, le dîner ou le souper, est moins copieux. Il commence souvent par une soupe. Ensuite on peut avoir une omelette, des pâtes, de la viande ou du poisson avec un légume. Pour finir, il y a un peu de fromage, un yaourt ou des fruits. Le dîner en famille commence assez tard, vers huit heures. Souvent on regarde le journal télévisé pendant le repas.

Et vous ?

1. Est-ce que vos habitudes sont semblables aux habitudes des Français, ou différentes ? Par exemple, quel est le repas principal de la journée chez vous ? Expliquez votre réponse.
2. Est-ce que vous dînez plus tôt ou plus tard que les Français le soir ? Pourquoi ? Est-ce que vous regardez la télé en même temps ?

À vous la parole

8-11 Quel repas ? Selon la description, identifiez le repas.

MODÈLE M. Maisonneuve prend des œufs sur le plat avec du jambon et des rôties.
➤ Il prend le petit-déjeuner.

1. Mme Lopez donne des pains au chocolat et du lait à ses enfants.
2. Mme Leroux prend seulement du café et un croissant.
3. Nicolas prend un yaourt et une pomme.
4. M. et Mme Poirier prennent des œufs avec des rôties.
5. Il est une heure ; les Schumann mangent du poisson avec du riz.
6. Nous sommes à Montréal, le soir. Mme Ladouceur sert de la soupe.
7. Avant de retourner au bureau, Marion et Gaëlle prennent un hamburger et des frites au McDo.
8. Il est huit heures du soir, et les Deleuze mangent du rosbif et des pommes de terre.

C'est quel repas ? Qu'est-ce qu'ils prennent ?

8-12 Quels ingrédients ? Avec quoi est-ce qu'on fait les plats suivants ? Avec un/e partenaire, mettez-vous d'accord sur les ingrédients.

MODÈLE une omelette ?

É1 Avec quoi est-ce qu'on fait une omelette ?
É2 On fait une omelette avec des œufs, du lait et du beurre.
É1 Et aussi avec du jambon et du fromage.

1. un citron pressé ?
2. une omelette ?
3. un sandwich ?
4. une salade de fruits ?
5. une tartine ?
6. un croque-monsieur ?
7. un café au lait ?
8. un pain au chocolat ?

8-13 Vos préférences. Qu'est-ce que vous prenez d'habitude, dans les situations suivantes ? Comparez vos habitudes avec celles d'un/e camarade de classe.

MODÈLE comme boisson, au petit-déjeuner ?

É1 D'habitude, je prends du café avec du sucre.

É2 Moi, je ne prends pas de boisson au petit-déjeuner.

1. comme boisson, au petit-déjeuner ?
2. à manger, au petit-déjeuner ?
3. à manger, au déjeuner ?
4. comme goûter, l'après-midi ?
5. quand vous voulez prendre une boisson, l'après-midi ?
6. comme boisson, au dîner ?
7. quand vous n'avez pas dîné, tard le soir ?
8. quand vous êtes très stressé/e ?
9. comme boisson, quand vous avez des invités ?

FORMES ET FONCTIONS

1. Les expressions indéfinies et négatives

- Look at the following examples:

—Tu manges **quelque chose** ?	*—Are you eating something?*
—Non, je **ne** mange **rien**.	*—No, I'm not eating anything.*
—Il y a **quelqu'un** à la porte ?	*—Is there someone at the door?*
—Non, il **n'**y a **personne**.	*—No, there's no one there.*
—Tu vas **quelquefois** au café ?	*—Do you go to the café sometimes?*
—Non, je **ne** vais **jamais** au café.	*—No, I never go to the café.*

As you can see in the examples, the negative expressions are composed of two parts: **ne** ... plus another element carrying the specific meaning.

- These negative expressions may also be used alone:

—Qu'est-ce que tu as ?	—**Rien**.
—Qui prend du vin ?	—**Personne**.
—Tu es allé en Italie ?	—**Jamais**.

- **Rien** and **personne** may be used as the subject of a sentence; **ne** still precedes the verb:

Rien ne s'est passé hier.	*Nothing happened yesterday.*
Personne n'a goûté.	*No one had a snack.*

The following chart summarizes indefinite and negative expressions referring to time, things, and persons:

indéfini	**négatif**
quelquefois	ne ... jamais
quelque chose	ne ... rien
quelqu'un	ne ... personne

- Note the placement of negative and indefinite expressions in the **passé composé** and **futur proche**:

—Tu **n'**as **rien** mangé ? —Si, j'ai mangé **quelque chose**.
—Tu **n'**a **jamais** dîné ici ? —Si, j'ai mangé ici **quelquefois**.
—Tu **n'**as vu **personne** ? —Si, j'ai vu **quelqu'un**.
—Il **ne** va **rien** boire ? —Si, il va boire **quelque chose**.
—Il **ne** va **jamais** nous accompagner ? —Si, il va nous accompagner **quelquefois**.
—Il **ne** va inviter **personne** ? —Si, il va inviter **quelqu'un**.

8-14 Au négatif. Répondez avec une expression négative.

MODÈLE Qu'est-ce que tu regardes ?
➤ Rien. Je ne regarde rien.

1. Qu'est-ce que tu écoutes ?
2. Qui nous invite à dîner ?
3. Quand est-ce qu'ils sont arrivés ?
4. Qu'est-ce qu'il y a dans ton verre ?
5. Qui est-ce que tu écoutes ?
6. Qu'est-ce que tu prends ?
7. Quand est-ce que tu vas au restaurant ?
8. Qui est-ce que tu invites ?

8-15 Une petite contradiction. Dites le contraire dans vos réponses !

MODÈLE Est-ce qu'il y a quelqu'un au café ?
➤ Non, il n'y a personne.

Vous ne travaillez jamais ?
➤ Si, je travaille quelquefois.

1. Il y a quelque chose sur la table ?
2. Est-ce qu'elle invite quelqu'un ?
3. Vous achetez quelque chose ?
4. Vous ne mangez rien ?
5. Personne n'a téléphoné ?
6. Il ne mange jamais au restaurant ?
7. Vous préparez quelquefois le dîner ?
8. Il y a quelqu'un à la porte ?

8-16 Des situations. Pour chaque situation, discutez avec un/e partenaire de ce que vous faites. Utilisez **ne ... jamais**, **ne ... personne**, **ne ... rien** et leurs contraires **quelquefois**, **quelqu'un** et **quelque chose**.

MODÈLE quand vous allez au café

É1 Qu'est-ce que tu fais quand tu vas au café ?

É2 Je ne prends jamais de café parce que je ne l'aime pas. Je prends quelquefois un thé ou un chocolat chaud. Et toi ?

É1 Moi, je ne prends rien au café parce que c'est trop cher.

1. quand vous allez au café
2. quand vous allez au McDo
3. quand vous sortez avec des amis le week-end
4. quand vous partez en vacances en famille
5. quand vous voulez grignoter
6. quand vous préparez un repas pour des amis
7. quand vous êtes en cours de français
8. quand vous êtes au régime

2. *La modalité :* devoir, pouvoir *et* vouloir

- You saw in **Chapitre 3**, **Leçon 3** that the verbs **devoir**, **pouvoir**, and **vouloir** can be used to soften commands and make suggestions. Compare:

Attendez devant le café !	*Wait in front of the café!*
Vous **devez** attendre devant le café.	*You must wait in front of the café.*
Vous **pouvez** attendre devant le café.	*You can wait in front of the café.*
Vous **voulez** attendre devant le café ?	*Will you wait in front of the café?*

- The conditional forms make orders or suggestions sound even more polite. The conditional forms are generally equivalent to *should*, *could*, and *would like to.*

Vous **devriez** manger des repas équilibrés.	*You should eat well-balanced meals.*
Ils **pourraient** faire plus d'exercice.	*They could exercise more.*
Tu **voudrais** prendre de l'eau ?	*Would you like to have some water?*

- Here are the conditional forms for **devoir**, **pouvoir**, and **vouloir**.

SINGULIER		PLURIEL	
je	devr**ais**	nous	devr**ions**
	pourr**ais**		pourr**ions**
	voudr**ais**		voudr**ions**
tu	devr**ais**	vous	devr**iez**
	pourr**ais**		pourr**iez**
	voudr**ais**		voudr**iez**
il	devr**ait**	ils	devr**aient**
elle	pourr**ait**		pourr**aient**
on	voudr**ait**	elles	voudr**aient**

À vous la parole

8-17 Au restaurant. Le patron donne des instructions aux serveurs ; formulez des phrases plus polies.

MODÈLE Pierre, prends la commande de cette dame !
➤ Pierre, tu pourrais prendre la commande de cette dame ?
OU ➤ Pierre, tu devrais prendre la commande de cette dame.

1. Jennifer, mets la table !
2. Sarah et Loïc, apportez ces plats à la cuisine !
3. Laurent et Olivier, prenez les commandes !
4. Nathalie, aide ce monsieur !
5. Grégory, apporte un plat chaud à cette dame !
6. David et Camille, mettez les salades ici !
7. Sarah et Camille, aidez Loïc !
8. Jennifer, va dans la cuisine !

8-18 Qu'est-ce qu'on devrait manger ? Offrez une suggestion à chaque personne selon le cas.

MODÈLE Stéphanie voudrait maigrir.
➤ Elle devrait manger une salade.
OU ➤ Elle pourrait prendre des crudités.

1. Mathieu n'aime pas la viande.
2. Nous adorons les fruits.
3. Jessica est végétarienne.
4. M. et Mme Dulac voudraient maigrir.
5. Je voudrais un petit dessert.
6. Nous n'aimons pas le fromage.
7. Jonathan et Ben vont courir dans un marathon.
8. Je vais au bord de la mer pour les vacances.

8-19 Bonnes résolutions. Avec un/e partenaire, parlez de vos bonnes résolutions.

MODÈLE boire de l'alcool

É1 Est-ce que tu bois de l'alcool ?
É2 Oui, mais je devrais boire moins. Et toi ?
É1 Non, je ne bois pas.
É2 C'est bien.

1. boire de l'alcool
2. faire régulièrement de l'exercice physique
3. manger des repas équilibrés
4. manger trop de desserts
5. dormir toujours assez
6. se détendre souvent
7. fumer

8-20 Voici les spécialités de chez nous

A. Avant de regarder. Est-ce que vous avez déjà dîné dans un restaurant marocain ? africain ? Si oui, quelles sont les spécialités que vous avez goûtées ? Regardez la photo — est-ce que vous reconnaissez certains de ces plats du Bénin ? Quels sont les ingrédients nécessaires pour préparer ces plats ?

Voici un buffet plein de spécialités du Bénin.

B. En regardant. Deux personnes vont décrire les spécialités de leur région. Trouvez toutes les bonnes réponses à chaque question.

1. Bienvenu décrit des spécialités du…
   a. Mali.
   b. Bénin.
   c. Cameroun.
2. D'abord, c'est de l'épinard avec…
   a. du poulet.
   b. du porc.
   c. des crevettes.
3. L'épinard est accompagné de pâte faite de…
   a. riz.
   b. maïs.
   c. plantain.
4. Le plantain, c'est une forme de…
   a. céréales.
   b. légume.
   c. banane.
5. Fadoua décrit une spécialité du…
   a. Maroc.
   b. Tchad.
   c. Midi de la France.
6. Pour préparer ce plat, il faut…
   a. un grand four.
   b. un couscoussier.
   c. une casserole.
7. Comme ingrédients, on peut mettre…
   a. de la viande.
   b. du poisson.
   c. des tomates.
   d. des carottes.
   e. des oignons.
   f. des navets (*turnips*).
   g. des concombres.
8. Pour servir, on met un bol avec du bouillon pour…
   a. boire.
   b. mélanger (*mix*) les ingrédients.
   c. mouiller (*moisten*) le plat.

C. Après avoir regardé. Est-ce que vous avez déjà goûté un de ces plats ? Est-ce que vous avez aimé ce plat ? Pourquoi ? Quel plat est-ce que vous voudriez essayer, et pourquoi ?

Leçon 3 Faisons des courses

Points de départ

Allons au supermarché

TEXT AUDIO

C'est samedi. Les Mathieu font les courses à Super U. Ils se trouvent au rayon fruits et légumes.

M. MATHIEU : Qu'est-ce qui va bien avec le rôti de porc ? Des haricots verts ? J'aime ça, moi.
MME MATHIEU : Il n'y a pas de haricots verts aujourd'hui.
M. MATHIEU : Alors, des épinards ?
MME MATHIEU : Les enfants les détestent. Les petit pois, c'est mieux.
M. MATHIEU : Mais ils sont trop chers. Six euros le kilo !
MME MATHIEU : C'est vrai, mais ils ont l'air délicieux et très frais.
M. MATHIEU : Et pour le dessert, des fruits ?
MME MATHIEU : Non, les fraises sont trop mûres, les pêches trop vertes et le reste trop cher.

À vous la parole

8-21 Quel rayon ? Nous sommes au supermarché. Où est-ce que vous entendez cela ? Choisissez vos réponses dans cette liste.

au rayon crémerie
au rayon charcuterie
au rayon viandes et poissons
au rayon boulangerie-pâtisserie
au rayon fruits et légumes
au rayon surgelés

MODÈLE Je voudrais une demi-douzaine de petits pains, s'il vous plaît.
➤ C'est au rayon boulangerie-pâtisserie.

1. Je mets les croissants dans un sac ?
2. Qu'est-ce que tu préfères, le pâté de campagne ou le jambon ?
3. Vous avez des sardines ?
4. Comme dessert, on prend de la glace ou un sorbet ?
5. Je vous recommande le brie, madame.
6. Il y a des côtelettes d'agneau et du poulet.
7. La pâtissière fait des gâteaux magnifiques !
8. Les melons sont beaux, mais ils sont chers.

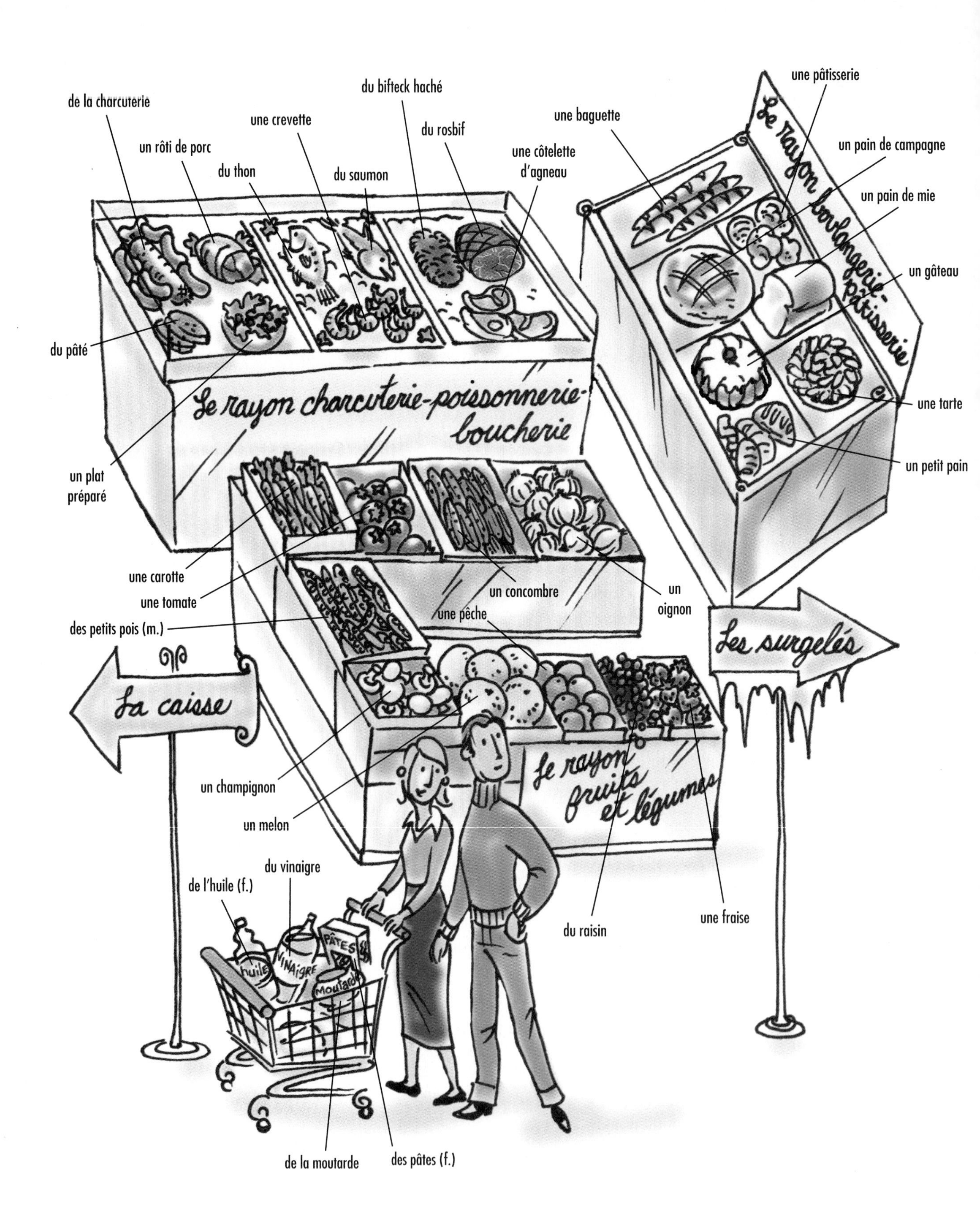
de la charcuterie
un rôti de porc
du thon
une crevette
du saumon
du bifteck haché
du rosbif
une côtelette d'agneau
une baguette
une pâtisserie
un pain de campagne
un pain de mie
un gâteau
une tarte
un petit pain
du pâté
un plat préparé
Le rayon charcuterie-poissonnerie-boucherie
Le rayon boulangerie-pâtisserie
une carotte
une tomate
des petits pois (m.)
un concombre
un oignon
une pêche
Les surgelés
La caisse
un champignon
un melon
Le rayon fruits et légumes
du vinaigre
de l'huile (f.)
du raisin
une fraise
de la moutarde
des pâtes (f.)
huile
vinaigre
pâtes
moutarde

Vie et culture

Les petits commerçants et les grandes surfaces

Regardez ces photos de magasins d'alimentation[1]. Qu'est-ce que vous pouvez acheter dans chaque endroit ? Où est-ce que vous préférez faire les courses et pourquoi ?

Pour faire les courses, les Français ont beaucoup de choix. Ils peuvent aller chez les petits commerçants ou faire leurs courses une fois par semaine dans les supermarchés. Par exemple, le matin, beaucoup de Français achètent la baguette du petit-déjeuner chez le boulanger et les journaux[2] et les magazines chez le marchand de journaux. Pour les repas de fête, ils vont à la pâtisserie où ils achètent un gâteau ou des tartelettes. Autrement, comme les Américains, la majorité des Français vont faire les gros achats une ou deux fois par semaine dans les supermarchés comme Casino ou les hypermarchés comme Intermarché ou Super U. Dans les supermarchés, on peut tout acheter en même temps au même endroit. Les hypermarchés offrent aussi toutes sortes de nourriture ; en plus, on y trouve des vêtements, des livres, des CD, des appareils électroniques (comme des télés, des lecteurs DVD, des ordinateurs, etc.), et différentes choses pour la maison.

[1]*food* [2]*newspapers*

Une épicerie à Paris

Le fromager vend une grande variété de fromages.

Les marchés

Regardez cette photo d'un marché en France. Qu'est-ce que vous pouvez acheter dans ce marché ? Est-ce qu'il y a des marchés là où vous habitez ? Si oui, est-ce que vous allez quelquefois au marché pour faire des achats ? Quels sont les avantages d'acheter certains produits au marché ? Pour acheter des fruits et des légumes frais, les Français aiment faire leur marché, surtout le samedi et le dimanche. Faire son marché, cela veut dire aller à un marché couvert ou en plein air. Il est vrai que les marchés sont moins pratiques que les supermarchés, en particulier en hiver ou quand il pleut. Alors pourquoi est-ce que les gens les préfèrent ? C'est parce que les produits sont plus frais, et surtout parce que les marchés sont plus animés. On y trouve une grande variété de couleurs, d'odeurs et de bruits[3].

[3]*noises*

Un marché en plein air à Nîmes

8-22 Des achats. Qu'est-ce que ces gens ont acheté ? Avec un/e partenaire, suggérez un ou deux produits.

MODÈLE Pauline se trouve au rayon boucherie.

É1 Elle achète un rôti.

É2 Et aussi un poulet.

1. Nicolas a trouvé un beau dessert.
2. M. Dumas va faire une salade.
3. Mme Ducastel est allée au rayon fruits et légumes pour acheter des fruits.
4. M. et Mme Camus veulent servir du poisson.
5. Matthieu a seulement acheté des surgelés.
6. Gaëlle est allée au rayon crémerie.
7. Christophe est passé au rayon légumes.

8-23 Vos goûts. Quelle est votre réaction si votre partenaire vous propose les aliments suivants ? Choisissez une des expressions suivantes pour répondre :

Super !	C'est délicieux !	J'aime ça.	Miam !
Oui, pourquoi pas ?	Je déteste ça.	Quelle horreur !	Beurk !

MODÈLE les bananes trop mûres

É1 Tu aimes les bananes trop mûres ?

É2 Quelle horreur ! Je déteste ça !

1. les bananes trop mûres
2. les bananes vertes
3. le sel sur le melon
4. les fraises trop mûres
5. les spaghettis à la sauce tomate
6. le poulet à la moutarde avec beaucoup d'oignons
7. la soupe aux carottes
8. des fines tranches de concombre sur du pain
9. le saumon fumé (*smoked*)
10. le jambon cru (*cured ham*) avec du melon comme en Italie

Formes et fonctions

1. *Les expressions de quantité*

- In **Chapitre 4**, **Leçon 1**, you learned that adverbs of quantity are followed by **de/d'** when used with nouns.

trop de	Il y a **trop de** sucre.	*There's too much sugar.*
beaucoup de	Elle a **beaucoup de** riz.	*She has lots of rice.*
assez de	Vous avez **assez d'**huile ?	*Do you have enough oil?*
peu de	Je mange **peu de** choux.	*I eat very little cabbage.*
ne ... pas de	Tu n'as **pas de** sèl ?	*Don't you have any salt?*

- Nouns of measure are used in the same way.

une tasse de	Prends **une tasse de** café.	*Have a cup of coffee.*
une boîte de	Donne-moi **une boîte de** sardines.	*Give me a can of sardines.*
	On va prendre **une boîte de** céréales ?	*Are we going to get a box of cereal?*
un kilo de	Achète **un kilo de** navets.	*Buy a kilo of turnips.*
un litre de	Il faut **un litre de** lait.	*We need a liter of milk.*

- Here are some useful expressions for specifying quantity.

À vous la parole

8-24 À table. Quelle quantité de ces aliments est-ce que vous prenez ?

MODÈLE Vous prenez de l'eau ?
➤ Oui, donnez-moi un verre d'eau.

1. Vous prenez du jambon ?
2. Vous prenez du café au lait ?
3. Vous prenez du pain ?
4. Vous prenez des crudités ?
5. Vous prenez du vin ?
6. Vous prenez de la viande ?
7. Vous prenez du fromage ?
8. Vous prenez du thé ?

8-25 Un pot-au-feu. Qu'est-ce qu'il faut pour faire un pot-au-feu ? Regardez l'image du « pot-au-feu géant » préparé pour un festival d'été en Bretagne. Avec un/e partenaire, décidez de quelle quantité il faudrait pour préparer un pot-au-feu pour votre famille.

MODÈLE É1 Pour un pot-au-feu géant, il faut 260 kg de viande ! Et pour ta famille ?

É2 Pour ma famille, il faut seulement un kilo de viande...

8-26 Préparation pour un repas. Qu'est-ce qu'il faut acheter, et en quelles quantités ? Décidez avec votre partenaire.

MODÈLE Marion va faire une omelette au jambon pour quatre personnes.

É1 Elle doit acheter une douzaine d'œufs.

É2 Et aussi quatre tranches de jambon.

É1 Oui, c'est ça.

1. Cédric va inviter deux amis à prendre le dessert.
2. Mme Salazar va faire un rôti de porc et des petits pois pour elle, son mari et leurs trois enfants.
3. Nous sommes en hiver. M. Bertrand voudrait préparer une salade de fruits.
4. Vanessa va servir du saumon à sept personnes. Quels légumes est-ce que vous lui suggérez ?
5. Audrey a invité ses parents, son fiancé et les parents de son fiancé à déjeuner dimanche. Qu'est-ce qu'elle pourrait servir comme entrée ?

6. M. Charpentier a des amis chez lui ; avec sa femme, ses deux enfants et lui, ça fait sept personnes. Il va chez le boulanger. Qu'est-ce qu'il devrait acheter ?
7. M. Papin a invité son chef de bureau et sa femme à dîner. Qu'est-ce que les Papin pourraient préparer comme plat principal ? Et comme dessert ?

2. *Le pronom partitif* en

• The pronoun **en** replaces nouns used with the partitive article or the plural indefinite article **des**:

Tu as **du beurre** ?	*Do you have butter?*
—Oui, j'**en** ai.	*—Yes, I have some.*
Vous avez acheté **de l'huile** ?	*Did you buy oil?*
—Oui, j'**en** ai acheté.	*—Yes, I bought some.*
Il n'y a pas **de sucre** ?	*There isn't any sugar?*
—Si, il y **en** a.	*—Yes, there is some.*
Qui veut **des fraises à la crème** ?	*Who wants strawberries with cream?*
—Jérémy **en** veut. Il aime bien ça.	*—Jeremy wants some. He likes that.*

• Like the direct-object pronouns, **en** is placed immediately before the conjugated verb of a sentence, unless there is an infinitive. In that case, it precedes the infinitive.

Qui a pris **du jus d'orange** ?	*Who drank orange juice?*
—Ce monsieur **en** a pris.	*—That man drank some.*
—Moi, je n'**en** ai pas pris.	*—Me, I didn't drink any.*
Tu vas acheter **des œufs** ?	*Are you going to buy eggs?*
—Non, je ne vais pas **en** acheter.	*—No, I'm not going to buy any.*
—Cyril, lui, il va **en** acheter.	*—Cyril, he's going to buy some.*

• To replace nouns modified by an expression of quantity (including numbers), use **en**. The expression of quantity is placed at the end of the sentence.

Elle sert beaucoup **de glace** ?	*Does she serve a lot of ice cream?*
—Oui, elle **en** sert beaucoup.	*—Yes, she serves a lot (of it).*
Tu as pris **du vin rouge** ?	*Did you have some red wine?*
—Oui, j'**en** ai bu un verre.	*—Yes, I drank a glass (of it).*
Combien de **melons** est-ce que vous allez prendre ?	*How many melons are you going to take?*
—Nous allons **en** prendre trois.	*—We'll take three (of them).*

À vous la parole

8-27 Qu'est-ce qu'il a acheté ? David achète des provisions. D'après les indications, qu'est-ce qu'il a acheté ? Avec un/e partenaire, trouvez des possibilités.

MODÈLE Il en a acheté une douzaine.

É1 Il a acheté une douzaine d'œufs.

É2 Il a acheté une douzaine de citrons.

1. Il en a pris un pot.
2. Il en a acheté un morceau.
3. Il en a pris une douzaine.
4. Il en a acheté une bouteille.
5. Il en a pris deux paquets.
6. Il en a demandé deux.
7. Il en a pris beaucoup.
8. Il en a acheté un kilo.
9. Il en a demandé dix tranches.
10. Il en a acheté une boîte.

- carottes
- oignons
- petits pains
- pâtes
- moutarde
- vin
- eau minérale
- lait
- œufs
- saumon

8-28 Elle en prend combien ? Voici la liste des provisions que Mme Serre achète pour sa famille. Quelles quantités est-ce qu'il lui faut ?

MODÈLE des carottes

➤ Elle en achète un kilo.

8-29 Vous en avez combien ? Donnez une réponse logique et personnalisée, et comparez-la avec la réponse de votre partenaire. Ensuite, comparez vos réponses avec les autres étudiants dans votre cours.

MODÈLE des sœurs ?

É1 J'en ai une.

É2 Je n'en ai pas.

1. des sœurs ?
2. des frères ?
3. des amis ?
4. des problèmes ?
5. de l'argent ?
6. des devoirs ?
7. des responsabilités ?
8. des vacances ?

8-30 Les plats régionaux

A. Avant de parler. La France a la réputation d'être le pays de la bonne table et des bons vins. C'est une réputation bien méritée. La cuisine française est très variée. Chaque région a ses plats particuliers qui dépendent de son climat, de ses produits et de ses traditions culturelles. Voici une liste de quelques spécialités régionales en France :

- la bouillabaisse marseillaise
- la choucroute alsacienne
- la quiche lorraine
- les crêpes bretonnes
- le coq au vin bourguignon
- la fondue savoyarde

Est-ce que vous connaissez déjà certains de ces plats ?

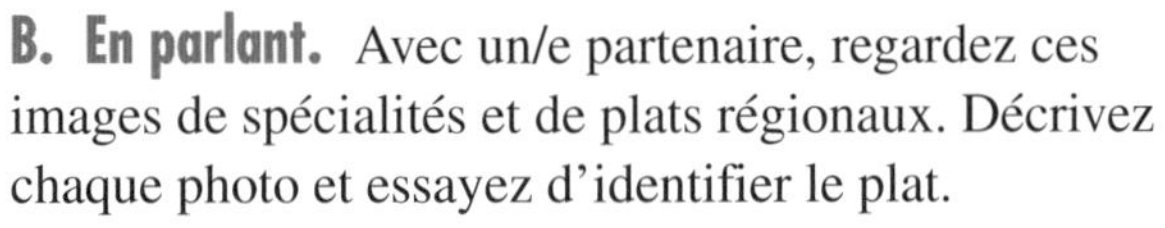

B. En parlant. Avec un/e partenaire, regardez ces images de spécialités et de plats régionaux. Décrivez chaque photo et essayez d'identifier le plat.

MODÈLE É1 Regarde cette image. C'est une soupe.
É2 Oui, une soupe de poisson. Il y a des morceaux de poissons.
É1 Oui, et aussi des tomates parce que le bouillon est rouge.
É2 C'est la bouillabaisse marseillaise ?
É1 C'est possible. Oui, c'est ça.

C. Après avoir parlé. Est-ce que vous et votre partenaire avez identifié tous les plats ? Comparez vos réponses aux réponses de vos camarades de classe.

Vocabulaire

Leçon 1

au café ou au restaurant	***in the cafe or in the restaurant***
l'addition (f.)	*bill*
avoir faim	*to be hungry*
avoir soif	*to be thirsty*
boire	*to drink*
prendre	*to have (to eat or drink)*
des boissons chaudes	***hot drinks***
un café (crème)	*coffee (with cream)*
un chocolat chaud	*hot chocolate*
un thé (au lait)	*tea (with milk)*
des boissons rafraîchissantes	***cold drinks***
un citron pressé	*lemonade*
un coca(-cola)	*cola*
de l'eau (minérale) (f.)	*(mineral) water*
un jus d'orange	*orange juice*
une limonade	*lemon-lime soft drink*
un Orangina	*orange soda*
du sucre	*sugar*
des glaçons (m.)	*ice cubes*
une cuillère	*spoon*
des boissons alcoolisées	***alcoholic drinks***
une bière	*beer*
du vin (rouge, blanc, rosé)	*(red, white, rosé) wine*
des casse-croûte (m.)	***snacks***
un croque-monsieur	*grilled ham-and-cheese sandwich*
des crudités (f.)	*cut-up raw vegetables*
des frites (f.)	*French fries*
une glace	*ice cream*
un *hamburger	*hamburger*
une pizza	*pizza*
une salade (verte)	*(green) salad*
un sandwich (au jambon, au fromage)	*(ham, cheese) sandwich*
quelques expressions utiles	***some useful expressions***
apprendre	*to learn*
commander	*to order*
comprendre	*to understand*
je voudrais...	*I would like. . .*
quelle horreur !	*how awful!*
sans problème	*no problem*

Leçon 2

les repas	***meals***
le petit-déjeuner	*breakfast*
le déjeuner	*lunch*
le goûter	*afternoon snack*
le dîner	*dinner*
le souper	*dinner (Can.)*
au petit-déjeuner	***at breakfast***
prendre le petit-déjeuner	*to have breakfast*
le bacon	*bacon*
le beurre	*butter*
un café au lait	*coffee with milk*
des céréales (f.)	*cereal*
la confiture	*jam*
un croissant	*croissant*
un œuf (sur le plat/au plat)	*(fried) egg*
du pain	*bread*
un pain au chocolat	*chocolate croissant*
une rôtie	*piece of toast (Can.)*
une tartine	*slice of bread*
une tranche de pain grillé	*slice of toast*
au déjeuner	***at lunch***
une entrée	*appetizer or starter*
un plat principal	*main dish*
un dessert	*dessert*
des aliments (m.)	***food***
une asperge	*asparagus*
un biscuit	*cookie*
le fromage	*cheese*
les *haricots verts (m.)	*green beans*
un légume	*vegetable*
des pâtes (f.)	*pasta*
le poisson	*fish*
une pomme de terre	*potato*
le poulet	*chicken*
le riz	*rice*
une soupe	*soup*
une tarte aux pommes	*apple pie*
la viande	*meat*
un yaourt	*yogurt*
des fruits (m.)	***fruits***
une banane	*banana*

une poire	*pear*
une pomme	*apple*
des épices (f.)	***spices***
le poivre	*pepper*
le sel	*salt*
d'autres mots utiles	***other useful words***
un bol (de café au lait)	*bowl (of coffee with hot milk)*
une bouteille	*bottle*
une carafe (d'eau)	*carafe (of water)*
une tasse	*cup*
un verre	*glass*
pour décrire	***to describe***
copieux/-euse	*copious, hearty*
grillé/e	*grilled, toasted*
quelques expressions indéfinies et négatives	***some indefinite and negative expressions***
quelque chose	*something*
quelqu'un	*someone*
ne … personne	*no one*
ne … rien	*nothing*

Leçon 3

les rayons du supermarché	***supermarket aisles***
le rayon boulangerie-pâtisserie	*bakery/pastry aisle*
une baguette	*long, thin loaf*
un pain de campagne	*round loaf of bread*
un pain de mie	*loaf of sliced bread*
une pâtisserie	*pastry*
des petits pains (m.)	*rolls*
une tarte	*pie*
le rayon boucherie	*meat counter*
du bifteck haché	*ground beef*
une côtelette (d'agneau)	*(lamb) chop*
du rosbif	*roast beef*
le rayon charcuterie	*deli counter*
du pâté	*pâté*
des plats préparés (m.)	*prepared dishes*
un rôti (de porc)	*(pork) roast*
le rayon fruits et légumes	*produce aisle*
une fraise	*strawberry*
un melon	*cantaloupe*
une pêche	*peach*
du raisin	*grapes*
une carotte	*carrot*
un champignon	*mushroom*
un chou, des choux	*cabbage*
un concombre	*cucumber*
les épinards (m.)	*spinach*
les *haricots (m.)	*beans*
un navet	*turnip*
un oignon	*onion*
les petits pois (m.)	*peas*
une tomate	*tomato*
le rayon poissonnerie	*fish counter*
une crevette	*shrimp*
du saumon	*salmon*
du thon	*tuna*
le rayon surgelés	*frozen foods section*
les surgelés (m.)	*frozen foods*
des condiments	***condiments***
l'huile (f.)	*oil*
la moutarde	*mustard*
le vinaigre	*vinegar*
pour décrire	***to describe***
avoir l'air (bon/mauvais)	*to appear/seem (good/bad)*
délicieux/-euse	*delicious*
frais/fraîche	*fresh*
mûr/e	*ripe*
pour faire les courses	***to shop for food***
un/e commerçant/e	*shopkeeper, merchant*
une épicerie	*small grocery store*
un hypermarché	*superstore*
des quantités (f.)	***quantities***
une assiette de (crudités)	*plate of (crudités)*
une boîte de (sardines)	*can of (sardines)*
une boîte de (céréales)	*box of (cereal)*
un demi-kilo de (tomates)	*half-kilo of (tomatoes)*
une douzaine d'(œufs)	*dozen (eggs)*
un kilo de (pommes)	*kilo of (apples)*
un litre de (lait)	*liter of (milk)*
un morceau de (fromage)	*piece of (cheese)*
un paquet de (riz)	*package of (rice)*
un pot de (moutarde)	*jar of (mustard)*
une tranche de (pâté)	*slice of (pâté)*

Voici un voyageur dans un train rapide en France. Est-ce que vous pensez que c'est une façon agréable de voyager ? Pourquoi ?

Chapitre 9 Voyageons !

Leçon 1 *Projets de voyage*

Leçon 2 *Destinations*

Leçon 3 *Faisons du tourisme !*

In this chapter:

- Describing future plans
- Making travel plans
- Describing places and people
- Expressing obligation
- Exploring French cities, especially Paris

Leçon 1 *Projets de voyage*

POINTS DE DÉPART

Comment y aller ?

TEXT AUDIO

M. et Mme Mathieu partent en vacances au Cameroun. Ils prennent un taxi pour aller à la gare, puis le train pour aller à l'aéroport prendre leur vol. Ils ont beaucoup de valises.

MME MATHIEU : Tu as tout ? On n'a rien oublié ?

M. MATHIEU : Voyons. On a besoin de nos passeports et de nos billets. Tout est là. Non, je n'ai rien oublié. Et toi, tu n'as rien oublié ?

MME MATHIEU : Mais si ! J'ai laissé mon appareil photo sur la table, dans la cuisine, zut !

M. MATHIEU : Ne t'en fais pas. J'ai mon nouvel appareil photo numérique ; je te le prête si tu veux.

MME MATHIEU : Merci, mon chéri, c'est très gentil.

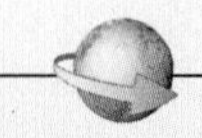

Additional practice activities for each **Points de départ** section are provided by:
- Student Activities Manual
- *Points de départ* Companion Website: **http://www.prenhall.com/pointsdedepart**

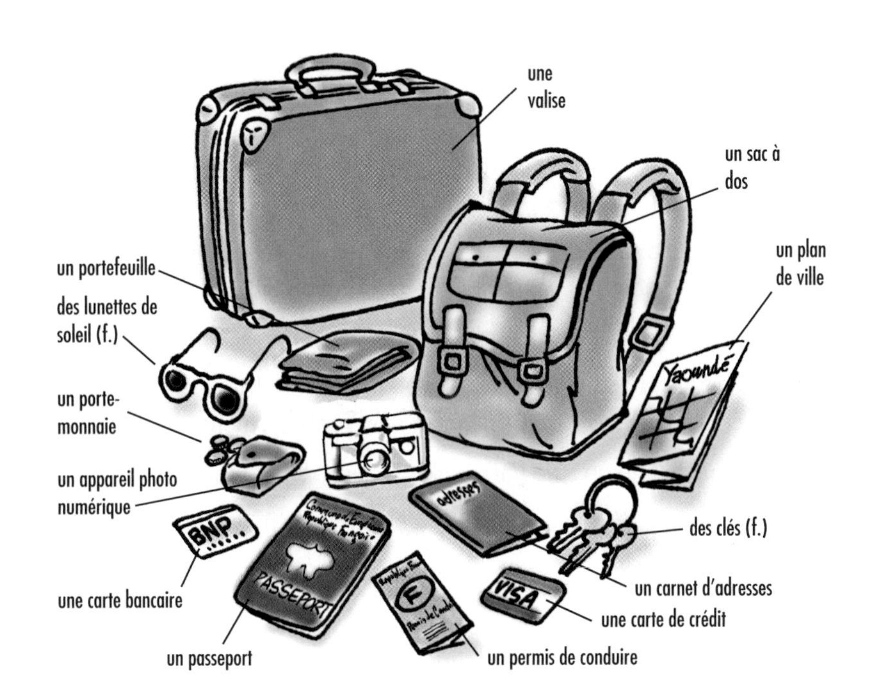

LES MOYENS DE TRANSPORT

l'avion (m.)	le car	la moto	le tramway
le bateau	le métro	le taxi	le vélo
le bus	la mobylette	le train	la voiture

When specifying a means of transportation, use . . .

- **prendre** plus the means of transportation preceded by an article or possessive:

Je prends **le** métro.	*I'm taking the subway.*
Ils prennent **un** taxi.	*They're taking a taxi.*
Elle prend **son** vélo.	*She's taking her bike.*

- verbs of travel such as **aller**, **partir**, or **voyager** are followed by the preposition **en** or **à**, as specified below. In these cases, no article is used.

en avion, **en** bateau, **en** bus, **en** car, **en** métro, **en** taxi, **en** train, **en** tramway, **en** voiture, **à** mobylette, **à** moto, **à** pied, **à** vélo

Nous partons **en** avion pour le Mali.	*We're leaving by plane for Mali.*
Moi, je vais au travail **en** métro, mais Christine va au travail **à** pied.	*I take the subway to work, but Christine goes to work on foot.*
Ils préfèrent voyager **en** train.	*They prefer to travel by train.*

À vous la parole

9-1 Qu'est-ce qu'il faut ? De quoi est-ce que les touristes ont besoin ?

MODÈLE pour trouver les monuments dans une grande ville
➤ Il faut un plan de la ville.

1. pour payer l'hôtel ?
2. pour louer une voiture ?
3. pour ranger leur argent ?
4. pour prendre des photos ?
5. pour aller dans un pays étranger ?
6. pour rentrer dans leur chambre d'hôtel ?

9-2 Quel moyen de transport ? D'après les indications, quel/s moyen/s de transport est-ce que les personnes suivantes vont probablement utiliser ?

MODÈLE Adeline habite près de Paris ; elle va faire des courses à Paris.
➤ Elle va prendre le train pour aller à Paris, et ensuite le métro ou l'autobus pour faire ses courses.

1. Mme Duclair habite à Paris ; elle va rendre visite à sa grand-mère à Lyon.
2. Les Lefranc vont quitter la France pour passer des vacances aux Antilles.
3. La petite Hélène va à l'école primaire près de chez elle.
4. Robert habite une petite ville ; il va au centre-ville pour faire ses courses.

5. M. Rolland doit traverser Paris pour aller au travail.
6. Maxime et Amélie vont faire un pique-nique à la campagne.
7. Mme Antonine voyage pour son travail : elle va à Lyon, à Rome et à Berlin.
8. Les Leclair vont visiter les îles grecques pendant les vacances.

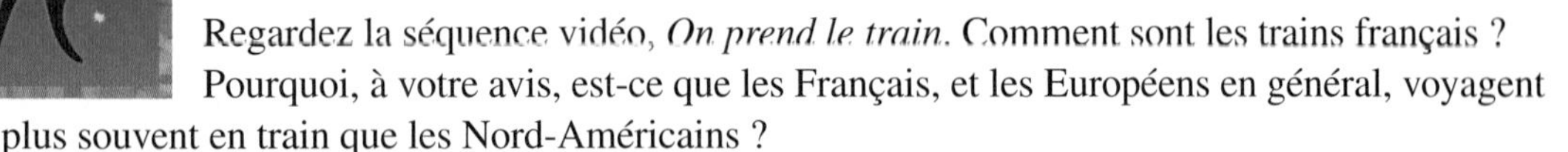

Vie et culture

Voyager en train en France

Regardez la séquence vidéo, *On prend le train*. Comment sont les trains français ? Pourquoi, à votre avis, est-ce que les Français, et les Européens en général, voyagent plus souvent en train que les Nord-Américains ?

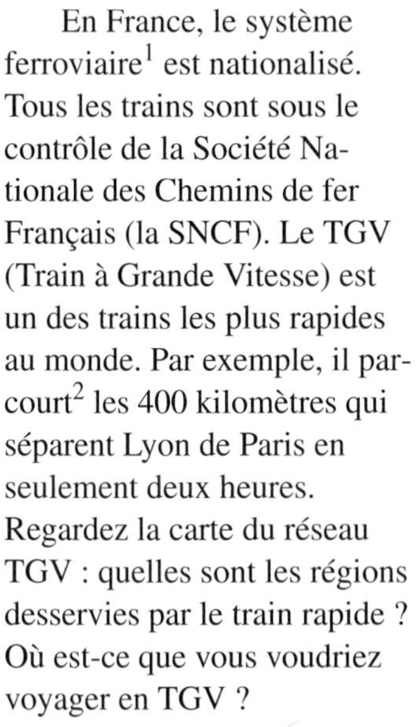

En France, le système ferroviaire[1] est nationalisé. Tous les trains sont sous le contrôle de la Société Nationale des Chemins de fer Français (la SNCF). Le TGV (Train à Grande Vitesse) est un des trains les plus rapides au monde. Par exemple, il parcourt[2] les 400 kilomètres qui séparent Lyon de Paris en seulement deux heures. Regardez la carte du réseau TGV : quelles sont les régions desservies par le train rapide ? Où est-ce que vous voudriez voyager en TGV ?

Depuis 1994, on peut traverser la Manche entre la France et l'Angleterre en train, en passant par le « Chunnel. » Ce tunnel est important, parce qu'il relie le Royaume-Uni au continent européen. Ainsi, au départ de Lyon, il faut seulement cinq heures pour arriver en Angleterre.

[1]*railway* [2]*covers*

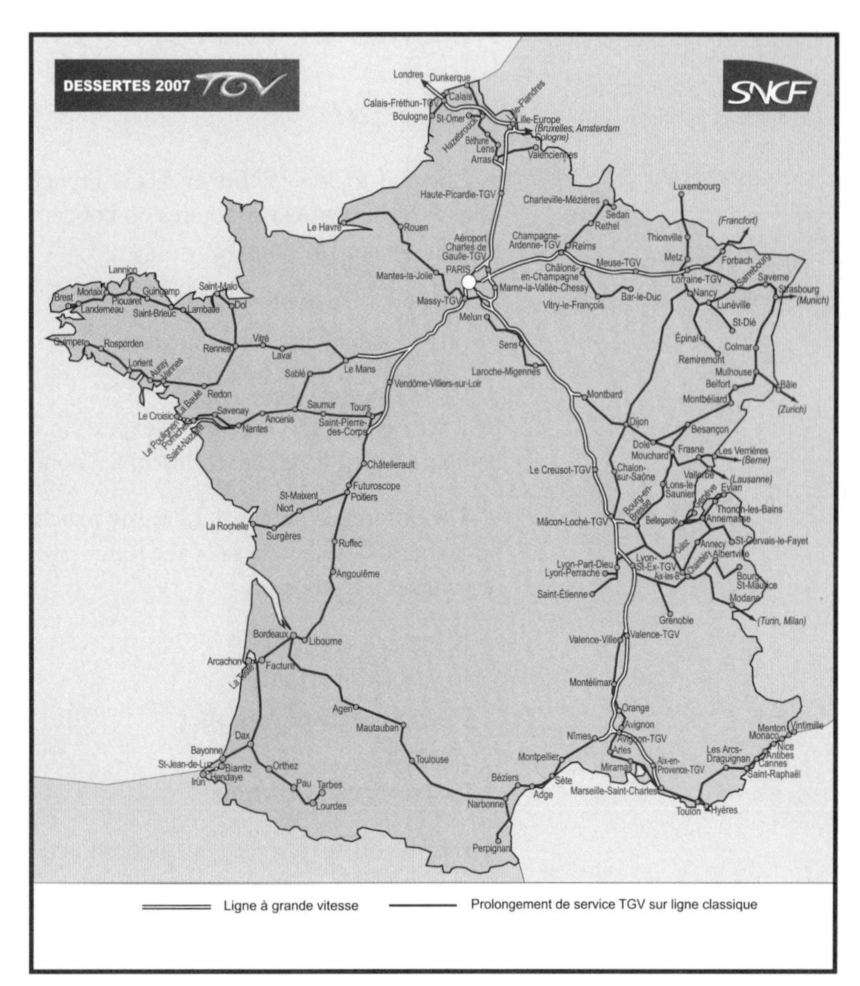

9-3 Comment y aller ? Avec un/e partenaire, discutez de ces questions. Ensuite, comparez vos réponses et vos conclusions avec les conclusions de vos camarades de classe.

1. Comment est-ce que vous allez à vos cours ? Comment est-ce que vous faites vos courses ?
2. Est-ce qu'il y a un service de bus dans votre ville ? Un métro ? Comment est-ce que les habitants de votre ville vont au travail habituellement ?
3. Comment est-ce que vous rentrez chez vous pour les vacances ?
4. Est-ce que vous avez une voiture ? Si oui, quelle sorte de voiture : une voiture française, japonaise, américaine ? Est-ce que c'est une voiture hybride ?
5. Est-ce que le train passe par votre ville ? Où est-ce qu'on peut aller en train en partant de votre ville ?
6. Comment sont les trains américains comparés aux trains français ? Est-ce qu'il existe un TGV aux États-Unis ?
7. Pour voyager aux États-Unis, quel est votre moyen de transport préféré ? Pourquoi ?

Additional practice activities for each **Formes et fonctions** section are provided by:
- Student Activities Manual
- *Points de départ* Companion Website: **http://www.prenhall.com/pointsdedepart**

FORMES ET FONCTIONS

1. Le futur

- One may express future events in French using the **futur proche** or the **futur**. The two grammatical structures do not carry precisely the same meaning for French speakers. Compare:

a. Ma tante **va avoir** un enfant.	*My aunt's going to have a baby.*
b. Ils vont se marier et ils **auront** beaucoup d'enfants.	*They're going to get married, and they'll have lots of kids.*

In **a.** we assume that the aunt is expecting. In **b.** it is not certain that the couple to be married will have *any* children, let alone many.

- The difference between the **futur proche** and the **futur** is not primarily one of nearness or remoteness of the future event, but of its degree of certainty or definiteness. Compare:

Je **ferai** la cuisine plus tard.	*I'll do the cooking later (perhaps).*
Je **vais faire** la cuisine.	*I'm going to cook (right away).*
L'été prochain je **vais aller** en Suisse.	*Next summer I'm going to Switzerland (definite).*
Un jour, j'**irai** en Afrique.	*Someday I'll go to Africa (indefinite).*

- Use the **futur** to soften instructions and emphatic commands.

Vous **traverserez** l'avenue et vous **tournerez** à gauche dans la rue Colbert.	*You cross the avenue and turn left at Colbert Street.*
Tu **fermeras** la porte !	*Close the door!*

- To form the future tense, add the future endings to the future stem. The future stem of regular verbs is the infinitive (for verbs ending in **-re**, remove the final **-e** from the infinitive).

LE FUTUR			
INFINITIVE ENDING:	**-er**	**-ir**	**-re**
FUTURE STEM:	**chanter-**	**partir-**	**vendr-**
je	chanter**ai**	partir**ai**	vendr**ai**
tu	chanter**as**	partir**as**	vendr**as**
il / elle / on	chanter**a**	partir**a**	vendr**a**
nous	chanter**ons**	partir**ons**	vendr**ons**
vous	chanter**ez**	partir**ez**	vendr**ez**
ils / elles	chanter**ont**	partir**ont**	vendr**ont**

- The following verbs have irregular future stems:

acheter	j'**achèter**ai	devoir	je **devr**ai	pleuvoir	il **pleuvr**a
aller	j'**ir**ai	être	je **ser**ai	pouvoir	je **pourr**ai
appeler	j'**appeller**ai	faire	je **fer**ai	savoir	je **saur**ai
avoir	j'**aur**ai	préférer	je **préfèrer**ai		

À vous la parole

9-4 Préparatifs de voyage. La famille Meunier part en voyage. Mme Meunier donne des ordres très clairs à son mari Thomas et à ses enfants. Transformez les impératifs selon le modèle.

MODÈLE Thomas, achète les billets !
➤ Thomas, tu achèteras les billets !

1. Thomas, réserve une chambre !
2. Thomas, prépare la voiture !
3. Les enfants, faites vos valises !
4. Fred, range ta chambre !
5. Hélène, ferme les fenêtres !
6. Fred, mets ton beau pantalon !
7. Fred, prends cette valise !
8. Thomas, appelle un taxi !

9-5 Prévisions météo. Voici les prévisions météo pour le Canada et pour le monde entier. Quel temps est prévu pour les villes indiquées ?

MODÈLE à Ottawa

➤ Demain, il fera beau. La température sera de 18 degrés. Ce soir, elle descendra jusqu'à 6 degrés.

1. à Québec
2. à Winnipeg
3. à Calgary
4. à Vancouver
5. à Paris
6. à Bruxelles
7. à Londres
8. à Honolulu

Au Pays		Demain	Le monde		Demain
Vancouver	Averses	14/8	Berlin	Ensoleillé	14/3
Victoria	Averses	13/8	Bruxelles	Ensoleillé	16/5
Edmonton	P/Nuageux	15/2	Buenos Aires	Nuageux	15/11
Calgary	P/Nuageux	19/3	Honolulu	P/Nuageux	29/23
Saskatoon	Ensoleillé	12/1	Lisbonne	Ensoleillé	27/14
Régina	P/Nuageux	11/2	Londres	P/Nuageux	19/8
Winnipeg	Nuageux	12/5	Los Angeles	Ensoleillé	23/12
Ottawa	Ensoleillé	18/6	New Delhi	P/Nuageux	34/23
Québec	Ensoleillé	18/5	New York	P/Nuageux	17/11
Moncton	Ensoleillé	17/6	Paris	Ensoleillé	19/6

9-6 Boule de cristal. Imaginez que vous allez chez une voyante. Voici ses prédictions. Avec un/e partenaire, tirez-en des conclusions. Voyons si vous avez compris la même chose.

MODÈLE Je vois que beaucoup d'argent passe entre vos mains.

É1 Alors, je serai très riche.

É2 Alors, je travaillerai dans une banque.

1. Je vois que vous voyagez beaucoup pour votre travail.
2. Je vois beaucoup d'enfants dans votre avenir (*future*).
3. Je vous vois devant une grande maison.
4. Je vous vois en compagnie d'une belle femme/d'un bel homme.
5. Je vois que vous avez beaucoup d'amis.
6. Je vois que vous êtes très célèbre.

2. *Le pronom* y

- The pronoun **y** generally means *there*. It refers back to the name of a place, which can be introduced by a preposition such as **à**, **en**, **chez**, **devant**, or **à côté de**, for example.

—Tu es allé **en Provence** l'été dernier ?	*—You went to Provence last summer?*
—Oui, j'**y** suis allé avec mes parents.	*—Yes, I went there with my parents.*
—Tes cousins habitent **au Canada** ?	*—Your cousins live in Canada?*
—Non, ils n'**y** habitent plus.	*—No, they don't live there anymore.*
—Qui va aller **chez Cécile** ?	*—Who's going to Cécile's house?*
—Pas moi ; j'**y** suis allée hier.	*—Not me; I went there yesterday.*

- Like the other object pronouns, **y** is placed immediately before the conjugated verb, unless there is an infinitive. When there is an infinitive, the pronoun goes immediately in front of it.

Tu **y** vas ?	*Are you going there?*
Paris ? Oui, nous **y** sommes allés l'été dernier.	*Paris? Yes, we went there last summer.*
Cet hôtel est abominable. Je ne peux plus **y** rester.	*This hotel is awful. I can't stay here any longer.*

À vous la parole

9-7 C'est logique. De quelle ville francophone est-ce qu'on parle ? Il y a souvent plusieurs possibilités.

En Afrique : Dakar, Abidjan, Bamako
En Amérique du Nord : Québec, Montréal, La Nouvelle-Orléans
Les DOM : Fort-de-France (Martinique), Pointe-à-Pitre (Guadeloupe), Cayenne (Guyane)
En Europe : Paris, Genève, Bruxelles, Nice

MODÈLE On y va pour les sports d'hiver.
➤ À Genève.
OU ➤ À Montréal.

1. On y trouve des belles plages.
2. Les gens y parlent créole.
3. On y parle anglais et français.
4. On y parle wolof et français.
5. On y parle flamand et français.
6. On y va pour le Carnaval.
7. Les Américains y vont pour parler français sans quitter l'Amérique du Nord.

9-8 Les voyageurs. En choisissant l'expression appropriée dans la colonne B, dites pourquoi les personnes suivantes visitent les endroits indiqués.

MODÈLE Arnaud va aller à Paris.
➤ Il va y aller pour visiter la tour Eiffel.

A	B
1. Les Kerboul sont allés à La Nouvelle-Orléans.	a. acheter du bon vin
2. Les Dupuis vont aller dans les Alpes.	b. voir le Carnaval
3. Raymond veut aller à la Guadeloupe.	c. visiter les pyramides
4. Arnaud va aller à Paris.	d. visiter la tour Eiffel
5. Les Brunet sont allés sur la Côte d'Azur.	e. apprendre l'espagnol
6. Christiane voudrait aller au Mexique.	f. apprendre le créole
7. Les Santini vont en Égypte.	g. nager et se bronzer
8. M. Lescure va aller dans la région de Bordeaux.	h. faire du ski

 **9-9 Vos habitudes.** Demandez à votre partenaire s'il/si elle va aux endroits suivants pendant les vacances. Il/Elle doit vous donner une raison pour justifier sa réponse.

MODÈLE dans des bons restaurants

É1 Tu vas quelquefois dans des bons restaurants ?
É2 Non, je n'y vais jamais.
É1 Pourquoi ?
É2 Parce qu'ils sont très chers et je n'ai pas assez d'argent pour y aller.

1. au théâtre
2. à des concerts de musique classique
3. à Disneyland Paris ou à Disney World
4. au musée
5. en Louisiane
6. en Europe
7. aux Antilles
8. dans un pays francophone autre que la France

Additional activities to develop the four skills are provided by:
- Student Activities Manual
- Text Audio
- *Points de départ* video
- *Points de départ* Companion Website: **http://www.prenhall.com/pointsdedepart**

9-10 Mes impressions de Paris

A. Avant de regarder. Est-ce que vous avez visité Paris ? Même si vous n'avez jamais visité Paris, quelle idée vous faites-vous de cette ville célèbre ? Dans cette séquence, vous allez entendre deux Niçois qui donnent leurs impressions sur Paris.

La tour Eiffel et le Sacré-Coeur

B. En regardant. Trouvez toutes les bonnes réponses à chaque question.

1. Fabienne dit qu'il y a toujours un petit conflit entre…
   a. les Français et les Américains.
   b. les Parisiens et les Niçois.
   c. les hommes et les femmes.
2. Pour elle, ce n'est pas un problème parce qu'elle…
   a. est mariée avec un Parisien.
   b. adore les Américains.
   c. est née à Paris.
3. À Paris, elle aime surtout…
   a. la tour Eiffel.
   b. le climat.
   c. le shopping.

La Bibliothèque nationale de France, site François-Mitterrand, avec sa cour centrale

4. Édouard est allé à Paris pour…
   a. voir sa famille.
   b. travailler.
   c. passer des vacances.
5. Il a découvert beaucoup de monuments, par exemple :

_____ l'Opéra de Paris	_____ l'Arc de Triomphe	_____ la place de la Concorde
_____ le Louvre	_____ la tour Eiffel	_____ la bibliothèque François-Mitterrand

C. Après avoir regardé. Maintenant discutez de ces questions avec vos camarades de classe.

1. Fabienne remarque qu'il y a un petit conflit entre les gens du Nord (les Parisiens) et les gens du Sud (les Niçois). Comment pourriez-vous expliquer ce conflit ? Est-ce qu'il existe des tensions ou de la concurrence (*competition*) entre les gens de régions différentes chez vous ? Si oui, pourquoi ?
2. Fabienne n'est pas très impressionnée quand elle voit la tour Eiffel pour la première fois. Pourquoi ? Est-ce que vous avez déjà eu cette expérience, de voir un monument ou une œuvre d'art célèbre pour la première fois et d'être déçu/e (*disappointed*) ?
3. Est-ce que les impressions de Fabienne et Édouard vous étonnent (*surprise*) ? Pourquoi ? Est-ce qu'elles diffèrent de vos propres impressions de Paris ?

Leçon 2 Destinations

POINTS DE DÉPART

TEXT AUDIO

Où est-ce qu'on va ?

Je m'appelle David Diouf. Je suis du Sénégal et j'étudie à Paris. Ma langue maternelle, c'est le wolof, mais je parle aussi français. Je vais bientôt prendre l'avion pour aller à Dakar. Je vais passer les vacances chez moi, au Sénégal, cet été.

Je suis Denise Duclos. Je suis suisse. J'habite à Lausanne. Je parle allemand aussi bien que français. Je prends l'avion pour aller à Bruxelles pour une réunion de travail. Je vais rentrer en Suisse ce soir.

Mon nom, c'est Pierre Piron. Je suis belge et j'habite à Bruxelles. Je retourne au Mali, où je vais reprendre mon travail pour Médecins sans Frontières.

Continents	*Pays*	*Adjectif de nationalité*
L'Afrique	l'Algérie	algérien/algérienne
	le Maroc	marocain/e
	le Sénégal	sénégalais/e
	la Côte d'Ivoire	ivoirien/ivoirienne
	le Cameroun	camerounais/e
L'Asie	l'Inde	indien/indienne
	la Chine	chinois/e
	la Corée	coréen/coréenne
	le Japon	japonais/e
	le Vietnam	vietnamien/vietnamienne
L'Océanie	l'Australie	australien/australienne
L'Amérique	le Canada	canadien/canadienne
... du Nord	les États-Unis	américain/e
	le Mexique	mexicain/e
... du Sud	la Colombie	colombien/colombienne
	l'Argentine	argentin/e
	le Brésil	brésilien/brésilienne
L'Europe	l'Allemagne	allemand/e
	l'Angleterre	anglais/e
	la Belgique	belge
	la Suisse	suisse
	la France	français/e
	l'Italie	italien/italienne
	l'Espagne	espagnol/e
	les Pays-Bas	néerlandais/e
	le Portugal	portugais/e

- To express *to*, *at*, *in*, or *from* with the name of countries and continents, use the following prepositions in French:

	feminine	**masculine + vowel**	**masculine + consonant**	**plural**
to, *at*, *in*	**en** Suisse	**en** Haïti	**au** Maroc	**aux** Seychelles
from	**de** Belgique **d'**Afrique	**d'**Iran	**du** Canada	**des** États-Unis

Vie et culture

Paris, ville lumière

Regardez la séquence vidéo, *Paris, ville lumière*. Paris, comme vous le savez, est la capitale de la France. C'est aussi la ville la plus visitée du monde. C'est une belle ville remplie[1] d'histoire, de monuments intéressants, d'églises, de bons restaurants, de grands magasins et de petites boutiques de spécialités.

Paris est connue sous le nom de *Ville Lumière*. D'où cette désignation vient-elle ? C'est parce qu'à la fin du XIXe siècle et au début du XXe, Paris

La Place du Tertre à Montmartre

À vous la parole

9-11 On va où? Décidez dans quel pays on ira, d'après la description.

MODÈLE On visitera le palais de Buckingham et le *British Museum*.
➤ On ira en Angleterre.

1. On s'installera à la terrasse d'un café pour admirer la tour Eiffel.
2. On visitera le Vatican.
3. Nous verrons des pyramides aztèques.
4. On pourra visiter les souks (*les marchés*) de Marrakech.
5. On visitera le château Frontenac à Québec.
6. Là-bas, on verra l'administration centrale de la Communauté Européenne.
7. C'est le seul pays d'Europe où l'on aura l'occasion de parler espagnol.

9-12 Présentations. Selon l'endroit où chaque personne habite, indiquez sa nationalité et les langues qu'il/elle parle probablement.

MODÈLE Luc Auger habite à Québec.
➤ Il est canadien. Il parle français et probablement un peu anglais.

1. Maria Garcia est de Buenos Aires.
2. Sylvie Gerniers habite à Bruxelles.
3. Chantal Dupuis est de Genève.
4. Paolo Dos Santos habite à Rio de Janeiro.
5. Helmut Müller est de Berlin.
6. Maria Verdi habite à Milan.
7. Jin Lu ? Elle est de Pékin.

était le centre artistique et culturel du monde et la capitale de l'élégance, du luxe et des plaisirs. Beaucoup d'écrivains, de musiciens et d'artistes passaient au moins un an dans la *Ville Lumière* pour apprendre leur métier ou trouver de l'inspiration. Voilà pourquoi on appelle la fin du XIXe siècle en France *la Belle Époque*.

Connaissez-vous des Américains célèbres qui ont visité Paris ou qui ont vécu[2] à Paris ? Quelle est l'importance de leur séjour[3] en France ?

[1]*full of* [2]*lived* [3]*stay*

Josephine Baker a été une vedette des Folies Bergères pendant les années vingt et trente. Cette Américaine est devenue citoyenne française. Elle a reçu la médaille de la Légion d'honneur et à sa mort a été enterrée à Paris.

9-13 Un voyage. Avec un/e partenaire, imaginez que vous partez visiter un pays lointain. Quel pays est-ce que vous choisirez ? Qu'est-ce que vous y ferez ?

MODÈLE É1 J'irai en Suisse, parce que j'ai des cousins là-bas. Je ferai du ski dans les Alpes.

É2 Et moi, je visiterai l'Égypte. J'irai à Gizeh pour voir les pyramides.

FORMES ET FONCTIONS

1. *Le verbe* venir

- The verb **venir** means *to come* or *to come from*:

VENIR *to come, to come from*			
SINGULIER		PLURIEL	
je	vien**s**	nous	ven**ons**
tu	vien**s**	vous	ven**ez**
il / elle / on	vien**t**	ils / elles	vienn**ent**

IMPÉRATIF : **Viens ! Venez** ici ! **Venons** voir ces cartes !

PASSÉ COMPOSÉ : Je **suis venu/e** hier.

FUTUR : Je **viendr**ai demain.

- **Devenir** (*to become*), **revenir** (*to come back*), and **obtenir** (*to obtain*) are conjugated like **venir**:

Quand est-ce que tu **reviens** de Genève ?	*When are you coming back from Geneva?*
Mon frère est **devenu** très raisonnable.	*My brother has become very reasonable.*
—Qu'est-ce que vous **devenez** maintenant ?	*—What's new with you these days?*
—J'ai **obtenu** mon diplôme.	*—I got my degree.*

- To express an event that has just occurred, use **venir de** plus an infinitive.

Le train **vient de partir**.	*The train has just left.*
Nous **venons d'acheter** nos billets.	*We've just purchased our tickets.*

9-14 D'où venez-vous ? Dites d'où viennent ces personnes.

MODÈLE Elles sont portugaises.
➤ Elles viennent du Portugal.

1. Elle est italienne.
2. Ils sont brésiliens.
3. Nous sommes anglais.
4. Je suis mexicaine.
5. Vous êtes sénégalais.
6. Elles sont chinoises.
7. Il est canadien.

9-15 Avant de venir en classe. Qu'est-ce que vous venez de faire, juste avant d'arriver en classe ? Dites-le à un/e partenaire.

MODÈLE É1 Moi, je viens de déjeuner au resto U. Et toi ?
É2 Moi, je viens de travailler au labo de langues. Je viens de terminer mes devoirs.

2. Les expressions de nécessité

- You learned in **Chapitre 7, Leçon 1** to use the impersonal expression **il faut** with an infinitive to describe what one *must* or *has to* do.

Cet été, **il faut rentrer** au Sénégal.	*This summer, we have to go home to Senegal.*
Il ne faut pas oublier ton passeport.	*You mustn't forget your passport.*

- You can also use the following expressions that include the impersonal subject **il** with an infinitive to express obligation.

il vaut mieux	*it is better to*
il est nécessaire de	*it is necessary to*
il est important de	*it is important to*
il est utile de	*it is useful to*

Il vaut mieux louer une voiture pour se déplacer.	*It's better to rent a car in order to get around.*
Il est utile de prendre une carte quand on voyage.	*It's useful to take a map when you travel.*
Il est nécessaire d'avoir un passeport pour voyager à l'étranger.	*You must have a passport to travel abroad.*
En été, **il est important de porter** des lunettes de soleil.	*In summer, it's important to wear sunglasses.*

À vous la parole

9-16 Oui ou non ? Quand on passe ses vacances à la plage, est-ce qu'il faut faire les choses suivantes ?

MODÈLE apporter des bottes ?
➤ Non, il ne faut pas apporter de bottes. Il vaut mieux apporter des sandales.

1. prendre des lunettes de soleil ?
2. mettre de la crème solaire ?
3. porter un manteau ?
4. manger de la soupe ?
5. apporter un appareil photo ?
6. faire du ski ?
7. se promener en bateau ?

9-17 Préparons le voyage. Qu'est-ce qu'il est nécessaire de faire avant de voyager ? Discutez de cela avec un/e partenaire.

MODÈLE Nous allons partir à l'étranger.

É1 Il est important d'avoir un passeport.

É2 Il est peut-être nécessaire d'avoir aussi un visa.

1. On voudrait prendre des belles photos.
2. Nous allons voyager en train.
2. On va rester dans un hôtel.
4. Je ne connais pas très bien la ville.
5. Je ne veux pas payer en liquide (*with cash*).
6. C'est un climat tropical là où nous allons.

9-18 S.O.S. Voyages ! Avec un groupe de camarades de classe, proposez un voyage et offrez, à tour de rôle, des conseils pour bien réussir la visite.

MODÈLE É1 Je voudrais visiter la ville de New York.

É2 Je connais New York ; il faut absolument voir la statue de la Liberté.

É3 Il est important de visiter les beaux musées aussi.

É4 Et il ne faut pas prendre le taxi en ville ; c'est trop cher. Il vaut mieux prendre le métro ou le bus.

9-19 La visite d'un monument

Une façon agréable de voir les monuments de Paris est de prendre un bateau-mouche. Ces bateaux font des circuits touristiques avec des commentaires sur tous les monuments qui se trouvent au bord de la Seine. Regardez ce détail d'un plan de Paris et identifiez les monuments que vous reconnaissez.

A. Avant de parler. Maintenant, c'est à vous de jouer le rôle d'un/e guide à bord d'un bateau-mouche à Paris. D'abord, choisissez un monument. Voici quelques possibilités :

1. l'Hôtel de Ville
2. la Conciergerie
3. les jardins des Tuileries
4. le musée d'Orsay
5. l'obélisque de la Concorde
6. le Pont Neuf
7. la tour Eiffel
8. Notre-Dame de Paris
9. les Invalides
10. le Louvre
11. le Grand Palais
12. l'Institut de France

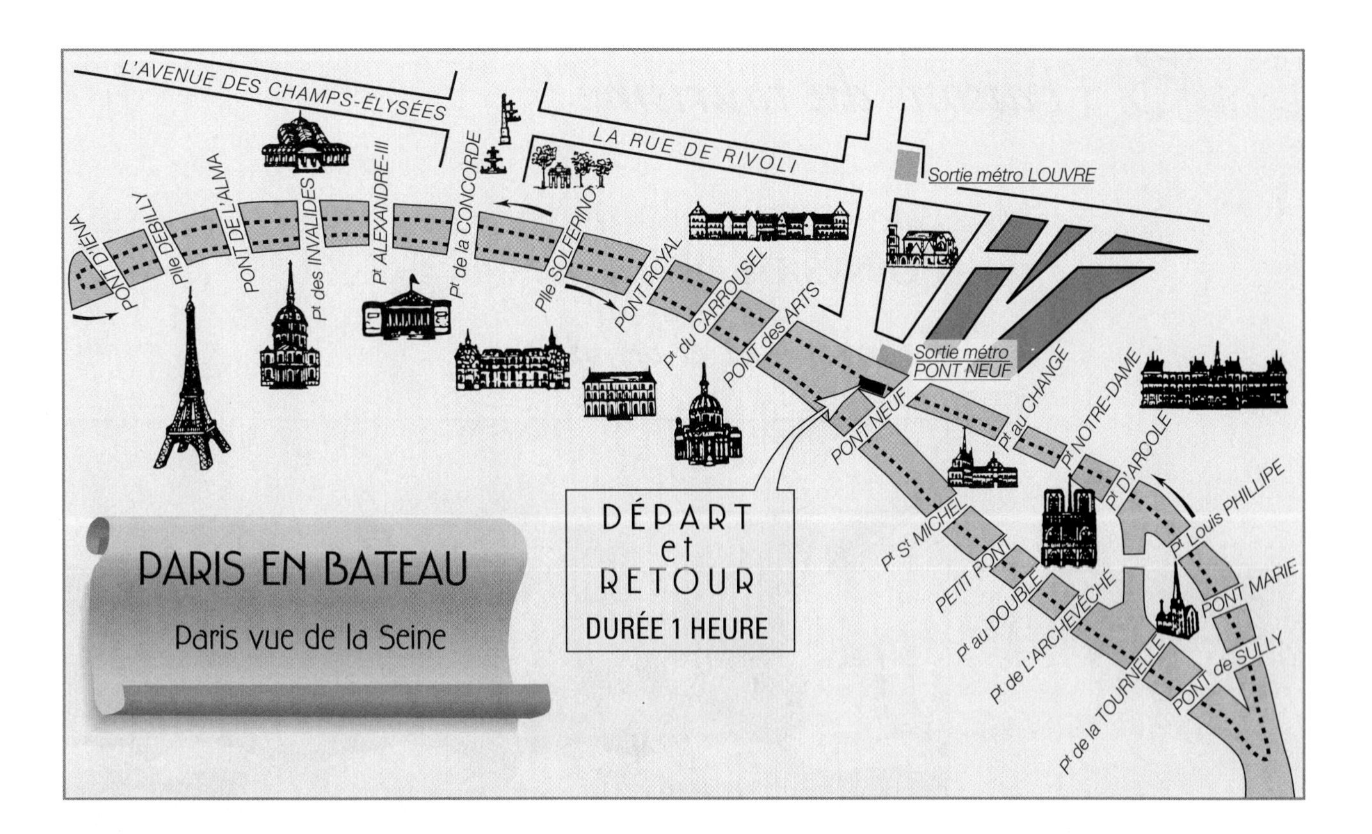

Ensuite, préparez une description de votre monument ; considérez les questions suivantes :

1. Où se trouve ce monument ? Dans quel arrondissement ? Dans quelle rue ? À côté de quels autres sites importants ? Est-ce qu'il y a une station de métro à proximité ?
2. Quand est-ce que ce monument a été construit ? Par qui ? Pourquoi est-ce que ce monument est important aujourd'hui ?

Pour trouver des renseignements, consultez le site Web de ***Points de départ*** pour ce chapitre (choisissez *Web Resources*), des encyclopédies et des guides touristiques.

B. En parlant. Présentez votre monument à vos camarades de classe. N'oubliez pas d'apporter des images (des photos, des affiches, etc.) de votre monument !

C. Après avoir parlé. Quelles sont les présentations les plus intéressantes ? Quels monuments est-ce que vous voudriez visiter maintenant ? Pourquoi ?

Leçon 3 Faisons du tourisme !

POINTS DE DÉPART

Le logement et les visites

TEXT AUDIO

La place Plumereau à Tours

Les Francard, une famille de touristes belges, viennent d'arriver à Tours. Ils rentrent dans l'Office de Tourisme pour chercher des renseignements et trouver un logement. La réceptionniste va sur Internet pour leur réserver une chambre. Ensuite, elle leur indique le chemin à suivre pour trouver l'hôtel.

LA RÉCEPTIONNISTE : Bon, vous serez à l'Hôtel Château Fleuri, un petit hôtel deux étoiles ; ce n'est pas très loin d'ici.

M. FRANCARD : L'hôtel se trouve où exactement ?

LA RÉCEPTIONNISTE : Tenez, voici un plan du centre-ville. En sortant d'ici, vous allez prendre le boulevard. Ensuite, vous tournez à droite dans la rue de Buffon. Continuez tout droit ; vous allez traverser la rue Émile Zola et ensuite prendre la rue de la Scellerie à gauche. L'hôtel se trouve au 7, rue de la Scellerie.

M. FRANCARD : Merci Madame, et au revoir.

LA RÉCEPTIONNISTE : Je vous en prie ; au revoir Monsieur.

Tours, le centre-ville

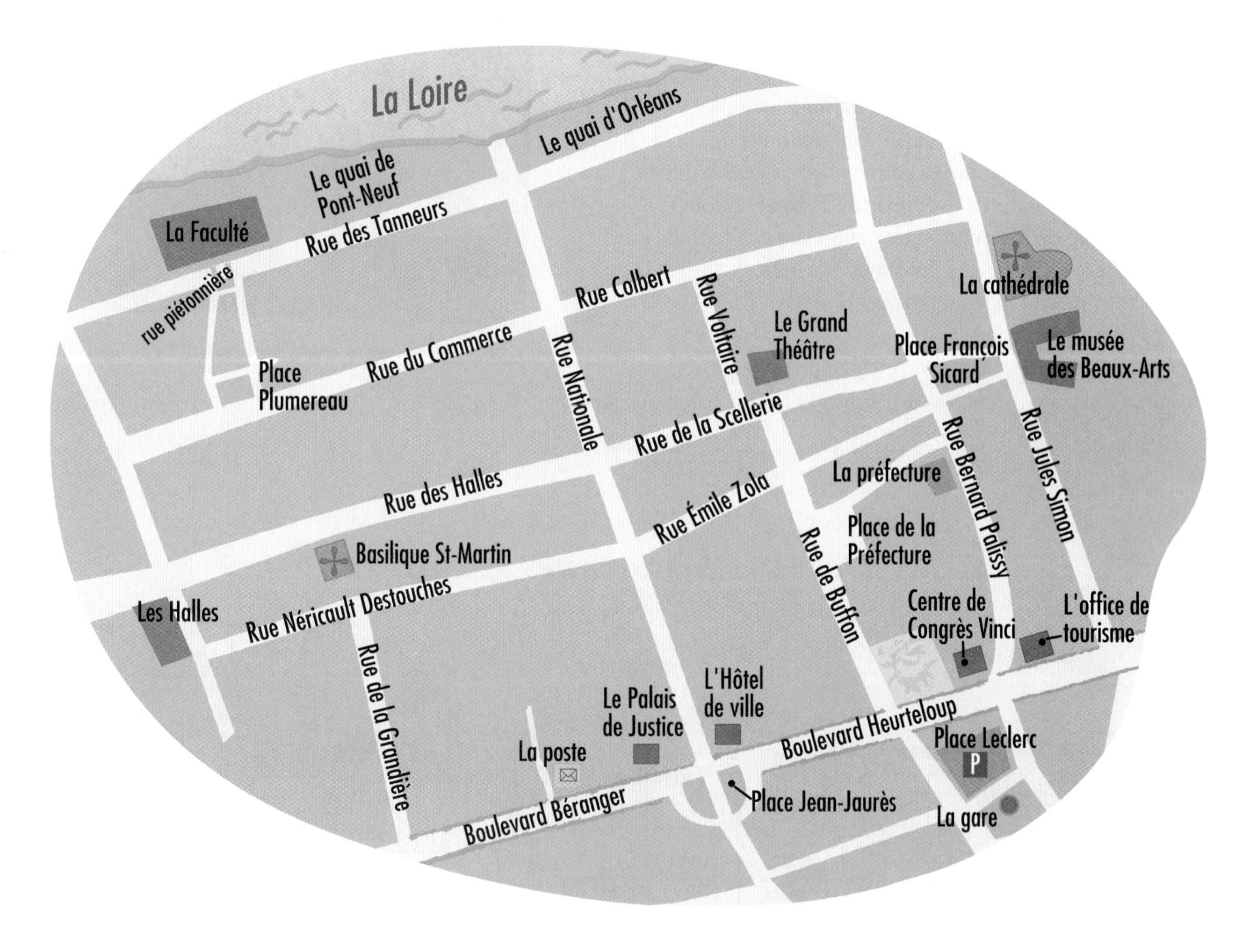

POUR INDIQUER LE CHEMIN

prendre la rue, l'avenue, le boulevard, la première/la deuxième à droite...
traverser la place...
tourner à droite/à gauche dans le boulevard...
continuer tout droit jusqu'à la rue...

Vie et culture

Le logement

Si vous cherchez un logement pas cher en France, vous avez différents choix selon vos désirs et votre budget. Quels sont les avantages et les inconvénients de chaque option ? Quel type de logement est-ce que vous préférez et pourquoi ? Est-ce que vous avez les mêmes possibilités de logement dans votre pays ?

Si on est jeune, on peut rester dans une auberge de jeunesse.

Des sites historiques et culturels

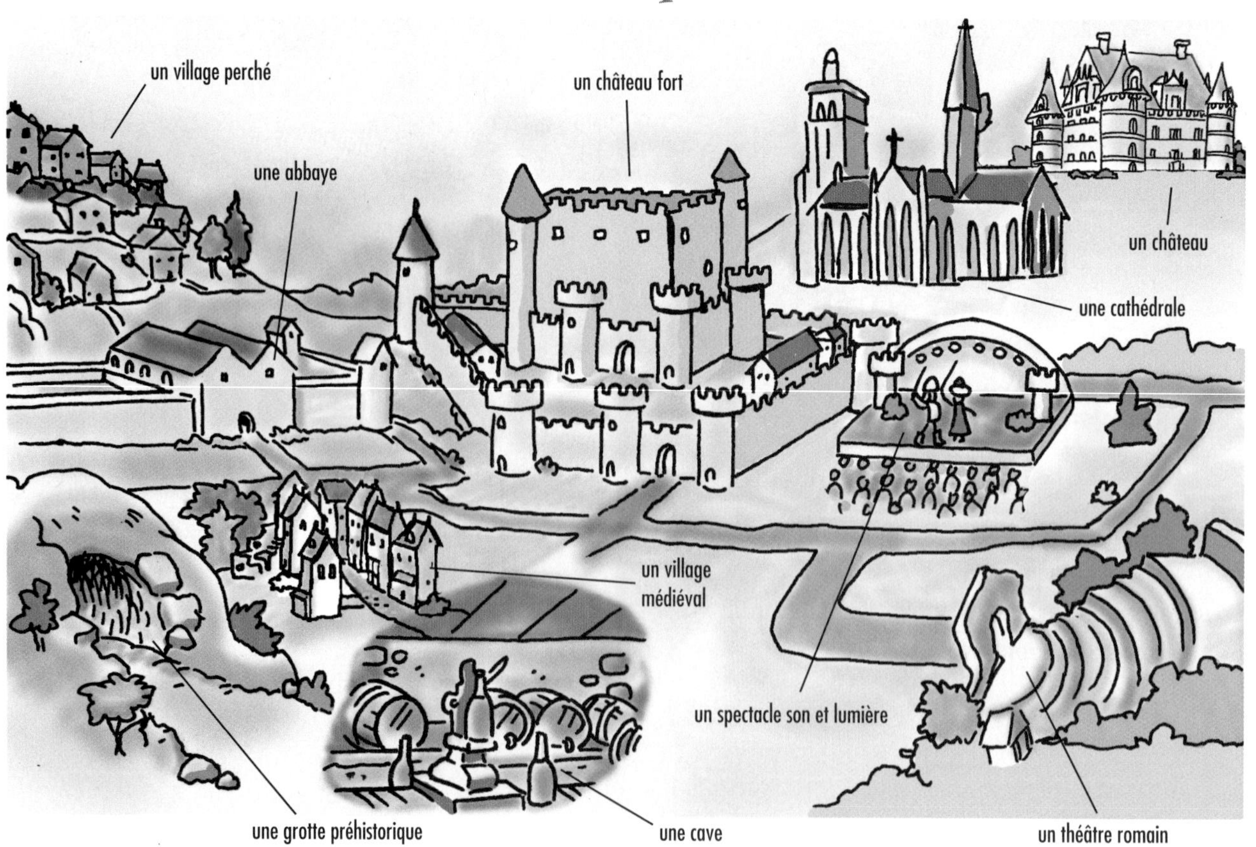

Pendant l'été, en France, les campings sont pleins de gens qui voyagent avec des caravanes, des camping-cars ou simplement une tente.

Une autre possibilité est de rester chez l'habitant, dans un gîte rural à la campagne. C'est surtout une bonne option si on veut établir un contact avec les gens du pays.

À vous la parole

9-20 Où est-ce qu'ils vont loger ? D'après la description des touristes suivants, dites où ils vont probablement loger.

MODÈLE Les Merten voudraient établir un contact avec les gens de la région.
➤ Ils vont loger dans un gîte rural.

1. Les Martini voudraient une chambre avec mini-bar, télévision et téléphone.
2. Christelle va passer trois jours à Bordeaux, mais c'est une étudiante et elle a un budget modeste.
3. Les Garcia voyagent avec leur caravane.
4. Max et ses copains veulent passer plusieurs semaines en Suisse sans dépenser (*spending*) trop d'argent.
5. Sébastien aime la nature ; il voyage à vélo et avec sa tente.
6. Les Smith aiment la campagne et ils voudraient pratiquer leur français.
7. Les Bénini voyagent en train et voudraient rester en ville.

9-21 Les bonnes indications. Imaginez que vous êtes devant la gare de Tours. Suivez les indications données et dites où vous arrivez. Choisissez votre destination dans la liste suivante.

MODÈLE É1 Vous tournez à gauche dans le boulevard Heurteloup, ensuite à droite dans la rue Nationale et à droite dans la rue de la Scellerie. Vous arrivez au coin (*corner*) de cette rue et de la rue Voltaire.
É2 C'est le Grand Théâtre ?
É1 Oui, c'est ça.

la cathédrale	la Basilique Saint-Martin
le Grand Théâtre	les Halles
le musée des Beaux-Arts	la place Plumereau
la préfecture de police	la poste

1. Vous traversez le boulevard Heurteloup. Vous prenez la rue Bernard Palissy et vous continuez tout droit. À la place François Sicard, vous tournez à droite.
2. Vous tournez à gauche dans le boulevard Heurteloup et vous traversez la place Jean-Jaurès. C'est sur votre droite à côté du Palais de Justice.
3. Vous tournez à gauche dans le boulevard Heurteloup, vous traversez la rue Nationale et vous continuez tout droit. Vous prenez la deuxième rue à droite. Vous arrivez dans la rue Néricault Destouches. C'est là, en face de vous.
4. Le plus facile, c'est de suivre la rue Nationale jusqu'à la Loire et de prendre la rue des Tanneurs juste avant le quai du Pont-Neuf. Ensuite, vous tournez à gauche en face de la fac dans une petite rue piétonnière (*pedestrian street*).
5. Traversez le boulevard Heurteloup et prenez la rue de Buffon. Tournez à droite à la place de la Préfecture et continuez tout droit. C'est au coin de la rue Bernard Palissy sur votre droite.
6. Traversez le boulevard Heurteloup, prenez la rue de Buffon, tournez à gauche dans la rue de la Scellerie et continuez tout droit. Traversez la rue Nationale. Suivez la rue des Halles. C'est au bout (*at the end*) sur votre gauche.

9-22 À l'Office de Tourisme. Avec un/e partenaire, quelles visites est-ce que vous recommandez à ces touristes ?

MODÈLE Jérôme et Camille sont très sportifs et ils aiment les beaux paysages.

É1 Ils peuvent faire du cyclotourisme.

É2 Oui. Comme ça, ils se promèneront dans la nature et ils visiteront tous les petits villages.

1. Les Martin sont fascinés par la préhistoire.
2. Sophie aime tout ce qui est spectacle.
3. Mme Francard s'intéresse aux arts décoratifs.
4. M. Francard aime surtout l'architecture de la Renaissance.
5. Pierre a étudié l'histoire des religions.
6. M. Dupin voudrait goûter les meilleurs vins de la région.
7. Audrey se passionne pour la peinture et la sculpture.
8. Vincent voudrait découvrir la France profonde.

FORMES ET FONCTIONS

1. *Le subjonctif des verbes réguliers*

- You have learned to use the indicative mood to state facts and ask questions, the imperative to express commands, and the conditional (with **devoir, pouvoir,** and **vouloir**) to make suggestions. When you wish to express obligation in a complex sentence—a sentence that has two parts, or clauses, each with a different subject—you will need to use the *subjunctive* mood in the second clause.

Compare the use of the present indicative and the present subjunctive in the sentences below. Note that the second clause is always introduced by **que/qu'**.

Nous **travaillons** plus qu'eux.	*We work harder than they do.*
Il est important que nous **travaillions** plus qu'eux.	*It is important that we work harder than they do.*
Vous **écoutez** le guide.	*You're listening to the guide.*
Il vaut mieux que vous **écoutiez** le guide.	*It's best that you listen to the guide.*

- Some common expressions of obligation used with the subjunctive include :

il faut que	*you have to/must*
il ne faut pas que	*you must not*
il est nécessaire que	*it is necessary that*
il est important que	*it is important that*
il est utile que	*it is useful that*
il vaut/vaudrait mieux que	*it is/would be better (best) that*

- Remember that impersonal expressions of obligation can also be used with an infinitive in sentences where there are not two subjects.

Il est important de travailler.	*It's important to work.*
Il vaut mieux écouter le guide.	*It's best to listen to the guide.*

- All regular verbs take the same set of present subjunctive endings. These endings are added to the present stem, which is found by dropping the present indicative ending **-ent** from the **ils/elles** form.

LE SUBJONCTIF

INFINITIVE ENDING:	**-er**	**-ir**	**-ir/-iss-**	**-re**
ILS/ELLES FORM:	**donn**ent	**dorm**ent	**grossiss**ent	**descend**ent
Il faut que…				
je	donn**e**	dorm**e**	grossiss**e**	descend**e**
tu	donn**es**	dorm**es**	grossiss**es**	descend**es**
il / elle / on	donn**e**	dorm**e**	grossiss**e**	descend**e**
nous	donn**ions**	dorm**ions**	grossiss**ions**	descend**ions**
vous	donn**iez**	dorm**iez**	grossiss**iez**	descend**iez**
ils / elles	donn**ent**	dorm**ent**	grossiss**ent**	descend**ent**

À vous la parole

9-23 C'est logique. Qu'est-ce qu'on dit dans chaque cas ? Travaillez avec un/e partenaire, et choisissez des verbes dans la liste suivante.

MODÈLE une mère à son enfant

É1 Il faut que tu manges tes carottes !

É2 Il ne faut pas que tu joues dans la rue !

arrêter	finir	jouer	manger	parler
payer	rendre	téléphoner	travailler	

1. un professeur à ses élèves
2. une étudiante à sa colocataire
3. un agent de police à un automobiliste
4. une sœur à son petit frère
5. un guide aux touristes
6. une jeune femme à son mari
7. une patronne (*boss*) à son employée

9-24 Oui ou non ? Quand on voyage en région francophone, est-ce qu'il est important de faire les choses suivantes ?

MODÈLE dormir toute la journée ?

➤ Non, il ne faut pas que vous dormiez toute la journée. Il est important que vous sortiez pour découvrir la ville et la région.

1. visiter les musées ?
2. parler anglais tout le temps ?
3. oublier votre passeport ?
4. suivre le guide ?
5. descendre dans des caves ?
6. acheter des souvenirs ?
7. sortir au restaurant ?

9-25 Obligations. Qu'est-ce que vous avez à faire ? Pour chaque verbe de la liste, précisez vos obligations en discutant avec un/e partenaire. Ensuite, comparez vos responsabilités avec celles de vos camarades de classe.

MODÈLE écrire

É1 Il faut que j'écrive un essai pour mon cours de composition.

É2 Et moi, il faut que j'écrive une lettre à ma mère.

1. écrire
2. travailler
3. rendre
4. finir
5. téléphoner
6. sortir

2. *Le subjonctif des verbes irréguliers*

- A small number of verbs have a special stem for the subjunctive.

faire	**fass-**	Il vaut mieux qu'elle **fass**e un tour.
pouvoir	**puiss-**	Il faut qu'il **puiss**e dormir.
savoir	**sach-**	Il est important qu'elles **sach**ent le nom du guide.
pleuvoir	**pleuv-**	Il ne faut pas qu'il **pleuv**e pendant le spectacle son et lumière.

- A few verbs have two stems in the subjunctive: one for the singular forms and the third-person plural, the other for the **nous** and **vous** forms. The second stem comes from the **nous** form of the present indicative. The regular subjunctive endings are used in all cases.

	present indicative	present subjunctive
boire	ils boivent	que je **boiv**e
	nous buvons	que nous **buv**ions
prendre	ils prennent	que je **prenn**e
	nous prenons	que nous **pren**ions
venir	ils viennent	que je **vienn**e
	nous venons	que nous **ven**ions

Aller also has two stems for the subjunctive. The stem for the singular forms and the third-person plural is **aill-** : **que j'aille**. The stem for the **nous** and **vous** forms is regular: **que nous allions**.

Il est important que tu **ailles** chercher ton visa.	*It's important that you go get your visa.*
Il vaut mieux que vous **alliez** en vacances.	*It's best that you take a vacation.*

- **Avoir** and **être** show many irregularities:

	avoir	*être*
j'	**aie**	**sois**
tu	**aies**	**sois**
il / elle / on	**ait**	**soit**
nous	**ay**ons	**soy**ons
vous	**ay**ez	**soy**ez
ils / elles	**ai**ent	**soi**ent

À vous la parole

9-26 Pour voyager tranquillement. Donnez des conseils aux voyageurs pour bien réussir leur voyage.

MODÈLE Il est nécessaire d'avoir un passeport.
➤ Il est nécessaire que vous ayez un passeport.

1. Il faut avoir des chèques de voyage.
2. Il faut être très bien organisé.
3. Il est utile de faire des achats.
4. Il est important de savoir l'adresse de l'hôtel.
5. Il vaut mieux aller à l'Office de Tourisme.
6. Il est important de prendre un plan de la ville.
7. Il vaut mieux faire un tour dans le quartier.
8. Il faut pouvoir dire « merci » dans la langue du pays.

9-27 Les Francard en voyage. Mme Francard précise ce que chaque personne doit faire pour le voyage.

MODÈLE les enfants / faire leur valise
➤ Il faut que les enfants fassent leur valise.

1. moi / avoir suffisamment d'argent
2. mon mari / pouvoir réserver des chambres d'hôtel
3. notre fils / prendre des photos
4. mon mari et moi / être patients avec les enfants
5. mon mari / aller à la banque
6. notre fille / boire beaucoup d'eau
7. nous / faire des achats pour avoir des souvenirs
8. nous / ne pas revenir trop tard à l'hôtel

9-28 Voyages de rêve. Avec des camarades, offrez des conseils pour bien profiter des voyages en régions francophones.

MODÈLE en Bourgogne

É1 Il est important que vous alliez à Dijon.
É2 Il faut que vous buviez des bons vins de Bourgogne.
É3 Il faut que vous fassiez un tour à Beaune.
É4 Il est important aussi que vous achetiez de la moutarde.

1. au Québec
2. en Suisse romande
3. en Louisiane
4. au Maroc
5. à la Martinique

9-29 Le tour du monde en quatre-vingts jours

Stratégie

Use your knowledge of the historical context to better understand a long narrative. What aspects of a historical period, and what events taking place, might color or shape the story? What might distinguish the various places described?

Phileas Fogg, dessiné par Alphonse de Neuville pour l'édition de 1873 du *Tour du monde en 80 jours*

A. Avant de lire. Connaissez-vous ce roman populaire, écrit au XIXe siècle par l'écrivain français Jules Verne ? Le personnage principal, Phileas Fogg, est un Anglais flegmatique et excentrique qui mène une vie réglée comme une montre. Le mercredi 2 octobre 1872, dans son Reform-Club, il soutient qu'avec les moyens de transport modernes, on peut maintenant parcourir la Terre en quatre-vingts jours seulement. Il lance un pari (*makes a wager*) : s'il n'est pas de retour le samedi 21 décembre à huit heures quarante-cinq du soir, il perd tout. Avant de lire le passage que nous reproduisons ici, réfléchissez aux questions suivantes :

1. Cette histoire se passe en 1872. Quels moyens de transport est-ce que Phileas Fogg va probablement utiliser pendant son voyage ? Faites-en une liste.
2. À votre avis, comment est-ce que Phileas Fogg pourra prouver à ses amis qu'il aura fait le tour du monde ?
3. Est-ce que Phileas Fogg est une personne à prendre des risques ? Comment va-t-il probablement organiser son voyage autour du monde ?
4. Dans l'extrait que vous allez lire, vous verrez quelques verbes au **passé simple**, un temps littéraire. Le **passé simple** exprime une action au passé, comme le **passé composé**. Pour chaque verbe indiqué au **passé simple**, trouvez son équivalent au **passé composé** :

Verbes au passé simple	Verbes au passé composé
répondit	**s'est arrêté**
répondirent	**a demandé**
demanda	**sont entrés**
montèrent	**a fait**
s'arrêta	**s'est mis**
entrèrent	**sont montés**
fit	**ont pris**
prirent	**ont répondu**
se mit	**a répondu**

B. En lisant. Trouvez les réponses aux questions suivantes.

1. Phileas Fogg parie qu'il fera le tour du monde en quatre-vingts jours, c'est-à-dire, en combien d'heures ? combien de minutes ?
2. Quand est-ce qu'il partira ?
3. Quel moyen de transport est-ce qu'il prendra au départ ?
4. Quand est-ce qu'il sera de retour et où ?
5. Qui l'accompagnera ?
6. Où est-ce qu'ils s'arrêteront d'abord ?
7. Comment est-ce que Phileas Fogg propose de prouver qu'il a bien fait le tour de la terre ?
8. À quelle heure est-ce que les voyageurs quittent la gare de Charing-Cross ?

LE TOUR DU MONDE EN QUATRE-VINGTS JOURS

—Un bon Anglais ne plaisante[1] jamais, quand il s'agit d'une chose aussi sérieuse qu'un pari[2], répondit Phileas Fogg. Je parie vingt mille livres contre qui voudra que je ferai le tour de la terre en quatre-vingts jours ou moins, soit[3] dix-neuf cent vingt heures ou cent quinze mille deux cents minutes. Acceptez-vous ?

—Nous acceptons, répondirent MM. Stuart, Fallentin, Sullivan, Flanagan et Ralph, après s'être entendus.

—Bien, dit Mr. Fogg. Le train de Douvres part à huit heures quarante-cinq. Je le prendrai.

—Ce soir même ? demanda Stuart.

—Ce soir même, répondit Phileas Fogg. Donc, ajouta-t-il en consultant un calendrier de poche, puisque c'est aujourd'hui mercredi 2 octobre, je devrai être de retour à Londres, dans ce salon même du Reform-Club, le samedi 21 décembre, à huit heures quarante-cinq du soir… [Phileas Fogg retourne à la maison pour se préparer et chercher son domestique Jean Passepartout.]

Une station de voitures se trouvait à l'extrémité de Saville-row. Phileas Fogg et son domestique montèrent dans un cab, qui se dirigea rapidement vers la gare de Charing-Cross… À huit heures vingt, le cab s'arrêta devant… la gare. Passepartout sauta à terre[4]…

Mr. Fogg et lui entrèrent aussitôt dans la grande salle de la gare. Là, Phileas Fogg donna à Passepartout l'ordre de prendre deux billets de première classe pour Paris. Puis, se retournant, il aperçut[5] ses cinq collègues du Reform-Club.

« Messieurs, je pars, dit-il, et les divers visas apposés sur un passeport que j'emporte à cet effet vous permettront, au retour, de contrôler mon itinéraire…

—Vous n'oubliez pas que vous devez être revenu ? … fit observer Andrew Stuart.

—Dans quatre-vingts jours, répondit Mr. Fogg, le samedi 21 décembre 1872, à huit heures du soir. Au revoir, messieurs. »

À huit heures quarante, Phileas Fogg et son domestique prirent place dans le même compartiment. À huit heures quarante-cinq… le train se mit en marche.

Source : Jules Verne, *Le tour du monde en quatre-vingts jours*

[1]raconte des histoires drôles [2]*a bet, a wager* [3]*in other words* [4]est descendu [5]*saw*

C. En regardant de plus près. Examinez le texte plus en détail.

1. Phileas Fogg est accompagné de son domestique, Jean « Passepartout ». Pourquoi est-ce que c'est un nom amusant ?
2. Le texte nous indique quelle sorte de personne est Phileas Fogg ; dans chaque cas, trouvez un exemple qui illustre la description.

MODÈLE Phileas Fogg est un homme riche.
➤ Il prend des billets de train de première classe.

a. Il habite un beau quartier de Londres.
b. Il est très ponctuel.
c. Il aime la précision.
d. Il prend rapidement des décisions.

D. Après avoir lu. Discutez des questions suivantes avec vos camarades de classe.

1. Voici l'itinéraire de Phileas Fogg publié dans le journal britannique *The Morning Chronicle*. Est-ce que vous pensez qu'il est vraiment possible pour Fogg d'accomplir son voyage en l'espace de quatre-vingts jours ? Pourquoi ?

LE TOUR DU MONDE EN QUATRE-VINGTS JOURS

De Londres à Suez par le Mont-Cenis et Brindisi, railways et paquebots	7 jours
De Suez à Bombay, paquebot	13 jours
De Bombay à Calcutta, railway	3 jours
De Calcutta à Hong-Kong (Chine), paquebot	13 jours
De Hong-Kong à Yokohama (Japon), paquebot	6 jours
De Yokohama à San Francisco, paquebot	22 jours
De San Francisco à New York, railroad	7 jours
De New York à Londres, paquebot et railway	9 jours
Total	80 jours

2. Est-ce que vous avez lu en traduction anglaise un roman de Jules Verne ou vu un film basé sur un de ses romans ? Parmi ses romans on trouve : *Vingt mille lieues sous les mers, L'île mystérieuse, Voyage au centre de la Terre* et *De la Terre à la Lune*. Si vous en connaissez un, discutez-en avec vos camarades de classe.
3. Si vous aimez la science-fiction, cherchez un de ces romans à la bibliothèque ou louez un DVD—peut-être même une adaptation du *Tour du monde en quatre-vingts jours* !

Vocabulaire

Leçon 1

moyens de transport (m.)	means of transportation
à pied	*on foot*
un avion	*plane*
un bus	*city bus*
un car	*excursion bus, intracity bus*
un métro	*subway*
une mobylette	*moped, motor scooter*
une moto	*motorcycle*
un taxi	*taxi*
un train	*train*
un tramway	*tram, street car*

pour faire un voyage	to take a trip
un aéroport	*airport*
un appareil photo	*camera*
un appareil (photo) numérique	*digital camera*
un carnet d'adresses	*address book*
une carte bancaire	*debit card*
une carte de crédit	*credit card*
une clé, une clef	*key*
un passeport	*passport*
un permis de conduire	*driver's licence*
un plan de ville	*city map*
un portefeuille	*wallet*
un porte-monnaie (*inv.*)	*change purse*
un sac à dos	*backpack*
une valise	*suitcase*
un vol	*flight*

autres expressions utiles	other useful expressions
avoir besoin de	*to need*
un billet	*(train, plane) ticket*
un ticket	*(subway) ticket*
oublier	*to forget*
tout	*everything*
Voyons...	*Let's see . . .*

Leçon 2

les continents (m.)	continents
l'Afrique (f.)	*Africa*
l'Amérique du Nord (f.)	*North America*
l'Amérique du Sud (f.)	*South America*
l'Asie (f.)	*Asia*
l'Europe (f.)	*Europe*
l'Océanie (f.)	*Pacific (including Australia)*

des pays (m.)	countries
une frontière	*border*
l'Algérie (f.)	*Algeria*
l'Allemagne (f.)	*Germany*
l'Angleterre (f.)	*England*
l'Argentine (f.)	*Argentina*
l'Australie (f.)	*Australia*
la Belgique	*Belgium*
le Brésil	*Brazil*
le Cameroun	*Cameroon*
le Canada	*Canada*
la Chine	*China*
la Colombie	*Colombia*
la Corée	*Korea*
la Côte d'Ivoire	*Ivory Coast*
l'Espagne (f.)	*Spain*
les États-Unis (m.)	*the United States*
la France	*France*
Haïti (m.)	*Haiti*
l'Inde (f.)	*India*
l'Iran (m.)	*Iran*
l'Irak (m.)	*Iraq*
l'Italie (f.)	*Italy*
le Japon	*Japan*
le Maroc	*Morocco*
le Mexique	*Mexico*
les Pays-Bas (m.)	*the Netherlands*
le Portugal	*Portugal*
le Sénégal	*Senegal*
les Seychelles (f.)	*Seychelle Islands*

la Suisse	*Switzerland*
le Vietnam	*Vietnam*
des nationalités	***nationalities***
algérien/algérienne	*Algerian*
allemand/e	*German*
américain/e	*American*
anglais/e	*English*
argentin/e	*Argentinian*
australien/australienne	*Australian*
belge	*Belgian*
brésilien/brésilienne	*Brasilian*
camerounais/e	*Cameroonian*
canadien/canadienne	*Canadian*
chinois/e	*Chinese*
colombien/colombienne	*Colombian*
coréen/coréenne	*Korean*
espagnol/e	*Spanish*
français/e	*French*
indien/indienne	*Indian*
italien/italienne	*Italian*
ivoirien/ivoirienne	*Ivorian*
japonais/e	*Japanese*
marocain/e	*Moroccan*
mexicain/e	*Mexican*
néerlandais/e	*Dutch*
portugais/e	*Portuguese*
sénégalais/e	*Senegalese*
suisse	*Swiss*
vietnamien/vietnamienne	*Vietnamese*
expressions de nécessité	***expressions of necessity***
Il est important de	*It is important*
Il est nécessaire de	*It is necessary*
Il est utile de	*It is useful*
Il faut / Il ne faut pas	*You must/must not*
Il vaut/vaudrait mieux	*It is/would be better (best)*
d'autres mots utiles	***other useful words***
une langue maternelle	*native language*
obtenir	*to obtain*
une réunion	*meeting*
venir de + *inf.*	*to have just (done something)*

Leçon 3

le logement	***lodgings***
loger (dans un hôtel)	*to stay (in a hotel)*
une étoile	*one star*
une auberge	*inn*
une auberge de jeunesse	*youth hostel*
un camping	*campground*
un camping-car	*recreational vehicle*
une caravane	*trailer*
un gîte (rural)	*(rural) bed and breakfast*
une tente	*tent*
aller sur Internet	*to go online*
pour se renseigner	***to get information***
des renseignements (m.)	*information*
un guide	*guide (tour guide or guide book)*
un office de tourisme	*tourism office*
pour indiquer le chemin	***to give directions***
une avenue	*avenue*
un boulevard	*boulevard*
le chemin	*way*
continuer (tout droit)	*keep going (straight ahead)*
tourner à (droite)	*turn (right)*
traverser	*cross*
des sites historiques et culturels (m.)	***historical and cultural sites***
une abbaye	*abbey*
une cathédrale	*cathedral*
une cave	*wine cellar*
un château	*chateau*
un château fort	*fortress*
une grotte préhistorique	*prehistoric cave*
un spectacle son et lumière	*sound and light historical production*
un théâtre romain	*Roman theater*
un village médiéval	*medieval village*
un village perché	*village perched on a hillside*

Une réalisatrice tourne un film à Paris

Chapitre 10 Quoi de neuf ? cinéma et médias

In this chapter:

- Expressing opinions about the media
- Expressing cause and effect
- Describing and narrating events in the past
- Discovering the media in the French-speaking world

Leçon 1 Le grand et le petit écran

Additional practice activities for each **Points de départ** section are provided by:
- Student Activities Manual
- *Points de départ* Companion Website: **http://www.prenhall.com/pointsdedepart**

POINTS DE DÉPART

Qu'est-ce qu'il y a à la télé ?

Mardi 13 février

TF1	FRANCE 2	FRANCE 3	CANAL+
20.50 **Les experts: Manhattan** *Le samouraï des affaires.* Série policière américaine. Avec Gary Sinise, Eddie Cahill, Hill Harper, Melina Kanakaredes, Vanessa Ferlito. Durée : 45 min.	20.50 **Les camarades** Téléfilm mélodramatique de François Luciani. 2006. France. Avec Valérie Donselli, Laure Marsac, Jean-Michel Portal, Malik Zidi, Vanessa Gravina. Durée : 95 min.	20.50 **1967, la révolution sexuelle en chansons** *Divertissement.* Présenté par Michèle Bernier, avec la participation de Anthony Martin. Invités : Françoise Hardy, Michel Delpech, Michel Fugain. Durée : 115 min.	20.50 **Madame Henderson présente** Comédie dramatique de Stephen Frears. 2005. Grande-Bretagne. VF. Avec Judi Dench, Bob Hoskins, Kelly Reilly, Will Young, Christopher Guest. Durée : 105 min.
21.35 **Les experts: Manhattan** *Les cendres du passé.* Série policière américaine. Avec Gary Sinise, Melina Kanakaredes, Anna Belknap, Carmine Giovinazzo, Hill Harper. Durée : 45 min.	22.35 **Edith et Marcel** Drame de Claude Lelouch. 1982. France. Avec Evelyne Bouix, Marcel Cerdan Junior, Jacques Villeret, Francis Huster, Jean-Claude Brialy. Durée : 160 min.	22.45 **Ce soir ou jamais** Magazine culturel. Présenté par Frédéric Taddeï. Durée : 75 min.	22.35 **Camera Kids** Film documentaire de Zana Briski et Ross Kauffmann. 2004. Inde - [États-Unis]. VO. Durée : 85 min.

CHRISTELLE : Qu'est-ce qu'il y a à la télé ce soir ?

THOMAS : Attends, je vais regarder dans *Télérama*. ... Bon, sur TF1, il y a deux épisodes d'une série américaine. Sur France 2, il y a un téléfilm français à 8 h 50 et un vieux film à 10 h 35. Sur France 3, il y a un divertissement qui a l'air intéressant : « 1967, la révolution sexuelle en chansons ». Qu'est-ce que tu en penses ?

CHRISTELLE : Bof ! Il n'y pas de film sur une autre chaîne ? J'ai plutôt envie de voir un bon film ce soir.

THOMAS : Si, sur Canal+ il y a une comédie dramatique en VF à neuf heures moins dix et ensuite un documentaire en VO à 10 h 35. Qu'est-ce que tu préfères ?

CHRISTELLE : Tu rigoles ? Tu sais bien que je n'aime pas beaucoup les documentaires et en plus c'est en VO. Je n'ai pas envie de lire des sous-titres ce soir.

THOMAS : D'accord. Allons pour la comédie dramatique tournée en Grande-Bretagne. C'est doublé en français. Tu peux allumer la télé ?

CHRISTELLE : Mais, c'est toi qui as la télécommande !

THOMAS : Ah bon ? Ah, la voilà !

CHRISTELLE : Arrête de zapper ! Mets Canal+ !

THOMAS : Allez, c'est bon.

DES GENRES D'ÉMISSIONS

un dessin animé
un divertissement
un documentaire
une émission de musique
une émission sportive
une émission de télé-achat
une émission de télé-réalité
un feuilleton
un film
un jeu télévisé
le journal télévisé (le JT), les informations (les infos)
un magazine
un reportage
une série

DES GENRES DE FILMS

un film d'aventures	raconte les aventures d'un personnage courageux
un film de science-fiction	raconte des événements futuristes et imaginaires
un film d'espionnage	est plein de suspense, avec des agents secrets qui partent en mission
un film policier	raconte un crime et l'enquête (*investigation*) pour retrouver le criminel
un film historique	raconte des événements historiques ou la vie d'un personnage historique
un film d'horreur	doit faire peur (*frighten*) aux gens ; il y a des monstres, des fantômes, des vampires, ou bien des psychopathes
une comédie musicale	raconte une histoire dansée et chantée
une comédie	raconte les mésaventures amusantes des gens
un documentaire	est un reportage sur la société, l'histoire, la nature, la science, la religion, etc.
un drame psychologique	examine les relations entre les gens
un western	est un film d'aventures avec des cow-boys dans le Far West
un dessin animé	est fait surtout pour les enfants ; il met en vedette, par exemple, des animaux qui parlent

Audrey TAUTOU et Gad ELMALEH jouent dans le film *Hors de prix*, tourné par Pierre SALVADORI et sorti en décembre 2006. C'est une comédie romantique assez drôle.

À vous la parole

10-1 Quel genre d'émission ? Imaginez que vous lisez un magazine télé. Selon ces descriptions partielles, déterminez avec un/e partenaire le genre de chaque émission.

MODÈLE dernier épisode

É1 C'est peut-être une série.

É2 S'il y a des épisodes, c'est probablement un feuilleton.

1. avec notre invitée, la chanteuse…
2. l'astrologie face à la science
3. le journal de la semaine
4. à gagner cette semaine : un voyage à Tahiti
5. série américaine
6. Coupe de France. Quart de finale.
7. des recettes : ris de veau, fumet aux vieux cèpes, galettes de pommes de terre
8. l'île aux enfants

10-2 Les émissions d'aujourd'hui. Qu'est-ce qu'on peut regarder aujourd'hui ? Avec un/e partenaire, jouez les rôles de deux amis. Consultez le magazine télé au début de cette leçon et discutez de vos choix.

MODÈLE É1 J'ai envie de regarder un match.

É2 Il n'y a pas de match ce soir. Si on regardait un film ?

1. J'aime bien les films étrangers.
2. J'adore les séries américaines.
3. Il n'y a pas de magazine sur France 3 ce soir ?
4. Pourquoi pas un film ce soir ?
5. J'ai envie de regarder quelque chose de différent.
6. J'ai mal à la tête, alors rien de sérieux pour moi ce soir !
7. Il y a un documentaire ce soir ?

Vie et culture

Les festivals internationaux de films

Est-ce que vous savez qu'il y a de nombreux festivals francophones de films chaque année ? Pouvez-vous en nommer quelques-uns ? Sans doute, vous avez entendu parler du Festival International du Film à Cannes. Regardez la séquence vidéo, *Le cinéma*. Est-ce que ce festival ressemble à un festival que vous avez déjà vu (à la télévision peut-être) ? Comment ? Est-ce qu'il y a des éléments qui sont typiquement français ou internationaux ?

Pour savoir quels sont les meilleurs films canadiens, vous pouvez regarder Le Gala des Jutra. C'est le festival cinématographique qui a lieu chaque année au mois de mars au Québec. Pour le cinéma africain, le FESPACO (le Festival Panafricain du Cinéma et de la Télévision de Ouagadougou) a lieu tous les deux ans à Ouagadougou, au Burkina Faso. Ce grand festival a pour objectif de favoriser la diffusion de toutes les œuvres du cinéma africain. Est-ce que vous connaissez des films africains ? Lesquels ?

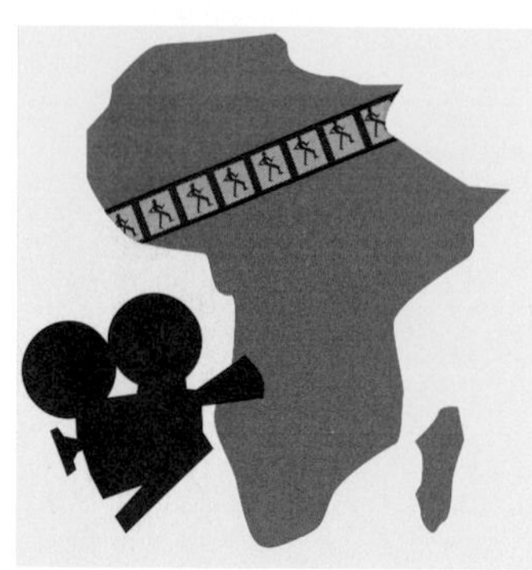

Le logo du FESPACO

Denys Arcand, le réalisateur québécois, a remporté plusieurs Jutra en 2004 pour son film *Les Invasions barbares*.

10-3 Films préférés. Quels genres de films est-ce que vous préférez ? Classez ces films par ordre de préférence et parlez-en avec un/e camarade de classe.

MODÈLE

moi	mon partenaire
1. comédies romantiques	1. films d'aventure
2. films historiques	2. westerns
3. drames psychologiques	3. films policiers

É1 J'aime surtout les comédies romantiques. Mais je regarde aussi des films historiques et des drames psychologiques. Et toi ?

É2 J'aime les films d'aventure, surtout les westerns. J'aime aussi les films policiers. Je regarde des séries policières toutes les semaines.

FORMES ET FONCTIONS

1. *Les verbes* croire *et* voir

- Here are the forms of the verb **croire** and of the verb **voir**.

	CROIRE *to believe*	VOIR *to see*
SINGULIER		
je	crois	vois
tu	crois	vois
il / elle / on	croit	voit
PLURIEL		
nous	croy**ons**	voy**ons**
vous	croy**ez**	voy**ez**
ils / elles	croi**ent**	voi**ent**

IMPÉRATIF : **Crois**-moi ! **Croyez**-nous ! **Croyons** aux jeunes ! **Voyons** !

PASSÉ COMPOSÉ : **J'ai cru** ce qu'il disait. **J'ai vu** cette émission.

FUTUR : Je le **croir**ai quand je le **verr**ai.

- Use the verb **croire**:
  - to indicate that you believe someone or something:

Je **crois** Jean.	*I believe John.*
L'histoire de cette actrice ? Nous la **croyons**.	*This actress's story? We believe it.*

  - to indicate that you believe in something or someone. In this case, use **croire** along with the preposition **à**.

Nous **croyons à** l'avenir du cinéma.	*We believe in the future of film.*
Ils **croient au** Père Noël.	*They believe in Santa Claus.*

  - Note, however, the following special expression.

Nous **croyons en** Dieu.	*We believe in God.*

- Here are some common expressions using **croire**:

Je crois. / Je crois que oui.	*I think so.*
Je ne crois pas. / Je crois que non.	*I don't think so.*

Additional practice activities for each **Formes et fonctions** section are provided by:
- Student Activities Manual
- *Points de départ* Companion Website: **http://www.prenhall.com/pointsdedepart**

- To express an opinion, use a verb such as **croire** or **penser** plus the conjunction **que**. Notice that the conjunction is not always expressed in English but must be present in French.

Je **crois que** ce film va gagner un prix.	*I think (that) this film will win an award.*
Ils **pensent que** Spielberg est un grand réalisateur.	*They think (that) Spielberg is a great director.*

À vous la parole

10-4 Les croyances. À quoi croient ces personnes ? Pour chaque phrase, choisissez dans la liste suivante la réponse qui convient.

MODÈLE Mme Martin achète des billets de LOTO chaque semaine.
➤ Elle croit à la chance.

Réponses possibles :

l'amour	la chance	la médecine
l'argent	Dieu	le Père Noël
l'avenir	la discipline	le plaisir

1. M. Gervais a trois enfants et il est très autoritaire.
2. Anne a six ans, son frère a quatre ans.
3. Geoffrey est un jeune homme sentimental.
4. Vous travaillez vingt-quatre heures sur vingt-quatre.
5. M. Leblanc va à l'église tous les dimanches.
6. Nous sortons jusqu'à trois heures du matin tous les soirs.
7. Je voudrais avoir beaucoup d'enfants.
8. Quand ça ne va pas bien, il va tout de suite voir le médecin.

10-5 Que de choses à voir ! Expliquez ce que chaque personne voit — attention au temps du verbe !

MODÈLES Nous avons regardé un documentaire sur Paris.
➤ Nous avons vu la tour Eiffel.

Les Davy allaient souvent au zoo.
➤ Ils voyaient des lions, des tigres et des éléphants.

1. J'irai à Nice pour les vacances.
2. Vous êtes allés au Québec ?
3. Ils vont visiter Los Angeles.
4. Tu visites la ville de Tours ?
5. Elles sont allées à Paris cet été.
6. Nous irons à New York le mois prochain.
7. Cet hiver, ma copine allait souvent au centre-ville.

10-6 Les opinions sur les médias. Quelle est votre opinion, et l'opinion de votre partenaire ? Comparez vos idées avec les idées de vos camarades de classe.

MODÈLE La télé peut informer les gens.

É1 Oui, je crois que la télé peut informer les gens.

É2 Je suis tout à fait d'accord, je crois qu'il est utile de regarder le journal télévisé, par exemple.

(*aux autres*) Nous croyons que la télé peut informer les gens. Par exemple,...

1. La télé peut informer les gens.
2. Les acteurs ont une responsabilité vis-à-vis de leur public.
3. Les séries américaines donnent une fausse (*false*) image de la vie aux États-Unis.
4. Les films et la télé banalisent la violence.
5. Regarder la télé peut être très instructif pour les enfants.
6. Avoir un enregistreur vidéo numérique (comme TiVO) est absolument nécessaire.

2. Le conditionnel

- You have used the conditional forms of **devoir**, **pouvoir**, and **vouloir** to express obligation, to soften commands, and to make suggestions.

Tu **pourrais** regarder dans *Télérama.*	*You could look in* Télérama.
On **devrait** regarder moins de télé.	*We should watch less TV.*

- More generally, the conditional is used to express events or situations that are hypothetical or conjectural:

J'**aimerais** voir ce film, mais c'est trop cher.	*I'd like to see this film, but it's too expensive.*
Tu **écrirais** vraiment à cet acteur ?	*Would you really write to that actor ?*
Cette actrice **serait** riche maintenant.	*That actress would be rich by now.*

- The conditional is formed by adding the imperfect endings to the future stem.

SINGULIER		PLURIEL	
je	donner**ais**	nous	donner**ions**
tu	donner**ais**	vous	donner**iez**
il / elle / on	donner**ait**	ils / elles	donner**aient**

Here are the conditional forms of the main verb groups.

verb group	infinitive	conditional
-er	parler	je **parlerais**
-ir	partir	je **partirais**
-re	vendre	je **vendrais**

Verbs that have an irregular future stem use that same stem in the conditional: **j'irais**, **j'aurais**, **je serais**, **je me lèverais**, **je jetterais**, **je préfèrerais**, etc.

À vous la parole

10-7 Vous aussi ? Avec plus d'argent, qu'est-ce que vous feriez ? Êtes-vous d'accord avec ces gens ?

MODÈLE Je m'achèterais une nouvelle voiture.
➤ Moi aussi, je m'achèterais une nouvelle voiture.
OU ➤ Moi non, je m'achèterais un grand bateau.

1. Je voyagerais tout le temps.
2. Je ne travaillerais plus.
3. Je partagerais l'argent avec ma famille.
4. Je prêterais de l'argent à mes amis.
5. Je m'achèterais un château en France.
6. J'irais dîner dans les meilleurs restaurants.
7. Je donnerais de l'argent aux pauvres (*poor*).

10-8 Des bons conseils. Quel conseil est-ce que vous et votre partenaire donneriez à ces personnes ?

MODÈLE Je ne suis pas très bien informé.

É1 À ta place, je regarderais les infos le soir.
É2 Tu devrais regarder les magazines à la télé.

1. Ma fille regarde trop la télé.
2. J'ai envie de me détendre ce soir.
3. Nous partons bientôt en vacances.
4. Dans ma famille, on se dispute toujours pour choisir une émission de télé.
5. J'ai envie de voir un bon film ce week-end.
6. J'ai du mal à choisir un candidat au moment des élections.
7. Je n'aime pas la violence.

10-9 Vous avez le pouvoir ! Avec un/e partenaire, imaginez que vous êtes dans les situations suivantes. Qu'est-ce que vous feriez ? Ensuite, comparez vos idées avec celles de vos camarades de classe.

MODÈLE Vous êtes le professeur de votre cours de français.

É1 Je donnerais moins de devoirs.

É2 Je montrerais plus de films.

1. Vous êtes le professeur de votre cours de français.
2. Vous êtes le président/la présidente de votre université.
3. Vous êtes un acteur/une actrice célèbre.
4. Vous êtes un réalisateur/une réalisatrice connu/e.
5. Vous êtes le directeur/la directrice d'une grande chaîne de télévision.
6. Vous êtes le maire de votre ville.
7. Vous êtes le président/la présidente des États-Unis.

10-10 Réflexions sur le cinéma

Le Palais des Festivals à Cannes

A. Avant de regarder. Si vous habitiez près de Cannes, qu'est-ce que vous pourriez faire au moment du festival ? Faites une liste d'activités possibles. Vous allez entendre une Niçoise qui décrit sa propre expérience, puis un étudiant à l'Université de Nice qui décrit ses préférences cinématographiques.

B. En regardant. Trouvez toutes les bonnes réponses à chaque question.

1. Selon Fabienne, des célébrités viennent à Cannes…
   a. de tous les pays.
   b. à tous moments.
   c. pour les vacances.
   d. pour la promotion de leurs films.

2. Fabienne … à Cannes au moment du festival.
   a. ne va jamais
   b. est souvent
   c. va tous les ans

3. Elle a eu l'occasion … quelques célébrités.
   a. de voir
   b. de dîner avec
   c. d'interviewer

4. Édouard va au cinéma…
   a. aussi souvent que possible.
   b. très souvent.
   c. tous les soirs.

5. Le dernier film qu'il a vu, c'était un film…
   a. américain.
   b. espagnol.
   c. français.

6. Pour lui, un grand classique du cinéma, c'est…
   a. *Harry, un ami qui vous veut du bien.*
   b. *L'auberge espagnole.*
   c. *Le Seigneur des anneaux.*
   d. *Matrix.*

C. Après avoir regardé. Maintenant discutez des sujets suivants avec vos camarades de classe.

1. Est-ce qu'il est possible pour les gens chez vous de côtoyer (*to get close to*) des célébrités comme le fait Fabienne à Cannes ? Pourquoi est-ce que les gens aiment cela, à votre avis ?
2. Est-ce que vous êtes d'accord avec Édouard quand il nomme des « grands classiques » ? Quels sont les grands classiques du cinéma pour vous ?

Leçon 2 On s'informe

Qu'est-ce qu'elle lit ?

POINTS DE DÉPART

La lecture et vous

TEXT AUDIO

Quelles sont vos habitudes de lecture ? Complétez le questionnaire pour en savoir plus ! D'après vos résultats, est-ce que vous êtes un lecteur sérieux, un lecteur occasionnel ou un lecteur pragmatique ? Comparez vos réponses aux réponses de vos camarades de classe.

Indiquez vos trois types de lecture préférés :

- ☐ les journaux (nationaux, régionaux, spécialisés — sport, économie)
- ☐ les magazines (d'information, de télévision, féminins ou familiaux)
- ☐ les romans (d'amour, historiques, policiers, de science-fiction)
- ☐ les livres de loisirs (de cuisine, de sport, de bricolage, de jardinage)
- ☐ les livres d'art (sur la peinture, l'architecture, le cinéma)
- ☐ les livres d'histoire ou les biographies
- ☐ les livres sur la science ou la technologie (la santé, l'informatique)
- ☐ les poésies
- ☐ les bandes dessinées (les BD)
- ☐ les ouvrages de référence (le dictionnaire, l'atlas, l'encyclopédie)

Comment choisissez-vous un livre ?

- ☐ les recommendations des critiques dans la presse ou à la télévision
- ☐ les recommendations d'amis
- ☐ la réputation de l'auteur
- ☐ la publicité

Comment obtenez-vous les livres ?

- ☐ vous les empruntez à une bibliothèque
- ☐ vous les empruntez à des amis
- ☐ vous les achetez dans une librairie
- ☐ vous êtes abonné/e à un club lecture

Pourquoi lisez-vous ?

- ☐ pour vous détendre
- ☐ pour vous instruire
- ☐ pour vous distraire

Quand lisez-vous ?

- ☐ en vacances
- ☐ en voyage ou dans les transports publics
- ☐ à la bibliothèque
- ☐ chez vous
- ☐ en écoutant de la musique
- ☐ au lit pour vous endormir

À vous la parole

10-11 Un livre ou un magazine pour tout le monde. Quel type de livre ou de magazine est-ce qu'on pourrait offrir à chaque personne décrite ici ?

MODÈLE un enfant
➤ On pourrait lui offrir une histoire d'enfants ou une bande dessinée.

1. un étudiant qui prépare son diplôme en journalisme
2. quelqu'un qui n'a pas souvent l'occasion d'aller au musée
3. quelqu'un qui aime bricoler
4. quelqu'un qui apprend l'anglais
5. quelqu'un qui regarde souvent la télévision
6. quelqu'un qui s'intéresse à l'histoire
7. quelqu'un qui adore la science-fiction
8. quelqu'un qui fait beaucoup de sport

Vie et culture

La presse française

Regardez la séquence vidéo, *Je lis la presse*, où Pauline montre et décrit ses journaux et magazines préférés. D'après sa description, qu'est-ce qu'un quotidien ? un hebdomadaire ? un mensuel ?

Pauline achète *Le Monde*, mais elle est abonnée au quotidien *Libération*. Comment est-ce qu'elle décrit son magazine préféré, *Le Nouvel Observateur ?* Quel autre hebdomadaire est-ce qu'elle achète, et pourquoi ? Pauline a acheté un mensuel, *Géo ;* pourquoi ?

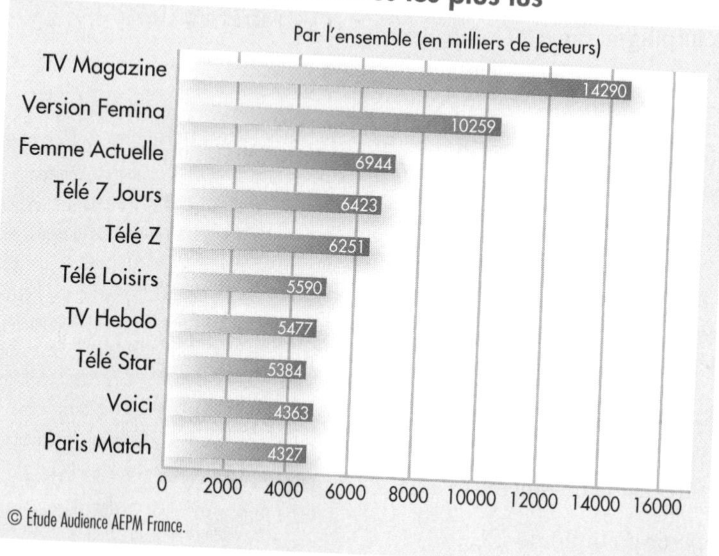

Voici la liste des dix hebdomadaires les plus lus en France pour la période allant de janvier à décembre 2006. Pour chaque magazine, identifiez son genre : par exemple, est-ce que c'est un magazine féminin ? un magazine télé ? Qu'est-ce que vous pouvez déduire des priorités ou des goûts des gens qui les achètent ?

10-12 D'après le titre. D'après le titre, c'est quel genre de livre, de journal ou de magazine ?

MODÈLE *Marie Claire Maison*
➤ C'est probablement un magazine féminin.

1. *Télérama*
2. *Info-Matin*
3. *Elle*
4. *Cahiers du football*
5. *Les Années 80*
6. *Lucky Luke dans le Far West*
7. *Le Guide Pratique du Droit*
8. *Cuisine Minceur*

10-13 Et vous ? Quelles sont vos habitudes ? Comparez-les avec les habitudes d'un/e camarade de classe.

1. Qu'est-ce que vous lisez tous les jours ? le journal, des magazines ? quels journaux ou magazines ?
2. Quels ouvrages de référence est-ce que vous avez chez vous ?
3. Qu'est-ce que vous lisez pour vos cours ?
4. Qu'est-ce que vous lisez pour vous informer ? pour vous détendre ?
5. Qu'est-ce que vous lisez quand vous êtes en vacances ?
6. Quel est le dernier livre que vous avez lu ? Est-ce que vous êtes en train de lire un livre maintenant ?
7. Qui est votre auteur préféré ?

FORMES ET FONCTIONS

1. Les pronoms relatifs où *et* qui

- A relative pronoun allows you to introduce a clause, called a subordinate clause, that provides additional information about a person, place, or thing. The relative pronoun connects the subordinate clause to the main clause of the sentence. In the example below, the subordinate clause, introduced by the relative pronoun **qui**, is set off by brackets.

J. K. Rowling est un auteur [**qui** a beaucoup de talent].	J. K. Rowling *is an author [who is very talented].*
La FNAC est un magasin [**qui** est connu pour la qualité de ses livres].	*FNAC is a store [that is known for the quality of its books].*

In these examples the relative pronoun **qui**, which refers to an author or a store, respectively, is the subject of the subordinate clause. **Qui**, the equivalent of *who, which*, or *that* in English, always functions as the subject of the clause it introduces and is always followed by a verb.

- **Où** is used to introduce a place or a time; it is equivalent to the English *where* or *when*.

C'est une librairie [**où** il y a beaucoup de livres d'occasion].	*It's a bookstore [where there are many used books].*
L'automne en France, c'est la saison [**où** le Prix Renaudot est annoncé].	*Autumn in France is the season [when the Renaudot Literary Prize is awarded].*

À vous la parole

10-14 En quelles saisons ? En quelles saisons est-ce qu'on peut faire les activités suivantes ?

MODÈLE On va à la campagne chercher des pommes.
➤ L'automne est la saison où on va à la campagne chercher des pommes.

1. On peut faire un pique-nique à la montagne.
2. On peut faire du ski.
3. On va souvent au bord de la mer.
4. On fait des randonnées dans la forêt.
5. On commence à acheter des livres pour l'année scolaire.
6. On admire les fleurs à la campagne.
7. On va voir les matchs de football américain.
8. On a envie de lire tranquillement et de boire un café dans une librairie.

10-15 Lectures. Voici les lectures récentes de Caroline et de sa famille. Reliez les phrases suivantes avec le pronom relatif **qui**.

MODÈLE Caroline est en train de lire un roman. Il s'appelle *l'Étranger*.
➤ Caroline est en train de lire un roman qui s'appelle *l'Étranger*.

1. *L'Étranger*, c'est le premier roman d'Albert Camus. Il a gagné le prix Nobel en 1957.
2. Sa sœur adore *Le Petit Prince*. Il a été écrit par Antoine de Saint Exupéry.
3. C'est l'histoire d'un petit bonhomme. Il vient d'une planète aussi grande qu'une maison.
4. Ses cousins aiment beaucoup les romans *Harry Potter*. Ils ont eu un énorme succès partout dans le monde.
5. Harry Potter et ses amis sont des sorciers. Ils vont à l'école Hogwarts où ils apprennent beaucoup de choses.
6. Les parents de Caroline viennent de voir une pièce de théâtre de Molière. Il a écrit *Le Malade imaginaire, Tartuffe* et *l'École des femmes*.
7. Ils aiment beaucoup ses pièces. Elles sont souvent très drôles.
8. L'oncle de Caroline préfère les œuvres de Victor Hugo. Il a écrit au dix-neuvième siècle.
9. Hugo était un auteur prolifique. Il a écrit des poèmes, des romans, des pièces de théâtre et des essais.

10-16 Quelles sont vos préférences ? Discutez de vos préférences avec un/e partenaire.

MODÈLE J'aime les librairies…

É1 J'aime les librairies qui ont des livres bon marché.
É2 Moi, j'aime surtout les librairies où il y a un café et des fauteuils pour s'asseoir.

1. J'aime les librairies…
2. Je préfère les bibliothèques…
3. Je n'aime pas les auteurs…
4. J'aime les livres…
5. J'aime surtout lire les hebdomadaires…
6. J'aime les gens…
7. Je n'aime pas beaucoup les gens…

2. *Le pronom relatif* que

• As you have just learned, a relative pronoun enables you to introduce a clause, called a subordinate clause, that provides additional information about a person, place, or thing. The relative pronoun **qui** functions as the subject of the clause it introduces. It is always followed immediately by the verb of the subordinate clause.

L'auteur [**qui** a écrit trois romans] est très apprécié. — *The author [who has written three novels] is much loved.*

• **Que** is used when the relative pronoun is the direct object of the subordinate clause. Use **qu'** before words beginning with a vowel. The subject of the subordinate clause usually follows **que/qu'**.

C'est un bon dictionnaire. J'aime beaucoup utiliser ce dictionnaire.

C'est un bon dictionnaire [**que** j'aime beaucoup utiliser]. — *It's a good dictionary that I like to use a lot.*

Like **qui**, the relative pronoun **que/qu'** can refer either to a person or a thing.

Le libraire **que** je connais est très aimable. — *The bookseller whom/that I know is very friendly.*

Nous sommes allés à la librairie **que** Mme Lerond a recommandée. — *We went to the bookstore (that) Mrs. Lerond recommended.*

Be careful! In English the words *whom* or *that* may be left out, but in French **que** must always be used.

• When you use the **passé composé**, the past participle agrees in number and gender with the preceding direct-object pronoun. In both examples below, **que/qu'** refers to a masculine plural noun, and the masculine plural form of the past participle is used.

Voilà les poèmes **que** j'ai écrits. — *Here are the poems (that) I wrote.*

Vous connaissez les auteurs **qu'**ils ont invités à cette soirée ? — *Do you know the authors (that) they invited to this reception?*

À vous la parole

10-17 Qui lit ces magazines ? Suggérez qui lit chacun de ces magazines français. Les lecteurs possibles sont : les jeunes, les enfants, les parents, les étudiants, les femmes, les hommes, les sportifs, les musiciens.

MODÈLE *Tennis Magazine*
➤ C'est un magazine que les sportifs lisent.

1. *Vivre au Féminin*
2. *Auto Moto*
3. *Science et Vie Junior*
4. *Le Monde de l'Éducation*
5. *Cuisine Actuelle*
6. *Sport*
7. *Télé 7 Jours*
8. *La Pêche et les Poissons*
9. *Parents*
10. *Rock & Folk*

10-18. Pour trouver des livres. Complétez ces phrases avec le pronom relatif qui convient : **qui**, **que** ou **où**.

MODÈLE La Maison de la Presse _______ je connais le mieux se trouve boulevard Auguste Blanqui à Paris et ouvre à 6 h 30 du matin.
➤ La Maison de la Presse que je connais le mieux se trouve boulevard Auguste Blanqui à Paris et ouvre à 6 h 30 du matin.

1. Quand je visite Paris, je vais toujours à la FNAC _______ on peut trouver beaucoup de livres et de CD pas chers.
2. Pour acheter des journaux, les Français _______ habitent une grande ville peuvent aller à un kiosque.
3. Gibert Jeune est une librairie _______ les étudiants visitent régulièrement pour trouver des livres pour leurs cours à la fac.
4. Chez Gibert Jeune, on peut également trouver beaucoup de livres d'occasion _______ les étudiants aiment acheter parce qu'ils sont moins chers.
5. À Paris, on peut trouver une librairie anglophone _______ s'appelle Shakespeare & Company.
6. Les touristes aiment les bouquinistes _______ se trouvent au bord de la Seine près de Notre-Dame.
7. La bibliothèque municipale _______ est ouverte de mardi à samedi est un bon endroit pour emprunter des bandes dessinées et même des DVD.
8. À la bibliothèque universitaire, vous trouverez beaucoup d'ouvrages de référence _______ on peut consulter sur place.

10-19 Le mot juste. Dans les définitions, on emploie souvent des propositions relatives. Est-ce que vous et votre partenaire pouvez définir les choses suivantes ?

MODÈLES un critique et une critique

É1 Un critique, c'est une personne qui critique des œuvres d'art, comme des livres, des films ou des émissions de télé.
É2 Une critique, c'est l'article qu'un critique écrit dans un journal.
É1 Oui, c'est bizarre. Un critique écrit une critique !

1. une bibliothèque et une librairie
2. un dessin animé et une bande dessinée
3. un dictionnaire et une encyclopédie
4. un magazine et un magasin
5. un prix littéraire et un prix d'achat

10-20 Critiques d'un film canadien

Stratégie

Considering the type of text you are reading and its conventions can help you approach it knowledgeably. For example, your expectations about style and content can alert you as to what you should be watching for when you read reviews of a book or film.

Regardez cette photo du film franco-canadien *Les Invasions barbares*. Qu'est-ce qui se passe dans le film, à votre avis ?

A. Avant de lire. De nos jours, on peut visiter plusieurs sites Web où les cinéphiles affichent leurs opinions sur les films récents. Voici trois critiques du film québécois *Les Invasions barbares*. Avant de les lire, pensez aux critiques de film que vous avez lues récemment. Quels types de renseignements est-ce que vous y avez trouvés ? Par exemple, dans chacune de ces critiques, on parlera probablement de l'intrigue et des personnages et il y aura aussi une appréciation du film. Quelles autres conventions seront respectées dans ces critiques ? Étant donné que ces critiques se trouvent sur un site Web, comment est-ce qu'elles seront différentes d'autres critiques ?

B. En lisant. Cherchez les réponses aux questions suivantes.

1. En général, est-ce que les critiques de ce film sont positives ou négatives ? Soulignez les mots qui ont influencés votre décision.
2. Trouvez un extrait dans une des critiques qui résume le scénario du film.

Accueil > Films > Critiques du film *Les Invasions barbares*

Par Christine K.

note 9/9

Un film magnifique à voir absolument !

De l'émotion, de l'humour, de l'amitié, beaucoup d'amour et des acteurs merveilleux… et ce petit accent canadien qui nous enchante !

Beaucoup de thèmes sont abordés[1] dans ce film : la mort, la peur de vieillir, la solitude, l'amitié, l'amour, les enfants…

Par Fred

note 9/9

Ce film m'a bouleversé[2] par la force des sentiments qu'expriment ces merveilleux acteurs. L'histoire est simple, pourtant si[3] commune. Un homme au bout du chemin[4] de la vie, entouré de ses amis et de sa famille, revient sur son passé et en mesure les erreurs et par là même[5] se rapproche de[6] son fils, de son ex et de lui-même surtout. Tout cela est raconté avec énormément d'humour et d'amour. Plusieurs vies se croisent[7], alors qu'elles n'auraient jamais dû[8]. La mort rapproche[9] les êtres, l'amour les sépare, mais l'amitié reste toujours. C'est ce que je retiens[10] de ce film. Rarement un film ne m'a autant[11] remué les tripes[12], depuis *Midnight Express* peut-être. Je retourne le voir cette semaine.

Merci M. Arcand.

Extrait du site Cine Kritik, courtesy of Matthieu Granacher.

« Les Invasions barbares », 2003,

de : Denys Arcand ★★★☆☆☆☆

Rémy (Rémy Girard), le mari de Louise (Dorothée Berryman) est très gravement malade. Leur fils Sébastien (Stéphane Rousseau)… est appelé en urgence. Il arrive avec sa compagne Gaëlle (Marina Hands). Dépité[13] de voir son père, avec lequel il n'entretenait[14] pratiquement aucun lien[15], mal soigné dans un hôpital canadien, il lui fait spécialement installer une chambre et contacte ses anciens amis, Diane (Louise Portal), Dominique (Dominique Michel), Claude (Yves Jacques). Pour éviter que son père ne souffre trop, il décide de trouver un moyen d'acquérir[16] de l'héroïne et, pour ce faire[17], rencontre la fille de Diane, Nathalie (Marie-Josée Croze), qui se drogue…

… [Dans ce film,] on assiste à une vague histoire de réconciliation père-fils, assez peu convaincante… ; à l'angoisse d'un homme qui a joui[18] totalement de la vie en égoïste parfait, et se retrouve confronté au grand départ, avec la désolante impression d'une vacuité[19] de son existence ; mais toute cette valse[20] autour du mourant[21]… laisse relativement indifférent[22]… On découvre, par ci par là, quelques éclairs de tendresse, mais l'impression… que tout cela est préfabriqué, calibré, demeure[23]… présente.

Que ce film ait eu le prix du scénario[24] à Cannes et que le prix d'interprétation[25] ait été attribué à Marie-Josée Croze, laisse quand même rêveur[26] ! … Quant[27] au scénario, j'avoue[28] être encore plus étonné ! Qu'y a-t-il de si remarquable dans cette réunion pré-mortuaire alternant scènes hospitalières et réunions amicales… ? Pour moi, il y a là un mystère, pour le moment insoluble !…

Au final, une assez grosse déception.

Bernard Sellier

Extrait de la critique du film « Les Invasions barbares », parue sur le site Web « Images et Mots » : *http://www.imagesetmots.fr*

[1] *tackled* [2] *bowled over* [3] *and yet so* [4] *at the end of the road* [5] *in doing so* [6] *draws closer to* [7] *cross* [8] *might never have done so* [9] *brings closer* [10] *retain* [11] *so much* [12] *moved* [13] *vexed* [14] *maintained* [15] *no ties* [16] *acquire* [17] *in doing so* [18] *enjoyed* [19] *emptiness* [20] *dance* [21] *dying man* [22] *leaves one cold* [23] *remains* [24] *screenplay* [25] *best supporting actress* [26] *leaves one wondering* [27] *as for* [28] *confess*

3. Identifiez les personnages principaux et les acteurs principaux.
4. Qui est le metteur en scène du film ? Comment est-ce que vous le savez ?
5. Pour les personnes qui écrivent les deux premières critiques, quels sont les points forts du film ? Par exemple, elles trouvent que les acteurs jouent bien.
6. Pour le troisième critique, quels sont les points faibles du film ?

C. En regardant de plus près. Maintenant examinez les aspects suivants de ces critiques.

1. Quels sont les éléments communs à ces trois critiques ?
2. Chaque personne organise sa critique d'une manière personnelle. Par exemple, la première personne a) donne son évaluation ; b) donne une liste des points forts du film ; c) énumère les thèmes du film. Comment est-ce que les autres critiques sont organisées ?
3. Dans chaque critique, trouvez une phrase ou une expression qui résume l'opinion de la personne qui l'a écrite.

D. Après avoir lu. Discutez des questions suivantes avec vos camarades de classe.

1. Est-ce que vous pouvez résumer l'opinion de chaque critique ? Quelle critique vous semble la plus convaincante et pourquoi ?
2. D'après ce que vous avez lu, quelle impression est-ce que vous avez de ce film ? Est-ce que vous voudriez le voir ? Pourquoi ?

Ce cinéma se trouve dans le Quartier latin à Paris. Les étudiants adorent les films !

Leçon 3 *Êtes-vous branché ?*

Points de départ

Êtes-vous technophile ou technophobe ?

Voulez-vous savoir où vous en êtes dans la révolution informatique ? Alors, répondez aux questions suivantes pour découvrir si vous êtes technophile ou technophobe.

Première partie :

1. Qu'est-ce que vous faites pour acheter vos livres au début du semestre ?

a. Je fais de la recherche en ligne pour voir où je peux trouver les livres les moins chers et je les commande avec une carte bancaire sur un site Web.

b. Je fais de la recherche en ligne pour découvrir les livres qu'il me faut et je vais les acheter à la librairie.

c. Je vais à la librairie et je demande de l'aide au libraire.

2. Qu'est-ce que vous faites quand vous devez faire un exposé devant la classe ?

a. Je surfe sur Internet pour trouver des informations et je prépare une présentation multimédia avec de la musique, du texte et des clips vidéo. Bien sûr, je sauvegarde une copie sur ma clé USB et je m'envoie une copie par courriel en pièce jointe avant l'exposé. En classe, j'ouvre mon courrier électronique pour retrouver mon fichier ou bien j'utilise ma clé USB et je fais mon exposé avec un ordinateur portable.

b. Je prépare un beau poster avec des jolies images que j'ai scannées et imprimées à la maison avec mon imprimante multifonction. J'y mets aussi quelques photos numériques que j'ai retouchées avec un logiciel sur ordinateur.

c. J'écris mon plan et les idées importantes dans mon cahier. Je fais ma présentation à l'oral devant la classe.

3. Comment est-ce que vous communiquez avec vos amis et vos parents ?

a. On se sert de nos ordinateurs et nos Webcams pour se voir en même temps qu'on se parle. C'est génial et ça ne coûte pas cher.

b. On échange souvent des messages instantanés et des courriels. Quelquefois, je leur envoie des adresses de sites où ils peuvent télécharger de la musique ou même des logiciels utiles.

c. Je leur téléphone quelquefois et je leur écris des cartes postales une fois par mois.

4. Qu'est-ce que vous faites pour vous détendre ?

a. Je télécharge de la musique pour mon iPod ou mon baladeur MP3, je surfe sur Internet et je mets à jour mon profil sur le site Facebook.

b. Je lis le journal en ligne et j'écoute de la musique avec le lecteur CD de mon ordi.

c. Je lis un roman ou des bandes dessinées et quelquefois, je me promène s'il fait beau.

Comptez vos points pour la première partie : Les réponses a = 2 points ; b = 1 point ; c = 0

Deuxième partie :
Maintenant, ajoutez un point pour chaque item de la liste ci-dessous que vous possédez.

- ❑ un baladeur MP3
- ❑ un clavier sans fil
- ❑ une clé USB
- ❑ un disque dur externe
- ❑ une imprimante
- ❑ un iPod
- ❑ un lecteur/graveur CD
- ❑ un lecteur/graveur DVD
- ❑ un lecteur CD/DVD
- ❑ un moniteur avec un écran plat
- ❑ un ordinateur
- ❑ un ordinateur portable
- ❑ un PDA
- ❑ un réseau sans fil
- ❑ un scanner
- ❑ une souris optique sans fil
- ❑ une Webcam

Maintenant, additionnez les points pour la première et la deuxième partie.

Votre score ?

20–25 *Vous êtes vraiment technophile. Vous adorez les nouveaux gadgets et vous êtes parmi les premiers à essayer chaque nouvelle technologie. Mais vous passez peut-être un peu trop de temps devant l'écran. Pensez à sortir un peu respirer l'air frais.*

15–19 *Vous aimez bien la technologie et vous savez vous en servir pour vous faciliter la vie. Attention de ne pas devenir trop dépendant/e de ces nouvelles technologies.*

6–14 *Vous semblez avoir trouvé le bon équilibre entre le virtuel et le réel. Vous vous servez de la technologie mais vous n'oubliez pas non plus qu'il y a plus que la technologie et la nouveauté dans la vie.*

0–5 *Oh là là, vous n'êtes vraiment pas dans la révolution technologique. Vous ne comprenez pas pourquoi tout le monde semble adorer ces ordinateurs et cet Internet auxquels vous résistez toujours. Mais attention ! Il y a des bons éléments de la technologie qui pourraient vous simplifier la vie. À vous de les trouver.*

Avec un ordinateur portable, on peut travailler n'importe où ; même dans un canoë en Polynésie française.

À vous la parole

10-21 Définitions. Trouvez le mot qui correspond à chaque définition.

MODÈLE C'est un appareil qu'on utilise pour imprimer un texte.
➤ C'est une imprimante.

1. C'est très pratique pour sauvegarder votre travail et le transporter.
2. C'est un ordinateur qu'on peut facilement transporter.
3. C'est sur cette partie de l'ordinateur qu'on tape (*types*).
4. C'est un message qu'on reçoit par Internet.
5. C'est ce qu'on regarde lorsqu'on utilise l'ordinateur.
6. On l'utilise pour sauvegarder un fichier sur l'ordinateur lui-même.
7. C'est ce que vous faites quand vous sauvegardez la musique d'un site Internet.
8. Cela permet de reproduire une photo ou un texte.

10-22 La technologie et vous. Combien de ces appareils est-ce que vous savez utiliser ? Comment est-ce que vous les utilisez ? Comparez vos réponses avec les réponses d'un/e partenaire.

MODÈLE un magnétoscope

É1 Mes parents ont un magnétoscope chez eux. Ils l'utilisent pour regarder des films sur vidéocassettes, mais moi, je préfère regarder les DVD.

É2 Moi aussi, j'aime les DVD. Je les regarde avec mon lecteur DVD et souvent, je regarde des émissions de télévision sur Internet.

1. une clé USB
2. une souris sans fil
3. une Webcam
4. un magnétoscope
5. un lecteur DVD
6. un baladeur MP3 (ou un iPod)
7. un scanner
8. un appareil photo numérique
9. un graveur CD

10-23 Internet et vous. Faites un sondage dans votre classe pour déterminer les pourcentages de gens qui utilisent Internet pour les activités suivantes.

MODÈLES Pour envoyer et recevoir des courriels

É1 Qui utilise Internet pour envoyer des courriels ?

É2 Un, deux, trois, quatre, cinq. Cinq personnes dans notre groupe envoient et reçoivent des courriels.

(plus tard)

É3 Cinq personnes ou 100 % des membres de notre groupe envoient des courriels. Trois personnes ou 60 % utilisent la messagerie instantanée.

1. Pour envoyer et recevoir des courriels
2. Pour utiliser la messagerie instantanée
3. Pour obtenir des informations administratives
4. Pour accéder à votre compte en banque
5. Pour acheter des livres, des CD ou des vêtements
6. Pour télécharger de la musique ou des films
7. Pour jouer ou télécharger des jeux
8. Pour téléphoner
9. Pour voir des films
10. Pour faire de la recherche pour vos cours

Vie et culture

Les Français et Internet

Combien d'heures par jour est-ce que vous passez devant un ordinateur ? Quand vous avez du temps libre, est-ce que vous aimez surfer sur le Web, télécharger de la musique ou communiquer avec vos amis avec la messagerie instantanée ou des courriels ? Est-ce que vous pensez que les jeunes Français passent autant de temps que vous sur Internet ? Pour découvrir leurs habitudes concernant Internet, consultez ce tableau.

Est-ce que vous remarquez des différences entre l'usage d'Internet chez les jeunes de 15 à 19 ans et les jeunes adultes de 20 à 29 ans ? Pouvez-vous expliquer ces différences ? Pensez à la façon dont vous utilisiez Internet quand vous étiez au lycée. Est-ce que les différences que vous remarquez chez les jeunes Français montrent une évolution par rapport à votre propre utilisation ? Pourquoi ?

Ces étudiants travaillent à la terrasse d'un café avec un ordinateur portable. Est-ce qu'ils ont une connexion sans fil ?

Usages d'Internet (octobre 2005, en % des 15 ans et plus ayant utilisé Internet au moins une fois)

	Utiliser la messagerie électronique	Communiquer par messagerie instantanée	Obtenir des informations administratives	Rechercher des informations sur la santé	Accéder à son compte bancaire	Acheter des biens et services	Écouter, voir ou télécharger de la musique ou des films	Jouer ou télécharger des jeux	Télécharger des logiciels
15 à 19 ans	67	62	28	22	12	15	60	34	28
20 à 29 ans	76	47	61	30	46	41	42	27	33

Source : INSEE

FORMES ET FONCTIONS

1. Les phrases avec si…

The conjunction **si** is used in a clause that expresses a condition. It is often accompanied by another clause that expresses the result.

- Use **si** plus the present tense to express a condition that, if fulfilled, will result in a certain action (stated in the present or future).

Si je **trouve** ce nouveau roman, je l'**achète**/je l'**achèterai**.	*If I find this new novel, I'm buying it/I will buy it.*
Elle nous **accompagne/ accompagnera** au cinéma **si** elle **a** le temps.	*She is going/will go with us to the movies if she has the time.*

- Use **si** plus the imperfect if the situation is hypothetical; the result clause will then be in the conditional.

Si j'**avais** assez d'argent, je m'**achèterais** un nouvel ordinateur portable.	*If I had enough money, I would buy myself a new laptop.*
Ils **pourraient** répondre plus rapidement **s'**il leur **envoyait** un courriel.	*They could respond more quickly if he sent them an e-mail.*

À vous la parole

10-24 Sur l'autoroute de l'information. David explique à son amie Céline comment devenir internaute. Terminez chaque phrase d'une façon logique.

MODÈLE Si tu achètes un ordinateur portable, …
➤ Si tu achètes un ordinateur portable, tu pourras l'apporter en classe.

1. Si tu as besoin d'écrire un texte, …
2. Si tu veux trouver un livre à la bibliothèque, …
3. Si tu veux écouter de la musique, …
4. Si tu achètes une clé USB, …
5. Si tu veux avoir les dernières nouvelles, …
6. Si tu as le temps de jouer, …
7. Si tu veux regarder un film sur ordinateur, …

10-25 Choix de profession. Quelques jeunes gens ne peuvent pas décider quelle profession choisir. Qu'est-ce qu'ils feraient s'ils choisissaient une profession dans les arts ou dans les médias ?

MODÈLE journaliste

➤ Si vous étiez journaliste, vous écririez des articles pour un journal, un magazine ou un blog.

1. présentateur à la télé
2. acteur/actrice
3. metteur en scène
4. chanteur/chanteuse
5. photographe
6. informaticien/ne
7. musicien/ne
8. écrivain

10-26 Des rêves et des projets. Qu'est-ce que vous feriez dans les situations suivantes ? Avec un/e partenaire, parlez de vos rêves (*dreams*).

MODÈLE être une actrice/un acteur célèbre

É1 Si tu étais une actrice célèbre, qu'est-ce que tu ferais ?

É2 Je serais très riche et j'habiterais à Beverly Hills.

1. avoir ton diplôme demain
2. être millionnaire
3. trouver un emploi aujourd'hui
4. partir en vacances
5. être en France
6. être le président/la présidente des États-Unis
7. avoir 50 ans

2. *Les expressions* depuis *et* il y a ... que

Depuis and **il y a ... que** are used with an expression of time and the present tense to indicate that an event that began in the past is still going on in the present.

- **Depuis** is used with an expression of time to indicate how long an event has been going on. To ask how long something has been going on, use **depuis combien de temps ?**

—**Depuis combien de temps** est-ce que tu as ta connexion sans fil ?	—*How long have you had your wireless connection?*
—Je l'ai **depuis** trois mois.	—*I've had it for three months.*

- **Depuis** can also be used to indicate specifically when an event began. Use **depuis quand ?** to ask when an event started.

—**Depuis quand** est-ce que tu travailles ici ?	—*Since when have you been working here?*
—Je travaille ici **depuis** 2006.	—*I've been working here since 2006.*

- To emphasize the length of time that something has been going on, use **il y a**, plus a time expression, plus **que**.

Il y a combien de temps que tu as cet ordinateur portable ?	***How long*** *have you had this laptop?*
Il y a trente minutes que je suis en ligne.	*I've been online for* ***thirty minutes****.*

À vous la parole

10-27 Ça fait longtemps ! Mettez l'accent sur la durée en utilisant **il y a ... que**.

MODÈLE Julie est à la fac depuis trois ans.
➤ Il y a trois ans que Julie est à la fac.

1. Elle étudie l'informatique depuis deux ans.
2. Elle travaille à la B.U. depuis trois heures.
3. Elle a son nouvel ordinateur depuis dix semaines.
4. Elle prépare un site Web depuis un mois.
5. Elle utilise un appareil photo numérique depuis quelques semaines.
6. Elle cherche une imprimante depuis quinze jours.

10-28 La biographie d'un journaliste. Avec un/e partenaire, parlez de la carrière de David en précisant depuis quand ou depuis combien de temps il fait les choses suivantes.

MODÈLE 1990 David devient photographe.

É1 Depuis quand est-ce que David est photographe ?
É2 Il est photographe depuis 1990.

OU

É1 Depuis combien de temps est-ce que David est photographe ?
É2 Il est photographe depuis [dix-neuf] ans.

1990 David devient photographe.
1992 David étudie l'anglais.
1994 David travaille pour un magazine.
1996 David voyage pour le travail.
1997 David gagne des prix pour ses reportages.
2000 David a son propre site sur le Web.
2002 David visite les États-Unis tous les ans.
2004 David est chef de bureau.

10-29 Et vous ? Posez des questions à un/e partenaire pour savoir s'il/si elle fait les choses suivantes, et si oui, depuis combien de temps.

MODÈLE pratiquer un sport

É1 Est-ce que tu pratiques un sport ?
É2 Oui, je joue au basket.
É1 Depuis combien de temps est-ce que tu joues au basket ?
É2 Depuis sept ans.

1. pratiquer un sport
2. jouer d'un instrument
3. lire le journal en ligne
4. habiter dans cette ville
5. travailler
6. avoir une connexion sans fil
7. avoir un scanner
8. être fiancé/e ou marié/e

10-30 Poster la critique d'un film sur un site Web

A. Avant d'écrire. Comme vous savez, il y a plusieurs sites sur le Web où des gens peuvent rédiger et afficher leurs propres critiques sur des films. Vous en avez vu quelques exemples dans l'exercice 10-20 de la Leçon 2. Relisez brièvement ces critiques. Faites une liste des éléments importants d'une bonne critique.

B. En écrivant. Choisissez un film que vous avez vu récemment et écrivez une petite critique.

1. D'abord, notez le nom du metteur en scène et des acteurs principaux. Quels rôles est-ce qu'ils jouent ?
2. Ensuite, faites un résumé assez bref de l'intrigue, puis écrivez quelques phrases qui donnent plus de précisions sur l'histoire. Utilisez le vocabulaire que vous connaissez.
3. Enfin, n'oubliez pas de donner votre opinion sur ce film. Vous pouvez utiliser des expressions telles que **Je pense/Je crois que**... ; **À mon avis**, ... ; OU **Pour moi**, ...

C. Après avoir écrit.

1. Créez un mini-forum de discussion dans votre classe et échangez vos critiques. Est-ce que vous partagez les mêmes réactions sur les films ?
2. Visitez un forum français sur le cinéma pour lire d'autres critiques et pour découvrir d'autres opinions sur les mêmes films.

Vocabulaire

Leçon 1

des genres d'émissions	***kinds of programs***
un dessin animé	*cartoon, animated film*
un divertissement	*variety show*
un documentaire	*documentary*
une émission de musique	*music program*
une émission sportive	*sports event*
une émission de télé-achat	*infomercial*
une émission de télé-réalité	*reality show*
un feuilleton	*soap opera*
un jeu télévisé	*game show*
le journal télévisé (le JT)	*news broadcast*
les informations (f.) (les infos)	*news*
un magazine	*news magazine*
un reportage	*special report*
une série	*series*

pour regarder la télévision	***to watch TV***
allumer	*to turn on (an appliance)*
une chaîne	*TV station*
un écran	*screen*
un épisode	*episode*
un magazine télé	*listing of TV programs*
une télécommande	*remote control*
zapper	*to channel-surf*

des genres de films	***types of films***
une comédie	*comedy*
une comédie musicale	*musical*
un drame psychologique	*psychological drama*
un film d'aventures	*adventure film*
un film d'espionnage	*spy film*
un film historique	*historical movie*
un film d'horreur	*horror movie*
un film policier	*detective/police movie*
un film de science-fiction	*science fiction movie*
un western	*western*

pour parler des films	***to talk about films***
célèbre	*famous*
doublé/e	*dubbed*
doubler	*to dub*
le personnage (principal)	*(main) character*
plein de	*full of*
un réalisateur/ une réalisatrice	*film director*
des sous-titres (m.)	*subtitles*
tourner (un film)	*to shoot (a film)*
une vedette	*a movie star*
en version française (en VF)	*dubbed in French*
en version originale (en VO)	*in the original language*

quelques verbes	***some verbs***
croire	*to believe*
Je crois que...	*I think that . . .*
Je crois/Je crois que oui	*I think so*
Je ne crois pas/Je crois que non	*I don't think so*
penser (de)	*to think (about)*
raconter	*to tell*
voir	*to see*

autres mots utiles	***other useful words***
D'accord	*Agreed, ok*
plutôt	*rather*

Leçon 2

à lire	***to read***
un atlas	*atlas*
une bande dessinée (une BD)	*comics, comic book, graphic novel*
une biographie	*biography*
une encyclopédie	*encyclopedia*
un hebdomadaire	*weekly (publication)*
un journal (des journaux)	*newspaper(s)*
un livre d'art	*art book*
un livre de cuisine	*cookbook*

un livre d'histoire	*history book*
un livre sur les loisirs	*book on leisure time or hobbies*
un magazine	*magazine*
un mensuel	*monthly (publication)*
un ouvrage de référence	*reference book*
la poésie	*poetry*
la presse	*the press*
une publicité (une pub)	*advertisement*
un quotidien	*daily (publication)*
un roman	*novel*
pour choisir un livre	***to choose a book***
un auteur	*author*
un critique	*(movie, literary) critic*
une critique	*(critical) review*
une recommandation	*recommendation*
où obtenir un livre/ un magazine	***where to get a book/ a magazine***
s'abonner (à)	*to subscribe (to)*
un kiosque	*newsstand*
quelques mots utiles	***some useful words***
se distraire	*to amuse oneself*
s'informer	*to get information*
s'instruire	*to educate oneself, to improve one's mind*

Leçon 3

un ordinateur (un ordi)	***computer***
un baladeur MP3	*MP3 player*
un clavier	*keyboard*
une clé USB	*USB key drive, thumb drive*
un graveur CD/DVD	*CD/DVD burner*
un disque dur	*hard drive*
une imprimante (multifonction)	*(multi-function) printer*
un lecteur CD/DVD	*CD drive, DVD drive*
un lien	*(Web) link*
la messagerie instantanée	*instant messaging*
un moniteur (avec un écran plat)	*(flat screen) monitor*
un ordinateur portable	*laptop computer*
un PDA	*PDA*
un scanner	*scanner*
une souris (sans fil)	*(wireless) mouse*
une Webcam	*webcam*
pour travailler à l'ordinateur	***to work at the computer***
un clip (vidéo)	*(video) clip*
une connexion sans fil	*wireless connection/card*
un courriel	*e-mail message*
le courrier électronique	*e-mail*
en ligne	*online*
envoyer	*to send*
un fichier	*computer file*
imprimer	*to print*
un logiciel	*software program*
multimédia	*multimedia*
une pièce jointe	*attachment*
la recherche	*research*
un réseau (sans fil), Wi-Fi	*(wireless) network*
retoucher	*to edit a picture, to touch up*
sauvegarder (un fichier)	*to save (a file)*
surfer sur Internet	*to surf the Internet*
un site Web	*Web site*
télécharger	*to download*
pour exprimer la durée	***to express duration***
depuis combien de temps ?	*for how long?*
depuis quand ?	*since when?*
il y a ... que	*it's been . . . , for . . .*
autres mots utiles	***other useful words***
C'est génial !	*It's great!*
échanger	*to exchange*
essayer	*to try*
un exposé	*report, talk*
se servir de (quelque chose)	*to use (something)*
tout le monde	*everyone*
pour exprimer une opinion	***to express an opinion***
Je pense / Je crois que...	*I think / I believe that . . .*
À mon avis, ...	*In my opinion, . . .*
Pour moi, ...	*For me, . . .*

Appendices

Appendice 1 *L'alphabet phonétique international*

a	**la**	b	le **b**ureau
e	écout**ez**	k	le **c**ahier, **qu**i
ɛ	**e**lle	ʃ	la **ch**aise
i	**i**l, st**y**lo	d	**d**ans
o	le styl**o**, bient**ô**t, le tabl**eau**	f	la **f**emme
ɔ	g**o**mme	g	le **g**arçon
u	n**ou**s	ɲ	espa**gn**ol
y	d**u**	ʒ	**j**our, **g**entil
ø	d**eu**x	l	**l**a
œ	l**eu**r, s**œu**r	m	**m**ada**m**e
ɑ̃	**en**f**an**t	n	**n**euf
ɛ̃	le cous**in**	ŋ	campi**ng**
ɔ̃	b**on**jour	p	**p**ère
œ̃	**un**	r	la **r**ègle
j	n**i**èce, la f**ill**e, le cra**y**on	s	**s**alut, **c**inq, fran**ç**ais, bro**ss**e
ɥ	l**u**i	t	**t**an**t**e
w	m**o**i, j**ou**er, **w**eek-end	v	**v**oici
		z	**z**éro, cou**s**ine

Appendice 2 Verbes réguliers

VERBE INFINITIF	PRÉSENT DE L'INDICATIF	PRÉSENT DU SUBJONCTIF	IMPARFAIT	PASSÉ COMPOSÉ	FUTUR	CONDITIONNEL	IMPÉRATIF
verbes **-er**							
regarder to look at	je regarde tu regardes il regarde nous regardons vous regardez ils regardent	que je regarde que tu regardes qu'il regarde que nous regardions que vous regardiez qu'ils regardent	je regardais tu regardais il regardait nous regardions vous regardiez ils regardaient	j'ai regardé tu as regardé il a regardé nous avons regardé vous avez regardé ils ont regardé	je regarderai tu regarderas il regardera nous regarderons vous regarderez ils regarderont	je regarderais tu regarderais il regarderait nous regarderions vous regarderiez ils regarderaient	regarde regardons regardez
verbes **-ir**							
dormir to sleep	je dors tu dors il dort nous dormons vous dormez ils dorment	que je dorme que tu dormes qu'il dorme que nous dormions que vous dormiez qu'ils dorment	je dormais tu dormais il dormait nous dormions vous dormiez ils dormaient	j'ai dormi tu as dormi il a dormi nous avons dormi vous avez dormi ils ont dormi	je dormirai tu dormiras il dormira nous dormirons vous dormirez ils dormiront	je dormirais tu dormirais il dormirait nous dormirions vous dormiriez ils dormiraient	dors dormons dormez
verbes **-ir/-iss**							
choisir to choose	je choisis tu choisis il choisit nous choisissons vous choisissez ils choisissent	que je choisisse que tu choisisses qu'il choisisse que nous choisissions que vous choisissiez qu'ils choisissent	je choisissais tu choisissais il choisissait nous choisissions vous choisissiez ils choisissaient	j'ai choisi tu as choisi il a choisi nous avons choisi vous avez choisi ils ont choisi	je choisirai tu choisiras il choisira nous choisirons vous choisirez ils choisiront	je choisirais tu choisirais il choisirait nous choisirions vous choisiriez ils choisiraient	choisis choisissons choisissez
verbes **-re**							
vendre to sell	je vends tu vends il vend nous vendons vous vendez ils vendent	que je vende que tu vendes qu'il vende que nous vendions que vous vendiez qu'ils vendent	je vendais tu vendais il vendait nous vendions vous vendiez ils vendaient	j'ai vendu tu as vendu il a vendu nous avons vendu vous avez vendu ils ont vendu	je vendrai tu vendras il vendra nous vendrons vous vendrez ils vendront	je vendrais tu vendrais il vendrait nous vendrions vous vendriez ils vendraient	vends vendons vendez
verbes pronominaux							
se laver to wash oneself	je me lave tu te laves il se lave nous nous lavons vous vous lavez ils se lavent	que je me lave que tu te laves qu'il se lave que nous nous lavions que vous vous laviez qu'ils se lavent	je me lavais tu te lavais il se lavait nous nous lavions vous vous laviez ils se lavaient	je me suis lavé/e tu t'es lavé/e il s'est lavé/elle s'est lavée nous nous sommes lavé/e/s vous vous êtes lavé/e/s ils/elles se sont lavés/lavées	je me laverai tu te laveras il se lavera nous nous laverons vous vous laverez ils se laveront	je me laverais tu te laverais il se laverait nous nous laverions vous vous laveriez ils se laveraient	lave-toi lavons-nous lavez-vous

Comme **dormir** *: s'endormir, partir, servir, sortir.* *Comme* **choisir** *: désobéir à, finir, grandir, grossir, maigrir, obéir à, pâlir, punir, réfléchir à, réussir à, rougir.*
Comme **vendre** *: attendre, descendre, se détendre, (s')entendre, perdre, rendre à, rendre visite à, répondre à.*

Verbes irréguliers en **-er**

VERBE INFINITIF	PRÉSENT DE L'INDICATIF	PRÉSENT DU SUBJONCTIF	IMPARFAIT	PASSÉ COMPOSÉ	FUTUR	CONDITIONNEL	IMPÉRATIF
verbes **-er**							
acheter to buy	j'ach**è**te tu ach**è**tes il ach**è**te nous achetons vous achetez ils ach**è**tent	que j'ach**è**te que tu ach**è**tes qu'il ach**è**te que nous achetions que vous achetiez qu'ils ach**è**tent	j'achetais	j'ai acheté	j'ach**è**terai	j'ach**è**terais	ach**è**te achetons achetez
appeler to call	j'appe**ll**e tu appe**ll**es il appe**ll**e nous appelons vous appelez ils appe**ll**ent	que j'appe**ll**e que tu appe**ll**es qu'il appe**ll**e que nous appelions que vous appeliez qu'ils appe**ll**ent	j'appelais	j'ai appelé	j'appe**ll**erai	j'appe**ll**erais	appe**ll**e appelons appelez
commencer to begin	je commence tu commences il commence nous commen**ç**ons vous commencez ils commencent	que je commence que tu commences qu'il commence que nous commencions que vous commenciez qu'ils commencent	je commen**ç**ais nous commencions	j'ai commencé	je commencerai	je commencerais	commence commen**ç**ons commencez
s'essuyer to dry oneself off, to wipe off	je m'ess**uie** tu t'ess**uies** il s'ess**uie** nous nous essuyons vous vous essuyez ils s'ess**ui**ent	que je m'ess**uie** que tu t'ess**uies** qu'il s'ess**uie** que nous nous essuyions que vous vous essuyiez qu'ils s'ess**ui**ent	je m'essuyais	je me suis essuyé/e	je m'ess**uie**rai	je m'ess**uie**rais	ess**uie**-toi essuyons-nous essuyez-vous
manger to eat	je mange tu manges il mange nous man**ge**ons vous mangez ils mangent	que je mange que tu manges qu'il mange que nous mangions que vous mangiez qu'ils mangent	je man**ge**ais nous mangions	j'ai mangé	je mangerai	je mangerais	mange man**ge**ons mangez
préférer to prefer	je préf**è**re tu préf**è**res il préf**è**re nous préférons vous préférez ils préf**è**rent	que je préf**è**re que tu préf**è**res qu'il préf**è**re que nous préférions que vous préfériez qu'ils préf**è**rent	je préférais	j'ai préféré	je préf**è**rerai	je préf**è**rerais	

Comme **acheter** *: amener, geler, (se) lever, (se) promener.* *Comme* **appeler** *: s'appeler, épeler, jeter, se rappeler.* *Comme* **commencer** *: recommencer.* *Comme* **s'essuyer** *: s'ennuyer, essuyer, payer.*
Comme **manger** *: (s') arranger, loger, nager, partager, ranger, voyager.* *Comme* **préférer** *: compléter, s'inquiéter, posséder, répéter, suggérer.*

D'autres verbes irréguliers

VERBE INFINITIF	PRÉSENT DE L'INDICATIF		PRÉSENT DU SUBJONCTIF		IMPARFAIT	PASSÉ COMPOSÉ	FUTUR	CONDITIONNEL	IMPÉRATIF
aller to go	je vais tu vas il va	nous allons vous allez ils vont	que j'aille que tu ailles qu'il aille	que nous allions que vous alliez qu'ils aillent	j'allais	je suis allé/e	j'irai	j'irais	va allons allez
avoir to have	j'ai tu as il a	nous avons vous avez ils ont	que j'aie que tu aies qu'il ait	que nous ayons que vous ayez qu'ils aient	j'avais	j'ai eu	j'aurai	j'aurais	aie ayons ayez
boire to drink	je bois tu bois il boit	nous buvons vous buvez ils boivent	que je boive que tu boives qu'il boive	que nous buvions que vous buviez qu'ils boivent	je buvais	j'ai bu	je boirai	je boirais	bois buvons buvez
connaître to know, be acquainted with	je connais tu connais il connaît	nous connaissons vous connaissez ils connaissent	que je connaisse que tu connaisses qu'il connaisse	que nous connaissions que vous connaissiez qu'ils connaissent	je connaissais	j'ai connu	je connaîtrai	je connaîtrais	
courir to run	je cours tu cours il court	nous courons vous courez ils courent	que je coure que tu coures qu'il coure	que nous courions que vous couriez qu'ils courent	je courais	j'ai couru	je courrai	je courrais	cours courons courez
croire to believe	je crois tu crois il croit	nous croyons vous croyez ils croient	que je croie que tu croies qu'il croie	que nous croyions que vous croyiez qu'ils croient	je croyais	j'ai cru	je croirai	je croirais	crois croyons croyez
devoir must, to have to; to owe	je dois tu dois il doit	nous devons vous devez ils doivent	que je doive que tu doives qu'il doive	que nous devions que vous deviez qu'ils doivent	je devais	j'ai dû	je devrai	je devrais	
dire to say, to tell	je dis tu dis il dit	nous disons vous dites ils disent	que je dise que tu dises qu'il dise	que nous disions que vous disiez qu'ils disent	je disais	j'ai dit	je dirai	je dirais	dis disons dites
se distraire to amuse oneself	je me distrais tu te distrais il se distrait	nous nous distrayons vous vous distrayez ils se distraient	que je me distraie que tu te distraies qu'il se distraie	que nous nous distrayions que vous vous distrayiez qu'ils se distraient	je me distrayais	je me suis distrait/e	je me distrairai	je me distrairais	distrais-toi distrayons-nous distrayez-vous
écrire to write	j'écris tu écris il écrit	nous écrivons vous écrivez ils écrivent	que j'écrive que tu écrives qu'il écrive	que nous écrivions que vous écriviez qu'ils écrivent	j'écrivais	j'ai écrit	j'écrirai	j'écrirais	écris écrivons écrivez
envoyer to send	j'envoie tu envoies il envoie	nous envoyons vous envoyez ils envoient	que j'envoie que tu envoies qu'il envoie	que nous envoyions que vous envoyiez qu'ils envoient	j'envoyais	j'ai envoyé	j'enverrai	j'enverrais	envoie envoyons envoyez

Comme ***devoir*** *: recevoir (passé composé : j'ai reçu).* *Comme* ***écrire*** *: décrire.*

D'autres verbes irréguliers (Continued)

VERBE INFINITIF	PRÉSENT DE L'INDICATIF		PRÉSENT DU SUBJONCTIF		IMPARFAIT	PASSÉ COMPOSÉ	FUTUR	CONDITIONNEL	IMPÉRATIF
être to be	je suis tu es il est	nous sommes vous êtes ils sont	que je sois que tu sois qu'il soit	que nous soyons que vous soyez qu'ils soient	j'étais	j'ai été	je serai	je serais	sois soyons soyez
faire to do, make	je fais tu fais il fait	nous faisons vous faites ils font	que je fasse que tu fasses qu'il fasse	que nous fassions que vous fassiez qu'ils fassent	je faisais	j'ai fait	je ferai	je ferais	fais faisons faites
falloir to be necessary	il faut		qu'il faille		il fallait	il a fallu	il faudra	il faudrait	
s'instruire to educate oneself	je m'instruis tu t'instruis il s'instruit	nous nous instruisons vous vous instruisez ils s'instruisent	que je m'instruise que tu t'instruises qu'il s'instruise	que nous nous instruisions que vous vous instruisiez qu'ils s'instruisent	je m'instruisais	je me suis instruit/e	je m'instruirai	je m'instruirais	instruis-toi instruisons-nous instruisez-vous
lire to read	je lis tu lis il lit	nous lisons vous lisez ils lisent	que je lise que tu lises qu'il lise	que nous lisions que vous lisiez qu'ils lisent	je lisais	j'ai lu	je lirai	je lirais	lis lisons lisez
mettre to put, put on	je mets tu mets il met	nous mettons vous mettez ils mettent	que je mette que tu mettes qu'il mette	que nous mettions que vous mettiez qu'ils mettent	je mettais	j'ai mis	je mettrai	je mettrais	mets mettons mettez
mourir to die	je meurs tu meurs il meurt	nous mourons vous mourez ils meurent	que je meure que tu meures qu'il meure	que nous mourions que vous mouriez qu'ils meurent	je mourais	je suis mort/e	je mourrai	je mourrais	meurs mourons mourez
naître to be born	je nais tu nais il naît	nous naissons vous naissez ils naissent	que je naisse que tu naisses qu'il naisse	que nous naissions que vous naissiez qu'ils naissent	je naissais	je suis né/e	je naîtrai	je naîtrais	
ouvrir to open	j'ouvre tu ouvres il ouvre	nous ouvrons vous ouvrez ils ouvrent	que j'ouvre que tu ouvres qu'il ouvre	que nous ouvrions que vous ouvriez qu'ils ouvrent	j'ouvrais	j'ai ouvert	j'ouvrirai	j'ouvrirais	ouvre ouvrons ouvrez
pleuvoir to rain	il pleut		qu'il pleuve		il pleuvait	il a plu	il pleuvra	il pleuvrait	
pouvoir to be able to	je peux tu peux il peut	nous pouvons vous pouvez ils peuvent	que je puisse que tu puisses qu'il puisse	que nous puissions que vous puissiez qu'ils puissent	je pouvais	j'ai pu	je pourrai	je pourrais	
prendre to take	je prends tu prends il prend	nous prenons vous prenez ils prennent	que je prenne que tu prennes qu'il prenne	que nous prenions que vous preniez qu'ils prennent	je prenais	j'ai pris	je prendrai	je prendrais	prends prenons prenez

*Comme **lire** : relire.* *Comme **mettre** : permettre, promettre, remettre.* *Comme **ouvrir** : couvrir, découvrir, offrir.* *Comme **prendre** : apprendre, comprendre, surprendre.*

VERBE INFINITIF	PRÉSENT DE L'INDICATIF		PRÉSENT DU SUBJONCTIF		IMPARFAIT	PASSÉ COMPOSÉ	FUTUR	CONDITIONNEL	IMPÉRATIF
réduire *to reduce*	*je réduis* *tu réduis* *il réduit*	*nous réduisons* *vous réduisez* *ils réduisent*	*que je réduise* *que tu réduises* *qu'il réduise*	*que nous réduisions* *que vous réduisiez* *qu'ils réduisent*	*je réduisais*	*j'ai réduit*	*je réduirai*	*je réduirais*	*réduis* *réduisons* *réduisez*
savoir *to know*	*je sais* *tu sais* *il sait*	*nous savons* *vous savez* *ils savent*	*que je sache* *que tu saches* *qu'il sache*	*que nous sachions* *que vous sachiez* *qu'ils sachent*	*je savais*	*j'ai su*	*je saurai*	*je saurais*	*sache* *sachons* *sachez*
suivre *to follow*	*je suis* *tu suis* *il suit*	*nous suivons* *vous suivez* *ils suivent*	*que je suive* *que tu suives* *qu'il suive*	*que nous suivions* *que vous suiviez* *qu'ils suivent*	*je suivais*	*j'ai suivi*	*je suivrai*	*je suivrais*	*suis* *suivons* *suivez*
valoir *to be worth*	*il vaut*		*qu'il vaille*		*il valait*	*il a valu*	*il vaudra*	*il vaudrait*	
venir *to come*	*je viens* *tu viens* *il vient*	*nous venons* *vous venez* *ils viennent*	*que je vienne* *que tu viennes* *qu'il vienne*	*que nous venions* *que vous veniez* *qu'ils viennent*	*je venais*	*je suis venu/e*	*je viendrai*	*je viendrais*	*viens* *venons* *venez*
voir *to see*	*je vois* *tu vois* *il voit*	*nous voyons* *vous voyez* *ils voient*	*que je voie* *que tu voies* *qu'il voie*	*que nous voyions* *que vous voyiez* *qu'ils voient*	*je voyais*	*j'ai vu*	*je verrai*	*je verrais*	*voyons*
vouloir *to want*	*je veux* *tu veux* *il veut*	*nous voulons* *vous voulez* *ils veulent*	*que je veuille* *que tu veuilles* *qu'il veuille*	*que nous voulions* *que vous vouliez* *qu'ils veuillent*	*je voulais*	*j'ai voulu*	*je voudrai*	*je voudrais*	*veuillez*

Comme **réduire** *: construire, produire.* *Comme* **venir**: *devenir, maintenir, obtenir, revenir, soutenir, (se) souvenir, tenir.* *Comme* **voir** *: revoir.*

Appendice 3 *Lexique français-anglais*

This glossary lists most French words found in the text. The vocabulary can be divided into two types: productive vocabulary and receptive vocabulary. Productive vocabulary words appear in the **Points de départ** and **Formes et fonctions** sections and occasionally in the **Vie et culture** sections; these words reappear periodically. You are expected to recognize these words when you read and hear them and to use them yourself in exercises and conversational activities. All other words, including those presented in readings and realia, are receptive vocabulary; you are expected only to recognize them and to know their meanings when you see them in written form or hear them in context.

- For all productive vocabulary items, the numbers following an entry indicate the chapter and lesson in which that vocabulary item is first introduced. Since verbs in their infinitive form are occasionally introduced as vocabulary items before their conjugation is presented, refer to the Index to locate where the conjugation is introduced. You will also find the complete conjugation for each verb (or type of verb) in Appendix 2.
- To find the meaning of an expression, try to locate the main word in the expression and look that up. For example, the expression **Je vous en prie** is found with the entry for the verb **prier**; the expression **faire du sport** is found under the entry for the noun **sport**.
- The gender of nouns is indicated by the abbreviations *m.* for masculine and *f.* for feminine. Feminine and masculine nouns that are closely related in meaning and identical or similar in pronunciation are listed under a single entry: **architecte** *m./f.*; **étudiant** *m.*, **étudiante** *f.* Nouns that occur only in the plural form are followed by the gender indication and *pl.*: **beaux-arts** *m. pl.*, **vacances** *f. pl.* Nouns and adjectives that show no agreement and do not change in the plural or feminine are indicated by the abbreviation *inv.*: **CD** *m. inv.*
- Adjectives with differing masculine and feminine written forms are shown in the masculine form followed by the feminine ending: **allemand/e**, **ambitieux/-euse**, **canadien/ne**. For adjectives whose masculine and feminine forms vary considerably, both forms are listed: **cher/chère**. Special prenominal forms of adjectives are given in parentheses: **beau** (**bel**), **belle**. When necessary for clarity, adjectives and adverbs are indicated by *adj.* and *adv.*, respectively.
- The object pronouns **le, la, les, lui, leur, me, te, nous**, etc., have been indicated by the abbreviation *pron.*
- An asterisk (*) before a word indicates that the initial **h** is aspirate.

- The hashmark (†) appears after productive verbs showing some irregularity in conjugation; these verbs appear in their full conjugation in the verb charts, Appendix 2. Verbs showing irregularities in conjugation that are considered part of receptive vocabulary are not always indicated in the glossary, since you are only expected to recognize and not produce these verbs. The conjugations of many of these verbs are similar to conjugations you will find in Appendix 2. For example, the verb **admettre** is conjugated just like the verb **mettre**. For verbs that require a preposition under certain conditions, the latter appears in parentheses: **commencer (à)**, (**il commence son travail, il commence à travailler**); for verbs that always require a preposition, the preposition is indicated without parentheses: **s'occuper de** (**il s'occupe de moi**).

A

à to, at, in, on, P-1
abbaye *f.* abbey, 9-3
abîmé/e worn, worn out, 6-3
abominable abominable
abonnement *m.* subscription
s'abonner (à) to subscribe (to), 10-2
d'abord first (of all), 5-2
absence absence
absent/e absent, missing
absolument absolutely
accent accent
accepter (de) to accept
accès *m.* access
accessoire *m.* accessory
accident *m.* accident
accompagner to accompany, 5-3
  Tu veux/Vous voulez m'accompagner ? Would you like to come with me?, 5-3
d'accord agreed, OK, 10-1
  être d'accord to agree
  Je suis d'accord... I agree . . .
  Je ne suis pas d'accord... I disagree . . .
accordéon *m.* accordion
accueillir to welcome
achat *m.* purchase, 5-2
  faire des achats to shop, 5-2
acheter † to buy, 5-3
acteur *m.*, **actrice** *f.* actor/actress, 3-3
action *f.* action
actif/-ive active
activités *f.* activities, 1-3
actuel/le current
addition *f.* bill, 6-1
additionner to add
adjectif *m.* adjective
admettre † to admit
administratif/-ive administrative, 3-1
administration *f.* administration
admirer to admire
adolescent/e adolescent
adorable adorable
adorer to adore, love, 2-1
adresse *f.* address
adulte *m.* adult
adulte *adj.* adult
adverbe *m.* adverb
aérobic *f.* aerobics
aéroport *m.* airport, 9-1
aérosol *m.* aerosol
affaires *f. pl.* belongings, things, 6-2; business, 3-3
  faire des affaires to be in business
  femme *f.* **d'affaires** businesswoman, 3-3
  homme *m.* **d'affaires** businessman, 3-3
affectueux/-euse affectionate, warm-hearted
affiche *f.* poster, P-2
affirmatif/-ive affirmative
afin de + *inf.* in order to + *verb*
africain/e African
Afrique *f.* Africa, 9-2
âge *m.* age, P-2
  Quel est ton/votre âge ? What is your age?, P-2
  Quel âge as-tu/avez-vous ? How old are you?, P-2
  d'un certain âge middle-aged, 1-1
âgé/e aged, elderly, old, 1-1
agence *f.* agency
  agence de voyage travel agency
  agence immobilière real estate agency
agenda *m.* datebook
agent immobilier *m.* real estate agent
s'agir de to be about
  il s'agit de... it's about . . .
agneau *m.* lamb, 8-3
agréable pleasant, 6-2
agricole agricultural
agriculteur *m.*, **agricultrice** *f.* farmer
aider (à) to help, 3-3
ail *m.* garlic
aimable lovable
aimer to like, to love, 1-3
  aimer beaucoup to like or love a lot, 3-2
  aimer bien to like fairly well, 3-2
  aimer mieux to prefer
aîné/e older (brother/sister)
ainsi (que) thus, in such a way
air *m.* air
  air frais fresh air
  avoir l'air (bon/mauvais) to appear/seem (good/bad), 8-3
  avoir l'air (d'être) + *adj.* to seem/to appear (to be) + *adj.*
  en plein air outdoors, 3-3
aisance *f.* ease
aisé/e easy, well off
ajouter to add
alarme *f.* alarm
album *m.* album
alcool *m.* alcohol, 7-1
alcoolisé/e *adj.* containing alcohol, 8-1
alerte *adj.* alert
Algérie *f.* Algeria, 9-2
algérien/ne Algerian, 9-2
alimentaire *adj.* relating to food
aliments *m. pl.* food, 8-2
Allemagne *f.* Germany, 9-2
allemand/e *adj.* German, 9-2
allemand *m.* German (language), 3-2
aller † to go, 2-3
  aller sur Internet to go online, 9-3
  Ça ne va pas. Things aren't going well., P-1
  Ça va, et toi ? Fine, and you?, P-1
  Comment allez-vous ? How are you?, P-1
  On y va ? Shall we go?, 4-3
allô hello (telephone only)
allumer to turn on (an appliance), 10-1
alors so, 2-3; then
alphabet *m.* alphabet
alpinisme *m.* mountain climbing, 5-2
  faire de l'alpinisme to go mountain climbing, 5-2
ambassadeur *m.*, **ambassadrice** *f.* ambassador
ambitieux/-euse ambitious, 1-1
améliorer to improve
amener † to bring (along) a person, 5-3
américain/e American, 9-2
Amérique *f.* **du Nord** North America, 9-2
Amérique *f.* **du Sud** South America, 9-2
ami *m.*, **amie** *f.* friend, P-1

amoureux/-euse in love
tomber amoureux/-euse (de) to fall in love (with)
amphithéâtre *m.* amphitheater, lecture hall, 3-1
amusant/e funny, 1-1
s'amuser to have fun, 7-3
an *m.* year, 1-2
J'ai 19 ans. I am 19 years old., 1-2
analyse *f.* analysis
analytique analytical
anchois *m.* anchovy
ancien/ne old, antique, 6-2; former
anglais/e *adj.* English, 9-2
anglais *m.* English (language), P-2
Angleterre *f.* England, 9-2
angoisse *f.* anguish
angoissé/e anguished
animal *m.* animal, 1-1
animal familier pet, 1-1
animateur *m.*, **animatrice** *f.* organizer
animation *f.* animation, excitement
animé/e animated, excited
année *f.* year, 2-3
l'année dernière last year, 5-1
l'année prochaine next year, 2-3
anniversaire *m.* birthday, 1-2
Joyeux anniversaire ! Happy Birthday!, 7-2
annonce *f.* advertisement
annoncer to announce
anorak *m.* down coat, 4-3
anthropologie *f.* anthropology, 3-2
anxiété *f.* anxiety
anxieux/-euse anxious, 7-3
août August, 1-2
apéritif *m.* **(un apéro)** before-meal drink, 8-2
appareil *m.* **(photo)** camera, 9-1
appareil (photo) numérique digital camera, 9-1
appartement *m.* apartment, 6-1
appartement sous les toits attic apartment, 6-2
appartenir à † to belong to
appel *m.* call
appeler † to call, 5-3
s'appeler to be named, 7-3
Je m'appelle... My name is . . . , P-1
apporter to bring (an object), 6-2
apprécier to appreciate
apprendre (à) † to learn, 8-1
apprentissage *m.* apprenticeship, learning
approprié/e appropriate
après after, after that, 3-1
après-midi *m.* afternoon, 1-3
d'après vous according to you
de l'après-midi in the afternoon, P.M., 4-2
aquarium *m.* aquarium
arabe *m.* Arabic
arbre *m.* tree, 6-3
archéologie *f.* archaeology
archipel *m.* archipelago
architecte *m./f.* architect, 3-3
architecture *f.* architecture
argent *m.* money, 3-3
argentin/e Argentinian, 9-2
Argentine *f.* Argentina, 9-2
argument *m.* argument
armoire *f.* armoire, 6-2
s'arranger † to be all right, to work out, 7-3
arrêt *m.* stop
arrêter (de) to stop
Arrête ! Stop it!, 2-1
s'arrêter to stop oneself
arrière back, rear
arrière-grand-parent *m.* great-grandparent
arriver to arrive, 1-3
arrondissement *m.* Parisian city district
arroser to water; to celebrate with wine or champagne
art *m.* art, 10-2
article *m.* article
articles de toilette *m. pl.* toiletries, 4-1
articulatoire *adj.* articulatory
artifice *m.* artifice
feu *m.* **d'artifice** fireworks, 7-2
artificiel/le artificial
artiste *m./f.* artist, 3-3
artistique artistic
asiatique Asiatic
ascenseur *m.* elevator, 6-1
Asie *f.* Asia, 9-2
aspect *m.* aspect
asperge *f.* asparagus, 8-2
aspiré/e aspirated
s'asseoir to sit down
Asseyez-vous ! Sit down!, P-2
assez rather, 1-1; enough, 4-1
assiette *f.* plate, 8-3
assistant *m.* **social, assistante** *f.* **sociale** social worker, 3-3
assister à to attend, 2-3
association *f.* **(étudiante)** (student) association, 3-1
associé/e associate(d)
astrologie *f.* astrology
astrologue *m./f.* astrologer
astronomie *f.* astronomy, 3-2
athlète *m./f.* athlete
atlas *m.* atlas, 10-2
attendre to wait (for), to expect, 5-1
attention *f.* attention
faire attention (à) to pay attention (to); to be careful
attentivement attentively
attraper to catch
au (à + le) 2-2
au revoir good-bye, P-1
auberge *f.* inn, 9-3
auberge de jeunesse youth hostel, 9-3
augmenter to increase
aujourd'hui today, 1-3
auprès de next to, close to
aussi also, P-1
aussi ... que as . . . as, 4-24
moi aussi me too
aussitôt que as soon as
Australie *f.* Australia, 9-2
australien/ne Australian, 9-2
autant (de) ... que as many/much . . . as, 4-2
auteur *m.* author, 10-2
automatique automatic
auto(mobile) *f.* car
automne *m.* fall, 5-1
autonome independent, 3-3
autonomie *f.* autonomy
autoritaire authoritarian, 7-1
autorité *f.* authority
autoroute *f.* highway
autour around
autre other, another, 2-1
autrefois in the past
autrement otherwise
aux (à + les) 2-2
avance : (être) en avance (to be) early, 4-2
avant-hier the day before yesterday, 5-1
avantage *m.* advantage
avec with, 1-3
avenir *m.* future
aventure *f.* adventure, 10-1
aventurier *m.*, **aventurière** *f.* adventurer
avenue *f.* avenue, 9-3
avion *m.* plane, 9-1
avis *m.* opinion, 10-3
à mon avis, ... in my opinion, . . . , 10-3
avocat *m.*, **avocate** *f.* lawyer, 3-3
avoir † to have, 1-2
avril April, 1-2

B

bac(calauréat) *m.* high-school leaving exam (France), 3-2
bacc(alauréat) (en) *m.* B.A. or B.S. degree (in) *(Can.)*, 3-2
bacon *m.* bacon, 8-2
bagage *m.* luggage
baguette *f.* French bread (long, thin loaf), 8-3
baignoire *f.* bathtub
bain *m.* bath
maillot *m.* **de bain** bathing suit, 4-3
prendre un bain to take a bath
salle *f.* **de bains** bathroom, 6-1
baisser to lower
bal *m.* ball, dance
bal populaire street dance, 7-2
balade *f.* walk, stroll
baladeur MP3 *m.* MP3 player, 10-3
balcon *m.* balcony, 6-1
ballet *m.* ballet, 2-3
banaliser to make commonplace
banane *f.* banana, 8-2
bande dessinée *f.* **(une BD)** comic, comic strip, 10-2
banlieue *f.* suburb
banque *f.* bank
baptême *m.* baptism, 7-2
bar *m.* bar

bas low
en bas downstairs
basilic *m.* basil
basket(-ball) *m.* basketball, 2-2
bateau *m.* **(à voile)** (sail)boat, 6-3
bâtiment *m.* building, 6-1
batterie *f.* percussion, drum set, 2-2
battu/e beaten
beau (bel), belle beautiful, handsome, 2-1
Il fait beau. It's beautiful weather., 5-1
beaucoup a lot, 1-1
beau-frère *m.* brother-in-law
beau-père *m.* stepfather, father-in-law, 1-1
beaux-arts *m. pl.* fine arts, 3-2
beige beige, 4-3
belge Belgian, 9-2
Belgique *f.* Belgium, 9-2
belle-mère *f.* stepmother, mother-in-law, 1-1
belle-sœur *f.* sister-in-law
besoin *m.* need, 9-1
avoir besoin de to need, 9-1
bête stupid, 2-1
beurre *m.* butter, 8-2
bibliothèque *f.* library, 2-3
bibli *f.* *(Can.)* library, 3-1
bibliothèque municipale (la BM) municipal library, 2-3
bibliothèque universitaire (la BU) university library, 3-1
bien well, fine, P-1
faire du bien to do (someone) good
bien sûr of course, 2-1
bien-être *m.* well-being, 7-1
bientôt soon, 2-3
à bientôt see you soon, P-1
bienvenu/e *adj.* welcome
bienvenue *f.* welcome; you're welcome *(Can.)*
bière *f.* beer, 8-1
bifteck *m.* beefsteak, 8-3
bifteck haché ground beef, 8-3
bijou *m.* piece of jewelry
bilingue bilingual
billet *m.* **(d'entrée)** ticket, 5-2
billet *m.* **(d'avion)** (airplane) ticket, 9-1
biographie *f.* biography, 10-2
biologie *f.* biology, 3-2
biscuit *m.* cookie, 8-2
bise *f.* kiss
faire une/la bise to kiss hello/good-bye on the cheeks
blanc/blanche white, 4-3
bleu/e blue, 4-3
blond/e blond, 2-1
bloquer to block
blouson *m.* heavy jacket, 4-3
boire † to drink, 8-1
boire de l'alcool to drink alcohol, 7-1
bois *m.* woods, 6-3; wood
boisson *f.* drink, 8-1
boisson alcoolisée alcoholic beverage, 8-1
boisson chaude hot drink, 8-1
boisson rafraîchissante cold drink, 8-1
boîte *f.* can; box 8-3
boîte postale post office box
bol *m.* bowl, 8-2
bonbon *m.* piece of candy
bon/ne good, 3-1
Bon anniversaire ! Happy Birthday!, 7-2
bonjour hello, P-1
bon marché *adj. inv.* cheap, 4-3
Bonne année ! Happy New Year!, 7-2
Bonnes vacances ! Have a good vacation!, 7-2
bonsoir good evening, P-1
Bon voyage ! Have a good trip!, 7-2
Il fait bon. It's nice weather., 5-1
bonheur *m.* happiness
bord *m.* edge, shore
au bord (du lac) at the shore (of the lake), 6-3
au bord de la mer at the seashore
botanique *f.* botany, 3-2
botte *f.* boot, 4-3
boubou *m.* African robe, dress
bouche *f.* mouth, 7-1
boucher *m.*, **bouchère** *f.* butcher
boucherie *f.* butcher shop, 8-3
bougie *f.* candle, 7-2
bouillabaisse *f.* seafood stew
bouillir to boil
boulanger *m.*, **boulangère** *f.* baker
boulangerie *f.* bakery, 8-3
boulevard *m.* boulevard, 9-3
boulot *m.* work *(colloq.)*
bout *m.* tip, end
bouteille *f.* bottle, 8-2
boutique *f.* boutique, shop
branché/e plugged in, connected with
bras *m.* arm, 7-1
bravo ! great! well done!, 5-2
bref/brève brief
Brésil *m.* Brazil, 9-2
brésilien/ne Brazilian, 9-2
Bretagne *f.* Brittany
breton/ne Breton
bricolage *m.* do-it-yourself projects, odd jobs, 2-2
faire du bricolage to do do-it-yourself projects, 2-2
bricoler to do do-it-yourself projects, 2-2
bricoleur *m.*, **bricoleuse** *f.* do-it-yourselfer
brin *m.* sprig, strand
brin de muguet sprig of lily of the valley
brochure *f.* brochure, pamphlet
brosse *f.* chalkboard eraser, P-2; brush, 4-1
brosse à cheveux hairbrush, 4-1
brosse à dents toothbrush, 4-1
se brosser to brush one's —, 4-1
se brosser les cheveux to brush one's hair, 4-1
se brosser les dents to brush one's teeth, 4-1
brouillard *m.* fog, 5-1
Il y a du brouillard. It's foggy., 5-1
brouillon *m.* rough draft
bruit *m.* sound, noise
brun/e brunette, 2-1
budget *m.* budget
bureau *m.* desk, office, P-2; office, 3-3
bus *m.* (city) bus, 9-1

C

ça that
Ça depend. That depends.
Ça va ? How are things?, P-1
Ça va. It's going fine., P-1
Ça ne va pas. Things aren't going well., P-1
C'est ça. That's right.
Comment ça va ? How's it going?, P-1
cabinet *m.* office (doctor's)
câble *m.* cable (television)
caché/e hidden
cacher to hide, 7-2
cadeau *m.* present, gift, 7-2
cadre *m.* business executive; frame (for a picture)
café *m.* café, 2-3; coffee, 8-1
café au lait coffee with milk, 8-2
café crème coffee with cream, 8-1
caféine *f.* caffeine
cafétéria *f.* cafeteria, 3-1
cahier *m.* notebook, P-2
caisse *f.* cash register
caissier *m.*, **caissière** *f.* cashier
calcul *m.* calculus, 3-2
calculatrice *f.* calculator, P-2
calendrier *m.* calendar
calme calm, 1-1
se calmer to calm down, 7-3
camarade *m./f.* friend, buddy
camarade de classe classmate, P-1
Cameroun *m.* Cameroon, 9-2
camerounais/e Cameroonian, 9-2
campagne *f.* countryside, 5-2
à la campagne in the country, 5-2
camping *m.* campground, 9-3
faire du camping to camp, to go camping, 5-2
camping-car *m.* RV, 9-3
campus *m.* campus
Canada *m.* Canada, 9-2
canadien/ne Canadian, 9-2
canapé *m.* couch, 6-2
candidat/e *m./f.* candidate
canoë *m.* canoe
capacité *f.* ability
car *m.* excursion bus, intracity bus, 9-1
caractère *m.* nature, disposition, 1-1
carafe *f.* **(d'eau)** carafe (of water), 8-2
caravane *f.* camper (vehicle), 9-3
cardinal/e cardinal
carnet *m.* small notebook
carnet d'adresses address book, 9-1
carotte *f.* carrot, 8-3
carrière *f.* career, 3-3

carte *f.* map, P-2; playing card, 2-2
- **à la carte** from the menu; cafeteria-style
- **carte bancaire** debit card, 9-1
- **carte de crédit** credit card, 9-1
- **carte météorologique** weather map
- **carte postale** postcard, 5-2
- **jouer aux cartes** to play cards, 2-2

cas *m.* case
casquette *f.* baseball cap, 4-3
casse-croûte *m. inv.* snack, 8-1
cassette *f.* cassette tape
catégorie *f.* category
cathédrale *f.* cathedral, 9-3
catholicisme *m.* Catholicism
catholique Catholic
cause *f.* cause
- **à cause de** due to, because of, 5-3

causer to cause
cave *f.* wine cellar, 9-3
CD *m. inv.* CD, compact disk, P-2
ce (c') it, that
- **c'est...** this/it is . . . , P-1
- **c'est-à-dire** that is to say
- **ce sont...** these/they are . . . , P-1
- **ce (cet), cette** this, that, 7-2
- **ces** these, those, 7-2

céder to relinquish
ceinture *f.* belt
cela that
célèbre famous, 10-1
célébrer to celebrate
célébrité *f.* celebrity
célibataire single, 1-1
cendre *f.* ash
cendrier *m.* ashtray
cent hundred, 2-3
centre *m.* center
- **centre des sports** sports complex, 3-1
- **centre étudiant** student center, 3-1
- **centre informatique** computer center, 3-1
- **centre-ville** *m.* downtown, 6-2

cependant however
céréales *f. pl.* cereal, 8-2
cérémonie *f.* ceremony, 7-2
- **cérémonie civile** civil wedding, 7-2

certain/e certain
certainement certainly
ces *see* **ce**
chacun/e each one
chaîne *f.* chain; TV (or radio) station, 10-1
chaise *f.* chair, P-2
chambre *f.* bedroom, 6-1
champ *m.* field, 6-3
champignon *m.* mushroom, 8-3
champion *m.*, **championne** *f.* champion
championnat *m.* championship
chance *f.* luck
- **avoir de la chance** to be lucky

changement *m.* change
changer to change
chanson *f.* song
chant *m.* singing
chanter to sing, 4-2
chanteur *m.*, **chanteuse** *f.* singer, 3-3
chapeau *m.* hat, 2-1
chapelle *f.* chapel
chaque each, 6-1
charcuterie *f.* pork butcher shop; cooked pork meats, 8-3
charmant/e charming
charges *f. pl.* utilities, 6-1
chariot *m.* shopping cart
chasse *f.* hunting
chat/te cat, 1-1
châtain *adj. inv.* chestnut-colored, auburn, 2-1
château *m.* castle, 9-3
- **château fort** fortress, 9-3

chaud hot, 5-1
- **Il fait chaud.** It's hot (weather)., 5-1
- **J'ai chaud.** I'm hot., 5-1

chauffeur *m.* driver
chausser to put shoes on
chaussette *f.* sock, 4-3
chausson *m.* slipper
- **chausson de danse** ballet slipper

chaussure *f.* shoe, 4-3
- **chaussure à talons** high-heeled shoe, 4-3

chef *m.* boss; chef
chemin *m.* way, 9-3; path
- **indiquer le chemin** to give directions, 9-3

cheminée *f.* chimney
chemise *f.* man's shirt, 4-3
chemisier *m.* blouse, 4-3
cher/chère expensive, 4-3
chercher to look for, 2-3
chéri/e *m./f.* love, darling
cheval *m.* horse, 5-2
- **faire du cheval** to go horseback riding, 5-2

cheveux *m. pl.* hair, 4-1
chez at the home of, at the place of, 1-1
- **chez nous** at our place, 1-1

chic *adj. inv.* chic, stylish, 6-2
chien *m.* dog, 1-1
chiffre *m.* numeral, digit
chimie *f.* chemistry, 3-2
Chine *f.* China, 9-2
chinois/e *adj.* Chinese, 9-2
chinois *m.* Chinese (language)
chocolat chaud *m.* hot chocolate, 8-1
choisir to choose, 6-1
choix *m.* choice
choquant/e shocking
chorale *f.* choir
chose *f.* thing, 2-2
chou *m.* cabbage, 8-2
choucroute *f.* sauerkraut
chouette ! neat!, 5-2
ci-dessous below
ci-dessus above
cidre *m.* cider
ciel *m.* sky, 5-1
- **Le ciel est couvert.** The sky is overcast., 5-1

cigarette *f.* cigarette
cimetière *m.* cemetery
cinéaste *m.* filmmaker
cinéma *m.* cinema, the movies, 2-3
cinématographe *m.* cinematographer
cinq five, 1-2
cinq-pièces *m.* three-bedroom apartment/house, 6-1
cinquante fifty, 1-2
cinquième fifth, 6-1
citer to cite
citoyen *m.*, **citoyenne** *f.* citizen
citron *m.* lemon, 8-1
- **citron pressé** lemonade, 8-1

civil/e civil
clair/e clear, light colored
clarinette *f.* clarinet
classique classic; classical (music)
clavier *m.* keyboard, 10-3
clé/clef *f.* key, 9-1
- **clé USB** *f.* USB key, flash drive, 10-3

climat *m.* climate
clinique *f.* private hospital, 2-1
clip *m.* **(vidéo)** (video) clip, 10-3
coca(-cola) *m.* cola, 8-1
cocher to check off
code *m.* code
- **code postal** postal code, zip code

cœur *m.* heart, 7-1
- **avoir mal au cœur** to be nauseated, 7-1

se coiffer to fix one's hair, 4-1
coin *m.* corner
- **au coin de** at the corner (of)
- **avec coin cuisine** with a kitchenette, 6-2

colère *f.* anger, 7-3
- **en colère** angry, 7-3

collant *m.* pantyhose, 4-3
collège *m.* middle school, 1-3
collier *m.* necklace
colline *f.* hill, 6-3
coloc(ataire) *m./f.* roommate, housemate, 2-1
colocation *f.* renting a house or an apartment together
Colombie *f.* Colombia, 9-2
colombien/ne Colombian, 9-2
colonie *f.* colony
colonne *f.* column
combattre to combat
combien how much, 2-1
- **combien de** how many, 2-1

combinaison *f.* combination
combiner to combine
comédie *f.* comedy, drama, 10-1
- **comédie musicale** musical, 10-1

commander to order, 8-1
comme like, as
- **Comme ci, comme ça.** So-so., P-1

commencer † to begin, to start, 4-2
comment how, 2-1
- **Comment ça va ?** How's it going?, P-1
- **Comment dit-on... ?** How do you say . . . ?, P-2

Comment tu t'appelles ? What is your name?, P-1
Comment vous appelez-vous ? What is your name?, P-1
commentaire *m.* comment
commerçant *m.*, **commerçante** *f.* merchant, 8-3
communauté *f.* community
communément communally, in common
communication *f.* communication, 3-2
communiquer to communicate
compagnie *f.* company
comparaison *f.* comparison
comparatif/-ive comparative
comparer to compare, 4-2
compléter to complete
compliment *m.* compliment
compliqué/e complicated
comportement *m.* behavior
composé/e composite
composition *f.* in-class essay exam, 3-2
compréhension *f.* comprehension
comprendre † to understand, 8-1
Je ne comprends pas. I don't understand., P-2
comptabilité *f.* accounting, 3-2
comptable *m./f.* accountant, 3-3
compte *m.* account
compter to count
comptine *f.* nursery rhyme
concept *m.* concept
concerner to concern
concert *m.* concert, 2-2
concierge *m./f.* caretaker, manager
concombre *m.* cucumber, 8-3
condamner to condemn
condiment *m.* condiment, 8-3
conditionnel *m.* conditional tense
conduire to drive
confiture *f.* jam, 8-2
conflit *m.* conflict
conformiste conformist, 1-1
confort *m.* comfort
confortable comfortable (material objects), 6-2
congé *m.* leave
prendre congé to take leave, say good-bye
congélateur *m.* freezer
conjonction *f.* conjunction
conjugaison *f.* conjugation
conjugué/e conjugated
connaissance *f.* knowledge, understanding
connaître † to know, be familiar with, 7-3
connecté/e connected
connexion sans fil *f.* wireless connection, 10-3
connu/e known
conquête *f.* conquest
consacrer to devote
conseil *m.* piece of advice
demander un conseil to ask for advice
conseiller to advise
conseiller *m.*, **conseillière** *f.* advisor
conséquence *f.* consequence
conservateur/-trice conservative
consister to consist
consommateur *m.*, **consommatrice** *f.* consumer
consommation *f.* drink
consonne *f.* consonant
construire † to construct, build
consultation *f.* visit with a health professional
consulter consult
consulter le médecin to see a doctor, 7-1
contempler to contemplate
contenir † to contain
content/e happy, 7-3
continent *m.* continent, 9-2
continuer to go on/keep going, 9-3
continuer (à) to continue
contraire *m.* opposite
au contraire, ... to the contrary, . . .
contraste *m.* contrast
contribuer to contribute
contrôle *m.* inspection, control, test
convaincre to convince
copain *m.*, **copine** *f.* friend, 2-1
copieux/-euse copious, hearty, 8-2
Corée *f.* Korea, 9-2
coréen/ne Korean, 9-2
corps *m.* body, 7-1
correspondance *f.* correspondance
correspondant/e *m./f.* penfriend
correspondre to correspond
corriger to correct
costume *m.* man's suit, 4-3
costume-cravate *m.* suit and a tie
côte *f.* coast
côté *m.* side
à côté de next to, 3-1
de l'autre côté, ... on the other hand, . . .
Côte d'Ivoire *f.* Ivory Coast, 9-2
côtelette *f.* **(d'agneau)** (lamb) chop, 8-3
coton *m.* cotton, 4-3
côtoyer to rub elbows with
se coucher to go to bed, 4-1
couleur *f.* color, 4-3
de quelle couleur est... ? what color is . . . ?, 4-3
couloir *m.* hallway, 6-1
coup *m.* blow, strike, punch
couper to cut
couple *m.* couple
couplet *m.* verse of a poem
cour *f.* courtyard, 6-1
courant/e current
au courant up-to-date (for a person)
courant *m.* **d'air** draft, breeze
courir to run, 4-2
couronne *f.* crown
courriel *m.* e-mail message, 10-3
courrier électronique *m.* e-mail, 10-3
cours *m.* course, class, 3-1
course *f.* errand, 2-2
faire des courses to run errands, 2-2
faire les courses to go grocery/food shopping, 8-3
court/e short, 4-3
cousin *m.*, **cousine** *f.* cousin, 1-1
coussin *m.* cushion
coussinet *m.* small cushion
coûter to cost, 10-3
coutume *f.* custom
couture *f.* sewing, dressmaking
haute couture designer fashion
couturier *m.* fashion designer
couturière *f.* dressmaker, seamstress
couvert : Le ciel est couvert. The sky is overcast., 5-1
couvrir † to cover
craie *f.* stick of chalk, P-2
cravate *f.* tie, 4-3
crayon *m.* pencil, P-2
créer to create
crème *f.* cream, 8-1
crémerie *f.* dairy store
crevette *f.* shrimp, 8-3
crier to yell, 7-3
crime *m.* crime
crise *f.* crisis
cristal *m.* crystal
critère *m.* criterion
critique *f.* critique, criticism, 10-2
critique *m.* critic (person), 10-2
croire † **(à, en)** to believe (in), 10-1
Je crois/Je crois que oui. I think so., 10-1
Je crois que... I believe that . . . , 10-1
Je ne crois pas/Je crois que non. I don't think so., 10-1
croissant *m.* croissant, 8-2
croque-monsieur *m.* grilled ham-and-cheese sandwich, 8-1
croustillant/e crusty
crudités *f. pl.* cut-up raw vegetables, 8-1
cuiller, cuillère *f.* spoon, 8-1
cuir *m.* leather, 4-3
cuisine *f.* kitchen, 6-1
avec coin cuisine with a kitchenette, 6-2
faire la cuisine to cook, 2-2
cuisinière *f.* stove, 6-2
culturel/le cultural

D

d'accord OK, agreed
dame *f.* lady, P-2
danger *m.* danger
dans in, into, inside, P-2
danse *f.* dance, 2-2
faire de la danse to dance, to study dance, 2-2
danser to dance
d'après... according to...
date *f.* date, 1-2
Quelle est la date ? What is the date?, 1-2
davantage more
de (d') from, of, about, P-1

debout standing, on one's feet
être debout to be up, 4-1
début *m.* beginning
décédé/e deceased, 1-1
décembre December, 1-2
déception *f.* disappointment
décider (de) to decide
se décider to make up one's mind
déclaration *f.* declaration
décontracté/e relaxed
décorer to decorate
découverte *f.* discovery
découvrir † to discover
décrire † to describe, 7-1
déçu/e disappointed
déduire to deduce
défaire † to undo
défaite *f.* defeat, loss
défilé *m.* parade, 7-2
définir to define
degré *m.* degree
Il fait vingt degrés. It's 20 degrees (Celsius)., 5-1
dehors outside
en dehors de outside of
déjà already, 4-1
déjeuner *m.* lunch, 8-2
déjeuner to have lunch, 1-3
délicieux/-euse delicious, 8-3
demain tomorrow, 2-3
à demain see you tomorrow, P-1
demander to ask, request, 6-2
démarrer to begin, to start
demi/e half
demi-frère *m.* half-brother
demi-kilo *m.* half-kilo, 8-3
demi-sœur *f.* half-sister
demi-tour *m.* U-turn
et demi/e thirty (3:30, three-thirty), 4-2
faire demi-tour to make a U-turn
démodé/e old-fashioned, out-of-date, 4-3
démonstratif/-ive demonstrative
dent *f.* tooth, 4-1
se brosser les dents to brush one's teeth, 4-1
se laver les dents to brush one's teeth
dentifrice *m.* toothpaste, 4-1
dentiste *m./f.* dentist, 3-3
départ *m.* departure
département *m.* department, regional administrative unit in France
dépasser to exceed
se dépêcher to hurry, 4-1
dépense *f.* expenditure
dépendant/e *adj.* dependent, 10-3
dépenser to spend
depuis since, when, 10-3
depuis combien de temps... ? for how long . . . ?, 10-3
depuis quand... ? since when . . . ?, 10-3
dernier/-ière last, 3-1
derrière behind, 3-1
des *pl.* some, P-2

dès que as soon as
désagréable disagreeable, 1-1
désastre *m.* disaster
descendant (de) *m.* descendant (of)
descendre to go down, 5-1
descente *f.* descent
désert *m.* desert
se déshabiller to undress, 4-1
désignation *f.* name, designation
désirer to desire, to want
désobéir à to disobey, 6-1
désolé/e sorry, 5-3
Je suis désolé/e... I am sorry . . . , 5-3
dessert *m.* dessert, 8-2
desservir to serve, to stop at
dessin *m.* drawing, 3-2
dessin animé cartoon, animated film, 10-1
dessiner to draw
destination *f.* destination, 5-2
se détendre to relax, 6-3
détente *f.* relaxation; release (of a consonant)
détester to detest, 3-2
deux two, 1-2
deux fois par jour twice a day, 4-1
deuxième *m.* second, 6-1
devant in front of, 3-1
développement *m.* development
développer to develop
devenir † to become, 5-2
deviner to guess
devoir *m.* essay, 3-2
devoir † must, to have to, should, 3-3
devoirs *m. pl.* homework, P-2
faire des devoirs to do homework
dialecte *m.* dialect
dialogue *m.* dialogue
dictionnaire *m.* **(un dico)** dictionary, 3-2
différent/e different
différer to differ
difficile difficult, 3-2
dimanche Sunday, 1-3
dîner *m.* dinner, 8-2
dîner to have dinner, 1-3
diplomate *m./f.* diplomat
diplôme *m.* degree, 3-2
avoir un diplôme to have a degree
dire † to say, to tell, 7-1
discipliné/e disciplined, 1-1
discuter de to have a discussion, to talk, 3-3
disjoint/e disjointed, stressed (pronouns)
disparaître to disappear
disparition *f.* disappearance
disponible available
se disputer to argue, 7-3
disque *m.* **dur** hard drive, 10-3
distractions *f. pl.* amusements/diversions, 5-3
se distraire to amuse oneself, 10-2
divers/e various
diversité *f.* diversity
divertissement *m.* variety show, 11-1
divisé/e divided, split

divorcé/e divorced, 1-1
divorcer to divorce, 7-3
dix ten, 1-2
dixième tenth, 6-1
dix-huit eighteen, 1-2
dix-huitième eighteenth, 6-1
dix-neuf nineteen, 1-2
dix-neuvième nineteenth, 6-1
dix-sept seventeen, 1-2
dix-septième seventeenth, 6-1
doctorat *m.* doctorate, Ph.D.
documentaire *m.* documentary, 10-1
dodo (*colloq.*) sleep, 4-1
faire dodo (*colloq.*) to go to sleep, 4-1
doigt *m.* finger
domaine *m.* area, field
dommage : C'est dommage... It's too bad. It's a pity., 5-3
donc then, therefore, 2-1
donner to give, P-2
donner sur to look onto or lead out to, 6-1
dormir to sleep, 4-2
dos *m.* back, 7-1
dossier *m.* file, case, folder
double double
doublé/e dubbed, 10-1
doubler to dub, 10-1
doucement gently, softly
douche *f.* shower, 4-1
prendre une douche to take a shower, 4-1
se doucher to shower, 4-1
doué/e talented, 3-3
douleur *f.* pain
doute *m.* doubt
douter que... to doubt that . . .
sans aucun doute without a doubt
sans doute probably
doux/douce gentle
douzaine *f.* dozen, 8-3
douze twelve, 1-2
douzième twelfth, 6-1
drame psychologique *m.* psychological drama, 10-1
dresser (une liste) to make (a list)
se droguer to take (illegal) drugs, to be on drugs
drogue *f. sg.* (illegal) drugs
droit *m.* law, 3-2; straight, 9-3
tout droit straight ahead, 9-3
droite *f.* right, 3-1
à droite (de) to the right (of), 3-1
drôle amusing, funny, strange, 2-1
du (de + le) 2-2
dur/e hard
durer to endure, last
DVD *m. inv.* DVD, P-2
dynamique dynamic, 1-1

E

eau *f.* water, 8-1
eau minérale mineral water, 8-1
échange *m.* exchange
échanger to exchange, 10-3

échapper to escape
écharpe *f.* scarf, 4-3
échecs *m. pl.* chess, 2-2
échelle *f.* ladder
éclair *m.* lightning, 5-1
  Il y a des éclairs. There is lightning., 5-1
école *f.* school, 1-3
  école maternelle preschool
  école primaire elementary school
  école secondaire secondary school
écologie *f.* ecology
écologique ecological
économie *f.* economics, 3-2
économique economical
  sciences *f. pl.* **économiques** economics, 3-2
économiser to save
écouter to listen to, P-2
  écouter de la musique to listen to music, 1-3
écran *m.* screen, 10-1
  écran plat flat screen, 10-3
écrire † to write, 7-1
  Écrivez votre nom ! Write down your name!, P-2
écrivain *m.* writer, 3-3
écureuil *m.* squirrel
éducatif/-ive educational
effacer to erase, P-2
effet *m.* effect
  en effet yes, indeed, 6-3
efficace efficient, effective
effort *m.* effort
égal/e equal
église *f.* Catholic church, 2-3
égoïste selfish, 2-1
élaborer to elaborate
électricité *f.* electricity
électrique electric
électronique electronic
élégance *f.* elegance
élégant/e elegant, 2-1
élément *m.* element
éliminer to eliminate
elle *f.* she, her, it, P-1
  elle-même *f.* herself
elles *f. pl.* they, them, P-1
  elles-mêmes *f. pl.* themselves
embarrassé/e embarrassed, 7-3
embarras *m.* trouble
s'embrasser to kiss, 7-3
émission *f.* program, 10-1
  émission de musique music program, 10-1
  émission sportive sports event, 10-1
  émission de télé-achat infomercial, 10-1
  émission de télé-réalité reality show, 10-1
emmener † to bring someone along
émotion *f.* emotion
empêcher to prevent
emploi *m.* use; job
employer to use
emporter to bring sthg, to take with
emprunter to borrow, 6-2
en *prep.* to, at, P-1; *pron.* some, any, 8-3
  en ligne online, 10-3
enchaînement *m.* linking
enchanté/e delighted (to meet you), P-1
encore still, yet, again, another, 4-2
  encore un quart d'heure another fifteen minutes, 4-2
encyclopédie *f.* encyclopedia, 10-2
s'endormir to fall asleep, 4-1
endroit *m.* place, 6-3
énergique energetic, 2-1
énervé/e irritable
s'énerver to become irritated/worked up
enfance *f.* childhood
enfant *m./f.* child, 1-1
enfin finally, 5-2
s'ennuyer † to become bored, 7-3
ennuyeux/-euse boring, tedious, 3-2
enquête *f.* poll
enseignant/e *m./f.* teacher, instructor
enseignement *m.* teaching
enseigner to teach
ensemble together, 1-3
ensuite next, then, 5-2
entendre to hear, 5-1
  s'entendre (avec) to get along (with), 7-3
enthousiaste enthusiastic
entourer to surround
entraîneur *m.* trainer, coach
entre between, 4-2
entrée *f.* entrance, foyer, 6-1; appetizer or starter, 8-2
entreprise *f.* firm, place of business
entrer to go/come in, 5-2
entretien *m.* interview
énumérer to enumerate, to list
envie *f.* **: avoir envie de** (+ *nom*, + *inf.*) **...** to want, desire (sthg, to do sthg) . . . , 4-3
environ about, approximately
environnement *m.* environment
environs *m. pl.* surroundings
envoyer † to send, 10-3
épeler † to spell, 5-3
épice *f.* spice, 8-2
épicerie *f.* grocer's shop, 8-3
épinards *m. pl.* spinach, 8-3
épisode *m.* episode, 10-1
époque *f.* era, time
époux *m.*, **épouse** *f.* spouse
épreuve *f.* test
éprouver to feel, to experience
équilibré/e balanced, 7-1
équipe *f.* team
équipé/e equipped, 6-2
équivalent *m.* equivalent
erreur *f.* mistake, error
escalier *m.* staircase, stairs, 6-1
espace *m.* place, space
Espagne *f.* Spain, 9-2
espagnol/e *adj.* Spanish, 9-2
espagnol *m.* Spanish (language), 3-2
espèces : en espèces in cash
espérer † to hope
espion *m.* spy
espionnage *m.* spying, 10-1
essai *m.* essay
essayer † **(de)** to try, 10-3
essuyer † to dry
  s'essuyer † to dry oneself off, wipe off, 4-1
est *m.* east
estomac *m.* stomach, 7-1
et and, P-1
établir to establish
établissement *m.* establishment
étage *m.* floor, 6-1
  premier étage second floor, 6-1
étagère *f.* bookcase, (book)shelf, 6-2
étape *f.* stage, step (in a process)
état *m.* state
état civil marital status, 1-1
États-Unis *m. pl.* the United States, 9-2
été *m.* summer, 2-3
  l'été prochain next summer, 2-3
étoile *f.* star, 9-3
étonnant/e surprising
étonné/e surprised
étranger/-ère foreign, 3-2
être † to be, P-1
  être d'accord to agree
  être en train de + *inf.* to be busy doing sthg, 4-1
  sois, soyez be!, 7-3
  Ne sois pas... Don't be . . . ,7-3
  Soyez calme ! Be calm!, 7-3
  être *m.* **humain** human being
étude *f.* study, 3-2
  faire des études to study
étudiant *m.*, **étudiante** *f.* student, P-2
étudier to study
Europe *f.* Europe, 9-2
européen/ne European
eux *m. pl.* they, them, P-1
  eux-mêmes *m. pl.* themselves
événement *m.* event, 7-2
éventuel/le probable
éventuellement probably, perhaps
évident obvious
évier *m.* (kitchen) sink, 6-2
éviter to avoid, 7-1
exacte exact
exactement exactly
exagérer to exaggerate
examen *m.* exam, 3-2
  passer un examen to take an exam
  préparer un examen to study for an exam, 3-2
  réussir un examen to pass an exam
excès *m.* excess
exercer to exercise, exert
exercice *m.* exercise
  faire de l'exercice to exercise, 7-1
exotique exotic
expérience *f.* experience; experiment

expliquer to explain, 6-2
exposé *m.* report, talk, 10-3
exposition *f.* exhibition, 2-3
expression *f.* expression
exprimer to express
  s'exprimer to express oneself
externe external
extrait *m.* exerpt, extract
extrême extreme
extrêmement extremely

F

fabriquer to make, to produce
fac = faculté
face *f.* **: en face (de)** facing, across from, 3-1
fâché/e angry, upset, 7-3
se fâcher (contre) to get angry (at, with), 7-3
facile easy, 3-2
facilement easily
faciliter to facilitate, to make easier
façon *f.* way
  de toute façon in any case
facture *f.* bill
faculté *f.* college, university, 2-1
faible weak
faim *f.* hunger, 8-1
  avoir faim to be hungry, 8-1
faire † to do, to make, 2-2
  Ça (ne) fait rien. That doesn't matter.
  deux et deux font quatre 2 + 2 = (equals) 4
  faire partie de to belong to
  Il fait beau. It's beautiful weather., 5-1
  Ne t'en fais pas !/Ne vous en faites pas ! Don't worry!, 7-3
  se faire du souci to worry, 7-3
faire-part *m. inv.* (birth, wedding) announcement
falloir † to be necessary, 7-1
  Il faut.../Il ne faut pas... One must . . . / One must not . . . , 7-1
  Il faut que... It is necessary that/You must . . . ,9-3
  Il ne faut pas que... You must not . . . , 9-3
fameux/-euse famous
familial/e familial, related to family
familier/-ière familiar
famille *f.* family, 1-1
  famille étendue extended family
  famille nombreuse big family, 1-1
  famille recomposée blended family
fanatique *m.* fan, fanatic
fantaisiste fantastic (not based in reality)
fantastique fantastic (great, wonderful); fantasy
fantôme *m.* phantom, ghost
farine *f.* flour
fariné/e floured
fasciné/e fascinated
fatigué/e tired, P-1
faut *see* **falloir**
faute *f.* mistake
  faire une faute to make a mistake
fauteuil *m.* armchair, 6-2
faux/-sse false
favoriser to favor
Félicitations ! Congratulations!, 7-2
féminin/e feminine
féminisation *f.* to make feminine (esp. names of professions)
femme *f.* wife, woman, 1-1
  femme au foyer housewife
  femme d'affaires businesswoman, 3-3
fenêtre *f.* window, P-2
férié : jour *m.* **férié** legal holiday, 7-2
ferme *f.* farm, 6-3
fermer to close, P-2
fête *f.* party, 2-2; holiday, 7-2
  fête religieuse religious holiday, 7-2
fêter to celebrate
feu *m.* fire
  feu d'artifice fireworks, 7-2
  feu rouge stoplight
feuille *f.* sheet of paper; leaf
feuilleton *m.* series, soap opera, 10-1
feutre *m.* felt-tip pen, marker
fève *f.* broad bean, favor baked in **la Galette des rois**
février February, 1-2
fiançailles *f. pl.* engagement
fiancé/e engaged, 1-1
se fiancer to get engaged, 7-3
fichier *m.* computer file, 10-3
fidèle faithful
fièvre *f.* fever
  avoir de la fièvre to have a temperature, to run a fever
figure *f.* face, 4-1
fille *f.* daughter, girl, 1-1
film *m.* film, 1-3
fils *m.* son, 1-1
fin/e thin, elegant, delicate, 4-3
final/e final, 3-2
finalement finally
finir to finish, 6-1
flamand *m.* Flemish (language)
fleur *f.* flower, 7-2
fleuve *m.* river
flûte *f.* recorder
  flûte traversière flute
foie *m.* liver
fois *f.* time, 4-1
  deux fois par jour twice a day, 4-1
  x fois par semaine x times a week
  une fois once, one time, 4-1
folklorique folkloric
foncé/e dark colored
fonction *m.* function
fonctionner to function
fond *m.* bottom, end
  à fond deeply; loudly
fondre to melt
fondu/e melted
fontaine *f.* fountain
football *m.* **(le foot)** soccer, 1-3
football américain *m.* American football, 2-2
foraine : fête foraine *f.* fair
forcément inevitably, necessarily
forêt *f.* forest, 6-3
formation *f.* formation; training
  avoir une formation to have training
forme *f.* shape, form
  être en forme to be fine, P-1
  être en pleine forme to be in good shape
former to form
formidable great
fort *adv.* loudly, 7-3
fort/e *adj.* strong, stout, 2-1
forum *m.* forum
  forum de discussion discussion forum, newsgroup
foulard *m.* silk scarf, 4-3
foule *f.* crowd
four *m.* oven, 6-2
fourchette *f.* fork
frais/fraîche fresh, 8-3
  Il fait frais. It's cool (weather)., 5-1
fraise *f.* strawberry, 8-3
français/e *adj.* French, 9-2
français *m.* French (language), 2-2
  faire du français to study French, 2-2
France *f.* France, 9-2
francophone French-speaking
francophonie *f.* French-speaking world
fréquence *f.* frequency
frère *m.* brother, 1-1
frigo *m.* (*colloq.*) fridge
frite *f.* French fry, 8-1
froid cold, 5-1
  Il fait froid. It's cold (weather)., 5-1
  J'ai froid. I'm cold., 5-1
fromage *m.* cheese, 8-2
frontière *f.* border, 9-2
fruit *m.* fruit, 8-2
  fruits *m. pl.* **de mer** seafood
fruitier/fruitière *adj.* fruit, 6-3
fumé/e *adj.* smoked
fumée *f.* smoke
fumer to smoke, 7-1
fumet *m.* aroma
furieux/-euse furious, 7-3
futur *m.* future tense
  futur proche immediate future

G

gadget *m.* gadget
gagner de l'argent to earn money, 3-3; to win
galérie *f.* (art) gallery
galette *f.* cake for the Epiphany, 7-2; savory dinner crepe made with buckwheat flour
gant *m.* glove, 4-3
  gant de toilette wash mitt, 4-1
garage *m.* garage, 3-1
garantir to guarantee
garçon *m.* boy, 1-1
gare *f.* train station, 2-3

garer to park, 6-1
gâteau *m.* cake, 7-2
gauche *f.* left, 3-1
  à gauche (de) to the left (of), 3-1
gazeux/-euse carbonated
geler † to freeze, 5-1
  Il gèle. It's freezing (weather)., 5-1
gêné/e bothered, embarrassed, 7-3
général/e general
généralement generally
généreux/-euse generous, warm-hearted, 2-1
générique *m.* screen credits
génial : C'est génial. It's great/awesome., 10-3
genou *m.* knee
genre *m.* (grammatical) gender; kind, type
gens *m. pl.* people, 3-3
gentil/le kind, nice, 2-1
  C'est gentil à toi/vous. That's kind (of you)., 5-3
géographie *f.* geography
géologie *f.* geology
gestion *f.* management, 3-2
gilet *m.* cardigan sweater, 4-3
gîte *m.* **(rural)** (rural) bed and breakfast, 9-3
glace *f.* ice cream, 8-1
  glace au chocolat chocolate ice cream, 8-1
glaçon *m.* ice cube, 8-1
golf *m.* golf, 1-3
gomme *f.* eraser, P-2
gorge *f.* throat, 77-1
  avoir mal à la gorge to have a sore throat
goût *m.* taste, liking
goûter *m.* afternoon snack, 8-2
goûter to have a snack, to taste
goutte *f.* drop
gouvernement *m.* government
grâce à thanks to
graisse *f.* fat, grease, 7-1
graissé/e greased
gramme *m.* (*abbr.* gr) gram
grand-chose *m. inv.* : **pas grand-chose** not very much, not a great deal, 2-2
  ne pas faire grand-chose to not do much, 2-2
grand/e tall, 2-1
grande surface *f.* superstore
grandir to grow taller, to grow up (for children), 6-1
grand magasin *m.* department store, 4-3
grand-mère *f.* grandmother, 1-1
grand-père *m.* grandfather, 1-1
grand-parent *m.*, **(grands-parents** *pl.*) grandparent, 1-1
gratuit/e free
grave serious, 7-3
  Ce n'est pas grave. It's not serious., 7-3
graveur *m.* **CD/DVD** CD/DVD burner, 10-3
gravité *f.* gravity, seriousness
grignoter to snack, 7-1
grillé/e grilled, toasted, 8-2
grimper to climb up
grippe *f.* flu
gris/e gray, 4-3
gros/se fat, 2-1
grossir to gain weight, 6-1
grotte *f.* **(préhistorique)** (prehistoric) cave, 9-3
groupe *m.* group
  groupe de consonnes consonant cluster
guerre *f.* war
  Première Guerre mondiale First World War
  Seconde Guerre mondiale Second World War
guide *m.* guide (tour guide or guidebook), 9-3
guidé/e guided
guitare *f.* guitar, 1-3
  guitare basse bass guitar
  guitare électrique electric guitar
gymnase *m.* gym, 2-3

H

s'habiller to get dressed, 4-1
habitant *m.* inhabitant
habitation *f.* dwelling, housing
habiter to live (in a physical sense), 1-1
d'habitude usually, 6-3
habituel/le habitual
s'habituer à to get used to
***haché/e** chopped, ground, 8-3
Haïti *m.* Haiti, 9-2
***hamburger** *m.* hamburger, 8-1
***haricot** *m.* bean, 8-3
  ***haricot vert** *m.* green bean, 8-2
harmonica *m.* harmonica, 2-2
harmonie *f.* harmony
***haut** high
hebdomadaire *adj.* weekly, 10-2
***hein !** huh!, understood?
heure *f.* hour, 4-2
  être à l'heure to be on time, 4-2
  Il est une heure. It's one o'clock., 4-2
  Quelle heure est-il ? What time is it?, 4-2
  Vous avez l'heure ? Do you have the time?, 4-2
heureusement luckily
heureux/-euse happy, 7-3
***heurter** to strike
hier yesterday, 5-1
histoire *f.* history, 3-2; story
  histoire drôle joke, 2-1
historique historical, 9-39-
hiver *m.* winter, 5-1
***hockey** *m.* hockey, 2-2
***hollandais/e** Dutch; hollandaise (sauce)
***Hollande** *f.* Holland
***homard** *m.* lobster
homme *m.* man
  homme d'affaires businessman, 3-3
hôpital *m.* public hospital, 3-3
horloge *f.* clock, 4-2
horreur *f.* horror, 10-1
  Quelle horreur ! How awful!, 8-1
***hors** except; outside
hôte *m.* guest or host
hôtel *m.* hotel, 2-3
huile *f.* oil, 8-3
  huile d'olive olive oil
***huit** eight, 1-2
***huitième** eighth, 6-1
huître *f.* oyster
humain/e human 77-1
hypermarché *m.* superstore, 8-3

I

ici here, 3-1
idéal/e ideal
idéaliste idealistic, 1-1
idée *f.* idea
identité *f.* identity
idiomatique idiomatic
il *m.* he, it, P-1
île *f.* island
ils *m. pl.* they, P-1
il y a there is/are, P-2; ago, 5-1
  il y a deux jours two days ago, 5-1
  il n'y a pas de... there isn't/aren't . . . , P-2
  Il n'y a pas de quoi. You're welcome., P-2
  il y a ... que it's been . . . , for . . . , 10-3
illogique illogical
illustre illustrious
imaginaire imaginary
imaginer to imagine
imbécile *m./f.* idiot
immense huge, immense
immeuble *m.* building, 6-1
immigré/e immigrant
immobilier *m.* real estate business
immunodéficitaire immunodeficient
imparfait *m.* imperfect tense
impatience *f.* impatience
impératif *m.* imperative
imper(méable) *m.* raincoat, 4-3
importance *f.* importance
important/e important, 9-2
impression *f.* impression
impressionnisme *m.* Impressionism
impressionniste Impressionist
imprimante *f.* printer, 10-3
  imprimante multifonction multifunction printer, 10-3
imprimer to print, 10-3
inclure to include
inclus/e included
inconvénient *m.* disadvantage, inconvenience
Inde *f.* India, 9-2
indéfini/e indefinite
indication *f.* sign, indication
indien/ne Indian, 9-2
indifférence *f.* indifference
indigestion *f.* indigestion
indiquer to indicate, 9-3
indiscipliné/e undisciplined, 1-1
indiscret/-ète indiscreet

indispensable necessary
individualiste individualistic, 1-1
individu *m.* individual
individuel/le individual
infection *f.* infection
infinitif *m.* infinitive
infirmerie *f.* health center/clinic, 3-1
infirmier *m.*, **infirmière** *f.* nurse, 3-3
informaticien *m.*, **informaticienne** *f.* programmer, 3-3
information *f.* information
informations *f. pl.* **(les infos)** news, 10-1
informatique *f.* computer science, 3-2
s'informer to get information, 10-2
ingénieur *m.* engineer, 3-3
innovateur/-trice innovative
innovation *f.* innovation
inquiet/-ète worried, uneasy, anxious, 7-3
s'inquiéter † to worry, 7-3
inscription *f.* registration, enrollment
  bureau *m.* **des inscriptions** registrar's office, 3-1
insensible insensitive
instable unstable
installer to put in, to install
instant *m.* moment, instant
s'instruire † to educate oneself, to improve one's mind, 10-2
instrument *m.* instrument
insulter to insult
insupportable unbearable
intégrer to incorporate, integrate
intelligent/e intelligent, smart, 2-1
intensité *f.* intensity
interactif/-ive interactive
interdiction *f.* ban
interdire † to ban, to forbid
intéressant/e interesting, 3-2
s'intéresser (à) to be interested (in), 3-3
intérieur *m.* inside, interior
interlocuteur *m.* partner in dialogue, interlocutor
internaute *m./f.* Internet user
Internet *m.* Internet, 9-3
  aller sur Internet to go on the Internet, 9-3
  surfer sur Internet to surf the Internet, 10-3
interpréter to interpret
interrogatif/-ive interrogative
interrogation *f.* quiz
interview *f.* interview
interviewer to interview
intime intimate
s'intituler to be titled
intrigue *f.* plot, scheme
invariable invariable
invitation *f.* invitation, 5-3
invité/e *m./f.* guest
inviter to invite, 1-3
Irak *m.* Iraq, 9-2
Iran *m.* Iran, 9-2
irrégularité *f.* irregularity
irrégulier/-ière irregular
Italie *f.* Italy, 9-2
italien/ne *adj.* Italian, 9-2
italien *m.* Italian (language)
item *m.* item
ivoirien/ne Ivorian, 9-2

J

jalousie *f.* jealousy
jaloux/-ouse jealous, 7-3
jamais ever
  ne ... jamais never, 4-1
jambe *f.* leg, 10-1
jambon *m.* ham, 8-1
janvier January, 1-2
Japon *m.* Japan, 9-2
japonais/e *adj.* Japanese, 9-2
japonais *m.* Japanese (language)
jardin *m.* garden, yard, 1-3
jardinage *m.* gardening, 2-2
  faire du jardinage to garden, to do some gardening, 2-2
jaser to chatter, prattle *(Can.)*
jaune yellow, 4-3
jazz *m.* jazz, 2-2
je (j') I, P-1
jean *m. sg.* jeans, 4-3
jet *m.* spurt, spray; jet
jeter † to throw/throw out, 5-3
jeu *m.* game, 2-2
  jeu de société board game, 2-2
  jeu électronique video game
  jeu télévisé game show, 10-1
jeudi Thursday, 1-3
jeune *adj.* young, 2-1
jeune *m./f.* young person
jeûne *m.* fast
jeûner to fast
jeunesse *f.* youth, young people
job *m.* **(d'été)** (summer) job
jogging *m.* jogging, 2-2
  faire du jogging to go jogging, to jog, 2-2
joie *f.* joy
joli/e pretty, 2-1
jouer to play, 1-3
  jouer une pièce to perform a play, 5-3
  jouer à to play (a sport), 1-3
  jouer de to play (an instrument), 1-3
jour *m.* day, 1-3
  ce jour-là that day, 5-1
  jour férié holiday, 7-2
journal *m.* newspaper, 10-2
  journal télévisé (le JT) news broadcast, 10-1
journalisme *m.* journalism, 3-2
journaliste *m./f.* journalist, 3-3
journée *f.* day, 4-1
Joyeux Noël ! Merry Christmas!, 7-2
juger to judge
juif *m.*, **juive** *f.* Jewish
juillet July, 1-2
juin June, 1-2
jumeau *m.*, **jumelle** *f.* twin
jupe *f.* skirt, 4-3
jus d'orange *m.* orange juice, 8-1
jusqu'à until, 4-2
juteux/-euse juicy

K

kayak *m.* kayak
kilo *m.* kilo, 8-3
kiosque *m.* newsstand, 10-2

L

la (l') *f.* the, P-1; *pron.* her, it, 6-1
là there, 6-3
là-bas there, over there, 6-3
labo(ratoire) *m.* laboratory, 3-1
  labo(ratoire) de chimie chemistry lab, 3-1
  labo(ratoire) de langues language lab, 3-1
lac *m.* lake, 6-3
laid/e ugly
laine *f.* wool, 4-3
laïque secular
laisser to leave (alone)
lait *m.* milk, 8-2
lampe *f.* lamp, 6-2
lancer to throw
  lancer un pari to make a wager
langage *m.* language
langagier/-ière linguistic, of language
langue *f.* language, 3-2; tongue, 7-1
  langue étrangère foreign language, 3-2
  langue maternelle native language, 9-2
laquelle *f.* which one
large big, large, loose-fitting, roomy, 4-3
lavabo *m.* bathroom sink, 4-1
laver to wash
  se laver to wash oneself, 4-1
  se laver les cheveux to wash one's hair, 4-1
  se laver les dents to brush one's teeth
  se laver la figure to wash one's face, 4-1
  se laver les mains to wash one's hands, 4-1
le (l') *m.* the, P-1; *pron.* him, it, 6-1
leçon *f.* lesson, 1-3
  leçon de chant singing lesson, 1-3
lecteur *m.*, **lectrice** *f.* reader
lecteur CD *m.* CD player, P-2
lecteur CD/DVD *m.* CD/DVD drive, 10-3
lecteur DVD *m.* DVD player, P-2
lecture *f.* reading
légende *f.* caption; legend; key
leger/-ère light
légume *m.* vegetable, 8-2
lequel *m.* which one
les *pl.* the, P-2; *pron.* them, 6-1
lesquels *m. pl.*, **lesquelles** *f. pl.* which ones
lettre *f.* letter
lettres *f. pl.* humanities, 3-2
leur their,1-2; *pron.* to them, 6-2
leurs *pl.* their, 1-2
lever † to raise, 5-3
  lever le doigt to raise one's hand
  se lever to get up, 4-1
  Levez-vous ! Get up/Stand up!, P-2

lèvre *f.* lip
liaison *f.* link, liaison
librairie *f.* bookstore, 2-3
libre free (a person), available, 5-3
  Je ne suis pas libre. I'm not free., 5-3
  Tu es/Vous êtes libre(s) ? Are you free?, 5-3
lien *m.* (Web) link, 10-3
lieu *m.* place
  au lieu de instead of
  avoir lieu to take place, 7-2
  lieu de travail workplace
ligne *f.* line
  en ligne online, 10-3
limonade *f.* lemon-lime soft drink, 8-1
linguistique *f. sg.* linguistics
lire † to read, 7-1
  Lisez les mots... ! Read the words . . . !, P-2
liste *f.* list
lit *m.* bed, 6-2
litre *m.* liter, 8-3
littérature *f.* literature, 3-2
livre *m.* book, P-2
locataire *m./f.* tenant, renter, 6-1
location *f.* rental
logement *m.* lodgings, accommodation, 9-3
loger † to stay temporarily, 9-3
logiciel *m.* software program, 10-3
logique logical
loin (de) far (from), 3-1
lointain *adj.* distant, faraway
loisir *m.* leisure time, 2-2
long/longue long, 4-3
longtemps a long time, 10-1
  il y a longtemps a long time ago, 5-1
lorsque when
loto *m.* lottery, 2-2
louer to rent, 6-1
louisianais/e from Louisiana
lourd/e heavy, 5-1
  Il fait lourd. It's humid., 5-1
loyer *m.* rent, 6-2
lui *m.* him, P-1; *pron.* to him, to her, 6-2
  lui-même *m.* himself
lumière *f.* light
  éteindre les lumières to turn off the lights
lundi Monday, 1-3
  le lundi every Monday, on Mondays, 6-3
lune (Lune) *f.* moon (the Moon)
  être dans la lune to have one's head in the clouds
  lune de miel honeymoon
lunettes *f. pl.* eyeglasses, 4-3
  lunettes de soleil pair of sunglasses, 4-3
lutte *f.* struggle; wrestling
lutter to struggle, fight
luxe *m.* luxury
luxueux/-euse luxurious
lycée *m.* high school, 11-3

M

ma *f.* my, 1-1
McDo *m.* McDonald's restaurant
machine *f.* machine
macroéconomique *f.* macroeconomics
madame (Mme) Mrs., Ms., P-1
mademoiselle (Mlle) Miss, P-1
magasin *m.* store, 4-3
magazine *m.* news show, 10-1; magazine, 10-2
  magazine télé listing of TV programs, 10-1
maghrébin/e North African
magnétophone *m.* tape player
magnétoscope *m.* videocassette recorder, P-2
magnifique magnificent
mai May, 1-2
maigre skinny, thin, 6-1
maigrir to lose weight, 6-1
maillot *m.* **(de bain)** swimsuit, 4-3
main *f.* hand, 4-1
maintenant now, 1-3
maintenir † to maintain
maire *m.* mayor
mairie *f.* city hall, 2-3
mais but, P-2
maison *f.* house, home, 1-3
  rester à la maison to stay home, 1-3
maître *m.* master
maîtrise *f.* mastery; M.A. or M.S. degree in former French academic system
majeur/e *adj.* principal, major
majeure *f.* **(en)** academic major (in) *(Can.)*, 3-2
majoritairement predominantly
mal *adv.* badly, P-1
  Pas mal. Not bad. P-1
mal *m.* **(maux** *pl.*) pain, ache, 7-1
  avoir mal to hurt, 7-1
  avoir mal à la tête to have a headache, 7-1
  avoir mal au cœur to be nauseated, 7-1
  avoir mal partout to hurt all over, 7-1
  mal au cœur nausea, 7-1
malade *adj.* sick, P-1
malade *m./f.* sick person
  malade imaginaire *m./f.* hypochondriac
maladie *f.* sickness, disease
malgré in spite of
malheureux/-euse unhappy, unfortunate, 7-3
manière *f.* **de vivre** way of life
manifestation *f.* protest, demonstration
manger † to eat, 2-3
manque *m.* lack
manquer to miss, to be lacking
manteau *m.* overcoat, 4-3
manuel *m.* manual, handbook
maquillage *m.* makeup, 4-1
se maquiller to put on makeup, 4-1
marché *m.* market, 2-3
  bon marché *adj. inv.* cheap, 4-3
  marché en plein air open-air market
mardi Tuesday, 1-3
mari *m.* husband, 1-1
mariage *m.* wedding, 7-2; marriage
marié/e married, 1-1
marié *m.*, **mariée** *f.* bridegroom/bride, 7-2
se marier to get married, 7-3
marin/e related to the sea
maritime coastal, seaside, maritime
Maroc *m.* Morocco, 9-2
marocain/e Moroccan, 9-2
marraine *f.* godmother, 7-2
marron *adj. inv.* brown, 4-3
marquant/e *adj.* outstanding
mars March, 1-2
masse *f.* group, mass
master : diplôme de master *m.* M.A. or M.S. degree in current French academic system
match *m.* **(matchs** *pl.*) game (sports), 2-2
mathématiques *f. pl.* **(les maths)** mathematics, 3-2
matière *f.* matter, material, subject
matin *m.* morning, 1-3
  dix heures du matin ten o'clock in the morning, 4-2
  du matin in the morning; A.M., 4-2
mauvais/e bad, 3-1
  Il fait mauvais. The weather's bad., 5-1
maux *see* **mal**
me (m') *pron.* me, to me, 6-2
mécanicien *m.*, **mécanicienne** *f.* mechanic, 3-3
méchant/e mean, naughty, 2-1
médecin *m.* doctor (M.D.), 3-3
médecine *f.* medicine, 3-2
médias *m. pl.* media, 10-1
médical/e medical
médicament *m.* medicine, drug
médiocre mediocre, 3-2
se méfier to be suspicious
meilleur/e *adj.* better, best, 4-3
  meilleur/e ami/e *m./f.* best friend
  Meilleurs vœux ! Best wishes!, 7-2
mél *m.* e-mail address (France)
mélanger to mix
melon *m.* cantaloupe, 8-3
membre *m.* member, limb
même same, 4-3; even, 6-1
mémoire *f.* memory
mémoire *m.* long essay, M.A. thesis
ménage *m.* household
mensuel/le monthly, 10-2
mental/e mental
menthe *f.* mint
  thé *m.* **à la menthe** mint tea
mentionner to mention
mer *f.* sea, 5-2
  au bord de la mer at the seashore
merci thank you, P-2
mercredi Wednesday, 1-2
mère *f.* mother, 1-1
mériter to earn, merit
merveilleux/-euse marvelous, wonderful
mes *pl.* my, 1-1
mésaventure *f.* misfortune
message *m.* message
messagerie instantanée *f.* instant messaging, 10-3

messe *f.* Catholic mass
mesure *f.* measurement
mesurer to measure
métaphore *f.* metaphor
météo(rologie) *f.* weather forecast, 5-1
métier *m.* occupation, job, 3-3
métro *m.* subway, 9-1
metteur en scène *m.* film or stage director
mettre † to put on, 4-3
  mettre à jour to update, 10-3
  mettre la table to set the table
meublé/e furnished, 6-2
meuble *m.* piece of furniture, 6-2
mexicain/e Mexican, 9-2
Mexique *m.* Mexico, 9-2
midi noon, 4-2
mieux better, 4-2
  mieux ... que better . . . than, 4-2
militaire military
mille thousand, 2-3
milliard billion, 2-3
million million, 2-3
mince *adj.* thin, slender, 2-1
  Mince ! Shoot!, 4-2
mincir to lose weight
mineure *f.* **(en)** minor *(Can.)*, 3-2
ministre *m.* minister, secretary
minorité *f.* minority
minuit midnight, 4-2
minute *f.* minute, 4-1
mobylette *f.* moped, motor scooter, 9-1
mocassin *m.* loafer, 4-3
moche ugly, 2-1
modalité *f.* form, modality
mode *f.* fashion, 4-3
  à la mode fashionable, 4-3
mode *m.* form, mode
  mode articulatoire articulatory mode
  mode d'emploi directions
modèle *m.* style, 4-3; model
moderne modern, 6-2
modeste modest
modifier to modify
moi me, P-1
  moi-même myself
moins less, 4-2
  moins (de) ... que less . . . than, 4-2
  moins le quart a quarter to, 4-2
  moins vingt twenty to, 4-2
mois *m.* month, 1-2
  le mois prochain next month, 2-3
moitié *f.* half
moment *m.* moment, 5-1
  à ce moment-là at that moment, 5-1
mon *m.* my, 1-1
monde *m.* world
  tout le monde everyone, everybody
mondial/e worldwide
moniteur *m.* monitor, 10-3
  moniteur avec un écran plat flat-screen monitor, 10-3
monnaie *f.* currency; change
monotone monotonous
monsieur (M.) Mr., P-1
monsieur *m.* man, P-2
monstre *m.* monster
montagne *f.* mountain, 5-2
montée *f.* climbing
monter to go up, 5-2
montre *f.* watch, 4-2
montrer to show, P-2
monument *m.* monument, 2-3
  monument aux morts veterans' memorial, 2-3
se moquer de to tease, mock
morceau *m.* piece, 8-3
mortel/le mortal
mot *m.* word, P-2
  mot apparenté cognate
  mot-clé keyword
  mot juste right word
moto *f.* motorcycle, 9-1
mouche *f.* fly (insect)
  bateau-mouche *m.* Paris river boat
mourir † to die, 5-2
moutarde *f.* mustard, 8-3
moyen *m.* **de transport** means of transportation, 9-1
muet/te silent, mute
muguet *m.* lily of the valley, 7-2
  brin *m.* **de muguet** sprig of lily of the valley, 7-2
multifonction multifunction
multimédia multimedia, 10-3
multiple multiple
municipal/e municipal, 2-3
mur *m.* wall, 6-2
mûr/e ripe, 8-3
musée *m.* museum, 2-3
musical/e *adj.* musical, 10-1
musicien *m.*, **musicienne** *f.* musician, 3-3
musique *f.* music, 1-3
  faire de la musique to play (make) music, 2-2
musulman/e Muslim
mystérieux/-euse mysterious
mythe *m.* myth

N

nager † to swim, 2-3
naissance *f.* birth
naître † to be born, 5-2
narratif/-ive narrative
narration *f.* narrative, account
nasal/e nasal
natation *f.* swimming, 2-2
  faire de la natation to swim, 2-2
nationalité *f.* nationality, 9-2
nature *f.* nature, 6-3
navet *m.* turnip, 8-3
ne ... jamais never, 4-1
ne ... pas not, 1-3
ne ... personne no one, 8-2
ne ... rien nothing, 8-2
nécessaire necessary, 9-2
nécessité *f.* need, necessity
néerlandais/e *adj.* Dutch, 9-2
néerlandais *m.* Dutch (language)
négatif/-ive negative
neiger to snow, 5-1
  Il neige. It's snowing, 5-1
neuf nine, 1-2
neuf/neuve *adj.* brand-new, 6-2
neuvième ninth, 6-1
neveu *m.* nephew, 1-1
  neveux *m. pl.* (nieces and) nephews, 1-1
nez *m.* nose, 7-1
nièce *f.* niece, 1-1
Noël *m.* Christmas, 7-2
noir/e black, 4-3
nom *m.* last name, P-2
nombre *m.* number, 1-2
nombreux/-euse numerous, 1-1
nommer to name
non no, P-1
  non plus neither
  moi non plus me neither
nord *m.* north
normalement normally
nos *pl.* our, 1-2
note *f.* grade, 3-2
  avoir une note to have/receive a grade, 3-2
notre *m./f.* our, 1-2
nourrir to nourish
nourriture *f.* food, nourishment
nous we, P-1; *pron.* us, to us, 6-2
  nous-mêmes ourselves
nouveau (nouvel), nouvelle new, 3-1
  de nouveau again, 4-1
nouveauté *f.* novelty, 10-3
nouvelle *f.* piece of news, 7-3
nouvelles *f. pl.* news
novembre November, 1-2
nuage *m.* cloud, 5-1
  Il y a des nuages. It's cloudy., 5-1
nuit *f.* night, 4-1
numéro *m.* number

O

obéir à to obey, 6-1
obligatoire required, 3-2
observer to observe
obtenir † to obtain, 9-2
occasion *f.* chance, opportunity, occasion
  avoir l'occasion de to have the opportunity to
Occident *m.* the West
occupé/e busy, P-1
s'occuper de to take care of, 6-3
Océanie *f.* Pacific, 9-2
octobre October, 1-2
odeur *f.* odor
œil *m.* (**yeux** *pl.*) eye, 7-1
œuf *m.* egg, 8-2
  œuf en chocolat chocolate egg, 7-2
  œufs sur le plat/au plat fried eggs, 8-2
œuvre *f.* work (esp. literary or artistic)
  oeuvre d'art work of art
office *m.* **du tourisme** tourism office, 9-3
officiel/le official
offrir † to give (a gift), 6-2

oignon *m.* onion, 8-3
oiseau *m.* bird, 1-1
olive *f.* olive
omelette *f.* omelet
omniprésent/e omnipresent
on one, people in general, we, 1-3
oncle *m.* uncle, 1-1
onze eleven, 1-2
onzième eleventh, 6-1
opéra *m.* opera
opinion *f.* opinion
optimiste optimistic, 1-1
orage *m.* (thunder) storm, 5-1
  Il y a un orage. There is a (thunder)storm., 5-1
oral/e oral
orange *adj. inv.* orange, 4-3
orange *f.* orange (fruit), 8-1
Orangina *m.* Orangina orange soda, 8-1
orchestre *m.* orchestra
ordinaire ordinary
ordi(nateur) *m.* computer, P-2
  ordinateur portable laptop computer, 10-3
ordre *m.* order
oreille *f.* ear, 7-1
organiser to plan, to organize, 2-2
origine *f.* origin
orphelin/e orphaned
ou or, P-1
où where, 2-1
ouest *m.* west
oublier (de) to forget, 9-1
Ouf ! Whew!, 4-2
oui yes, P-1
ouvrage *m.* **de référence** reference book, 10-2
ouverture *f.* opening
ouvrir † to open, P-2

P

pagne *m.* wrap, piece of (African) cloth
pain *m.* bread, 8-2
  du pain avec du chocolat bread with chocolate, 8-2
  pain au chocolat chocolate croissant, 8-2
  pain de campagne round loaf of bread, 8-3
  pain de mie loaf of sliced bread, 8-3
  pain grillé toast, 8-2
  petit pain roll, 8-3
paire *f.* pair
paix *f.* peace
pâle pale, 6-1
pâlir to become pale, 6-1
panier *m.* basket
pantalon *m. sg.* slacks, 4-3
pantouflard/e homebody, stay-at-home, 2-1
paquet *m.* package, 8-3
par by, through
  (deux fois) par jour/semaine (twice) a day/week, 4-1
  par terre on the floor, 6-2
parapluie *m.* umbrella, 4-3
parc *m.* park, 2-3
parce que because, 2-1
pardon excuse me, P-2
parent *m.* parent, relative, 1-1
paresseux/-euse lazy, 2-1
parfaitement perfectly, completely
parfois sometimes
parler to speak, P-2
  parler au téléphone to talk on the phone, 1-3
  Parlez plus fort ! Speak louder!, P-2
parmi among
paroisse *f.* parish, county in Louisiana
parrain *m.* godfather, 7-2
partager † to share, 7-2
partenaire *m./f.* partner
participer à to participate in
particulier/-ière particular, specific, exceptional, special
partie *f.* part
  faire partie de to belong to
partir to leave, 4-2
  à partir de from
  partir en vacances to go on vacation, 5-2
partitif/-ive partitive
partout everywhere, all over, 7-1
pas not, P-1
  ne ... pas not, 1-3
  pas du tout not at all
  pas mal not bad, P-1
  pas tout à fait not quite, 5-2
passage *m.* passage
passager *m.*, **passagère** *f.* passenger
passé *m.* past
  passé composé compound past tense
passeport *m.* passport, 9-1
passer to go/come by, 5-2; to spend time, 5-3
  passer une soirée tranquille to spend a quiet evening, 5-3
  se passer to happen, 7-3
passion *f.* passion
passionné/e passionate
pâte *f.* pasta, dough, 8-2
pâté *m.* pâté, 8-3
patience *f.* patience
patin *m.* **à glace** ice skate; ice-skating
patin *m.* **à roulettes** roller skate; roller-skating
patinage *m.* skating
pâtissier/-ière *m.* pastry chef
pâtisserie *f.* pastry shop, 8-3
patron *m.*, **patronne** *f.* boss
pauvre poor
pavillon *m.* building, 3-1
payer † to pay
pays *m.* country, 9-2
Pays-Bas *m. pl.* The Netherlands, 9-2
PDA *m.* PDA, 10-3
peau *f.* skin
pêche *f.* peach, 8-3
pêche *f.* fishing, 5-2
  aller à la pêche to go fishing, 5-2
peigne *m.* comb, 4-1
pellicule *f.* roll of film
pendant during, for, 4-2
  pendant que while
pensée *f.* thought
penser (de) to think about, 10-1
  Je pense que non. I don't think so.
  Je pense que oui. I think so.
  Je pense que... I think that . . . , 10-3
perdre to lose, to waste, 5-1
  perdre son sang-froid to lose one's composure, 7-3
père *m.* father, 1-1
période *f.* period
permettre † **(à, de)** to permit
permis de conduire *m.* driver's license, 9-1
persan/e *adj.* Persian
persil *m.* parsley
personnage *m.* character
  personnage principal main character, 10-1
personnalisé/e personalized
personne *f.* person, P-1
  ne ... personne no one, nobody, 8-2
personnel/le personal
perspective *f.* perspective
persuader to persuade
perte *f.* loss
pessimiste pessimistic, 1-1
petit-déjeuner *m.* breakfast, 8-2
petit/e short, small, little, 2-1
petite annonce *f.* classified ad
petit-enfant *m.* grandchild, 1-1
petite-fille *f.* granddaughter, 1-1
petit-fils *m.* grandson, 1-1
petit pois *m.* pea, 8-3
peu *m.* a little, 1-1
peur *f.* fear
  avoir peur to be afraid
  faire peur to frighten, scare
peut-être maybe, 2-1
pharmacie *f.* pharmacy
pharmacien *m.*, **pharmacienne** *f.* pharmacist, 3-3
phénomène *m.* phenomenon
philosophie *f.* philosophy, 3-2
photographe *m./f.* photographer
photo(graphie) *f.* photograph, photography, 2-1
phrase *f.* sentence
physiologie *f.* physiology, 3-2
physique *adj.* physical
physique *f. sg.* physics, 3-2
physique *m. sg.* physical traits, 2-1
piano *m.* piano, 1-3
pièce *f.* play, 2-3; room 6-1
  un cinq-pièces *m.* three-bedroom apartment, 6-1
  pièce *f.* **de monnaie** coin
  pièce *f.* **jointe** (e-mail) attachment, 10-3
pied *m.* foot, 7-1
  à pied on foot, 9-1
pierre *f.* stone

piétonnier/-ière for pedestrians
piquant/e spicy, hot
pique-nique *m.* picnic, 5-2
  faire un pique-nique to have a picnic, 5-2
piquer to sting
pire worse
piscine *f.* swimming pool, 2-3
pizza *f.* pizza, 8-1
placard *m.* cupboard, kitchen cabinet, 6-2
place *f.* (city) square, 2-3; seat, place, 5-3
plage *f.* beach, 5-2
se plaindre to complain
plaisanter to joke
  Tu plaisantes ! You're joking!
plaisir *m.* pleasure, 5-3
  avec plaisir with pleasure, 5-3
plan *m.* map, blueprint
  plan de ville city map, 9-1
  plan du campus map of campus, 3-1
planche *f.* board
planche à voile *f.* windsurfing, windsurfing board, 5-2
  faire de la planche à voile to windsurf, 5-2
planète *f.* planet
planifier to plan
plat *m.* dish or course, 8-2
  plat préparé prepared dish, 8-3
  plat principal main dish, 8-2
plein/e (de) full (of), 10-1
plein air open air, outdoor
pleurer to cry, 7-3
pleuvoir † to rain, 5-1
  Il pleut. It's raining., 5-1
pluie *f.* rain, 5-1
plupart *f.* majority, most
plus *adv.* more; plus
  non plus neither
  moi non plus me neither
  plus (de)... que more . . . than, 4-2
plusieurs several
plutôt more, rather, 10-1
poche *f.* pocket
poêle *f.* pan
poème *m.* poem
poésie *f.* poetry, 10-2
poète *m./f.* poet
point *m.* point, period
poire *f.* pear, 8-2
poirier *m.* pear tree
poison *m.* poison
poisson *m.* fish, 8-2
poissonnerie *f.* seafood shop, 8-3
poitrine *f.* chest
poivre *m.* pepper, 8-2
poivron *m.* (bell) pepper
policier : film policier *m.* detective/police film, 11-1
polo *m.* polo shirt, 4-3
pomme *f.* apple, 8-2
pomme de terre *f.* potato, 8-2
populaire popular
popularité *f.* popularity
porc *m.* pork
portable *m.* laptop computer 10-3; cell phone
porte *f.* door, P-2
portée *f.* reach
portefeuille *m.* wallet, 9-1
porte-monnaie *m. inv.* change purse, 9-1
porter to wear, 4-3; to carry
portrait *m.* portrait
portugais/e *adj.* Portuguese, 9-2
Portugal *m.* Portugal, 9-2
poser to place, put
  poser une question to ask a question, 2-1
posséder † to possess, 6-3
posséssif/-ive possessive
possibilité *f.* possibility
possible possible
postal/e postal
poste *m.* job, position
poster *m.* poster
pot *m.* jar, 8-3
potager *m.* vegetable garden, 6-3
poudre *f.* powder
  poudre à pâte baking powder (Louisiana)
poule *f.* hen
poulet *m.* chicken, 8-2
pouls *m.* pulse
poumon *m.* lung, 7-1
pour for, 2-1
  pour + *inf.* in order to
pourcentage *m.* percentage
pourquoi why, 2-1
  pourquoi pas ? why not?
pousser to push, encourage
pouvoir *m.* power
pouvoir † to be able to, 3-3
poux *m. pl.* lice
pratique *adj.* practical, 6-2
pratique *f.* practice
pratiquer to do, to engage in
pré *m.* meadow
précis/e precise
prédécesseur *m.* predecessor
prédiction *f.* prediction
préfecture *f.* **(de police)** prefecture (police headquarters)
préférence *f.* preference
préférer † to prefer, 3-2
préhistorique prehistoric, 9-3
premier/-ière first, 1-1
  C'est le premier mai. It's May first., 1-2
prendre † to take; to have a meal, 8-1
  prendre congé to take leave, say good-bye
  prendre le petit-déjeuner to have breakfast, 8-2
  prendre un bain to take a bath
  prendre une douche to take a shower, 4-1
  Prenez un stylo ! Take a pen!, P-2
prénom *m.* first name, P-2
prénominal/e prenominal, before the noun
préparer to prepare, 1-3
  préparer le dîner to fix dinner, 1-3
  préparer un diplôme (en) to do a degree (in), 3-2
  préparer un examen to study for an exam, 3-2
  préparer une leçon to prepare for a lesson/class
préposition *f.* preposition
près (de) near to, 3-1
  tout près very near
présent *m.* present, present tense
présentateur *m.*, **présentatrice** *f.* presenter; newscaster
présenter to introduce, present, P-1
  Je te/vous présente Guy. Let me introduce Guy to you., P-1
  se présenter to introduce oneself
président/e *m./f.* president
presque almost
presse *f.* press, 10-2
pressé/e squeezed; in a hurry
  citron *m.* **pressé** lemonade, 8-1
prestige *m.* prestige, 3-3
prêt/e ready
prêter to lend, 6-2
prétexte *m.* excuse
prêtre *m.* priest
prévenir to prevent, to avoid; to warn someone
prier to beg, to pray
  Je vous/t'en prie. You're welcome., P-2; please, 7-3
prière *f.* prayer
primaire primary
principal/e main, principal, 3-1
printemps *m.* spring, 5-1
  au printemps in the spring
priorité *f.* priority
pris/e : Je suis pris/e. I'm busy. I have a previous engagement., 5-3
privé/e private
privilégier to favor
prix *m.* price, 4-3; prize
probable probable
probablement probably
problème *m.* problem
  sans problème no problem, 8-1
prochain/e next, 2-3
proche close
producteur *m.*, **productrice** *f.* producer
produit *m.* product
prof *m.* **= professeur**
professeur *m.* professor, P-2; teacher
professeure *f.* professor, teacher *(Can.)*
profession *f.* profession, 3-3
profond/e deep
programme *m.* **d'études** course of study
projet *m.* (future) plan
  projets de vacances *m. pl.* vacation plans, 5-2
promenade *f.* walk, stroll, 2-2
  faire une promenade to go for a walk, 2-2

se promener † to take a walk, 7-3
promettre † **(à, de)** to promise
pronom *m.* pronoun
pronom complément d'objet direct direct-object pronoun
pronom complément d'objet indirect indirect-object pronoun
pronom disjoint stressed pronoun
pronom réfléchi reflexive pronoun
pronom relatif relative pronoun
pronom sujet subject pronoun
pronominal/e pronominal
prononcer to pronounce
prononciation *f.* pronunciation
propos *m.* remark
à propos de on the subject of, about
proposer to propose, to suggest
propre one's own, 6-1; clean
propriétaire *m./f.* landlord/landlady; homeowner, 6-1
proverbe *m.* proverb
province *f.* province
provisions *f. pl.* food supplies
provoquer to provoke
proximité *f.* nearness, closeness, proximity
prune *f.* plum
psychologie *f.* psychology, 3-2
psychologique psychological
public *m.* public, 3-3
avoir un contact avec le public to have contact with the public, 3-3
public/publique *adj.* public
publicitaire *adj.* promotional, advertising
publicité *f.* **(une pub)** advertisement, 10-2
puce *f.* flea
marché *m.* **aux puces** flea market
puis then, 5-2
pull(-over) *m.* pullover sweater, 4-3
punir to punish, 6-1

Q

qualification *f.* label, description, qualification
quand when, 2-1
quand même anyway, just the same
quantité *f.* quantity, 8-3
quarante forty, 1-2
quart *m.* quarter, 4-2
et quart a quarter after, 4-2
moins le quart a quarter to, 4-2
quartier *m.* neighborhood, 6-1
quatorze fourteen, 1-2
quatorzième fourteenth, 6-1
quatre four, 1-2
quatrième fourth, 6-1
quatre-vingts eighty, 1-2
quatre-vingt-dix ninety, 1-2
quatre-vingt-onze ninety-one, 1-2
que (qu') what, whom, which, that, 5-3
qu'est-ce que/qui... ? what . . . ?, 5-3
Qu'est-ce que tu as ? What's wrong?, 7,3
quel/le which, 5-2
Quel âge as-tu/avez-vous ? How old are you?, 1-2
Quel est ton/votre âge ? What's your age?, 1-2
Quelle est la date ? What's the date?, 1-2
Quelle heure est-il ? What time is it?, 4-2
Quel temps fait-il ? What's the weather like?, 5-1
quelque some
quelque chose something, 8-2
quelquefois sometimes, 4-1
quelqu'un someone, 8-2
question *f.* question, 2-1
poser une question to ask a question, 2-1
questionnaire *m.* questionnaire, survey of questions
qui who, which, whom, 2-1
quinze fifteen, 1-2
quinzième fifteenth, 6-1
quitter to leave, 4-2
quoi what, 5-3
n'importe quoi anything, no matter what
Quoi de neuf ? What's new?
quotidien *m.* daily publication, 10-2
quotidien/ne daily

R

raconter to tell (a story), 10-1
radio *f.* radio, 1-3
écouter la radio to listen to the radio, 1-3
radio-réveil *m.* clock radio, 4-2
rafraîchissant/e refreshing, 8-1
raisin *m.* grape, 8-3
raison *f.* reason
avoir raison to be right
raisonnable reasonable, 1-1
rajouter to add (some) more
randonnée *f.* hike, 5-2
faire une randonnée to take a hike, 5-2
ranger † to arrange, to tidy up, 6-2
rap *m.* rap music
rapide quick, rapid
rapidement quickly, rapidly
rappel *m.* reminder
se rappeler † to remember, 7-3
rapport *m.* relationship; report
rare rare
rarement rarely, 4-1
se raser to shave, 4-1
rasoir *m.* razor, 4-1
rater to miss
ravi/e delighted, 5-3
rayon *m.* supermarket section, aisle, 8-3
rayon boucherie meat counter, 8-3
rayon boulangerie-pâtisserie bakery/pastry aisle, 8-3
rayon charcuterie deli counter, 8-3
rayon crémerie dairy aisle
rayon fruits et légumes produce aisle, 8-3
rayon poissonnerie fish counter, 8-3
rayon surgelés frozen foods, 8-3
réagir to react
réalisateur *m.*, **réalisatrice** *f.* film director, 10-1
réaliste realistic, 1-1
récemment recently
recensement *m.* census
récent/e recent
réception *f.* welcome; reception (room)
réceptionniste *m./f.* receptionist
recette *f.* recipe
recevoir † to receive
réchauffer to reheat
recherche *f.* research, 10-3
à la recherche de in search of
faire de la recherche to do research
récipient *m.* container
réciprocité *f.* reciprocity
récit *m.* narrative, 5-2
réciter to recite
recommandation *f.* recommendation, 10-2
recommander to recommend
recommencer (à) † to begin again
récompense *f.* reward, award
rédaction *f.* composition, short essay
rédiger to compose, write
réduire † to reduce, 7-1
réel *m.* what is real, reality
réfléchi/e reflexive; thoughtful
réfléchir à to think of/about, 6-1
refléter to reflect
réflexion *f.* reflection
réforme *f.* reform
refrain *m.* chorus, refrain
réfrigérateur *m.* **(un frigo,** *colloq.***)** refrigerator, 6-2
refuser (de) to refuse, 5-3
regarder to look at, to watch, 1-3
regarder la télé to watch TV, 1-3
regarder un film to watch a film on TV, 1-3
Regardez le tableau ! Look at the board!, P-2
régime *m.* diet, 7-1
être au régime to be on a diet
faire/suivre un régime to diet, 7-1
région *f.* area, region
régional/e regional
règle *f.* ruler, P-2
regret *m.* regret
regretter to be sorry, to regret, 5-3
régulier/-ière regular
régulièrement regularly, 7-1
reine *f.* queen
relation *f.* relation, relationship
relation familiale *f.* family relation, 1-1
relier to join, link together
religieux/-euse religious
religion *f.* religion
relire † to reread
remarié/e remarried, 1-1

rembourser to reimburse
remercier to thank, P-2
remettre † to hand in/over, 6-2
remplacer to replace
remue-méninges *m. inv.* brainstorming
rencontrer to meet
  se rencontrer to meet (each other), 7-3
rendez-vous *m.* meeting, date, appointment, 5-3
rendre (à) to hand in, P-2; to give back, 5-1
  rendre visite à to visit someone, 5-1
rénové/e renovated, 6-2
renseignement *m.* information, 9-3
renseigner to inform
  se renseigner to get information, 9-3
rentrée *f.* back-to-school
rentrer to return home, 4-1; to go/come back, 5-2
répandu/e widespread
réparer to repair
repartir to leave again
repas *m.* meal, 8-2
  repas équilibré well-balanced meal, 7-1
répéter † to repeat, P-2; to rehearse
replanter to replant
répondre (à) to answer, 5-1
  Répondez en français ! Answer in French!, P-2
répondeur *m.* **(automatique)** answering machine
reportage *m.* report (esp. news), 10-1
repos *m.* rest, 5-2
se reposer to rest, 7-3
reprendre † to take back
représentant *m.*, **représentante** *f.* **de commerce** sales representative, 3-3
représentation *f.* (theatrical) production; representation
réputation *f.* reputation
réseau *m.* network, 10-3
  réseau (sans-fil) (wireless) network, 10-3
réservation *f.* reservation
réservé/e reserved, 1-1
réserver to reserve
résidence *f.* dormitory, 3-1
résidentiel/le residential, 6-1
résister to resist
résoudre to resolve, to solve
responsabilité *f.* responsibility, 3-3
restaurant *m.* restaurant, 2-3
  restaurant universitaire (resto U) dining hall, 3-1
restauration *f.* restaurant business, catering
rester to stay, 1-3
  rester à la maison to stay home, 1-3
  rester à la résidence to stay in the dorm, 2-2
  rester en forme to stay in shape, 7-1
résultat *m.* result
résumé *m.* summary
résumer to summarize
résurrection *f.* resurrection
retard : être en retard to be late, 4-2
retenir † to retain
retomber to fall again
retoucher to edit pictures, to touch up, 10-3
retour *m.* return
retourner to go back, 5-2
retraite *f.* retirement
  prendre la retraite to retire
retrouver (qqn) to meet up with (sb), 3-1
se retrouver to meet, 5-3
réunion *f.* meeting, 9-2
se réunir to get together
réussir (à) to succeed/pass, 6-1
rêve *m.* dream
  faire un rêve to have a dream
réveil *m.* alarm clock, 4-2
se réveiller to wake up, 4-1
réveillon *m.* Christmas or New Year's Eve
revenir † to return, 5-2
rêver (de) to dream
réviser to review, 1-3
revoir † to see again
  au revoir good-bye, P-1
révolution *f.* revolution
revue *f.* review, journal
rez-de chaussée *m.* **(RdeCh)** ground floor, 6-1
rhume *m.* cold
rideau *m.* curtain, 6-2
rien *m.* nothing
  De rien. Not at all. You're welcome., P-2
  ne ... rien nothing, 8-2
rire *m.* laugh
rire to laugh
ris de veau *m. pl.* veal sweetbreads
risque *m.* risk
risquer (de) to risk, run the risk of
rite *m.* rite, ritual
rituel *m.* ritual
rivière *f.* large stream or river (tributary), 6-3
riz *m.* rice, 8-2
robe *f.* dress, 4-3
robot *m.* robot
rock *m.* rock music, 2-2
roi *m.* king
rôle *m.* role, part
roman *m.* novel, 10-2
romanche *f.* Romansch (language spoken in Switzerland)
rond/e round
rosbif *m.* roast beef, 8-3
rose pink, 4-3
rose *f.* rose (flower)
rosé *m.* rosé wine, 8-1
rôti *m.* roast, 8-3
  rôti de porc pork roast, 8-3
rôtie *f.* piece of toast *(Can.)*, 8-2
rouge red, 4-3
rougir to blush, 6-1
routine *f.* routine, 4-1
roux/-sse redhead, redhaired, 2-1
rue *f.* street, 6-1
rugby *m.* rugby, 2-2
rupture *f.* break, rupture
rural/e rural, 9-3
rythme *m.* rhythm

S

sa *f.* his, her, 1-1
sac *m.* purse, 4-3
  sac à dos backpack, 9-1
  sac à main ladies' handbag
  sac en plastique plastic bag
sage wise; well-behaved (for children)
saison *f.* season, 5-1
salade *f.* salad, lettuce, 8-1
  salade verte green salad, 8-1
salaire *m.* salary, 3-3
salle *f.* room, P-2
  salle à manger dining room, 6-1
  salle de bains bathroom, 6-1
  salle de classe classroom, P-2
  salle de séjour living room, 6-1
saluer to greet, P-1
salut hi, bye, P-1
samedi Saturday, 1-2
  samedi dernier last Saturday, 5-1
sandale *f.* sandal, 4-3
sandwich *m.* **(sandwichs** *pl.*) sandwich, 8-1
  sandwich au jambon ham sandwich, 8-1
  sandwich au fromage cheese sandwich, 8-1
sang *m.* blood
sang-froid *m.* composure, 7-3
sans without, P-2
  sans doute undoubtedly
santé *f.* health, 7-1
sapin *m.* pine tree, Christmas tree, 7-2
satellite *f.* satellite
sauce *f.* sauce
saumon *m.* salmon, 8-3
sauter to jump, to skip
  sauter un repas to skip a meal, 7-1
sauvegarder (un fichier) to save (a file), 10-3
savoir † to know (how), 7-3
savon *m.* soap, 4-1
saxophone *m.* saxophone, 2-2
scanner *m.* scanner, 10-3
scénario *m.* screenplay, script, scenario
science *f.* science, 3-2
  science-fiction *f.* science fiction, 10-1
  sciences de l'éducation education, 3-2
  sciences économiques economics, 3-2
  sciences humaines social sciences, 3-2
  sciences naturelles natural sciences, 3-2
  sciences physiques physical sciences, 3-2
  sciences politiques political science, 3-2
scientifique scientific
sculpture *f.* sculpture
séance *f.* showing at a movie theater
sec/sèche dry
secondaire secondary
secrétaire *m./f.* secretary, 3-3
sécurité *f.* security
sédentaire unmoving, sedentary
seize sixteen, 1-2

seizième sixteenth, 6-1
séjour *m.* living room, 6-1; stay (abroad)
sel *m.* salt, 8-2
selon according to
semaine *f.* week, 1-3
  la semaine prochaine next week, 2-3
  par semaine per week
semblable *adj.* similar
sembler to appear
  il me semble it seems to me, 6-3
semestre *m.* semester, 3-2
semi-voyelle *f.* semivowel, glide
semoule *f.* semolina
Sénégal *m.* Senegal, 9-2
sénégalais/e Senegalese, 9-2
sensible sensitive
sentimental/e sentimental
sentiment *m.* feeling, 7-3
se sentir to feel
se séparer to separate, 7-3
sept seven, 1-2
septembre September, 1-2
septième seventh, 6-1
série *f.* TV serial, 10-1; series
sérieux/-euse serious, 2-1
se serrer la main to shake hands
serveur *m.*, **serveuse** *f.* server (in restaurant), 3-3
services *m. pl.* service sector, 3-3
serviette *f.* **(de toilette)** towel, 4-1
servir to serve, 4-2
  se servir de (qqch) to use (sthg), 10-3
ses *pl.* his, her, 1-1
seulement only, 6-2
Seychelles *f. pl.* Seychelle Islands, 9-2
shampooing *m.* shampoo, 4-1
short *m. sg.* shorts, 4-3
si yes, 1-3; if, whether, 7-3
SIDA *m.* AIDS
siècle *m.* century
sieste *f.* nap
  faire la sieste to take a nap
sigle *m.* initials, acronym
signaler to indicate, to be a sign of
signe *m.* sign
silence *m.* silence
s'il vous/te plaît please, P-2
similaire alike, similar
similarité *f.* likeness, similarity
simplifier to simplify
singulier/-ière singular
sinon *adv.* otherwise, or else
sirène *f.* siren
site *m.* site, 9-3
  site culturel cultural site, 9-3
  site historique historical site, 9-3
  site Web Web site, 10-3
situé/e located, situated, 6-1
situer to situate
six six, 1-2
sixième sixth, 6-1
ski *m.* skiing, 5-2
  faire du ski to ski, 5-2
  faire du ski nautique to water ski, 5-2
slogan *m.* slogan
snack-bar *m.* snack bar
sociable outgoing, 1-1
socialisme *m.* socialism
sociologie *f.* sociology, 3-2
sœur *f.* sister, 1-1
soie *f.* silk, 4-3
soif *f.* thirst, 8-1
  avoir soif to be thirsty, 8-1
soir *m.* evening, 1-3
  ce soir tonight, 2-3
  du soir in the evening, P.M., 4-2
soirée *f.* evening, 5-3
  Bonne soirée ! Have a good evening!
sois *see* **être**
soixante sixty, 1-2
soixante et un sixty-one, 1-2
soixante-dix seventy, 1-2
soixante et onze seventy-one, 1-2
sol *m.* ground, earth
  sous-sol *m.* basement, under ground, 6-1
solde *f.* sale, 4-3
  en solde on sale
soldé/e *adj.* on sale
soleil *m.* sun, 5-1
  Il y a du soleil. It's sunny., 5-1
solution *f.* solution
sommaire *m.* brief table of contents
somme *f.* amount, sum
sommet *m.* top, summit
son *m. adj.* his, her, 1-1
son *m.* sound
sondage *m.* survey, poll
sonner to ring, 4-2
sophistiqué/e sophisticated
sortie *f.* outing, trip; exit
sortir to go out, 4-2
souci *m.* worry, concern
  se faire du souci to worry, 7-3
soupe *f.* soup, 8-2
souper *m.* dinner *(Can.)*, 8-2
souper to have supper/dinner
source *f.* source, credit
souris *f.* mouse, 10-3
  souris sans fil wireless mouse, 10-3
sous under, below, 6-2
  sous les toits in the attic, 6-2
sous-sol *m.* basement, 6-1
sous-titre *m.* subtitle, 10-1
sous-titré/e subtitled
soutenir † to support, uphold
souvenir *m.* memory, recollection; souvenir, memento
se souvenir de † to remember
souvent often, 4-1
soyez *see* **être**
spécial/e peculiar, special
spécialisation *f.* **(en)** major (in), 3-2
spécialité *f.* speciality
spectacle *m.* show
  spectacle son et lumière sound and light historical production, 9-3
sport *m.* sport, 2-2
  faire du sport to do/play sports, 2-2
  sport d'hiver winter sport, 5-2
sportif/-ive athletic, 2-1
stade *m.* stadium, 2-3
standardiste *m./f.* telephone operator, receptionist
station *f.* **de métro** subway stop, 3-1
statistique *f.* statistic
stéréotype *m.* stereotype
stress *m.* stress
stressé/e stressed, P-1
strophe *f.* stanza
studio *m.* studio apartment, 6-1
style *m.* style
stylo *m.* pen, P-2
subjonctif *m.* subjunctive mood
succès *m.* success
succession *f.* sequence, succession
sucre *m.* sugar, 8-1
sucré/e sweet (for food)
sud *m.* south
suggérer † to suggest, 3-2
suisse *adj.* Swiss, 9-2
Suisse *f.* Switzerland, 9-2
suivant/e *adj.* following, next
suivi/e *adj.* consistent, continuous
suivre † to follow, 3-2
  suivre un cours to take a course, 3-2
  suivre un régime to be on a diet, 7-1
sujet *m.* subject
super super, 4-2
superbe superb
superlatif *m.* superlative
superstition *f.* superstition
supplément *m.* extra or additional part
supplémentaire extra or additional
sur over, on, 6-2
sûr/e sure
  bien sûr of course, 2-1
surf *m.* surfing, 5-2
  faire du surf to surf, 5-2
  faire du surf des neiges to snowboard, 5-2
surfer (sur Internet) to surf (the Internet), 10-3
surgelé/e *adj.* frozen, 8-3
surgelés *m. pl.* frozen foods, 8-3
surprenant/e surprising
surprendre † to surprise
surpris/e surprised, 7-3
surtout above all, 6-2
sympa(thique) nice, 1-1
syncopé/e syncopated, irregular (rhythm)
syndicat *m.* (trade) union
  Syndicat d'initiative tourist office
système *m.* system

T

ta *f.* your, 1-1
tabac *m.* specialty shop for tobacco products, newspapers, magazines
table *f.* table
  table basse coffee table, 6-2
tableau *m.* board, P-2; painting, chart, table

taille *f.* size; waist
de taille moyenne average height, 2-1
tailleur *m.* women's suit, 4-3
talon *m.* heel
chaussure *f.* **à talons** high-heeled shoe, 4-3
talons hauts high heels
talons plats flat heels
tante *f.* aunt, 1-1
taper to type
tapis *m.* rug, 6-2
tard late, 4-1
tarte *f.* pie, 8-3
tarte aux pommes apple pie, 8-2
tartelette *f.* small pie or tart
tartine *f.* slice of bread, 8-2
tasse *f.* cup, 8-2
taxi *m.* taxi, 9-1
te (t') *pron.* you, to you, 6-2
technicien *m.* **(de labo), technicienne** *f.* **(de labo)** (lab) technician, 3-3
technologie *f.* technology
technologique technological
technophile *m.* technology-lover
technophobe *m.* technology-hater
tee-shirt *m.* T-shirt, 4-3
télé *f.* **= télévision**
télé-achat *m.* infomercial, 10-1
télécharger to download, 10-3
télécommande *f.* TV remote control, 10-1
téléphoner (à qqn) to phone (sb), 1-3
se téléphoner to phone one another, 7-3
télé-réalité *f.* reality TV, 10-1
télévisé/e televised
télévision TV, television, P-2
tempérament *m.* disposition, temperament
température *f.* temperature, 5-1
temps *m.* weather, 5-1; time; tense
depuis combien de temps... ? for how long . . . ?, 10-3
de temps en temps from time to time, 7-1
Quel temps fait-il ? What's the weather like?, 5-1
tendance *f.* tendency
tendre tender, affectionate
tendresse *f.* tenderness
Tenez ! [from **tenir**] Here!, 4-3
tenir † to hold
tennis *m.* tennis, 1-3; *f. pl.* tennis shoes, 4-3
tente *f.* tent, 9-3
terminer to end, to finish
terrain *m.* **de sport** playing field, court, 3-1
terrasse *f.* terrace, 6-1
terre (Terre) *f.* earth (the Earth)
par terre on the floor, 6-2
terrine *f.* loaf made of ground meats, fish, and/or vegetables
territoire *m.* territory
tes *pl.* your, 1-1
tête *f.* head, 10-1
têtu/e stubborn, 1-1
thé *m.* tea, 8-1
thé au citron with lemon
thé au lait with milk
théâtre *m.* theater, 2-3
théâtre romain Roman theater, 9-3
thème *m.* theme
thèse *f.* thesis
thon *m.* tuna, 8-3
ticket *m.* subway ticket, 9-1
timide shy, 1-1
tirage *m.* printing, circulation in print
tirer (une conclusion) to draw (a conclusion)
tissu *m.* fabric, 4-3
titre *m.* title
toilettes *f. pl.* toilets, restroom, 6-1
articles *m. pl.* **de toilette** toiletries, 4-1
toi you, P-1
toi-même yourself
toit *m.* roof, 6-2
sous les toits in the attic, 6-2
tomate *f.* tomato, 8-3
tomber to fall, 5-2
tomber amoureux/-euse (de) to fall in love (with)
ton *m. adj.* your, 1-1
ton *m.* shade, tone
tonnerre *m.* thunder, 5-1
Il y a du tonnerre. There is thunder., 5-1
tôt early, 4-1
toujours always, 4-1
tour *f.* tower
tour *m.* trip, outing, visit
tourisme *m.* **: faire du tourisme** to go sightseeing, 5-2
tourner to turn, 9-3
tourner un film to shoot a film, 10-1
tous *m. pl.* all, 3-1
tout *m.* everything, 9-1
tout, tous, toute, toutes all
tous/toutes les... every . . . , 4-1
tous les jours every day
tout à fait completely
pas tout à fait ! not quite!, 5-3
tout de suite right away, immediately
tout droit straight ahead, 9-3
tout le monde everyone, everybody, 10-3
trace *f.* trace
tradition *f.* tradition
traditionnel/le traditional
traduire to translate
tragédie *f.* tragedy
train *m.* train, 9-1
être en train de + *inf.* to be busy doing sthg, 4-1
tramway *m.* tram, street car, 9-1
tranche *f.* slice, 8-2
tranquil/le calm, tranquil, 6-1
transfert *m.* transfer
transport *m.* **en commun** public transportation
travail *m.* work, 3-3
travailler to work, to study, 1-3
travailler dans le jardin to work in the garden/yard, 1-3
travailleur/-euse hard-working
traverser to cross, 9-3
treize thirteen, 1-2
treizième thirteenth, 6-1
trente thirty, 1-2
trente et un thirty-one, 1-2
très very, P-1
Très bien, merci. Very well, thank you., P-1
triangle *m.* triangle
trimestre *m.* trimester, quarter, 3-2
triste sad, 7-3
trois three, 1-2
troisième third, 6-1
trombone *m.* trombone
trompette *f.* trumpet
trop too, too much, 1-1
trouver to find, 4-2
Je trouve que... I find that . . .
se trouver to be located, 3-1
truite *f.* trout
tu you, P-1
typique typical, 1-3

U

un one, 1-2
un/e a, an, one, P-2
-unième : vingt et unième twenty-first, 6-1
uni/e united
uniforme *adj.* regular, uniform
uniforme *m.* uniform
union *f.* **libre** cohabitation
universel/le universal
universitaire related to the university
université *f.* university, 3-1
urbain/e related to the city, urban
urgence *f.* emergency
urgent/e urgent
utile useful, 9-2
utilisation *f.* use
utiliser to use

V

vacances *f. pl.* vacation, 5-2
grandes vacances summer vacation, 7-2
vaisselle *f.* dishes
faire la vaisselle to do the dishes
valise *f.* suitcase, 9-1
vallée *f.* valley, 6-3
valoir † to be worth
Il vaut/vaudrait mieux que... It is/would be better (best) that . . . , 99-2
valse *f.* waltz
vaste vast
vaut *see* **valoir**
vedette *f.* movie star, 10-1
vélo *m.* bicycle, 2-2
faire du vélo to ride a bicycle, to go bike riding, 2-2
vendeur *m.*, **vendeuse** *f.* sales clerk, 3-3

vendre to sell, 5-1
vendredi Friday, 1-3
venir † to come, 5-2
  venir de + *inf.* to have just (done sthg), 9-2
vent *m.* wind, 5-1
  Il y a du vent. It's windy., 5-1
ventre *m.* belly, abdomen, 7-1
verbal/e verbal
verbe *m.* verb
verglas *m.* sleet, ice on the ground, 5-1
  Il y a du verglas. It's icy, slippery., 5-1
vérifier to check, verify
verre *m.* glass, 8-2
vers toward, around, 4-2
vers *m.* line of verse
version *f.* **française (en VF)** dubbed in French, 10-1
version *f.* **originale (en VO)** in the original language, 10-1
vert/e green, 4-3; unripe
veste *f.* jacket, suit coat, 4-3
vêtement *m.* clothing, 4-3
viande *f.* meat, 8-2
vidéocassette *f.* videotape, P-2
vie *f.* life, 6-3
vieux (vieil), vieille old, 3-1
Vietnam *m.* Vietnam, 9-2
vietnamien/ne *adj.* Vietnamese, 9-2
villa *f.* house in a residential area, villa, 6-3
village *m.* village, 9-3
  village médiéval medieval village, 9-3
  village perché village perched on a hillside, 9-3
ville *f.* city, 2-1
vin *m.* wine, 8-1
  vin blanc white wine, 8-1
  vin rosé rosé wine, 8-1
  vin rouge red wine, 8-1
vinaigre *m.* vinegar, 8-3
vingt twenty, 1-2
vingt et un twenty-one, 1-2
vingt-deux twenty-two, 1-2
vingtième twentieth, 6-1
violon *m.* violin
violoncelle *m.* cello
virtuel *m.* virtual reality
virus *m.* virus
visage *m.* face
visite *f.* visit, 5-2
  rendre visite à to visit a person, 5-1
visiter to visit a place, 5-2
vitesse *f.* speed
vitrine *f.* display window, 4-3
vive... (les Seychelles) ! hurray for . . . (the Seychelles)!, 5-2
vivre † to live
vœu *m.* wish, 7-2
  Meilleurs vœux ! Best wishes!, 7-2
voici... here is/are . . . , P-1
voilà... here/there is/are . . . , P-2
voile *f.* sail, sailing
  faire de la voile to go sailing, 5-2
voile *m.* veil
voilé/e veiled
voir † to see, 2-3
  voir une exposition to see an exhibit, 2-3
  voir un film to see a film (in a cinema), 2-3
  voir une pièce to see a play, 2-3
  Voyons ! See here!
  Voyons... Let's see . . . , 9-1
voisin *m.*, **voisine** *f.* neighbor, 6-1
voiture *f.* automobile, car, 3-1
voix *f.* voice
  à voix haute out loud
vol *m.* flight, 9-1
voler to fly; to steal
volley(-ball) *m.* volleyball, 2-2
volonté *f.* wish, will
  de bonne volonté *adv.* willingly
Volontiers. With pleasure, gladly., 5-3
vos *pl.* your, 1-2
votre *m./f.* your, 1-2
vouloir † to want, to wish, 3-3
  je voudrais I would like
vous you, P-1; *pron.* to you, 6-2
  vous-même yourself
  vous-mêmes yourselves
voyage *m.* trip, voyage, 9-1
voyager † to travel, 3-3
voyelle *f.* vowel
Voyons *see* **voir**
vrai/e true
  C'est vrai. That's true.
  C'est pas vrai ! It can't be!, 5-2
vraiment really, 1-1
vue *f.* view
  vue d'ensemble overview

W

W.-C. *m. pl.* toilets, restroom (*lit.* water closet), 6-1
Webcam *f.* Webcam, 10-3
week-end *m.* weekend, 1-3
  ce week-end this weekend, 2-3
  le week-end on weekends, every weekend, 6-3
western *m.* western (film), 10-1
Wi-Fi *m.* wireless network, 10-3

Y

y *pron.* there, 9-1
yaourt *m.* yogurt, 8-2
yeux *m. pl. see* **œil**

Z

zapper to channel surf, 10-1
zéro zero, 1-2
zoologie *f.* zoology, 3-2
Zut (alors) ! Darn!, 4-2

Appendice 4 *Lexique anglais-français*

A

a, an un/e
abdomen ventre *m.*
able: to be able to pouvoir †
about de, environ
  it is about … il s'agit de…
abroad à l'étranger
absent, missing absent/e
accident accident *m.*
according to d'après
accountant comptable *m./f.*
accounting comptabilité *f.*
ache mal *m.* (des maux)
acquaintance connaissance *f.*
across from en face de
active actif/-ive
activity activité *f.*
actor/actress acteur *m.*, actrice *f.*
address adresse *f.*
  address book carnet *m.* d'adresses
to adore adorer
adventure movie film *m.* d'aventures
advertisement annonce *f.*, publicité *f.* (une pub)
affect: to be affected by ressentir
affectionate affectueux/-euse
afraid: to be afraid avoir † peur
Africa Afrique *f.*
African africain/e
after, afterwards après
  after having … après avoir/ être + *part. passé …*
afternoon après-midi *m.*
  in the afternoon, P.M. de l'après-midi
again encore
age âge *m.*
  What is your age? Quel est ton/votre âge ?, Quel âge as-tu/avez-vous ?
aged, old âgé/e
ago il y a…
  two days ago il y a deux jours
to (not) agree (ne pas) être † d'accord
air air *m.*
  air conditioning climatisation *f.*
airplane avion *m.*
airport aéroport *m.*
aisle (in a store) rayon *m.*
alarm clock réveil *m.*
alcohol alcool *m.*
Algeria Algérie *f.*
Algerian algérien/ne
alive vivant/e
all tout, tous, toute, toutes
  all alone tout/e seul/e
  all of a sudden tout d'un coup
  all right d'accord
  all the same quand même
  all the time tout le temps, toujours
to allow permettre de
almost presque, à peu près
alone seul
along: to get along (with) s'entendre (avec)
Alps Alpes *f. pl.*
already déjà
also aussi
always toujours
ambitious ambitieux/-euse
America Amérique *f.*
  North America Amérique du nord
  South America Amérique du sud
American américain/e
amphitheater amphithéâtre *m.*
to amuse oneself se distraire, s'amuser
amusements distractions *f. pl.*
amusing drôle, amusant
and et
anger colère *f.*
angry fâché/e, en colère
  to become angry se fâcher
animal animal *m.*
animated film dessin animé *m.*
ankle cheville *f.*
to announce annoncer
announcement (public) annonce *f.*
  birth announcement faire-part *m. inv.* de naissance
  civil union announcement faire-part *m. inv.* de pacs
  wedding announcement faire-part *m. inv.* de mariage
answer réponse *f.*
to answer répondre (à)
  to answer the phone répondre au téléphone
  to answer a question répondre à une question
answering machine répondeur *m.*
anthropology anthropologie *f.*
antibiotic antibiotique *m.*
antique ancien/ne
anxious anxieux/-euse ; inquiet/-ète
anyway quand même
apartment appartement *m.*
to appear (good) avoir † l'air (bon)
appetizer entrée *f.*
apple pomme *f.*
April avril
Arabic arabe *m.*
architect architecte *m./f.*
Argentina Argentine *f.*
Argentinian argentin/e
to argue se disputer
arm bras *m.*
armchair fauteuil *m.*
armoire armoire *f.*
around vers, autour de
to arrange ranger †
arrival arrivée *f.*
to arrive arriver
art art *m.*
  art book livre *m.* d'art
article article *m.*
as comme
  as … as aussi … que
  as much … as autant … que
  as soon as dès que, aussitôt que
Asia Asie *f.*
Asian asiatique
to ask demander
  to ask a question poser une question
  to ask for directions demander le chemin
asleep endormi/e
asparagus asperge *f.*
aspirin aspirine *f.*
assignment devoir *m.*
association association *f.*
astronomy astronomie *f.*

at à
  at last enfin
  at once tout de suite
  at X's house chez X
  at the same time en même temps
  at the side of au bord de
athletic sportif/-ive
atlas atlas *m.*
to attend assister à
attention attention *f.*
attorney avocat *m.*, avocate *f.*
August août
aunt tante *f.*
Australia Australie *f.*
Australian australien/ne
author auteur *m./f.*
autumn automne *m.*
avenue avenue *f.*
awake réveillé/e
away: right away tout de suite
automobile voiture *f.*

B

baby bébé *m.*
  to babysit faire † du baby-sitting
back dos *m.*
  backpack sac *m.* à dos
  to come back revenir †
bacon bacon *m.*
bad mauvais/e
  Not bad. Pas mal.
  It's too bad. C'est dommage.
badly mal
bag sac *m.*
bakery/pastry aisle rayon *m.* boulangerie-pâtisserie
balcony balcon *m.*
banana banane *f.*
baptism baptême *m.*
bar soap savon *m.*
basement sous-sol *m.*
basket panier *m.*
basketball basket(-ball) *m.*
bathing suit maillot *m.* (de bain)
bathroom salle *f.* de bains
to be être †
beach plage *f.*
bean *haricot *m.*
  green bean *haricot vert
beautiful beau (bel), belle
  It's beautiful weather. Il fait beau.
because parce que
  because of à cause de
to become devenir †
bed lit *m.*
  to get out of bed se lever †
  to go to bed se coucher
  (rural) bed and breakfast gîte *m.* (rural)
bedroom chambre *f.*
beef bœuf *m.*
  ground beef bifteck *m.* haché
beer bière *f.*
to beg prier
before avant
  before (doing something) ... avant de + *inf.*
to begin commencer †
beginning début *m.*
behind derrière
beige beige
Belgian belge
Belgium Belgique *f.*
to believe croire † (à, en)
  I believe that ... Je crois que...
  I don't believe so. Je ne crois pas.
belly ventre *m.*
to belong to faire † partie de, appartenir à
belongings affaires *f. pl.*
beside à côté de
best le/la meilleur/e
  Best wishes! Meilleurs vœux !
better meilleur/e *adj.*, mieux *adv.*
  better ... than mieux ... que
  it is better (to) il vaut mieux...
  it would be better (to) il vaudrait mieux...
between entre
beverage boisson *f.*
  alcoholic beverage boisson alcoolisée
bicycle vélo *m.*
  to go for a bike ride faire † du vélo
big grand/e, gros/se, large
bill (restaurant) addition *f.*
  utility bill facture *f.*
billion milliard *m.*
biography biographie *f.*
biology biologie *f.*
bird oiseau *m.*
birthday anniversaire *m.*
  Happy Birthday! Joyeux anniversaire !
black noir/e
blackboard tableau *m.*
blond blond/e
blouse chemisier *m.*
blue bleu/e
to blush rougir
board planche *f.*
  board game jeu *m.* de société
boat bateau *m.*
  sailboat bateau à voile
body corps *m.*
book livre *m.*
bookcase étagère *f.*
bookstore librairie *f.*
boot botte *f.*
border frontière *f.*
bored ennuyé/e
  to become bored s'ennuyer †
boring ennuyeux/-euse
born: to be born naître †
to borrow emprunter
boss patron/ne *m./f.*
botany botanique *f.*
both tous/toutes les deux
to bother gêner
bothered gêné/e
bottle bouteille *f.*
bowl bol *m.*
box boîte *f.*
boy garçon *m.*
  boyfriend petit ami *m.*, copain *m.*
brand-new neuf/neuve
Brazil Brésil *m.*
Brazilian brésilien/ne
bread pain *m.*
  round loaf of bread pain de campagne
  sliced bread pain de mie
to break casser
  to break up se séparer
breakfast petit-déjeuner *m.*
  to have breakfast prendre le petit-déjeuner
to breathe respirer
bride mariée *f.*
bridegroom marié *m.*
to bring (along) a person amener †
to bring (something) apporter, emporter
British anglais/e
brochure brochure *f.*
brother frère *m.*
  half-brother demi-frère *m.*
  brother-in-law beau-frère *m.*
brown marron *adj. inv.*
brunette brun/e, châtain *inv.*
to brush se brosser
  to brush one's teeth se brosser les dents, se laver les dents
  to brush one's hair se brosser les cheveux, se coiffer
building bâtiment *m.*, immeuble *m.*
bus (city) bus *m.*
bus (between cities) car *m.*
business les affaires *f. pl.*, entreprise *f.*
  businessman homme *m.* d'affaires
  businesswoman femme *f.* d'affaires
busy: to be busy doing something être † en train de...
  I'm busy. Je suis pris/e. Je suis occupé/e.
but mais
butcher shop boucherie *f.*
butter beurre *m.*
to buy acheter †
by par
bye salut

C

cable cable *m.*
cafeteria cafétéria *f*, restaurant *m.* universitaire (resto U)
cake gâteau *m.*
calculator calculatrice *f.*
calendar calendrier *m.*
  day planner agenda *m.*
call appel *m.*
to call appeler †
  to be called/named s'appeler †
calm calme
  to calm down se calmer
camera appareil photo *m.*
  camcorder, video camera caméscope *m.*

caméra *(cont.)*
digital camera appareil (photo) numérique *m.*
Cameroon Cameroun *m.*
Cameroonian camerounais/e
to camp/go camping faire † du camping
camper (vehicle) caravane *f.*
campground camping *m.*
campus campus *m.*
can boîte *f.*
can (to be able to do something) pouvoir †
Canada Canada *m.*
Canadian canadien/ne
candle bougie *f.*
candy bonbon *m.*
cantaloupe melon *m.*
cap casquette *f.*
car voiture *f.*
carafe carafe *f.*
card carte *f.*
to play cards jouer aux cartes
care: to take care of s'occuper de
to take care of oneself se soigner
career carrière *f.*
careful prudent/e
carrot carotte *f.*
to carry apporter
to carry out (food) emporter
cartoon dessin *m.* animé
cash argent *m.*
cash register caisse *f.*
cashier caissier *m.*, caissière *f.*
castle château *m.*
cat chat/te *m./f.*
cathedral cathédrale *f.*
CD, compact disk CD *m. inv.*
CD burner graveur *m.* CD
CD player lecteur *m.* CD
to celebrate fêter
celebrity célébrité *f.*, vedette *f.*
cell phone portable *m.*
center centre *m.*
century siècle *m.*
cereal céréales *f. pl.*
chair chaise *f.*
armchair fauteuil *m.*
wheelchair fauteuil *m.* roulant
chalk (stick of) craie *f.*
change purse porte-monnaie *m.*
channel chaîne *f.*
to channel surf zapper
character personnage *m.*
main character personnage principal
to chat bavarder
to chat online t'chatter
cheap bon marché *adj. inv.*
cheese fromage *m.*
chemical product produit *m.* chimique
chemistry chimie *f.*
chemistry lab labo(ratoire) *m.* de chimie
chess échecs *m. pl.*
chest poitrine *f.*
chicken poulet *m.*
child enfant *m.*
grandchild petit-enfant *m.*
China Chine *f.*
Chinese chinois/e
chocolate chocolat *m.*
choir chorale *f.*
chorus chœur *m.*
to choose choisir
church (Catholic) église *f.*, (Protestant) temple *m.*
city ville *f.*
in the city en ville
city bus bus *m.*
city hall mairie *f.*
city map plan *m.* de ville
civil wedding cérémonie *f.* civile
class (subject) cours *m.*
chemistry class cours de chimie
elective class cours facultatif
required class cours obligatoire
class (group of people) classe *f.*
French class classe de français
classical classique
classified ad petite annonce *f.*
classmate camarade *m./f.* de classe
classroom classe *f.*, salle *f.* de classe
to clean nettoyer †
clear clair/e
climate climat *m.*
clock horloge *f.*
clock radio radio-réveil *m.*
to close fermer
closed fermé/e
closet placard *m.*
clothing vêtement *m.*
cloud nuage *m.*
It's cloudy. Il y a des nuages. Le ciel est couvert.
coast côte *f.*
coat manteau *m.*
down coat anorak *m.*
raincoat imperméable *m.*
suit coat veste *f.*
coffee café *m.*
coffee with cream café crème
coffee with milk café au lait
coffee table table *f.* basse
cohabitation union *f.* libre
coin pièce *f.* (de monnaie)
cola coca(-cola) *m.*
cold froid/e ; rhume *m.*
I have a cold. J'ai un rhume. Je suis enrhumé/e.
I'm cold. J'ai froid.
It's cold (weather). Il fait froid.
cold cuts charcuterie *f.*
college fac(ulté) *f.*
Colombia Colombie *f.*
Colombian colombien/ne
color couleur *f.*
comb peigne *m.*
to comb (one's hair) se peigner
to come venir †
to come back revenir †
to come by passer
to come home rentrer
to come in entrer
comedy comédie *f.*
comfortable (material objects) confortable ; **(person)** à l'aise
comic strip bande *f.* dessinée (BD)
communication communication *f.*
completely tout à fait
composition rédaction *f.*
computer ordinateur *m.*
computer center centre *m.* informatique
computer file fichier *m.*
computer science informatique *f.*
laptop computer (ordinateur) portable *m.*
concert concert *m.*
condiment condiment *m.*
conformist conformiste
Congratulations! Félicitations !
to contaminate contaminer
continent continent *m.*
to cook faire † la cuisine
cookie biscuit *m.*
cooking cuisine *f.*
cool: It's cool weather. Il fait frais.
contrary: on the contrary, ... au contraire, ...
copious copieux/-euse
corner coin *m.*
at the corner (of) au coin de
corner café café *m.* du coin
co-renter colocataire *m./f.*
corridor couloir *m.*
to cost coûter
cotton coton *m.*
couch canapé *m.*
country pays *m.*
foreign country pays étranger
in this country dans ce pays
country(side) campagne *f.*
in the country à la campagne
course cours *m.*
to take a course suivre † un cours
of course bien sûr
courtyard cour *f.*
cousin cousin *m.*, cousine *f.*
credit card carte *f.* de crédit
critic (person) critique *m.*
criticism critique *f.*
critique critique *f.*
croissant croissant *m.*
chocolate croissant pain *m.* au chocolat
to cross traverser
cruise croisière *f.*
to cry pleurer
cucumber concombre *m.*
cuisine cuisine *f.*
culture culture *f.*
cup tasse *f.*
cupboard placard *m.*
curtain rideau *m.*

customer client/e *m./f.*
to cut couper
cute mignon/ne

D

dairy aisle rayon *m.* crémerie
  dairy products produits *m. pl.* laitiers
dance danse *f.*
to dance faire † de la danse, danser
dangerous dangereux/-euse
dark-haired brun/e
Darn! Zut (alors) !
to date sortir avec
datebook agenda *m.*
daughter fille *f.*
day jour *m.*, journée *f.*
  day before yesterday avant-hier
  that day ce jour-là
dead mort/e
dear cher/chère
death mort *f.*
debit card carte *f.* bancaire
deceased décédé/e
December décembre
to decide décider
deep profond/e
deeply profondément
degree (in) diplôme *m.* (en)
  to do a degree (in) préparer un diplôme (en)
  to have a degree avoir † un diplôme, une formation
deli counter rayon *m.* charcuterie
  deli meats charcuterie *f.*
delicious délicieux/-euse
delighted enchanté/e, ravi/e
dentist dentiste *m./f.*
department store grand magasin *m.*
departure départ *m.*
to descend descendre
to describe décrire †
desert désert *m.*
to desire désirer, vouloir †
desk bureau *m.*
dessert dessert *m.*
detective movie film *m.* policier
to detest détester
dictionary dictionnaire *m.*
to die mourir †
diet régime *m.*
  to be on a diet suivre un régime, faire † un régime, être † au régime
different différent/e
difficult difficile
difficulty: to have difficulty avoir † du mal à + *inf.*
dining hall restaurant universitaire *m.* (resto U), cafétéria *f.*
dining room salle *f.* à manger
dinner dîner *m.*, souper *m.* *(Can.)*
  to have dinner dîner
  to fix dinner préparer le diner
  Dinner's ready! À table !
disagreeable désagréable
disappointed déçu/e
disciplined discipliné/e
to discuss discuter de
dish assiette *f.*, plat *m.*
  to do the dishes faire † la vaisselle
to disobey désobéir à
disposition caractère *m.*
display window vitrine *f.*
to divorce divorcer
divorced divorcé/e
to do faire †
  to do do-it-yourself projects bricoler, faire † du bricolage
  to not do much ne pas faire † grand-chose
do-it-yourselfer bricoleur *m.*, bricoleuse *f.*
do-it-yourself projects bricolage *m.*
doctor (M.D.) médecin *m.*, docteur *m.*
documentary documentaire *m.*
dog chien/ne *m./f.*
door porte *f.*
dormitory résidence *f.*
to doubt (that) douter (que)
  without a doubt sans doute
downtown centre-ville *m.*
  to go downtown descendre en ville
dozen douzaine *f.*
draftsman/woman dessinateur *m.*, dessinatrice *f.*
drama drame *m.*
to draw dessiner
drawing dessin *m.*
dream rêve *m.*
to dream rêver
dress robe *f.*
  to get dressed s'habiller
  to get undressed se déshabiller
dressing (oil and vinegar) vinaigrette *f.*
drink boisson *f.*
  cold drink boisson rafraîchissante
  hot drink boisson chaude
to drink boire †
to drive aller en voiture, conduire
driver's license permis *m.* de conduire
drug (medicine) médicament *m.*
drug (illegal) drogue *f.*
drum set batterie *f.*
to dry essuyer †
  to dry oneself off s'essuyer
to dub doubler
dubbed doublé
due to à cause de
dumb bête
during pendant
dynamic dynamique

E

each chaque
  each one chacun/e
ear oreille *f.*
early tôt
  to be early être † en avance
to earn money gagner de l'argent
earth (the Earth) terre (la Terre) *f.*
east est
easy facile
to eat manger †
  to eat between meals grignoter
  to eat breakfast prendre le petit-déjeuner
  to eat dinner dîner
  to eat lunch déjeuner
  to eat a snack goûter
economics sciences *f. pl.* économiques, économie *f.*
edge bord *m.*
to educate oneself s'instruire
education sciences *f. pl.* de l'éducation
egg œuf *m.*
  fried egg œuf sur le plat, œuf au plat
eight huit
eighteen dix-huit
eighty quatre-vingts
elbow coude *m.*
elderly âgé/e
electronic game jeu électronique *m.*
elegant élégant/e
elementary school école *f.* primaire
elevator ascenseur *m.*
eleven onze
e-mail courrier *m.* électnonique, mél *m.*, e-mail *m.*
  e-mail address mél *m.*
  e-mail message courriel *m.*, e-mail *m.*
embarrassed embarrassé/e, gêné/e
employee employé/e
empty vide
to encourage encourager
encyclopedia encyclopédie *f.*
end fin *f.*
energetic énergique
engaged fiancé/e
  to get engaged se fiancer
engine moteur *m.*
engineer ingénieur *m.*
England Angleterre *f.*
English anglais/e
enough assez
  enough of assez de
to enter entrer
entertainment (TV show) divertissement *m.*
enthusiastic enthousiaste
entrance (foyer) entrée *f.*
environment environnement *m.*
equipped équipé/e
errand course *f.*
  to run errands faire † des courses
eraser (pencil) gomme *f.*
eraser (board) brosse *f.*
especially surtout
essay essai *m.*
  in-class essay exam composition *f.*
Europe Europe *f.*
European européen/ne
even même
evening soir *m.*, soirée *f.*
event événement *m.*

eventually finalement
every chaque ; tout, tous, toute, toutes
  every day tous les jours
  every evening tous les soirs
  everyone tout le monde
  everything tout
  everywhere partout
exam examen *m.*
  to study for an exam préparer un examen
  to take an exam passer un examen
  to pass an exam réussir un examen
example exemple *m.*
  for example par exemple
except sauf
  except for à part
excited enthousiaste, agité/e, impatient/e
excursion bus car *m.*
excuse excuse *f.*
  Excuse me Pardon, Excusez-moi
exercise exercice *m.*
  to exercise faire † de l'exercice
exhibit exposition *f.*
expensive cher/chère
to explain expliquer
eye (eyes) œil *m.* (yeux)

F

face figure *f.*
to face donner sur
facing face à
to fail rater
fair juste
  it's not fair! ce n'est pas juste !
fairly assez
faithful fidèle
fall automne *m.*
to fall tomber
  to fall asleep s'endormir
  to fall in love (with) tomber amoureux/-euse (de)
false faux/fausse
family famille *f.*
  big family famille nombreuse
  blended family famille recomposée
  extended family famille étendue
  single-parent family famille monoparentale
  family relations relations *f. pl.* familiales
  family room séjour *m.*
famous célèbre
fan fanatique *m.*
  to be a fan of être † fanatique de
far (from) loin (de)
farm ferme *f.*
farmer fermier *m.*, fermière *f.*, agriculteur *m.*, agricultrice *f.*
fashion mode *f.*
  to be in fashion être † à la mode
  fashion designer couturier *m.*
  high fashion haute couture *f.*
  out of fashion démodé/e
fashionable à la mode
fast rapide *adj.*, vite *adv.*
to fast jeûner
  to break a fast déjeûner
fat *adj.* gros/se
fat graisse *f.*
father père *m.*
  father-in-law beau-père
  single father père célibataire
  step-father beau-père
favorite préféré/e
fear peur *f.*
to fear avoir † peur de
February février
to feel se sentir, toucher
  to feel bad aller † mal
  to feel better aller † mieux
  to feel good aller † bien
  to feel great être † en forme
  to feel like doing something avoir † envie de *(+ inf.)*
feminine féminin/e
fever fièvre *f.*
few peu, un peu de, quelques
fiancé/e fiancé *m.*, fiancée *f.*
field champ *m.*
fifteen quinze
fifty cinquante
to fill remplir
film film *m.*
  filmmaker cinéaste *m./f.*, réalisateur *m.*, réalisatrice *f.*
  film or stage director metteur en scène *m*
final final/e
finally finalement, enfin
to find trouver
  I find that ... Je trouve que…
fine bien
  Fine, also. Bien aussi.
  Fine, and you? Ça va, et toi ?
  to be fine être † en forme
fine arts beaux-arts *m. pl.*
finger doigt *m.*
to finish finir
first premier/-ière
  first (of all) d'abord
  first course entrée *f.*
  first floor rez-de-chaussée *m.*
fish poisson *m.*
  fish counter rayon *m.* poissonnerie
  fishing pêche *f.*
  to go fishing aller à la pêche
five cinq
to fix réparer
  to fix one's hair se coiffer
fixed-price meal menu *m.*, prix *m.* fixe
flight vol *m.*
floor étage *m.*
  first (ground) floor rez-de-chaussée *m.*
  second floor premier étage *m.*
  on the floor par terre
flour farine *f.*
to flow couler
flower fleur *f.*
flu grippe *f.*
to fly aller en avion, voler
fog brouillard *m.*
  It's foggy. Il y a du brouillard.
follow suivre
food aliment *m.*, nourriture *f.*
foot pied *m.*
  on foot à pied
football football américain *m.*
  football game match *m.* de football américain
  football stadium stade *m.*
for pour ; depuis (+ *time expression*) ; pendant (+ *time expression*)
foreign étranger/-ère *adj.*
foreigner étranger *m.*, étrangère *f.*
forest forêt *f.*
to forget oublier
former ancien/ne
fortunately heureusement
forty quarante
four quatre
fourteen quatorze
France France *f.*
free (a person) libre ; **(a thing)** gratuit/e
  I'm not free. Je ne suis pas libre.
to freeze geler †
  It's freezing. Il gèle.
French français/e
  French bread (long, thin loaf) baguette *f.*
  French fries frites *f.*
fresh frais/fraîche
Friday vendredi
friend ami/e, camarade *m./f.*, copain *m.*, copine *f.*
  best friend meilleur/e ami/e *m./f.*
  (my) boyfriend (mon) petit ami *m.*, (mon) copain *m.*, (mon) ami *m.*
  (my) girlfriend (ma) petite amie *f.*, (ma) copine *f.*, (mon) amie *f.*
  Your friend, Amitiés, *f. pl.*
friendly sociable
friendship amitié *f.*
from de (d')
front: in front of devant
frozen foods surgelés *m. pl.*
fruit fruit *m.*
  fruit juice jus *m.* de fruit
fun: to have fun s'amuser
funny amusant/e, drôle
furious furieux/-euse
furnished meublé/e
furniture meuble *m.*
future avenir *m.*
  future tense futur *m.*

G

to gain weight grossir
game jeu *m.* ; **(sports)** match *m.*
game show jeu *m.* télévisé
garage garage *m.*
garden jardin *m.*
to garden faire † du jardinage, travailler dans le jardin

garlic ail *m.*
gas gaz *m.*
  gas (for a car) essence *f.*
generous généreux/-euse
gentle doux/douce
geography géographie *f.*
geology géologie *f.*
German allemand/e
Germany Allemagne *f.*
to get obtenir
  to get a grade avoir † une note
  to get along (with someone) s'entendre avec (quelqu'un)
  to get a degree obtenir † un diplôme
  to get divorced divorcer
  to get dressed s'habiller
  to get engaged se fiancer
  to get married se marier
  to get ready se préparer
  to get together se retrouver
  to get undressed se déshabiller
  to get up se lever †
  Get up/Stand up! Levez-vous ! Lève-toi !
gift cadeau *m.*
girl fille *f.*, jeune fille *f.*
girlfriend petite amie *f.*, copine *f.*
to give donner, offrir †
  to give advice conseiller
  to give back rendre
  to give a present offrir †
glad content/e
glass verre *m.*
glasses lunettes *f. pl.*
  sunglasses lunettes de soleil
glove gant *m.*
to go aller †
  to go around faire † un tour
  to go around the world faire † le tour du monde
  to go back retourner
  to go by passer
  to go down descendre
  to go home rentrer
  to go in entrer
  to go on/keep going continuer
  to go out sortir
  to go to bed se coucher
  to go to the doctor aller † chez le médecin
  to go up monter
God Dieu *m.*
godfather parrain *m.*
godmother marraine *f.*
golf golf *m.*
good bon/ne *adj.*, bien *adv.*
  goodbye au revoir
  Good evening. Bonsoir.
  Good morning. Bonjour.
  Have a good evening. Bonne soirée.
grade note *f.*
  to have/get a grade avoir † une note
grandchild petit-enfant *m.*
granddaughter petite-fille *f.*
grandfather grand-père *m.*
grandmother grand-mère *f.*
grandparents grands-parents *m. pl.*
grandson petit-fils *m.*
grape raisin *m.*
gray gris/e
grease graisse *f.*
Great! Génial !
green vert/e
  green bean *haricot *m.* vert
  green salad salade *f.*
grilled grillé/e
  grilled ham-and-cheese sandwich croque-monsieur *m.*
grocery store épicerie *f.*
ground sol *m.*, terre *f.*
  ground floor rez-de-chaussée *m.*
  on the ground par terre
to grow pousser
  to grow larger, fatter grossir
  to grow old vieillir
  to grow taller grandir
  to grow up (for children) grandir
guest invité *m.*, invitée *f.*
guide (tour guide or guidebook) guide *m.*
guinea pig cochon *m.* d'Inde
guitar guitare *f.*
  bass guitare guitare basse
  electric guitar guitare électrique
gym gymnase *m.*

H

hair cheveux *m. pl.*
  to do one's hair se coiffer
half demi/e
  half-brother demi-frère *m.*
  half-kilo demi-kilo *m.*
  half past et demi/e
  half-sister demi-sœur *f.*
hallway couloir *m.*
ham jambon *m.*
hamburger *hamburger *m.*
hand main *f.*
  to hand in/over remettre †
  on the other hand, ... de l'autre côté, en revanche
  to raise your hand lever † le doigt, lever † la main
handsome beau (bel), belle
to happen se passer, avoir † lieu
happy heureux/-euse, content/e
  Happy Birthday! Joyeux anniversaire !
  Happy New Year! Bonne année !
hard (difficult) difficile ; dur/e
  hardworking sérieux/-euse, travailleur/-euse
harmonica harmonica *m.*
hat chapeau *m.*
to hate détester
to have avoir †
  to have a drink prendre † une boisson
  to have a good time s'amuser
  Have a nice week-end! Bon week-end !
  to have just (done something) venir † de + *inf.*
  to have to (do something) devoir †
he il
head tête *f.*
headlines gros titres *m. pl.*
health santé *f.*
  health center/clinic infirmerie *f.*
  healthy (thing) bon/ne pour la santé; **(person)** en bonne santé
hear entendre
heart cœur *m.*
  heart attack crise *f.* cardiaque
hearty copieux/-euse
heavy lourd/e
  heavy jacket blouson *m.*
height taille *f.*
  of average height de taille moyenne
Hello. Bonjour.
  Hello (telephone only). Allô.
to help aider (à)
her elle ; la ; son, sa, ses
  to her lui
  herself elle-même
herbal tea tisane *f.*
here ici
  Here is/are ... Voici...
  Here/there is/are ... Voilà...
Hi! Salut !
high school lycée *m.*
high *haut/e
hike randonnée *f.*
  to go on a hike faire † une randonnée
hill colline *f.*
him le ; lui
  to him lui
  himself lui-même
his son, sa, ses
history histoire *f.*
hockey *hockey *m.*
holiday fête *f.*
  legal holiday jour *m.* férié
  religious holiday fête religieuse
home maison *f.*
  homeowner propriétaire *m./f.*
homebody pantouflard/e
homework devoirs *m. pl.*
  to do homework faire † des devoirs *m.*
to hope espérer †, souhaiter
horror movie film *m.* d'horreur
horse cheval *m.*
  to go horseback riding faire † du cheval
hospital (public) hôpital *m.*
  private hospital clinique *f.*
hostel (youth) auberge *f.* de jeunesse
hot chaud ; **(food)** épicé/e
  hot chocolate chocolat chaud *m.*
  I am hot. J'ai chaud.
  It's hot (weather). Il fait chaud.
hotel hôtel *m.*
hour heure *f.*
  for an hour pendant une heure, pour une heure, depuis une heure
  in an hour dans une heure

house maison *f.*
at the home of chez
housemate colocataire *m./f.*
housewife/househusband femme *f.*, homme *m.* au foyer
how comment
How are you? Comment allez-vous ?
how many combien de
how much combien
How's it going? Comment ça va ?
human being être *m.* humain
human body corps *m.* humain
humanities lettres *f. pl.*
humid lourd/e
It's humid. Il fait lourd.
hundred cent
hunger faim *m.*
to be hungry avoir † faim
Hurray for … ! Vive…!
to hurry up se dépêcher
in a hurry pressé/e
hurt blessé/e
to hurt (somewhere) avoir † mal à
to hurt (someone) faire † mal à
husband mari *m.*

I

I je (j')
ice glace *f.*
ice cream glace *f.*
ice cube glaçon *m.*
ice on the ground verglas *m.*
icy: It's icy. Il y a du verglas.
idealistic idéaliste
if si
If I were you … À ta/votre place…
important important/e
in à, dans, en
in-laws beaux-parents *m. pl.*
independent autonome
India Inde *f.*
Indian indien/ne
individualistic individualiste
indulgent indulgent/e
industrial industriel/le
inexpensive bon marché *adj. inv.*
infection infection *f.*
information renseignement *m.*
to get information se renseigner
injured blessé/e
inn auberge *f.*
inside dans, à l'intérieur de, dedans
instant messaging messagerie *f.* instantanée
instead of au lieu de
intelligent intelligent/e
intensity intensité *f.*
interesting intéressant/e
to be interested (in) s'intéresser (à)
internet Internet *m.*
to connect to the Internet se connecter sur Internet
to go on the Internet aller sur Internet
Internet access accès *m.* à Internet
Internet browser browser *m.*
on the Internet sur Internet
interview interview *f.*, entretien *m.*
into dans
to introduce présenter
Je vous/te présente X. This is X.
invitation invitation *f.*
to invite inviter
irritable énervé/e
irritated: to become irritated s'énerver
island île *f.*
Israel Israël *m.*
Israeli israélien/ne
it ce (c') ; il ; elle ; le ; la
it is … c'est…
Italian italien/ne
Italy Italie *f.*
Ivorian ivoirien/ne
Ivory Coast Côte d'Ivoire *f.*

J

jacket blouson *m.*
(suit coat) jacket veste *f.*
jam confiture *f.*
January janvier
Japan Japon *m.*
Japanese japonais/e
jar pot *m.*
jazz jazz *m.*
jealous jaloux/-ouse
jeans jean *m. sg.*
job poste *m.*, travail *m.*, métier *m.*
summer job job *m.* d'été
full-time job travail à plein temps
part-time job travail à mi-temps
to jog faire † du jogging
to joke plaisanter, blaguer
joke histoire *f.* drôle, blague *f.*, plaisanterie *f.*
journalism journalisme *m.*
journalist journaliste *m./f.*
July juillet
June juin

K

keyboard clavier *m.*
key clé *f.*, clef *f.*
key word mot clé *m.*
kilo(gram) kilo(gramme) *m.*
kilometer kilomètre *m.*
kind gentil/le
That's kind (of you). C'est gentil à toi/vous.
king roi *m.*
to kiss s'embrasser
kitchen cuisine *f.*
kitchen cabinet placard *m.*
(with) kitchenette (avec) coin *m.* cuisine
knee genou *m.*
to know (how to) savoir †
to know or be familiar with connaître †

L

lab(oratory) laboratoire *m.* (labo)
lab technician technicien *m.*, technicienne *f.* de laboratoire
lady dame *f.*
lake lac *m.*
lamb chop côtelette *f.* d'agneau
lamp lampe *f.*
landlord/landlady propriétaire *m./f.*
language langue *f.*
in the original language en version *f.* originale (en VO)
foreign language langue étrangère
language lab labo(ratoire) *m.* de langues
native language langue maternelle
laptop ordinateur *m.* portable
last dernier/dernière
last month le mois dernier
last Saturday samedi dernier
last week la semaine dernière
last year l'année dernière, l'an dernier
to last durer
late tard
to be late être † en retard
to laugh rire †
law droit *m.*
law school faculté *f.* de droit
lawyer avocat *m.*, avocate *f.*
lazy paresseux/-euse
to learn apprendre † (à)
leather cuir *m.*
to leave partir ; **(someone, something)** quitter
to leave the lights on laisser les lumières allumées
lecture conférence *f.*
lecture hall amphithéâtre *m.*
left gauche *f.*
leftovers restes *m. pl.*
to the left à gauche
leg jambe *f.*
leisure activities loisirs *m. pl.*
lemon citron *m.*
lemonade citron *m.* pressé
lemon-lime soft drink limonade *f.*
to lend prêter
less moins
less … than moins … que, moins de … que
letter lettre *f.*
lettuce salade *f.*
library bibliothèque *f.* (bibli)
public (city) library bibliothèque municipale (BM)
university library bibliothèque universitaire (BU)
license permis *m.*
driver's license permis de conduire
life vie *f.*
lift lever †
light (color) clair/e ; **(weight)** léger, légère
light lumière *f.*
turn on the lights allumer les lumières
turn out the lights éteindre les lumières
leave the lights on laisser les lumières allumées

lightning éclair *m.*
There's lightning. Il y a des éclairs.
likable sympa(thique)
like comme
to like aimer
to like fairly well aimer bien
to like or love a lot aimer beaucoup
line ligne *f.*
online en ligne
linguistics linguistique *f.*
lip lèvre *f.*
to listen to écouter
to listen to music écouter de la musique
list liste *f.*
listing of TV programs magazine *m.* télé
liter litre *m.*
literature littérature *f.*
little petit/e
little bit peu *m.*
to live habiter ; vivre †
living room séjour *m.*, salle *f.* de séjour
loaf of sliced bread pain *m.* de mie
to locate trouver
located situé/e
to be located se trouver
long long/ue
a long time longtemps
a long time ago il y a longtemps
for how long ... ? depuis combien de temps…?
to look (seem) avoir † l'air (+ *adj.*)
to look after soigner, s'occuper de
to look at regarder
to look for chercher
to look like ressembler
to lose perdre
to lose one's composure perdre son sang-froid
to lose weight maigrir, mincir
a lot beaucoup (de)
lottery loto *m.*
to play the lottery jouer au loto
loudly fort
lovable aimable
love amour *m.*
to love aimer
to be in love (with) être † amoureux/-euse (de)
to fall in love (with) tomber amoureux/-euse (de)
luck chance *f.*
good luck bonne chance *f.*
luckily heureusement
to be lucky avoir † de la chance
luggage bagages *m. pl.*
to carry up luggage monter les bagages
lunch déjeuner *m.*
to eat lunch déjeuner
lung poumon *m.*

M

Madam, ma'am madame *f.* (Mme)
mad faché/e, en colère
magazine magazine *m.*
monthly magazine mensuel *m.*
weekly magazine hebdomadaire *m.*
mail courrier *m.*
e-mail courriel *m.*, e-mail *m.*
main character personnage principal *m.*
main dish plat principal *m.*
major (in) spécialisation *f.* (en), majeure *f.* (en) *(Can.)*
majority plupart *f.*
to make faire †
to make a mistake faire une faute
makeup maquillage *m.*
to put on makeup se maquiller
man homme *m.*, monsieur *m.*
map carte *f.*
city map plan *m.* de ville
March mars
marital status état *m.* civil
market marché *m.*
flea market marché aux puces
open-air market marché en plein air
supermarket supermarché *m.*
married marié/e
to get married se marier
masculine masculin
mathematics mathématiques *f.* (les maths)
May mai
maybe peut-être
mayonnaise mayonnaise *f.*
mayor maire *m.*
me moi
me neither moi non plus
me too moi aussi
not me pas moi
meal repas *m.*
before-meal drink apéritif *m.*
balanced meal repas équilibré
mean méchant/e
to mean (to say) vouloir † dire
means of transportation moyen *m.* de transport
meat viande *f.*
meat counter rayon *m.* boucherie
media médias *m. pl.*
medicine (field of study) médecine *f.*
medicine (drug) médicament *m.*
mediocre médiocre
to meet se rencontrer, se retrouver, se connaître, faire la connaissance de quelqu'un
to meet up with (se) retrouver, se réunir
meeting rendez-vous *m.*
melon (cantaloupe) melon *m.*
Merry Christmas! Joyeux Noël !
meter mètre *m.*
Mexico Mexique *m.*
Mexican mexicain/e
microwave (oven) (four à) micro-ondes *m.*
middle: in the middle (of) au milieu (de)
middle school collège *m.*
middle-aged d'un certain âge
midnight minuit
milk lait *m.*
million million *m.*
mineral water eau *f.* minérale
minor (in) mineure *f.* (en) *(Can.)*
mint menthe *f.*
mint tea thé *m.* à la menthe
herbal mint tea tisane *f.* à la menthe
minute minute *f.*
mirror miroir *m.*, glace *f.*
Miss Mademoiselle *f.* (Mlle)
to miss manquer, rater
I miss him/her. Il/Elle me manque.
I miss them. Ils/Elles me manquent.
I miss you. Tu me manques./Vous me manquez.
missing absent/e
mistake faute *f.*, erreur *f.*
to make a mistake faire † une faute, se tromper
Mister Monsieur *m.* (M.)
modern moderne
moment moment *m.*
at that moment à ce moment-là
Monday lundi
money argent *m.*
monitor moniteur *m.*
flat-screen monitor moniteur *m.* avec un écran plat
month mois *m.*
last month le mois dernier
next month le mois prochain
moon (the Moon) lune (la Lune) *f.*
moped mobylette *f.*
more ... than plus ... que, plus de ... que
morning matin *m.*
Moroccan marocain/e
Morocco Maroc *m.*
most plupart *f.*
mother mère *f.*
mother-in-law belle-mère
single mother mère célibataire
stepmother belle-mère
motorcycle moto *f.*
motorscooter mobylette *f.*
mountain montagne *f.*
to go mountain climbing faire † de l'alpinisme *m.*
mouse souris *f.*
wireless mouse souris sans fil
mouth bouche *f.*
to move (an object) bouger
to move (one's home) déménager
movie film *m.*
movie star vedette *f.*, star *f.*
movie theater cinéma *m.*
Mr. Monsieur (M.)
Mrs. Madame (Mme)
museum musée *m.*
mushroom champignon *m.*
music musique *f.*
musical comédie musicale *f.*
musician musicien *m.*, musicienne *f.*

must devoir †
You (One) must ... Il faut...
You (One) must not ... Il ne faut pas...
mustard moutarde *f.*
my mon, ma, mes
My name is ... Je m'appelle...
myself moi-même

N

name (last) nom *m.*
first name prénom *m.*
nickname surnom *m.*
My name is ... Je m'appelle...
What is your name? Comment vous appelez-vous/tu t'appelles ?
to name nommer
nationality nationalité *f.*
natural sciences sciences *f. pl.* naturelles
nature nature *f.*, caractère *m.*
nausea mal *m.* au cœur
to feel nauseated avoir † mal au cœur
near (to) près (de)
very near tout près (de)
nearly à peu près, presque
Neat! Chouette !
necessary nécessaire
to be necessary falloir : il faut
neck cou *m.*
need besoin *m.*
to need avoir † besoin de
neighbor voisin/e *m./f.*
neighborhood quartier *m.*
neighboring voisin/e
neither non plus, ne ... ni ... ni
nephew neveu *m.*
nervous agité/e, nerveux/-euse
Netherlands Pays-Bas *m. pl.*
network réseau *m.*
wireless network réseau sans fil
never ne ... jamais
new nouveau (nouvel), nouvelle
brand-new neuf, neuve
news informations *f. pl.* (infos), nouvelles *f. pl.*
news broadcast journal *m.* télévisé
newsgroup forum *m.* de discussion
newspaper journal *m.*
newsstand kiosque *m.* à journaux
next prochain/e, ensuite
next to à côté de
nice sympa(thique), gentil/le, agréable
niece nièce *f.*
nieces and nephews neveux *m. pl.*
night nuit *f.*
at night la nuit, le soir
nine neuf
nineteen dix-neuf
ninety quatre-vingt-dix
no non
no longer ne ... plus
no matter what n'importe quoi
no more ne ... plus
no one ne ... personne
noise bruit *m.*
to make noise faire † du bruit
noon midi
normally normalement
north nord *m.*
North America Amérique *f.* du nord
nose nez *m.*
not pas, ne ... pas
not at all pas du tout
not bad pas mal
not me pas moi
not yet pas encore
notebook cahier *m.*
nothing ne ... rien
novel roman *m.*
November novembre
now maintenant
number chiffre *m.*, numéro *m.*
nurse infirmier *m.*, infirmière *f.*

O

to obey obéir à
to obtain obtenir †
obvious évident
occupation métier *m.*
October octobre
odd bizarre
to do odd jobs around the house bricoler, faire † du bricolage
of de (d')
of course bien sûr
offer offrir †
office bureau *m.*
often souvent
oil huile *f.*
olive oil huile d'olive
OK d'accord
old vieux (vieil), vieille ; ancien/ne
old-fashioned démodé/e
older person personne *f.* âgée
to be X years old avoir † X ans
How old are you? Quel âge avez-vous/as-tu ?
olive olive *m.*
omelet omelette *f.*
on à, sur
on foot à pied
on purpose exprès
on sale en solde
on TV à la télé
on the contrary si, au contraire
once une fois
one un/e
onion oignon *m.*
online en ligne
to go online aller sur Internet
only seulement ; ne ... que
open ouvert/e
to open ouvrir †
opinion opinion *f.*
In my opinion à mon avis, d'après moi
opposite contraire *m.* ; en face (de)
optimistic optimiste
optional facultatif/-ive
or ou
orange (color) orange *adj. inv.*
orange (fruit) orange *f.*
orange juice jus *m.* d'orange
Orangina orange soda Orangina *m.*
order commande *f.*
to order commander
other autre
our notre, nos
ourselves nous-mêmes
outdated démodé/e
outdoors en plein air, dehors
outgoing sociable
outside dehors, à l'extérieur
oven four *m.*
microwave (oven) (four à) micro-ondes
over sur
over there là-bas
overcast: It's overcast. Le ciel est couvert.
overcoat manteau *m.*
to overlook donner sur
to owe devoir †
to own posséder †, avoir †
owner propriétaire *m./f.*

P

Pacific Océanie *f.*
Pacific Ocean océan *m.* Pacifique
to pack faire † les bagages
package paquet *m.*
page page *f.*
pain mal *m.* (des maux)
to paint peindre †
painter peintre *m.*
painting peinture *f.*, tableau *m.*
pale pâle
to become pale pâlir
pants pantalon *m. sg.*
pantyhose collant *m.*
paper papier *m.* ; **(written for a course)** dissertation *f.*, un essai *m.*, un devoir *m.* écrit
parent parent *m.*
park parc *m.*
to park garer
to participate in participer à
partner partenaire *m./f.*
part-time à mi-temps
party fête *f.*, soirée *f.*
to pass by passer
to pass (an exam/a course) réussir (à)
passerby passant *m.*, passante *f.*
passport passeport *m.*
pasta pâtes *f. pl.*
pastime passe-temps *m.*
pastry pâtisserie *f.*
pâté pâté *m.*
path chemin
pay payer †
to pay attention faire † attention
peach pêche *f.*
pear poire *f.*
peas petits pois *m. pl.*

pedestrian piéton *m.*
  pedestrian street rue *f.* piétonne
pen stylo *m.*
pencil crayon *m.*
people gens *m. pl.*
pepper poivre *m.*
  green pepper poivron vert
  red pepper poivron rouge
percussion batterie *f.*
perfectly parfaitement
perhaps peut-être
permit permis *m.*
to permit permettre †
person personne *f.*
personality personnalité *f.*, caractère *m.*
pessimistic pessimiste
pet animal *m.* familier
pharmacist pharmacien *m.*, pharmacienne *f.*
pharmacy pharmacie *f.*
philosophy philosophie *f.*
to phone téléphoner
  to phone one another se téléphoner
photo(graph) photo(graphie) *f.*
photographer photographe *m./f.*
physical sciences sciences *f. pl.* physiques
physics physique *f.*
physiology physiologie *f.*
piano piano *m.*
picnic pique-nique *m.*
  to have a picnic faire † un pique-nique
picture photo(graphie) *f.*, tableau *m.*
pie tarte *f.*
  apple pie tarte aux pommes
piece morceau *m.*
  piece of furniture meuble *m.*
  piece of information renseignement *m.*
  piece of news nouvelle *f.*
  piece of toast tartine *f.*, rôtie *f. (Can.)*, toast *m.*
pig cochon *m.*
pineapple ananas *m.*
pink rose
pizza pizza *f.*
place endroit *m.*, lieu *m.*
  at X's place chez X
  to take place avoir † lieu
  in your place à ta/votre place
plan projet *m.*
  to have plans être † pris/e, avoir † des projets
  to make plans faire † des projets
to plan organiser, planifier
plane avion *m.*
plastic plastique
plate assiette *f.*
play (theater) pièce *f.*
to play jouer
  to play an instrument jouer (de)
  to play a sport jouer (à)
  to play sports faire † du sport
  playing field terrain *m.* de sport
player joueur *m.*, joueuse *f.*
pleasant agréable
please s'il te plaît, s'il vous plaît
poem poème *m.*
poetry poésie *f.*
political science sciences *f. pl.* politiques
pork porc *m.*
Portugal Portugal *m.*
Portuguese portugais/e
possible possible
possibly éventuellement
post office poste *f.*
postcard carte postale *f.*
poster affiche *f.*, poster *m.*
potato pomme de terre *f.*, patate *f.*
position (job) poste *m.*
to pour verser
practical pratique
practice répétition *f.* (musique, théâtre), entraînement *m.* (sport)
to practice répéter † (musique, théâtre), s'entraîner (sport)
to prefer préférer †, aimer mieux
to prepare préparer
  prepared dish plat préparé *m.*
prescription ordonnance *f.*
present cadeau *m.*
to present présenter, donner
press presse *f.*
to press presser
  to press (a button) appuyer sur (un bouton
prestige prestige *m.*
pretty joli/e
to prevent empêcher
price prix *m.*
printer imprimante *f.*
  multifunction printer imprimante multifonction
probably probablement
problem problème *m.*
produce aisle rayon *m.* fruits et légumes
profession profession *f.*
professor professeur *m.*, professeure *f. (Can.)*
program (TV) émission *f.*
programmer informaticien *m.*, informaticienne *f.*
project projet *m.*
to promise promettre †
psychological drama drame *m.* psychologique
psychology psychologie *f.*
public public *m.* ; public/publique *adj.*
  public transportation transport *m.* en commun
pullover sweater pull(-over) *m.*
to punish punir
purple violet/-te
purse sac *m.* à main
to push pousser
  to push (a button) appuyer sur (un bouton
to put (on) mettre †; **(away)** ranger †

Q

quantity quantité *f.*
quarter quart *m.* ; trimestre *m.*
  quarter past et quart
  quarter to moins le quart
Quebec Québec *m.*
Quebecois québécois/e
queen reine *f.*
question question *f.*
  to ask a question poser une question
quiet réservé/e
quite assez
quiz interrogation *f.*

R

rabbit lapin *m.*
radio radio *f.*
rain pluie *f.*
to rain pleuvoir †
  It's raining. Il pleut.
raincoat imper(méable) *m.*
to raise lever †
  to raise one's hand lever † le doigt, lever † la main
  to raise a child élever † un enfant
rapid rapide
rapidly vite
rarely rarement
rather assez, plutôt
raw vegetables crudités *f. pl.*
razor rasoir *m.*
to read lire †
ready prêt/e
real vrai/e
realistic réaliste
reality show émission *f.* de télé-réalité
really vraiment
reason raison *f.*
reasonable raisonnable
to receive recevoir †
receptionist réceptionniste *m./f.*
recipe recette *f.*
recommendation recommandation *f.*
red rouge
redhead, redhaired roux/-sse
reference book ouvrage *m.* de référence
to reflect (on) réfléchir (à)
refrigerator réfrigérateur *m.*, frigo *m.*
region région *f.*
rehearsal répétition *f.*
to rehearse répéter †
to relax se détendre, se décontracter, se relaxer
relative parent *m.*
remarried remarié/e
remember se rappeler †, se souvenir † de
remote control télécommande *f.*
renovated rénové/e
rent loyer *m.*
to rent louer
renter locataire *m./f.*
  co-renter colocataire *m./f.*
to repeat répéter †
report exposé *m.*, rapport *m.*, reportage *m.*
to request demander (à, de)
to require exiger
required obligatoire
reservation réservation *f.*

to reserve réserver, faire † une réservation
reserved réservé/e
residential résidentiel/le
residential neighborhood quartier *m.* résidentiel
resource ressource *f.*
responsibility responsabilité *f.*
responsible responsable
rest repos *m.*
to rest se reposer
restaurant restaurant *m.*
restroom toilettes *f. pl.*, W.-C. *m. pl.*
to return revenir †
to return home rentrer
rice riz *m.*
to ride a bicycle faire † du vélo *m.*
right droite *f.*
to the right à droite
to be right avoir † raison
It will be all right. Ça va s'arranger.
to ring sonner
river fleuve *m.*
river tributary rivière *f.*
roast rôti *m.*
pork roast rôti de porc
roast beef rosbif *m.*
rock music rock *m.*
role (film or theater) rôle *m.*
role play jeu *m.* de rôle
roll of film pellicule *f.*
roll (bread) petit pain *m.*
roof toit *m.*
room pièce *f.*, salle *f.*
bedroom chambre *f.*
classroom salle (de classe)
roommate colocataire *m./f.*, camarade de chambre *m./f.*
routine routine *f.*
rug tapis *m.*
rugby rugby *m.*
ruler règle *f.*
to run courir †
to run errands faire † des courses *f. pl.*
RV camping-car *m.*

S

sad triste
sailboat bateau *m.* à voile
to go sailing faire † de la voile
salad salade *f.*
salary salaire *m.*
sale solde *f.*
to be on sale être † en solde
sales clerk vendeur *m.*, vendeuse *f.*
sales representative représentant *m.*, représentante *f.* de commerce
salmon saumon *m.*
smoked salmon saumon fumé
salt sel *m.*
salty salé/e
same même
just the same quand même
the same thing la même chose *f.*
sandal sandale *f.*
sandwich (ham, cheese) sandwich *m.* (au jambon, au fromage)
Santa Claus Père Noël *m.*
Saturday samedi
to save (money) économiser
to save a file sauvegarder un fichier
saxophone saxophone *m.*
to say dire †
scanner scanner *m.*
to scare faire † peur à
to be scared avoir † peur
scarf écharpe *f.*
silk scarf foulard *m.*
schedule emploi *m.* du temps
school école *f.*
elementary school école primaire
middle school collège *m.*
high school lycée *m.*
school within a university faculté *f.*
science science *f.*
science-fiction science-fiction *f.*
screen écran *m.*
flat screen écran plat
sculpture sculpture *f.*
sea mer *f.*
seafood fruits *m. pl.* de mer
seashore bord *m.* de la mer
to search chercher
search engine moteur *m.* de recherche
season saison *f.*
seat place *f.*, siège *m.*
second (time) second *m.*
second (order) deuxième
second floor premier étage *m.*
secretary secrétaire *m./f.*
to see voir †
Let's see ... Voyons...
See you soon! À bientôt !
See you tomorrow! À demain!
to seem (good) avoir † l'air (bon)
selfish égoïste
to sell vendre
semester semestre *m.*
to send envoyer †
Senegal Sénégal *m.*
Senegalese sénégalais/e
sensitive sensible
to separate se séparer
separated séparé/e
September septembre
series feuilleton *m.* ; série *f.*
serious sérieux/-euse ; grave
to serve servir
service sector services *m. pl.*
to set mettre †
to set the table mettre † la table
seven sept
seventeen dix-sept
seventy soixante-dix
several plusieurs
shampoo shampooing *m.*
shape: to be in shape être † en forme
to share partager †
to shave se raser
she elle
sheet of paper feuille *f.* de papier
shelf étagère *f.*
shirt (man's) chemise *f.*
shirt (woman's) chemisier *m.*
shoe chaussure *f.*
to shop faire † du shopping
to shop for groceries faire † les courses *f. pl.*
shopkeeper commerçant *m.*, commerçante *f.*
shore plage *f.*, bord *m.* de la mer
short petit/e ; court/e
shorts short *m. sg.*
shoulder épaule *f.*
to shout crier
show spectacle *m.*, représentation *f.*, émission (TV)
to show montrer
to shower se doucher, prendre † une douche
shrimp crevette *f.*
shy timide, réservé/e
sick malade
side côté *m.*
sightseeing: to go sightseeing faire † du tourisme *m.*
silk soie *f.*
since (because) puisque
since (time) depuis
Since when ... ? Depuis quand...?
to sing chanter
singer chanteur *m.*, chanteuse *f.*
singing lesson leçon *f.* de chant
single célibataire
sink (bathroom) lavabo *m.*
sink (kitchen) évier *m.*
Sir Monsieur *m.*
sister sœur *f.*
half-sister demi-sœur
sister-in-law belle-sœur
to sit down s'asseoir †
site site *m.*
to situate situer
to be situated at être † situé/e à
six six
sixteen seize
sixty soixante
size taille *f.*
middle-sized de taille moyenne
to ski faire † du ski
skin peau *f.*
skinny maigre
to skip (a meal) sauter (un repas)
skirt jupe *f.*
mini-skirt mini-jupe
sky ciel *m.*
slacks pantalon *m. sg.*
to sleep dormir
to be asleep être † endormi/e
to fall asleep s'endormir
to go back to sleep se rendormir
sleet verglas *m.*
slice tranche *f.*
slim mince
slow lent

slowly lentement
small petit/e
smart intelligent/e
smoke fumée *f.*
to smoke fumer
smoked fumé/e
snack casse-croûte *m. inv.*
  afternoon snack goûter *m.*
  snack bar snack-bar *m.*
to snack grignoter ; goûter
snake serpent *m.*
sneakers tennis *m. pl.*, baskets *m. pl.*
snow neige *f.*
to snow neiger
  It's snowing. Il neige.
to snowboard faire † du surf des neiges
snowman bonhomme *m.* de neige
so alors
  so do I moi aussi
soap savon *m.*
  soap opera feuilleton *m.*
soccer football (foot) *m.*, soccer *m. (Can.)*
  soccer game match *m.* de football
sociable sociable
social sciences sciences *f. pl.* humaines
social worker assistant *m.*, assistante *f.* social/e
sociology sociologie *f.*
sock chaussette *f.*
software (program) logiciel *m.*
some des ; en ; quelques
  someone quelqu'un
  something quelque chose
  sometimes quelquefois
  somewhere quelque part
son fils *m.*
  son-in-law gendre *m.*
  stepson beau-fils *m.*
song chanson *f.*
soon bientôt
sorry désolé/e
  to be sorry être † désolé/e, regretter
to sort trier
so-so comme ci, comme ça
sound bruit *m.*
soup soupe *f.*
south sud *m.*
  South America Amérique *f.* du sud
souvenir souvenir *m.*
Spain Espagne *f.*
Spanish espagnol/e
to speak parler
  Speak louder! Parlez plus fort !
speciality spécialité *f.*
to spell épeler †
to spend (money) dépenser
to spend (time) passer
spice épice *f.*
  spicy épicé/e
spinach épinards *m. pl.*
spoon cuillère *f.*
sport sport *m.*
  sport coat veste *f.*
  sports show émission *f.* sportive
  to do sports faire † du sport
spouse époux *m.*, épouse *f.*
spring printemps *m.*
spy movie film *m.* d'espionnage
square (in a city) place *f.*
stadium stade *m.*
staircase escalier *m.*
stairs escalier *m.*
star étoile *f.*
  movie star vedette *f.*, star *f.*
to start commencer †
  to start exercising again se remettre † à faire de l'exercice
to stay rester
  to stay home rester à la maison
  to stay in a hotel loger † dans un hôtel
steak biftek *m.*, steak, *m.*
stepbrother demi-frère *m.*
stepdaughter belle-fille *f.*
stepfather beau-père *m.*
stepmother belle-mère *f.*
stepsister demi-sœur *f.*
stepson beau-fils *m.*
still encore
stomach estomac *m.* ; ventre *m.*
  to have a stomach ache avoir † mal au ventre
to stop (s')arrêter
  Stop it! Arrête !
stoplight feu rouge *m.*
store magasin *m.*
story histoire *f.*
story (of a building, house) étage *m.*
  first story rez-de-chaussée *m.*
  second story premier étage
stout fort/e
stove cuisinière *f.*
straight ahead tout droit
strange bizarre, drôle
stranger étranger *m.*, étrangère *f.*
strawberry fraise *f.*
stream (large) rivière *f.*
street rue *f.*
stressed stressé/e
strong fort/e
stubborn têtu/e
student étudiant *m.*, étudiante *f.*
studies études *f. pl.*
studio apartment studio *m.*
to study étudier, travailler
  to study for an exam préparer un examen
  to study (French) faire † du (français)
  to study tonight, this weekend travailler ce soir, ce week-end
stuff affaires *f. pl.*
stupid bête
stylish chic, à la mode
to subscribe (to) s'abonner (à)
suburb banlieue *f.*
subway métro *m.*
to succeed réussir à
sugar sucre *m.*
to suggest suggérer †, proposer
suit (man's) costume *m.*
suit (woman's) tailleur *m.*
suitcase valise *f.*
summer été *m.*
  summer camp colonie *f.* de vacances
  summer vacation grandes vacances *f. pl.*
sun soleil *m.*
  It's sunny. Il y a du soleil.
sunburn coup *m.* de soleil
Sunday dimanche
sunglasses lunettes *f. pl.* de soleil
super super
supermarket aisles rayons *m. pl.* du supermarché
sure sûr/e
to surf faire † du surf
  to surf the Web surfer sur Internet
surfing surf *m.*
surprised étonné/e, surpris/e
sweater (cardigan) gilet *m.*
swim nager †, faire † de la natation
swimming la natation *f.*
swimming pool piscine *f.*
swimsuit maillot *m.* (de bain)
Swiss suisse
Switzerland Suisse *f.*

T

T-shirt tee-shirt *m.*
table table *f.*
  to set the table mettre † la table
to take prendre †
  to take a nap faire † la sieste
  to take a test passer un examen
  to take a trip faire † un voyage
  to take care of s'occuper de
  to take care of oneself se soigner
  to take courses suivre † des cours
  to take someone somewhere emmener †
  to take something somewhere emporter
talented doué/e
to talk parler
tall grand/e
to tan se bronzer
taste goût *m.*
to taste goûter
taxi taxi *m.*
tea thé *m.*
teacher professeur *m.*, enseignant/e *m./f.*
team équipe *f.*
to tease someone plaisanter avec quelqu'un, taquiner
tedious ennuyeux/-euse
teenager adolescent *m.*, adolescente *f.*
telephone téléphone *m.*
  cell phone portable *m.*
  phone number numéro *m.* de téléphone
to telephone (someone) téléphoner à
television télévision *f.* (télé)
to tell dire †
ten dix
tenant locataire *m./f.*

tennis tennis *m.*
tennis shoes tennis *m. pl.*
tent tente *f.*
terrace terrasse *f.*
test examen *m.*
Thank you! Merci !
that cela, ça
That's all. C'est tout.
That's it. Ça y est.
That's too bad. C'est dommage.
that (rel. pron.) qui, que
theater théâtre *m.*
their leur/s
them eux ; elles ; les
to them leur
themselves eux-mêmes ; elles-mêmes
then alors, ensuite, puis
there là ; y
there is/are ... voilà ; il y a... ; voici
therefore donc
these ces
they ils, elles, on
thin fin/e, mince
thing chose *f.*
think penser, réfléchir à
I don't think so. Je pense que non. Je (ne) pense pas.
I think so. Je pense que oui.
I think that ... Je pense que...
thirst soif *f.*
to be thirsty avoir † soif
thirteen treize
thirty trente
this ce (cet), cette
this is ... c'est/ce sont... ; voici
thousand mille
three trois
throat gorge *f.*
through par
to throw (out) jeter †
thunder tonnerre *m.*
There is thunder. Il y a du tonnerre.
thunderstorm orage *m.*
Thursday jeudi
ticket billet *m.*
museum ticket entrée *f.*
subway ticket ticket *m.*
theater/concert ticket place *f.*
to tidy up ranger †
tie cravate *f.*
tights collant *m. sg.*
time temps *m.* ; l'heure *f.*
What time is it? Quelle heure est-il ?
full-time à plein temps
part-time à mi-temps
long time longtemps
tired fatigué/e
title titre *m.*
to à, en
today aujourd'hui
toe doigt *m.* de pied
together ensemble
toilet toilettes *f. pl.*
toiletries articles *m. pl.* de toilette
tomato tomate *f.*
tomorrow demain
tonight ce soir
too aussi
too much trop
tooth dent *f.*
toothbrush brosse *f.* à dents
toothpaste dentifrice *m.*
tourism office office *m.* du tourisme, Syndicat *m.* d'initiative
tourist touriste *m./f.*
toward vers
towel serviette *f.* (de toilette)
to towel off s'essuyer †
town ville *f.*
town hall mairie *f.*
traffic circulation *f.*
traffic circle rond-point *m.*
traffic jam embouteillage *m.*
train train *m.*
train station gare *f.*
transportation (means of) moyen *m.* de transport
mass transportation transports *m. pl.* en commun
to travel voyager †
tree arbre *m.*
Christmas tree sapin *m.* de Noël
fir tree sapin *m.*
fruit tree arbre fruitier
tremendous formidable
trimester trimestre *m.*
trip voyage *m.*
to go on a trip faire † un voyage, voyager †, partir
Have a good trip! Bon voyage !
trousers pantalon *m. sg.*
true vrai/e
That's true. C'est vrai.
truth vérité *f.*
to try essayer † (de)
Tuesday mardi
tuna thon *m.*
turkey dinde *f.*
to turn tourner
to turn off (the lights) éteindre † (les lumières)
to turn on (an appliance) allumer
TV télévision *f.* (télé)
TV (or radio) station chaîne *f.*
TV remote control télécommande *f.*
TV series série *f.*
twenty vingt
twin jumeau *m.*, jumelle *f.*
two deux
typical typique

U

ugly moche, laid/e
umbrella parapluie *m.*
uncle oncle *m.*
under sous
underground au sous-sol
to understand comprendre †
undisciplined indiscipliné/e
to undress se déshabiller
uneasy inquiet/-ète
unfortunately malheureusement
unhappy malheureux/-euse
unhealthy mauvais/e pour la santé
United States États-Unis *m. pl.*
university université *f.*, faculté *f.* (fac)
university dining hall restaurant *m.* universitaire (resto U)
university library bibliothèque *f.* universitaire (BU, bibli)
unmarried célibataire
until jusqu'à
up: to be up être † debout
to get up se lever †
to go up monter
to update mettre † à jour
to be upset être † fâché/e, en colère
upstairs en *haut
urgent urgent/e
us nous
to use (something) se servir de (quelque chose), employer †, utiliser
useful utile
usually d'habitude, habituellement
utilities charges *f. pl.*

V

vacation vacances *f. pl.*
vacation plans projets *m. pl.* de vacances
to go on vacation partir en vacances
valley vallée *f.*
vanilla vanille *f.*
vanilla ice cream glace *f.* à la vanille
variety show divertissement *m.*
VCR magnétoscope *m.*
vegetable légume *m.*
vegetable garden potager *m.*
cut-up raw vegetables crudités *f. pl.*
vegetarian végétarien/ne
very très
very good très bien
very much beaucoup
video vidéo *f.*
video game jeu *m.* électronique
videotape vidéocassette *f.*
Vietnam Vietnam *m.*
Vietnamese vietnamien/ne
village village *m.*
vinegar vinaigre *m.*
to visit (someone) rendre visite à
to visit (someplace, something) visiter
volleyball volley(-ball) *m.*

W

waist taille *f.*
to wait (for) attendre
waiter/waitress serveur *m.*, serveuse *f.*
to wake up se réveiller
to walk marcher, aller † à pied
to take a walk se promener †, faire † une promenade

to walk for exercise faire † de la marche
to walk the dog promener † le chien
walk promenade *f.*
wall mur *m.*
wallet portefeuille *m.*
to want vouloir †, avoir † envie de, désirer
war guerre *f.*
World War I la Première Guerre mondiale
World War II la Seconde Guerre mondiale
wardrobe armoire *f.*
warm chaud/e
It's warm weather. Il fait chaud. Il fait bon.
I'm warm. J'ai chaud.
warm-hearted affectueux/-euse
to wash se laver
to wash one's face se laver la figure
to wash one's hands se laver les mains
wash mitt gant *m.* de toilette
to waste time perdre du temps
watch montre *f.*
to watch regarder, voir †
to watch a game voir † un match
to watch a game on TV regarder un match
to watch a movie voir † un film
to watch a movie on TV regarder un film
to watch a play voir † une pièce (de théâtre)
to watch TV regarder la télé
water eau *f.*
mineral water eau minérale
sparkling water eau gazeuse, pétillante
tap water eau du robinet
water skiing ski *m.* nautique
to go water skiing faire † du ski nautique
way of life manière *f.* de vivre
we nous
to wear porter, mettre †
weather temps *m.*
weather forecast météo(rologie) *f.*
What's the weather like? Quel temps fait-il ?
The weather's bad. Il fait mauvais.
It's nice weather. Il fait beau.
Web toile *f.*, Web *m.*
Web address adresse *f.* Web
Web page page *f.* Web
Web site site *m.* Web
wedding mariage *m.*
Wednesday mercredi
week semaine *f.*
weekend week-end *m.*
welcome bienvenu/e ; bienvenue *f.*
You're welcome. Je t'en prie/Je vous en prie. Bienvenue. *(Can.)*
Welcome to ... Soyez la bienvenue !
well bien
Well done! Bravo !
west ouest *m.*
western (film) western *m.*
What ... ? Qu'est-ce que/qui... ?, Quel/le ... ?
What color is ... ? De quelle couleur est... ?
What? Quoi ?
What about you? Et toi ?/Et vous ?
What did you say? Comment ?
What happened? Qu'est-ce qui s'est passé ?
What is that? Qu'est-ce que c'est ?
What's the matter? Qu'est-ce que tu as/vous avez ?
What's your name? Comment tu t'appelles/vous appelez-vous ?
when quand, lorsque, où
where où
whether si
which quel/le ; que (qu'), qui
while pendant que
white blanc/blanche
who qui
why pourquoi
wife femme *f.*
willingly volontiers
to win gagner
winner gagnant/e ; vainqueur *m.*
wind vent *m.*
It's windy. Il y a du vent.
window fenêtre *f.*
shop window vitrine *f.*
to window shop faire † du lèche-vitrine
to windsurf faire † de la planche à voile
wine vin *m.*
winter hiver *m.*
winter sports sports *m. pl.* d'hiver
to wipe (off) essuyer †
to wish vouloir †, souhaiter
wish(es) vœu(x) *m.*
Best wishes! Meilleurs vœux !
with avec
within dans
without sans
woman femme *f.*
to wonder se demander
wonderful génial/e, merveilleux/-euse
wood bois *m.*
wool laine *f.*
word mot *m.*
work travail *m.*
to work travailler
hard-working travailleur/-euse
to work at the computer travailler à l'ordinateur
worker travailleur *m.*, travailleuse *f.*
workplace lieu *m.* de travail
workshop atelier *m.*
to work out faire † du sport
It'll work out. Ça va s'arranger.
world monde *m.*
worn, worn out (objects) abîmé/e
worried inquiet/-ète, anxieux/-euse
to worry s'en faire † (du souci), s'inquiéter †
wounded blessé/e
wrist poignet *m.*
to write écrire †, rédiger
writer écrivain *m.*

Y

yard jardin *m.*
year an *m.*, année *f.*
I am 19 years old. J'ai 19 ans.
Happy New Year! Bonne année !
to yell crier
yellow jaune
yes oui ; si (*after negative question*)
yesterday hier
yet encore
not yet pas encore
yogurt yaourt *m.*
you tu ; vous ; toi
to you te (t') ; vous
young jeune
your ton, ta, tes ; votre, vos
yourself toi-même ; vous-même
yourselves vous-mêmes

Z

zero zéro *m.*
zoology zoologie *f.*

Sources

Text Credits

Page 23 (top left): Extrait du journal « Le Soir » (Bruxelles, Belgique) du 20 février 1993. Le présent titre est reproduit avec l'autorisation de Copiepresse, tous droits réservés (info@copiepresse.be); **page 23 (middle left):** Extrait de l'hebdomadaire "Haiti en marche" vol. 4, no. 44; **23 (bottom left):** DR / 20 ANS 67; **page 23 (top right):** Extrait de l'Express, Neuchâtel, du 2 novembre 1991; **page 23 (middle right):** "Le Devoir," Gilles Lesage, 11 mars 1992; **page 23 (bottom right):** Titre paru dans "Le Nouvel Observateur," no. 1447 (30.7.1992); **page 46:** Statistics Canada information is used with the permission of Statistics Canada. Users are forbidden to copy this material and/or redisseminate the data, in an original or modified form, for commercial purposes, without the expressed permission of Statistics Canada. Information on the availability of the wide range of data from Statistics Canada can be obtained from Statistics Canada's Regional Offices, its World Wide Web site at http://www.statcan.ca, and its toll-free access number 1-800-263-1136; **page 97:** Courtesy of Moving to magazines Ltd., Toronto, Canada, www.movingto.com; **page 130:** Jacques Prévert, *Familiale*, © Éditions GALLIMARD; **page 163:** « Guide du Voyageur-Textes Comité Martiniquais du Tourisme »; **page 167:** © Copyright Agenda Quoi Vadis 2007; **page 175:** Mini Chiffres clés. Edition 2007, Ministère de la culture et de la communication/ Département des études, de la prospective et des statistiques (www.culture.gouv.fr/deps); **page 176:** Extrait du site www.centrepompidou.fr, Copyright Centre Pompidou, Paris, 2007; **page 203:** Office du Tourisme et des Congrès ; **page 211:** J.M.G. Le Clézio, *Quand j'étais toute petite*, © Éditions GALLIMARD; **pages 241–243:** Éditions Perce-Neige, *Je suis Cadien (suite poètique)*; **page 255:** Saveurs du Monde: http://www.saveursdumonde.net; **page 279:** © SNCF – Direction de la Communication; **page 309:** La grille de télévision du mardi 13 février diffusée sur http://www.telerama.fr; **page 312 (bottom):** FESPACO 01 BP 2505 Ougadougou 01 site web: www.fespaco.bf; **page 320:** © Étude Audience. AEPM. France; **page 326 (top):** Extrait du site CineKritik-www.cinekritik.com; courtesy of Matthieu Granacher; **page 326 (botom):** Extrait de la critique du film « Les Invasions Barbares », parue sur le site Web « Images et Mots » : http://www.imagesetmots.fr; **pages 328–329:** INSEE.

Photo Credits

Page 2: Simon Harris/Robert Harding World Imagery; **page 5 (top):** R. Lucas/The Image Works; **page 5 (bottom):** Owen Franken/Stock Boston; **page 11(all):** GoldPitt LLC; **page 12:** G Roli/Robert Harding World Imagery; **page 13 (top):** Dallas and John Heaton/The Stock Connection; **page 13 (middle):** Owen Franken/Stock Boston; **page 13 (bottom):** Owen Franken/Stock Boston; **page 15:** GoldPitt LLC; **page 26:** Stuart Cohen/The Image Works; **page 29 (left):** GoldPitt LLC; **page 29 (right):** Syndey Byrd; **page 30:** C. Jean/Réunion des Musées Nationaux/Art Resource, NY; **page 32 (left):** Mary Ellen Scullen; **page 32 (right):** Mary Ellen Scullen; **page 36:** GoldPitt LLC; **page 37 (top):** GoldPitt LLC; **page 37 (bottom left):** Susan Kuklin/Photo Researchers, Inc.; **page 37 (bottom right):** Dannielle Hayes/Omni-Photo Communications, Inc.; **page 51:** Mary Ellen Scullen; **page 55:** John Eastcott/Yva Momatiuk/The Image Works; **page 58:** Alexandra & Pierre Boulat/Alexandra Boulat; **page 59:** Mary Ellen Scullen; **page 61:** Owen Franken/Stock Boston; **page 64:** Robert Fried/© Robert Fried/robertfriedphotography.com; **page 67 (left):** Courtesy of the Library of Congress; **page 67 (right):** Courtesy of the Library of Congress; **page 75:** GoldPitt LLC; **page 77:** GoldPitt LLC; **page 79 (left):** Graham Chadwick/Getty Images Inc.-Stone Allstock; **page 79 (right):** Jean-Marc Charles/AGE Fotostock America, Inc.; **page 85 (left):** Andrew D. Bernstein/Getty Images, Inc.; **page 85 (middle):** Ian Walton/Allsport Concepts/Getty Images; **page 85 (right):** Phillip MacCallum/Allsport Concepts/Getty Images; **page 88:** Ulrike Welsch/PhotoEdit Inc.; **page 91 (top):** Guy Schiele/Publiphoto, Inc.; **page 91 (bottom):** GoldPitt LLC; **page 96:** Lee Snider/The Image Works; **page 98 (left):** Beryl Goldberg; **page 98 (right):** Peter Cade/Peter Cade; **page 100:** GoldPitt LLC; **page 104:** Will & Deni McIntyre/Getty Images Inc.-Stone Allstock; **page 107:** Ed Simpson/Getty Images Inc.-Stone Allstock; **page 120:** Owen Franken/ © Owen Franken/CORBIS; **page 133 (top):** Cathy Pons; **page 133 (bottom left):** Cathy Pons; **page 133 (bottom right):** Cathy Pons; **page 138 (top):** Mary Ellen Scullen; **page 138 (bottom):** Mary Ellen Scullen; **page 141 (top):** Karl Prouse/Getty Images, Inc.; **page 141 (bottom):** SEYLLOU/AFP/Getty Images, Inc.; **page 149:** GoldPitt LLC; **page 152:** Mary Ellen Scullen; **page 156 (top left):** Esbin-Anderson/The Image Works; **page 156 (top right):** Kim Sayer/Kim Sayer © Dorling Kindersley; **page 156 (bottom left):** Mark Junak/Getty Images Inc.-Stone Allstock; **page 156 (bottom right):** Lawrence Migdale/Stock Boston; **page 162:** Guy Thouvenin/Robert Harding World Imagery; **page 172 (left):** Edouard Fleuriau-Château; **page 172 (right):** GoldPitt LLC; **page 173 (top):** Robert Harding/Robert Harding World Imagery; **page 173 (bottom):** GoldPitt LLC; **page 184:** Michael Busselle/Getty

Images Inc.-Stone Allstock; **page 185:** Mary Ellen Scullen; **page 187:** Esbin/Anderson/Omni-Photo Communications, Inc.; **page 194:** GoldPitt LLC; **page 195:** Mary Ellen Scullen; **page 196:** GoldPitt LLC; **page 197:** Erich Lessing/Vincent van Gogh, "The bedroom of van Gogh at Arles", 1889. Oil on canvas. 57.5 x 74 cm. Musée d'Orsay, Paris, France. Erich Lessing/Art Resource, NY; **page 204:** Beryl Goldberg; **page 209 (left):** Patrick Ingrand/Getty Images Inc.-Stone Allstock; **page 209 (right):** Mary Ellen Scullen; **page 214:** GoldPitt LLC; **page 216:** GoldPitt LLC; **page 218:** GoldPitt LLC; **page 223:** Richard Pasley/Stock Boston; **page 224:** GoldPitt LLC; **page 225 (all):** Virginie Cassidy/Michele Delefortrie; **page 226 (top):** Mary Ellen Scullen; **page 226 (left):** Beryl Goldberg; **page 226 (bottom):** Cathy Pons; **page 231 (left):** Owen Franken/Stock Boston; **page 231 (right):** Mary Ellen Scullen; **page 233:** Owen Franken/Stock Boston; **page 241:** Philip Gould Photography; **page 243:** Frank Siteman/ Omni-Photo Communications, Inc.; **page 246:** David R. Frazier/David R. Frazier Photolibrary, Inc.; **page 247:** Richard Passmore/Getty Images Inc.-Stone Allstock; **page 250:** Cathy Pons; **page 255:** Jan Oswald/Jupiter Images-FoodPix-Creatas-Brand X-Banana Stock-PictureQuest; **page 258:** Mary Ellen Scullen; **page 259:** Mary Ellen Scullen; **page 264:** GoldPitt LLC; **page 267 (top):** GoldPitt LLC; **page 267 (bottom left):** Mary Ellen Scullen; **page 267 (bottom right):** Mary Ellen Scullen; **page 270:** Mary Ellen Scullen; **page 272:** Envision Stock Photography, Inc.; **page 273 (top left):** Envision Stock Photography, Inc.; **page 273 (top right):** Becky Luigart-Stayner/ © Becky Luigart-Stayner/CORBIS; **page 273 (middle left):** Beryl Goldberg; **page 273 (middle right):** Envision Stock Photography, Inc.; **page 273 (bottom):** Beryl Goldberg; **page 276:** Hubert Raguet/ZUMA Press-Gamma; **page 284:** Chad Ehlers/AGE Fotostock America, Inc.; **page 285 (top):** A. Autenzio/Explorer/Photo Researchers, Inc.; **page 285 (bottom):** Cathy Pons; **page 286 (top):** Owen Franken/Stock Boston; **page 286 (bottom left):** Fotografia Productions/Julie Houck/Stock Boston; **page 286 (bottom right):** J.C. Francolon/Jean Claude Francolon; **page 288:** © Roy Rainford/Robert Harding World Imagery; **page 289:** Walery/Getty Images Inc.-Hulton Archive Photos; **page 292:** Mary Ellen Scullen; **page 294:** Kim Sayer © Dorling Kindersley; **page 296:** David Simson/Stock Boston; **page 297 (left):** Ray Stott/ The Image Works; **page 297 (right):** John Elk Photography; **page 303:** The Granger Collection, New York; **page 308:** GoldPitt LLC; **page 311:** Digital Railroad Marketplace; **page 312:** FRANCOIS ROY/The Canadian Press; **page 317:** Jacques Munch/AFP/Getty Images, Inc.; **page 319:** STEPHEN SIMPSON/Getty Images, Inc.-Taxi; **page 325:** Picture Desk, Inc./Kobal Collection; **page 327:** Annette Brieger/GoldPitt; **page 329:** Glenn McLaughlin/Corbis/Bettmann; **page 331:** Mary Ellen Scullen.

Index

La France
La Mer Du Nord
La Manche
L'océan Atlantique
La Mer Méditerranée
L'ANGLETERRE
Londres
LES PAYS-BAS
L'ALLEMAGNE
Berlin
LA BELGIQUE
Bruxelles
LE LUXEMBOURG
Luxembourg
LA SUISSE
Berne
Le Lac Léman
L'ITALIE
L'ESPAGNE
L'ANDORRE
MONACO
Calais
Lille
NORD-PAS DE CALAIS
Amiens
PICARDIE
Cherbourg
Le Havre
HAUTE-NORMANDIE
Rouen
Caen
BASSE-NORMANDIE
la Seine
Paris
ÎLE-DE-FRANCE
Reims
la Marne
CHAMPAGNE-ARDENNE
Troyes
la Meuse
Metz
LORRAINE
Nancy
la Moselle
Chaumont
Strasbourg
le Rhin
LES VOSGES
ALSACE
Mulhouse
Brest
BRETAGNE
Rennes
Le Mans
PAYS DE LA LOIRE
Angers
Nantes
Orléans
la Loire
Tours
CENTRE
Dijon
BOURGOGNE
FRANCHE-COMTÉ
Besançon
LE JURA
Poitiers
POITOU-CHARENTES
La Rochelle
Limoges
LIMOUSIN
Vichy
Clermont-Ferrand
AUVERGNE
LE MASSIF CENTRAL
la Saône
Lyon
St-Étienne
RHÔNE-ALPES
Genève
Chamonix
Annecy
Mont Blanc
Grenoble
LES ALPES
le Rhône
Bordeaux
la Dordogne
la Garonne
AQUITAINE
MIDI-PYRÉNÉES
Toulouse
Bayonne
LES PYRÉNÉES
LANGUEDOC-ROUSSILLON
Nîmes
Montpellier
Perpignan
Avignon
PROVENCE-ALPES
Côte d'Azur
Aix-en-Provence
Marseille
Toulon
Nice
Cannes
Bastia
LA CORSE
Ajaccio
N
O
E
S
0
50
100
150
200
Kilomètres

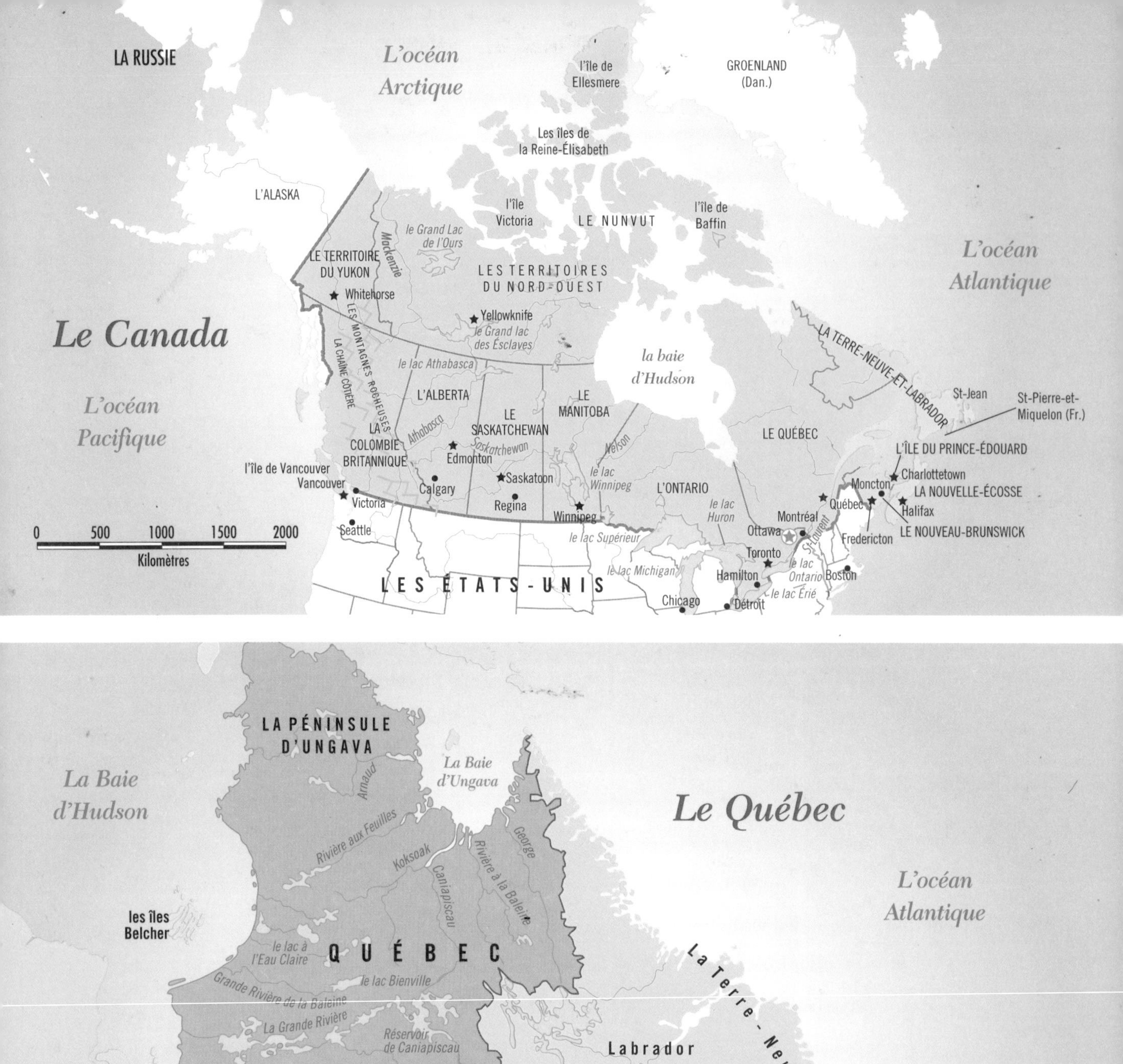

Le Canada
LA RUSSIE
L'océan Arctique
l'île de Ellesmere
GROENLAND (Dan.)
Les îles de la Reine-Élisabeth
L'ALASKA
l'île Victoria
LE NUNVUT
l'île de Baffin
le Grand Lac de l'Ours
Mackenzie
LE TERRITOIRE DU YUKON
LES TERRITOIRES DU NORD-OUEST
L'océan Atlantique
Whitehorse
Yellowknife
le Grand lac des Esclaves
LES MONTAGNES ROCHEUSES
LA CHAÎNE CÔTIÈRE
la baie d'Hudson
LA TERRE-NEUVE-ET-LABRADOR
le lac Athabasca
L'océan Pacifique
L'ALBERTA
LE SASKATCHEWAN
LE MANITOBA
St-Jean
St-Pierre-et-Miquelon (Fr.)
LA COLOMBIE BRITANNIQUE
Athabasca
Saskatchewan
Nelson
LE QUÉBEC
Edmonton
L'ÎLE DU PRINCE-ÉDOUARD
l'île de Vancouver
Vancouver
Calgary
Saskatoon
le lac Winnipeg
L'ONTARIO
Charlottetown
Moncton
LA NOUVELLE-ÉCOSSE
Victoria
Regina
Winnipeg
le lac Huron
Québec
Halifax
Montréal
Ottawa
St-Laurent
Fredericton
LE NOUVEAU-BRUNSWICK
0 500 1000 1500 2000
Kilomètres
Seattle
le lac Supérieur
Toronto
le lac Michigan
le lac Ontario
Hamilton
Boston
LES ÉTATS-UNIS
le lac Érié
Chicago
Détroit

Le Québec
LA PÉNINSULE D'UNGAVA
La Baie d'Ungava
La Baie d'Hudson
Arnaud
Rivière aux Feuilles
Koksoak
Caniapiscau
Rivière à la Baleine
George
L'océan Atlantique
les îles Belcher
le lac à l'Eau Claire
QUÉBEC
le lac Bienville
Grande Rivière de la Baleine
La Terre-Neuve-et-Labrador
La Grande Rivière
Réservoir de Caniapiscau
Labrador
Rivière du Petit-Mécatina
LES MONTS OTISH
Eastmain
Natashquan
Harricana
le lac Mistassini
Sept-Îles
l'île d'Anticosti
Chibougamau
Baie-Comeau
le lac St-Jean
Saguenay
Gaspé
Matane
Le Golfe du St-laurent
LES LAURENTIDES
Val-d'Or
Rouyn-Noranda
Roberval
Chicoutimi
Rimouski
Jonquière
L'ONTARIO
La Tuque
Québec
St-Pierre-et Miquelon (Fr.)
Montmagny
Shawinigan
Lévis
St-Jérôme
Sorel
St-Laurent
Thetford Mines
L'ÎLE DU PRINCE-ÉDOUARD
0 100 200 300 400 500
Kilomètres
Hull
St-Hyacinthe
LE NOUVEAU-BRUNSWICK
le lac Huron
Ottawa
Montréal
Sherbrooke
Granby
LA NOUVELLE-ÉCOSSE
NEW YORK
VERMONT
NEW HAMPSHIRE
MAINE